At the Existentialist Café

Freedom, Being, and Apricot Cocktails

Sarah Bakewell

我們在存在主義咖啡館

那些關於自由、哲學家與存在主義的故事

For Jane and Ray

場次
Table of Contents

【專文導讀】

雞尾酒的哲學咖啡館

阮若缺

一、現象學與存在主義之崢嶸

現象學為二次世界大戰前的產物，替當時迷惘、徬徨的年輕人指點了部分迷津，當然也包含沙特。存在主義是六〇年代時方風行的哲學思想，為二戰後的青年解惑、開釋，替法國一九六八年的學運、嬉皮文化提供了堅實的論述，不言而喻。作者這部《我們在存在主義咖啡館》（*At the Existentialist Café*）總體而言，可視為一本哲普小說，以及近代哲人相輕史，莎拉・貝克威爾（Sarah Bakewell）以空間與時間為主軸，胡塞爾（Edmund Husserl）、海德格（Martin Heidegger）、雅斯培（Karl Jaspers）、沙特（Jean-Paul Sartre）、波娃（Simone de Beauvoir）、梅洛龐蒂（Maurice Merleau-Ponty）、卡繆（Albert Camus）等人之間觀點的異同，呈放射狀展現，與其說是場哲學饗宴，倒不如一場哲學雞尾酒盛會來得貼切。

當我們讀到齊克果談憂懼，海德格論科技，梅洛龐蒂談認知科學，沙特爭自由，波娃評壓迫的狡猾機制，卡繆倡叛逆，就如同一場雞尾酒盛會，他們的哲學論述攸關人生，直指人類最基本的兩大議題：「人類是什麼？」以及「人類該做什麼？」

我們就從德國的哲學家介紹起，首位登場的便是現象學主要思想家埃德蒙特．胡塞爾，他曾表示：「不要浪費時間在事物堆積起來的詮釋，尤其不要花時間在質疑事務是否真實。也就是說，先別管這東西的實質如何，只管盡可能描述它。」而真正將現象學發揚光大，進一步改造，引發反響的，則非海德格莫屬，但一九二〇年代，胡塞爾與海德格這對師徒之間產生思想上的分歧，他們咸認為自己正邁向一個新的、更刺激的領域，對方則被拋在後頭，迷失，被誤導而停滯不前。

胡塞爾認為，海德格的哲學錯在停留於「自然態度」或「常識」層面，他覺得海德格並沒有把世界積累起來的各種假設擱置一旁，而這正是應該被「懸擱」的，海德格沉溺於「存在」，忘了現象學存而不論的基本概念。而在海德格看來，忘掉要領的是胡塞爾本人，他往內轉向唯心主義，表示他列為優先的，乃是抽象的沉思，而非具活力的「在世存」。《存在與時間》（*Sein und Zeit*）開宗明義即表示，他不要理論性探討，不要成為羅列定義與論證；他要的是「具體」探索，從「此在」這一刻正在做什麼起步。

然而，海德格具反猶太思想，與當時納粹國家社會主義黨關係匪淺，並於一九三三年四月接受弗萊堡大學校長一職，責任是要執行新的納粹法律。他成為納粹黨員，並非權宜之計，乃出自個人信念，這到底是「政治正確」或是「政治不正確」，歷史自有公評。不過，同年，他的《存在與時間》再版，海德格給胡塞爾的獻詞，則從書中消失……這是種「漂白」與劃清界線的作法。到第二次世界大戰的尾聲，風向轉變了，昔日好友雅斯培看出端倪；「海德格的思考模式，在我看來是根本上不自由，獨斷而拒絕與人溝通的，對學生來說有很大的破壞性影響。」果不其然，海德格被拔除教授權，只能鬱鬱終其一生。此外，在海德格寫給馬庫色的最後一封信，則將猶太大屠殺與戰後德國人被逐出蘇聯集團東歐地區相提並論，正好刺中共產主義同情者馬庫色的心。他在回信中指出「根本不在人與人之間可能對話的範圍內」。假如海德格無法理性思考、無法與之對話，也就看不出有什麼辦法能試著與他對話、思辨，只能不再跟他說話。

至少早年，前往德國追研現象學，而後回法國演繹出一套新理論的沙特，他們的最大共通點就是很願意傾聽「最弱勢」者的聲音。海德格與一九三四年獲得前去柏林工作的機會，他向托德瑙堡一位「農民」鄰居請益，鄰人靜默地搖了搖頭，無獨有偶，沙特拒絕接受諾貝爾獎，則是因為不願自己的獨立性受到限制。海德格的拒絕是他個人的隱退，脫離世俗的紛爭；沙特則是對受到不公平待遇者，回應他們的要求。

再者，兩人的名著《存在與時間》與《存在與虛無》，探討的都是人類存在的重大課題，其共同處是它們都是未完成之作，不過在著作結尾都提及可能有下集。海德格承諾會推導出最後結論：「存在」的意義在於時間；沙特承諾會對存在主義倫理提供一個基礎；結果兩個承諾均未實現。

海德格從未遠離他的家園，沙特卻總是往前開拓，對事物發展出新的反應，或能夠將新元素和老舊概念調和在一起，海德格叮囑人們必須思考，而沙特則身體力行，不斷實際在思考。海德格有他的重大「轉向」；沙特卻是轉向、轉向、再轉向。

他們兩人在「轉向」問題上具差異性：海德格的轉向令他從決斷轉向「順其自然」，反正他死鴨子嘴硬，認錯是萬萬不可能的；而沙特的轉向則被解釋為修正，結果令他更加決斷，更投入，更公開，更不妥協。其實有時因促擁者的吹捧，不論對錯，他也騎虎難下。

二、沙特：傳記作家

總的來說，沙特對二十世紀當代哲學，具承先啟後的作用，他是個善用隱喻的人，可將複雜的理論，清晰表達，他所寫的《胡塞爾現象學的一個基本概念：意向性》一文，成為歷來最易讀的現象學入門論著。另外，沙特在一九四〇年代中期面對的重大問題是：既然我們是自由的，就該善用自由。一九四五年他發表了《戰爭的終結》一文，鼓勵讀者要作出抉擇，選擇他們想要的世界，並將之實現出來。基本上，他是個樂觀的理想主義者。

不過反對存在主義者，則說：「那是令人噁心的大雜燴，充斥著哲學上裝腔作勢、模稜兩可的夢囈，還有生理上的惺惺作態、病態的品味和欲拒還迎的色情心態……那是叫人必欲壓毀它後快的顧影自憐的胚胎。」

沙特不以為意，反而對存在主義如何應用到個別人生很感興趣，因此他也喜歡寫傳記，並對一系列人物作傳：波特萊爾、馬拉美、惹內、福樓拜（未完成）、自己（《詞語》）。

他摒棄順時記述方法，以人生歷程中的突發狀況和關鍵時刻為主體，還有他們在某些處境下作出什麼決定性的抉擇才重要。

譬如，沙特把福樓拜的寫作方式追述到他在中產階級家庭中的兒時經歷：家人把他當「白痴」，因為他愛長時間凝望著空無一物的空間，或作白日夢，或看來什麼都不做。當沙特被問及為什麼要寫福樓拜傳時，他就指出是因為那些「邊緣事物」（marginal）。那麼，我們也就不難瞭解沙特對惹內的看法了。在他眼中，惹內以違抗態度操作，把結果扭轉過來：他毫不壓抑自己，他的異化反而給予他逃脫之路。惹內賦予自己局外人的身分就是無業遊民、小偷、同性戀者或賣淫者，並把經驗中最受貶抑的元素——排泄物、體液、體臭、坐牢、暴虐性愛，變為讓他昇華的元素，糞便成了鮮花，監獄變為聖殿，將深具謀殺衝動的囚犯變成溫柔的人。這便是為什麼沙特稱之為聖人——Saint Genet：一個聖人將苦難化為純潔，把壓迫轉化成自由。

三、沙特與友人

當然，沙特也並非聖人，他可說是哲人中前後立場最不一致者，無論是在蘇聯問題或是友誼問題上。因為他有時期望別人對他忠心不二，儘管政見不同。

沙特和阿宏在求學時期十分親密，但在政治上歧見很大。於一九四七年，沙特曾期盼老同學阿宏對他表示忠心，卻未能如願，十分氣憤，於是跟對方完全斷絕來往。一九五五年，阿宏出版了《知識分子的鴉片》（*Opium of The Intellectuals*），直接抨擊了沙特及他的盟友，指控他們「對民主的失效無動於衷，卻樂意容忍最壞的罪刑，只要犯罪是出於適當的教條之名」。沙特也不是省油的燈，一九六八年五月，當阿宏反對學生的反抗行動，沙特則稱他不宜教書！

此外，沙特還是個「愛作夢的男孩」，他追尋一種不可能的幻想，卻遇上一個頭腦清楚的正義使者——那就是更冷靜、更具智慧，且相貌更佳的卡繆，他儼然成為當時的明日之星。之後，沙特無法原諒卡繆在一九五一年提出跟共產主義大異其趣的標榜反抗的政治激進主義，並出版了長篇論文《反抗者》（*le révolté*）；沙特譴責《反抗者》為資本主義辯護，因而助長了右翼勢力，兩人經過一番你來我往的筆戰，終究導致決裂。

沙特經歷困惑，然而走出來變得極端化，願意為理想國冒生命危險。而他的多年好友梅洛龐蒂則常身陷共產主義意識形態，但仍放棄了它，改而相信人生永遠不能被套入一種理想的框架。沙特也曾評判哲學家就該是「眾人皆醉我獨醒」之人，然而他卻自認為自己才是那個清醒的人。若雙方都堅持偏執，那就沒有繼續對話的空間。不過，私下訪問梅洛龐蒂時，他表示沙特「他是個好人」（il est bon），而沙特則認為：「我會說，那是個不壞的人。」

一九五四年，沙特還畫了一張圖表，表明如何和柯斯勒、阿宏、梅洛龐蒂、卡繆等人交惡。不過，沙特和波娃有個共同的弱點：他們都喜歡帶有不妥協身分和態度的人。

四、沙特與波娃

講到沙特，就不能不提波娃，他對她到底是加分還是減分？她被過譽或低估？這仍是個剪不斷理還亂的問題。當初，波娃就讀索邦大學，並挑哲學唸，就代表她的奮力爭取一切。對她而言，教育代表自由與自決，她的同伴們都戲稱她為「海狸」（Beaver）（這個英文與Beauvoir發音近似），意指她老是忙個不停，身為女性，在男性的學術圈裡，她必須努力不懈，以證明自己的能力。

與其八卦她的私生活，不如在此以波娃的兩部作品，來公評一下其論述的價值。她的第一部小說《女客》（*L'invitée*），故事取材自親身經歷的一樁三角戀情：她和沙特以及波娃的學生奧嘉，在現實世界中，緊繃的三角戀引來了更多加入者，結果演變成五角戀而終告解體，結果奧嘉嫁給沙特昔日門生雅克・洛宏・博斯，沙特則與奧嘉姊妹萬妲發生關係，波娃於是黯然退出療傷，但後來又跟博斯展開一段漫長的祕密戀情，而沙特後來亦把同樣事件小說化，成了《自由之路》系列小說第一部的一條敘事線，可見這段感情在他倆的人生歷程中，均占舉足輕重的位子。不過我們從中亦發現，齊克果和黑格爾這兩位哲學家都寫進了波娃逐漸構思成形的《女客》裡，他們成為波娃思想和存在主義哲學的兩大源頭：齊克果著重自由選擇權，黑格爾則著眼於個人在歷史洪流中的史詩式願景。

而她最具移風易俗影響力的存在主義著作為一九四九年出版的《第二性》。書中對女性的經驗與人生抉擇，乃至整個父權社會歷史的分析，鼓勵女性提升自決，質疑被灌輸的觀念和常規，奪回自身存在的控制權，婦女們閱讀後改變自己的人生，採取的便是存在主義的方法：追求自由、高舉女性和「屬己性」。

弔詭的是，一九七二年波娃曾堅稱她所寫的《第二性》，主要影響來自《存在與虛無》，但七年後她卻矢口表示，她對黑格爾哲學他者與異化觀點的演繹，與沙特毫無關係，她的前後矛盾不一，令人費解。又，《第二性》被知識界忽視的另一個原因，可能在於她採取了個案研究方法，然而那也正是具體生活方式的存在主義研究，應用研究往往被貶低為嚴肅著作的附庸，但那也正是存在主義的處事方式，然而沙特卻沒遭受這麼多的抨擊，難道這與性別也有關係？

事實上，沙特與波娃的小說，都反映了他們在哲學和個人興趣上的差異，沙特的作品是有自由探索的史詩，戀愛僅為眾多元素的一個。波娃的興趣則在於欲望、觀點、嫉妒和操控之間的權力互動。她更聚焦於核心角色，善於探索情感與經驗如何透過身體表現出來。

五、現象學與存在主義對後世的影響

知名的現象學家和存在主義者紛紛辭世，但其思想及意識型態已深植現代文化中，後世的追隨者對「真實」生活方式有種模糊的渴望，目標就是屬己性。存在主義的焦慮及對科技世界的憂心緊密結合，在電影中可見一斑：如雷利・史考特（Ridley Scott）執導的《銀翼殺手》（*Blade Runner*）、華卓斯基（Wachowski）兄弟執導的《駭客任務》（*Matrix*）、彼得・威爾（Peter Weir）的《楚門的世界》（*The Truman Show*）、山姆・曼德斯（Sam Mendes）的《美國心玫瑰情》（*American Beauty*），還有伍迪・艾倫（Woody Allen）的所有電影，而泰倫・馬力克（Terrence Malick）的片子則具海德格風：他曾鑽研海德格哲學，也曾譯過他的著作，他的電影風格多變，卻有共同的主題，探討的就是人類的身分、目的與自由。

在圖像文化盛行的今日，片子的傳播影響力無遠弗屆，以上參考資料或許可激發年輕世代更多哲思與想法。

（本文作者為國立政治大學歐洲語文學系教授）

【專文導讀】

自由令人暈眩，但唯有擁抱它，生命才能回歸本真

葉浩

正如英國歐陸哲學專家大衛．庫柏（David E. Cooper）近來指出，存在主義稱不上一個「學派」，因為其中的核心人物並不共享一套教條，而是對人類與其他存在物的根本差異、人與世界何以若即若離，以及應該如何安身立命等議題有同樣關懷，也都相信個人擁有自由而且能成為真正的自己，因此主張人必須善用自由並為自己的行為負起全責的「家族」。

本書《我們在存在主義咖啡館》正是關於這家族的成員如何理解與因應上述根本議題的書寫，同時也涉及了作者莎拉．貝克威爾（Sarah Bakewell）這位英國作家如何與這個大家庭偶遇和重逢的故事。

一九七九年，作者買了一本沙特（Jean-Paul Sartre）的一九三八年小說《嘔吐》（*Nausea*）送給十六歲生日的自己，因為過度思索「存在」而輟學之後，隔著一道英吉利海峽加上三、四十年的時差，在英格蘭小鎮過著巴黎文青那種日夜顛倒、醒了就去咖啡館高談闊論的生活，然後在閱讀、寫作之外也把戀愛、分手當咖啡品嚐，當整個世界就是一座存在主義咖啡館。

回到學校之後，貝克威爾選擇了英國的歐陸哲學綠洲艾賽克斯大學（University of Essex）就讀，也試圖加入存在主義家族，但終究不得其門而入，埋頭寫海德格（Martin Heidegger）的博士論文算是她最接近的一次接觸。本書的書寫是她再次就近理解這家庭的嘗試，既是正式向那一群曾深刻影響自己的人致謝，也是一場重逢與告別。重逢的是存在主義思想，告別的是那一個涉世未深，但卻能因為思考人類的根本問題而激動不已的年輕自己。

當然，此時的作者不再是當年迷戀沙特的少女，而是出版過《閱讀蒙田，是為了生活》（*How to Live*）而揚名國際文壇的貝克威爾，也是牛津大學的創意寫作教授。《我們在存在主義咖啡館》不僅再次成功將哲思融入人物的刻劃，讓抽象且拗口的概念多了讓人得以親近的故事脈絡，也讓一群思想家躍然紙上，彼此爭辯、針鋒相對，然後友誼變了調，甚至老死不相往來。

斷崖上，真正令人焦慮的是可以往下跳

不意外，當年的始作俑者沙特，成了本書的核心人物。不過，中文副標題「那些關於自由、哲學家與存在主義的故事」，刪除了原文的「杏子雞尾酒」，雖然易於讀者理解本書內容，但卻省略了整個法國存在主義故事的起源，也就是那個嚇壞了沙特，讓他跑去柏林求學的酒杯，以及這杯子如何呼應胡塞爾（Edmund Husserl）用來談論現象學的咖啡杯這個梗。

當然，關於自由與存在的根本思考更為重要。呼籲人們「回到自身，真理就住在人的內在」的聖奧古斯丁或許是最早同時處理兩者的思想家。但，一般咸認存在主義的起源是齊克果（Søren Kierkegaard）。這位十九世紀的丹麥哲學家的主要關懷與之前的思想家不同，不但對實際存在的「人」情有獨鍾，更對於人的「存在」大感興趣，因為：人乃唯一會關心自己為何存在的存在物，且能不斷追求自我，想要成為心中的那個自己！

齊克果於是替西方哲學開啟了致力於思索人類作為一種獨特「存在個體」的新頁。在此之前的哲學，例如形而上學固然關心外在世界的存在與本質，也深入探究「什麼」東西存在，以什麼「方式」存在，以及「為何」存在等問題，但，關於「人」的理解向來置放於世界秩序之中，不管這「世界」是如何被理解，例如單純由物質所構成，亦或非物質的宇宙精神之向外投射，人都不過是這個世界的一部分，因此，理解了世界的普遍性運作原則或規律，等於理解了人的本質。

齊克果不但讓哲學關懷從世界轉向人類自身，特別是作為一種受限於特定時、地的具體存在，亦即海德格所謂的「此在」（Dasein），同時也關注起人的內在與外內之關係，而影響最深遠的正是他所提出關於內、外兩個世界不一致而引起的情緒：「焦慮」（anxiety／Angst）。他強調焦慮與恐懼並不相同，因為後者有具體的對象，但前者卻關乎難以名狀，無法列舉的一切可能性，換言之就是「自由」。這種焦慮肇因於人類作為一種「有限」存在卻意識到「無限」的自由之衝擊，其症狀是暈眩，如同人們瞥見深淵時那樣。當然，齊克果還發現，「眼睛本身跟深淵一樣重要，畢竟如果不往下看的話也就沒事」，也因此人們總喜歡假裝自由並不存在。

深受齊克果影響的存在主義，可說是探索「存在焦慮」的一曲變奏。沙特的版本是：一個人站在斷崖上時，真正的恐懼不是來自失足跌落的可能性，而是沒有人能阻止自己縱身一躍的想法！

斷崖的說法不但戲劇化了齊克果的隱喻，也進一步整合了後者關於人類處境的另一個深入觀察：人生總有必須在「非此即彼」（either／or）之間選擇的時候——當然也可以選擇逃避，但「不作決定本身就是一個決定，不作選擇本身也是一種選擇」。沙特將深淵改成斷崖的說法，凸顯了自由不僅能涉及一個非此即彼的選擇，亦可攸關生死。畢竟，斷崖上所意識到的，乃一種生死操之在己的能力，也就是選擇從此與世界斷絕關係或留下來繼續活著的絕對自由。這時，焦慮不僅是「自由帶來的暈眩」，更是一種意識到自己就站在生死兩界的裂縫之中，關乎自己是否該活下去的全面恐懼。

另一位存在主義者雅斯培將這種焦慮稱為「形而上的恐懼」，因為這種情緒往往來自人們處於所謂的「邊界情境」，亦即抉擇迫在眉梢，但所有社會規範或道德傳統皆無濟於事，生死關頭的緊急時刻。此刻，當事人將體會到天地間剩我一人的那種孤寂。因為加入納粹而幾乎眾叛親離的海德格則說，當一個人認清死亡乃「此在」的不可避免，也就是所有一切對他開放的可能性即將關閉的時候，他才會明白人生到頭來是「獨自一人」的旅程，自己的世界不過是燃燒自己生命的一把火，熄滅了之後他人的世界乃至「整個世界」還是會燈火通明。卡繆（Albert Camus）的《薛西弗斯的神話》（*Le mythe de sisyphe*）更是開宗明義地說：真正嚴肅的哲學問題只有一個，那就是——自殺？

焦慮情緒似乎是這些人揮之不去的陰影。不難理解，本書以這一句話開始：「有人說，與其說存在主義是哲學，倒不如說它是一種心境」。

存在先於本質，以及超越現實性的可能

本書第一話也提及了「被無盡空間嚇得要死」的巴斯卡（Blaise Pascal）、懺悔的聖奧古斯丁，以及敢於質疑上帝但最後選擇歸順的約伯（Job）。不過，除了聖奧古斯丁再次出現於內文，因為他那一句呼籲人們回到自身的話語，成了胡塞爾一度藉此闡釋現象學（phenomenology）作為一種研究方法的演講總結，作者貝克威爾並未解釋其他兩人與存在主義的關係。

事實上，巴斯卡的恐懼也是一種存在焦慮，且與齊克果有關。中文讀者肯定熟悉這位十七世紀法國天主教思想家的名言「人不過是大自然中最柔弱的蘆葦，但他是會思考的蘆葦」，特別是後半句，但，相信比較少人會進一步探究這句話的完整含義，尤其是與「巴斯

卡的賭注」（Pascal's Wager）的關聯。那是一場關於上帝的豪賭。巴斯卡根據科學證據推估，上帝存在的機率基本上是五五波，但是，倘若祂存在而我們不信，那後果便是下地獄，反之，萬一祂不存而我們信了，最多不過是生活收斂一點，損失不大。據此，最理性的結論是賭祂存在。

這是一種「非此即彼」難題，且關乎的不只是生死，而是「永生」或「永死」！巴斯卡指出，人就是一種矛盾的存在，雖然是會思考的蘆葦，但畢竟是蘆葦。思考能引領我們想像自身之外的可能性，但不會讓我們超越現實條件的限制，反而將因此苦於以自身的有限來測度無限，在時間之內思索永恆。齊克果看重此一「分裂」的察覺，也深刻體驗到思考與真相之間，經驗與可能之間，乃至於科學理性與神聖領域之間存在著一道鴻溝。但他認為巴斯卡的策略大為不敬，且徹底扭曲信仰的本質。而唯一真正能超越我們自身有限性的方式，就是「信仰的跳躍」（leap of faith）——投入上帝的懷抱。

本書第一章以何謂「存在主義」結尾，貝克威爾提綱挈領式的界定包括了一個概念：歧義——也就是人類「在受到限制的同時，也有超越而令人奮發的一面」。事實上，存在主義者所謂的「歧義性」（ambiguity）可指涉：（一）客觀上的人類處境，例如僅能以有限測度無限；（二）源自上述客觀處境而產生的主觀體驗，也就是一種「疏離感」（estrangement），時而覺得自己不過是大自然的一部分，時而又覺得自己是寂寞星球上最孤單的物種，甚至根本不屬於這個世界；以及（三）克服這種困境的可能性——以沙特的話說，亦即，人在受困於「現實性」（facticity）的同時，也同時擁有「超越」（transcendence）的能力。

當然，沙特不會接受跳躍作為一種化解歧義的方法，畢竟，關於上帝的賭注，他早在十一歲就下好離手。所以貝克威爾說，宣稱「上帝已死」的另一個存在主義之父尼采（Friedrich Nietzsche），才符合他的口味。尼采認為「正義」的起源來自於不敵強者的弱者心理，一方面因為無法走出受害記憶的「怨念」（resentment），一方面藉此掩蓋了自己想要「報仇」又沒能力的醜陋心態。也因此，他們期待一位遠比敵人更加強大的「自己人」來替他們伸張正義，而這種想法的極致想像就是創造出一位挑揀自己為唯一選民的「上帝」。據此，基督教乃自欺欺人的「奴隸道德」。

沙特進一步認為，舉凡藉由宗教、科學或其他的信仰體系來規範自己，也的確都是同時使用自由又否定自由的「自欺」（bad faith／mauvaise foi）。上帝已死，意味著沒有所謂的「人類本質」等著我們去發掘，換言之，人類的根本事實就是「存在先於本質」（existence precedes essence）——人唯有先存在了，才能想像自己是什麼，想成為什麼樣的人，「人除了自我塑造之外什麼也不是」！

這是一九四五年十月沙特在一場引起售票處暴動的演講中所宣示的想法，講稿隔年出版成書之後旋即掀起了一場從巴黎席捲至全球的文化運動。「存在先於本質」意味著人必須行使自由、作出選擇，過一個真正讓自己覺得有意義的人生。此外，自由也意味著責任。正視自由的存在，包括認清「沒有任何外在事物可以決定自己是誰」，「我的自由必然包括對於他人自由的相互肯認」，以及願意接受行使自由之後的一切後果，才是人們可超越現實性，過一個具有「本真性」（authenticity）人生的方式。

信與不信，不可共負一軛，但能同坐一間咖啡館

沙特一九四五年那一場旋風式演講，大抵延續了尼采的無神論——或至少是「反上帝」的路線。多到令人暈眩的選項中，並不包括基督教信仰。兩個月後，人們聽到了馬賽爾（Gabriel Marcel）在一系列的訪談之中嚴正聲明：存在主義並不一定是無神論，也有基督教的版本。據說，他在火車上聽到一位婦人說：「先生，糟透了，存在主義！我一位朋友的兒子是存在主義者，他跟一個黑妞住在廚房裡！」選擇站在上帝這一邊的馬賽爾，主張人類的根本處境不是將自己與世界區隔或對立的「我與它」（I-It）關係，而是猶太神學家布伯（Martin Buber）在一九二三年藉由《我與你》（*I and Thou*）一書所指出的人格神與受造物之間的關係——此處的「你」是指永恆的上帝。

與沙特分庭抗禮的馬賽爾，無疑是存在主義萬神殿內與齊克果並列的哲學家。不過，隨著存在主義逐漸從哲學運動釀成一場國際性的文化運動，「信」與「不信」的爭議絕不只是個茶杯內的風暴。

但，這真的跟杯子有關。首先，咖啡杯是胡塞爾常用來說明何謂「現象學」的東西。貝克威爾解釋道，作為一種哲學方法，現象學旨在描述事物「在我們經驗之中顯現出來的情況」。操作方式不外是將我們原先的抽象假設、猜測以及各種先入為主的概念「懸擱」（epoché）起來，也就是暫時「放入括弧」存而不論，以還原事物在我們主觀經驗之中的原貌，而非外在客觀世界中的存在樣貌。對人生經驗也是如此。

再者，存在主義者與其先行者的根本差異，在於前者採取了現象學方法。如果以此作為判準，齊克果當然不算存在主義者，因為他終究將「焦慮」置於宗教情境來理解，但，缺乏「神」等先入為主的概念，人如何經驗到神聖？另一方面，尼采雖然注意到了人經驗世界的方式離不開我們的心理投射，不過，他真正關切的是「概念」之起源與心理狀態的關係（例如「正義」與「怨念」），而非特定經驗的現象學描述，畢竟，他的主要目的是「批判」，也就是揭露崇高概念背後那些人所不知的卑劣心態，以及究竟什麼樣的權力關係在支撐這種虛偽的道德。是故，關於一個杯子，尼采最先問的可能是：誰規定喝東西要用杯子？誰說長這種形狀的東西就叫作杯子？焦點在於這「杯子」概念的建構，而不在於當人們用它喝咖啡時，從眼睛到嘴唇到喉嚨整個過程的感受細節。

是故，採取現象描述作為方法的存在主義者，或許比他們的先行者更徹底在意主觀感受，但，描述畢竟也使用語言，而語言則本身又鑲嵌在一個特定的文化和「生活世界」，如何超越先入為主的概念？此外，現象學描述對於道德兩難，例如那位不知道該上前線去對抗納粹或留守家裡照顧母親而求助於沙特的學生，似乎也無能為力。一句「你是自由的，自己作選擇吧！」，就是沙特的全部回應。馬賽爾認為這並不負責任，而且犯了一個把「自由」和「選擇」劃上等號的致命錯誤。

事實上，存在主義者大多接受了馬賽爾的看法。而沙特本人後來也改變了心意，開始關注社會結構對個人的限制，後來更轉向了共產主義，期待政治革命來解放受到壓迫的人。然而，隨著共產黨在冷戰時期日益趨向暴力，另一種「信」與「不信」的問題再次浮現：是否該無條件支持政治革命？共產黨是否等同共產主義？轉向後的沙特選擇了繼續支持。原先加入過共產黨的卡繆，卻選擇了批判。立場的不同最後影響了卡繆的文章能否在沙特主編的刊物出版。後來，兩人老死不相往來。類似的問題也發生在沙特與梅洛龐蒂之間，爭議在於是否該支持共產北韓入侵南韓。不過，這次的結局溫馨多了，梅洛龐蒂在死前還見過沙特一面。

結局頗令人唏噓，倒也不意外。一開始就認齊克果和尼采作父的存在主義，根本多元成家，成員對於「疏離感」、「荒謬」、「本真」等核心概念也都各自表述，更何況是宗教、政治、道德乃至愛情上的實質判斷。甚至，幾乎所有的「存在主義者」都想摘掉頭上這頂帽子。不僅如此，所有嚐過現象學這杯咖啡的人，也都紛紛離去！

不過，我們無需感慨。貝克威爾所刻劃的存在主義者是真誠實踐自己哲學的人。他們的爭辯、反目成仇乃至於愛情上的背叛，都是出自於理念的堅持，或轉變之後的必須誠實面對自己使然——除了海德格之外！是的，相較於作者使用「ambiguous」一詞指涉人類的「歧義性」，並將多位人物之間的衝突描繪成自由所允許的選擇後果，這字用在海德格身上的時候卻專指哲學立場與人格上的「模棱兩可」。真正令作者感慨的是這位提出「本真性」、「共在」、「關心」等概念的哲人，在實踐上卻離自己的思想如此遙遠。

對作者而言，海德格的哲學不過是一位絕頂聰明的人所玩的語言遊戲。或許，與存在主義同期的另外兩個主流哲學學派似乎也是如此。「道德情緒主義」（emotivism）主張，道德評價不過是情緒性語詞，不具客觀性。「邏輯實證主義」（logical positivism）則說，舉凡一切有關「上帝」或「人生意義」等哲學命題都是不具意義，因為它們指涉的事物並不如冰箱裡的蘋果那樣，可以證實存在或不存在。相較之下，作者筆下的存在主義者可愛多了。他們的語言或許誇張，論點指向極端，但他們的提問卻碰觸到了生命根本。兩相對照，前兩個「學派」反顯浮誇，不如存在主義家庭的爭吵來得嚴肅。

當然，五、六十年代的法國「新浪潮」（New Wave）、英國的「憤青世代」（Angry Young Man），以及美國「垮掉的一代」（Beat Generation）也深受存在主義影響，而爵士樂、表現主義繪畫也都能找到存在主義的思想元素。不過，細細品嚐本書的人一定能感受到作者刻劃的這一群人，無論彼此如何思想對立，沒有人宣揚一種指向無病呻吟，把耍廢當格調，舉著「虛無主義」旗幟招搖過市，吶喊「無政府主義」的那種悲觀、反社會的非理性主義。或許，作者有試圖替存在主義平反的動機，或是為了想跟年輕的自己和解。

但是，如果這本書讓您在閱讀之後感到了一絲絲「存在焦慮」或「自由所帶來的暈眩」，別意外，那是因為您來到了存在主義咖啡館——哲學的現場！

（本文作者為倫敦政經學院政治哲學博士，目前任教於國立政治大學，曾任美國哈佛大學訪問學人和台灣高中哲學教育推廣學會〔Phedo〕理事長）

第一幕
先生，糟透了，存在主義！

三人正啜飲著杏子雞尾酒，許多人徹夜談論自由，更多人一生從此改變……這就是存在主義嗎？

有人說，與其說存在主義是哲學，倒不如說它是一種心境。追根究柢，它可以追溯到十九世紀苦悶的小說家，更遠可追溯到被無聲無息的無盡空間嚇得要死的巴斯卡（Blaise Pascal），更遠嗎？還有埋首省思的聖奧古斯丁（St. Augustine）、《聖經・舊約》中大嘆「虛空」的〈傳道書〉（訓道篇）作者，甚至是敢於質疑上帝在他身上搗鬼但最終臣服於上帝威嚴的約伯；總之，可追溯到對所有事滿懷怨憤、心存叛逆或備感疏離的任何人。[1]

但我們也可以換一個方向，把現代存在主義的誕生定在一九三二至三三年之交的一個時刻。當時，三個年輕哲學家坐在巴黎蒙帕納斯路（rue du Montparnasse）的煤氣燈（Bec de Gaz）酒吧，聊著最新的軼聞，喝著酒吧特製的杏子雞尾酒。[2]

三人中後來最詳細講述這個故事的是西蒙．波娃（Simone de Beauvoir）。她當時年約二十五歲，沉溺於用她那雙優雅而深邃的眼睛察看世界。陪伴在側的是尚保羅．沙特（Jean-Paul Sartre），她這位二十七歲的男朋友肩膀渾圓，嘴唇像石斑魚般下斂，膚色斑駁，有一對招風耳。還有，他雙眼外瞥，因為右眼近乎失明，目光總是散漫地向外掃射，結果就是嚴重的外斜視，視線無法協調。不明就裡的人總覺得，他跟你說話時像無法集中精神；可是如果你盡量專注於他的左眼，就一定會發現那眼神正帶著溫厚的睿智凝視著你——眼睛的主人對你告訴他的所有事物都興味盎然。

沙特和波娃這刻肯定興致勃勃，因為同桌的第三個人給他們捎來了新消息。他是沙特溫文爾雅的老同學雷蒙．阿宏（Raymond Aron），他和沙特都畢業於巴黎高等師範學院（Ecole normale supérieure）。跟同桌的另外兩人一樣，阿宏是來巴黎過寒假的。不過沙特和波娃都在法國國內教書——沙特在勒阿弗爾（Le Havre），波娃在盧昂（Rouen），阿宏卻在德國柏林念書。他告訴兩位朋友，在彼邦發現了一種哲學，名字婀娜多姿，叫「現象學」（phenomenology）。好一個長長的詞語，可是不論法文還是英文，都優雅地勻稱，像詩歌音步組成的抑揚三步格。

阿宏大概這樣說：傳統哲學家往往從抽象的原則或理論起步，德國現象學家卻一步跨出去面對每一刻所經驗的人生。他們不再理會大部分自柏拉圖（Plato）以來讓哲學忙個不停的謎題：譬如世間事物是否真實，或如何能對所有事都獲得肯定無疑的認知。取而代之，他們指出，一旦哲學家從這種謎題提出疑問，就已經墜入一個充滿著事物的世界；起碼可說，充滿著事物的「形相」，或稱為「現象」（phenomena，來自希臘文，意謂「呈現形相之物」）。既然如此，為什麼不乾脆聚焦於與現象的接觸，而對其他置之不理？那些舊式謎題也不是就此遭拋諸腦後，而是不妨說「把它們放進括弧」，那麼哲學家就可以處理更腳踏實地的事了。

現象學主要思想家埃德蒙德・胡塞爾（Edmund Husserl）振臂高呼：「回歸事物本身！」[3]這表示：不要浪費時間在事物堆積起來的詮譯，尤其不要花時間質疑事物是否真實。就看呈現在你眼前的「這東西」，不管它是不是實在的，只管盡可能確切描述它。另一位現象學家馬丁・海德格（Martin Heidegger）又添加了不一樣的解讀。他說，世世代代以來，哲學家把時間浪費在次要問題上，而忘記問一個最重要的問題：存在（Being）的問題。我們說某事物「存在」，說自己「存在」，是什麼意思？他認為，除非你懂得問這個問題，否則將始終不得要領。同樣，他建議採用現象學方法：拋開智性糾葛，把注意力集中在事物本身，讓它們自行顯現在你眼前。

「你瞧，我的小伙伴（*mon petit camarade*，這是他們念書時阿宏對沙特的暱稱），」阿宏說：「如果你是個現象學家，就可以從這杯雞尾酒大談哲學！」

在波娃筆下，沙特聽了突然一臉慘白。更戲劇化的是，她字裡行間暗示自己和沙特從沒聽說過現象學。事實上，兩人曾試著讀一點兒海德格。沙特早年一篇文章一九三一年在《比弗》（*Bifur*）雜誌發表時，雜誌同時刊登了海德格〈何謂形上學〉（What Is Metaphysics?）的譯文。但波娃談到這篇演講稿時說：「我們讀來一竅不通，看不到什麼感興趣的。」[4]可是在這一刻他們看到了：它是一種哲學方法，把哲學跟日常生活經驗重新聯繫起來。

他們對這個新的開始期待已久。在中學和大學念書時，沙特、波娃和阿宏都啃過法國學生要應付的艱澀哲學課程，重頭戲要不是認識論的問題，就是對伊曼努爾・康德（Immanuel Kant）沒完沒了的詮釋再詮釋。認識論的問題一個引向另一個，像萬花筒的影像反來覆去，總是回到原來的起點：我相信我認知某事，但我怎麼能夠認知，我認知所認知的事？對這三位學生來說，這是吃力而徒勞的苦差事，儘管他們考試都考得很好，卻始終不能滿足，沙特尤其如此。他畢業後曾暗示，正孕育一種「破舊立新」的哲學，但究竟那是什麼模樣，卻總說不清，因為他根本拿不出什麼主意來。[5]他想來想去，還是停留在徒具叛逆精神的階段。如今似乎有人捷足先登。如果沙特對阿宏捎來的現象學新知一臉茫然，也許就是興奮莫名的同時，也在大感氣惱。

不管怎樣，沙特永遠忘不了那一刻，四十年後他在一次訪問說：「我可以告訴你，我被一舉擊倒了。」[6]真正的哲學終於出現了。據波娃所說，沙特衝到最近的書店，大聲嚷著說：「把這裡每一本有關現象學的書拿給我，快！」他們拿得出來的，就是胡塞爾的學生伊曼紐爾．列維納斯（Emmanuel Levinas）所寫薄薄一冊的《胡塞爾現象學的直觀論》（*La théorie de l'intuition dans la phénoménologie de Husserl*）。那是一本尚未裁開來的毛邊書，沙特來不及找裁紙刀，就徒手把書頁撕開，一邊往街上走一邊讀了起來。他就像初次與喬治．查普曼（George Chapman）翻成英文的《荷馬史詩》邂逅的濟慈一樣：

然後我恍如觀星者，
目睹新星潛入視野；
又似勇者柯特茲（Cortez）銳眼掃射，
瞥見了太平洋。啊！君不見——
一行人面面相覷，相視無言，
呆立達連（Darien）山巔。[7]

沙特是大而化之的人，也不甘於沈默，但現在的他肯定滿腹疑團。阿宏看他一腔熱情，便建議他這個秋季到柏林去，在法國文化中心研習，就像阿宏一樣。沙特可以學習德語，讀現象學家的原文，就近吸收他們的哲學能量。

當時納粹勢力竄起，一九三三年不是前去德國的理想時機。但那是沙特改變人生方向的好時機。他對教學感到厭倦，對大學裡所學的感到厭倦，對於自兒時以來一直期望自己成為天才作家而迄無成果感到厭倦。他知道，要寫他想寫的——不管是小說、散文，還是其他什麼，他首先要踏上冒險之旅。他屢有奇想：到君士坦丁堡（Constantinople）跟碼頭工人一起幹活，到希臘阿索斯山（Mount Athos）跟修士一起冥想，去印度跟賤民一起過躲躲藏藏的生活，又或去紐芬蘭（Newfoundland）海岸跟漁夫與風暴搏鬥。可是如今，光是不用在勒阿弗爾教導學童就夠冒險了。[8]

他安排好暑假過後去柏林研習。當他年底回國，將帶回來揉合多種元素的新哲學：德國現象學方法，摻雜了早些時候丹麥哲學家齊克果（Søren Kierkegaard）等人的概念，再在起點上以他自己的文藝觸覺加入獨特的法式風味。他以更令人興奮、更個人化的方式把現象學應用到一般生活上，是現象學創始人從沒想像過的，他因此創造了一種新的哲學——現代存在主義，風靡國際，卻始終帶著巴黎風情。

沙特這項發明的精采之處，在於他真的把現象學變成了杏子雞尾酒的哲學，也是侍酒服務生的哲學，又是塵世浮生種種形相與種種感覺的哲學：不管那是期待、倦怠、憂慮、興奮，還是山坡上的漫步、情人間的激情、怨偶間的怨懟、巴黎的花園、勒阿弗爾寒冷秋日的海岸，甚至沙發襯墊太厚太軟、美人春睡雙乳盪漾、拳擊比賽刺激緊張，又或一部電影、一首爵士歌曲、一眼瞥見陌路人相逢街燈下。他的哲學可以來自一刻的眩暈、一瞬的偷窺，還有羞恥感、虐待狂、革命、音樂和性愛——很多很多的性愛。

沙特之前，哲學家動筆寫的是小心翼翼的命題和論辯，沙特動筆寫起來卻像個小說家。毫不意外，他就是個小說家。在他的長篇或短篇小說、戲劇和哲學論文中，他描寫世間的感官知覺，以及人生的結構和意境。尤其重要的是，他筆下有一個重大課題：自由是怎麼一回事？

對他來說，自由是所有人類經驗的核心，把人類跟其他萬物區別開來。其他物體只是呆著不動，靜待外力推動或拉動。他又相信，即使人類以外的動物，大部分也只是順著本能或所屬物種的行為特性而動起來。人類卻完全沒有預定的天性，每個人透過選擇做些什麼，而塑造自己的本性。當然個人可能受到生理，或是文化和個人背景等因素影響，但所有這些元素湊合起來也不會成為塑造個人的完整藍圖。我總是比自我先走一步，邊走邊把自我塑造出來。

沙特用一個只包含三個詞語的口號，把這項原則概括起來，在他看來足以界定存在主義：「存在先於本質」（Existence precedes essence）。[9] 這道方程式以簡潔見稱，卻失諸難以理解。但粗略而言它所指的是，當我發覺自己墜入塵世，我便隨之把自己的定義（或說本性、本質）創造出來，這在其他物體或非人類生命個體身上，是從來不會發生的。你也許認為你已經用一些標籤把我界定了，但你弄錯了，我總是創作中的未完成作品。我不斷透過行動創造自我，在沙特看來，這對於人生在世的境況具有根本意義，簡直就是「人的境況」（the human condition）——從最初有知覺的一刻，到死亡把知覺抹掉的一刻。我，就等於自身自由的體現：兩者完全相等。

這是個令人著迷的概念，待沙特賦予它完整定義之後，就馬上成為哲學界的明星，當年正好是第二次世界大戰最後一年。他成為眾人所歡迎而追隨求教的導師，他接受訪問，在鏡頭下亮相，受委託撰寫論文和序文，獲邀加入委員會，在電台廣播。他經常受邀談及非他專精的課題，他也從來總不會拙於應對。波娃也撰寫小說、廣播稿、日記、散文和哲學論文，都包含統一的哲學觀點，跟沙特的觀點相近，不過那主要是她自行發展出來的哲學，重點也有所不同。兩人一起學術演講，一起推介新書，有時在討論會中置身高高在上的坐位，儼如登上王座，與他們的存在主義天王天后身分匹配。[10]

沙特首次察覺到他成為了名人，是在一九四五年十月二十八日。當天他在巴黎的中央會堂（Salle des Centraux）為時代俱樂部（Club Maintenant）舉行公開演講會。他和主辦機構都低估了他的演講能吸引多少人慕名到場。售票處陷入暴亂；很多人無法走近購票，乾脆無票硬闖進場。在擠擠撞撞中椅子給撞毀了，有幾個聽眾因為場內異常酷熱而昏倒了。《時代雜誌》（*Time*）一幀照片配上了這樣的圖說：「哲學家沙特。女士們如痴如醉。」[11]

這次演講十分成功。身高才五呎左右的沙特，在人群中肯定幾乎被淹沒，但他精采萬分地闡述了他的哲學概念，後來把演講內容改寫成書——《存在主義是一種人文主義》（*L'existentialisme est un humanisme*）。不論演講還是這本書，高潮都在一起軼事，對當時的聽眾來說那是耳熟能詳的事，因為納粹的占領及其後的解放記憶猶新。這個故事也足以概括沙特哲學發聾振聵的價值和吸引力。

沙特說，法國被納粹占領期間，某天一位昔日的學生前來求教。這個年輕人的兄弟在一九四〇年法國投降前的一次戰役中喪生，他的父親拋妻棄子變成通敵者，母親只能仰賴身邊僅存的這個兒子陪伴支持。但這個年輕人卻渴望從邊境偷渡到西班牙再前往英國，加入流亡自由法國的軍隊對抗納粹，展開血戰，為兄弟復仇，否定父親的所作所為，為光復國家出力。問題是，母親會獨自處身險境，能否找到食物果腹也是個問題，德國占領者也可能給她找麻煩。因此，這個年輕人的正確作法是陪在母親身邊嗎——這樣顯然有人可以受惠，但只限母親一人，抑或他應該豁出去搏一搏，為眾人的福祉參軍？

今天的哲學家依然為瞭解答這類倫理難題而糾纏不休。沙特這個謎題，跟有名的「電車難題」（trolley problem）[12]異曲同工。在這個思想實驗中，假想你看到一列失控的火車或電車沿著軌道猛衝，而前面不遠處，有五個人被縛在軌道上。如果你什麼也不做，那五個人就會喪命，但你發現可以撥動一根控制桿使列車轉到鐵路側線。可是如果這樣做，一個人勢必喪生：他被縛在另一條軌道的位置，如果不是因為你的行動，或可逃過一劫。那麼你打算讓這個人犧牲，還是撒手不管讓五個人死亡？（有另一個版本稱為「胖子難題」：你可以從附近一座橋上把一個大胖子拋到軌道上令火車出軌。這個難題更直逼內心，更難抉擇，因為你要直接出手造成那人喪生。）沙特那位學生的抉擇可看作「電車難題」，但更為複雜，因為他不確定前往英國實際上能否幫到誰，也不確定離開母親是否會令她遭受嚴重打擊。

沙特不打算採取哲學家的傳統作法，透過倫理算計尋求出路，更遑論當個所謂「電車難題專家」。他引導聽眾更個人化地思考問題。面對這個抉擇是怎麼一回事？一個心亂如麻的年輕人實際上該怎麼處理這個何去何從的抉擇？誰幫得上忙，怎樣幫忙？對於最後一個問題，沙特的解答，是從誰無法幫得上忙著手。

那位學生來找沙特之前，曾想過向傳統道德權威求助。他曾考慮找神職人員——可是這類人有時本身就是通敵者，而且不用說也可知道，基督教的倫理只能告訴他愛他的鄰人，善待他人，卻不具體指明他人是誰：他的母親還是他的國家。另外，他考慮去找念書時念過的那些哲學家——他們被奉為智慧的泉源。但哲學家太抽象，對自己這個處境恐怕沒有什麼好說的。然後，他嘗試傾聽自己心裡的聲音，看看能不能從內心深處找到答案。然而卻行不通，他只聽到喧鬧的聲音各有主張（比如說：我一定要留下，我一定要去，我一定要做勇敢的事，我一定要做個好兒子，我要付諸行動，但我心裡害怕，我不想送死，我要出走。我要做一個比父親好的人！我真的愛國嗎？還是假裝愛國而已？）。面對這一堆雜音，他甚至不能信賴自己。最後，這位年輕人只能求助於昔日的老師沙特，知道他起碼不會給自己一個老生常談的答案。

一點不錯，沙特聽了他的難題後，只是說：「你是自由的，自己做選擇吧，也就是說，要創造出路。」他說，這個世界不會恩賜絲毫的指示，也沒有哪一種傳統權威，能解除自由加在你身上的重擔。你可以盡其所能小心翼翼衡量各種道德和現實因素，但最終必須放手一摶採取行動，自行決定那是什麼行動。[13]

沙特沒有告訴我們，這位學生覺得他的忠告有沒有用，也沒有透露學生的最終決定。我們不曉得是不是真的有這樣一個學生，抑或那是把幾個年輕朋友的難題集於一身，甚或那完全是虛構的。但沙特要聽眾領悟的是，每個人都像那個學生一樣自由，即使他們的處境沒那麼戲劇性。沙特指出，你可能認為自己在遵從道德律，或認為自己這樣行事是因為心理結構、過往經驗或周遭發生的事。這些因素可能有它的作用，但這一切湊合起來，其實只是構成要你有所行動的那個「處境」。即使那個處境令你無法抵受——譬如面臨行刑，遭祕密警察囚禁，或即將從懸崖掉下，你仍然可以在思想和行動上自由抉擇。你從眼前處境出發，選擇出路，也就是選擇成為怎樣的人。

如果這聽起來很困難，令人手足無措，不錯，確實如此。沙特並不否認，不斷做抉擇，就不斷惹來焦慮。他更把焦慮凸顯出來，指出你所做的事**至關重要**：你作出選擇時，應該像為全人類作出選擇一樣，扛起人類整體如何行事做人的重責大任。如果自欺欺人逃避責任，就會被環境因素或糟糕忠告所害，無法達成人生的要求，只會墜入虛假的存在，把自己跟存在的「屬己性」（authenticity）割裂開來。

但除了這可怕的一面，也有令人期待的美好一面：沙特的存在主義，意味著自由和屬己性是可以實現的，只要努力不懈就行了。在令人害怕的同時，這也同樣令人興奮，而且出於同一原因。沙特在這次演講後不久接受訪問，如此概括他的想法：

沒有預定路徑引導人獲得救贖；個人必須不斷開創自己的出路。在開創過程中，個人是自由的、負責的，沒有藉口，每個希望都來自內心。[14]

這是令人振奮的想法，在一九四五年尤其具吸引力，當時固有社會政治制度被戰爭摧毀。在法國等地，有很好的理由叫人忘掉剛過去的歷史，忘掉這段日子裡的道德妥協和恐怖氛圍，著眼於新的開始。但還有更深層的原因，促使大家尋求振興力量。沙特的聽眾聽到這個訊息時，歐洲大片地區正淪為廢墟，納粹殘害生靈的集中營曝光，廣島和長崎被原子彈夷為平地。戰爭令民眾體會到，自己和其他人都有可能完全脫離文明規範，固定不移的人性變得可疑。不論從舊世界脫繭而出的是怎樣一個新世界，它的構建過程沒有既定可靠指南，不能仰賴固有權威，像政界人士、宗教領袖甚至哲學家——處身遙遠抽象世界的舊式哲學家。可是現在有一種新的哲學家，準備前來參與，是肩負起這項任務最適當不過的人選。

沙特在一九四〇年代中期面臨的重大問題是：我們既然是自由的，那麼在充滿挑戰的時代，該怎麼善用我們的自由。在演講的同一個月，也就是一九四五年十月，廣島原爆發生不久之後，沙特發表了論文〈戰爭的終結〉（The End of the War），文中鼓勵讀者作出抉擇：選擇他們想要的世界，把它實現出來。他說，從這一刻開始必須體認到而且時刻記住，我們可能隨意毀滅自己，毀滅人類所有歷史和地球上所有生命。能制止我們這樣做的，只有我們的自由選擇。如果我們要生存下去，就要**決意**活下去。他就是這樣，為不久前把自己嚇得要死的人類，提供了一種量身訂作的哲學，而人類此刻也準備好，要變得更成熟，要負起責任。[15]

沙特的著作和演說，對一些組織或體制的權威構成挑戰，招來猛烈反撲。天主教會在一九四八年把沙特所有著作列入「禁書目錄」，包括他的哲學巨著《存在與虛無》（*Being and Nothingness*）以及他的小說、戲劇和散文。[16]他們的擔心不無道理，沙特所講的自由，可能令人質疑自己的信仰。波娃更具挑撥意味的女性主義論著《第二性》（*The Second Sex*）也被列為禁書。政治保守主義者不喜歡存在主義是意料中事；比較令人意外的是，馬克思主義者也痛恨它。很多人印象中沙特是共產政體的維護者，可是在很長一段時間裡他受到共產黨詆毀中傷。說到底，如果大家堅持認為自己是自由的個體，有組織的革命又怎麼會發生？馬克思主義者認為人類命中注定要經歷既定的階段，才能抵達社會主義的天堂；他們沒有預留空間，讓個人為自己行為負責。儘管各從不同意識形態出發，存在主義的反對者眾口一詞，就像《新文學》（*Les nouvelles littéraires*）雜誌一篇文章所說的：「那是令人噁心的大雜燴，充斥著哲學上裝腔作勢、模稜兩可的夢囈，還有生理上的惺惺作態、病態的品味和欲拒還迎的色情心態……那是叫人必欲壓毀它而後快的顧影自憐的胚胎。」[17]

各方的攻擊只會令存在主義對青年和叛逆者的吸引力不減反增，成為他們的生活方式和時尚標籤。從一九四〇年代中期起，「存在主義」成為一個簡稱，用來代表那些追求自由戀愛和徹夜隨爵士樂跳舞的人。就像演員和夜總會經營者安・瑪麗・卡薩莉（Anne-Marie

Cazalis）在回憶錄說：「如果你才二十歲，在一九四五年，經歷四年被占領後，自由就表示可以在清晨四、五點才上床睡覺。」[18]它也表示敢於開罪長輩，蔑視固有秩序；還可以表示跟不同種族、不同階級的人混在一起。哲學家加布里爾．馬賽爾（Gabriel Marcel）在火車上聽到一位女士說：「先生，糟透了，存在主義！我一位朋友的兒子是存在主義者，他跟一個黑妞住在廚房裡！」[19]

一九四〇年代興起的存在主義次文化，發祥地在巴黎左岸的聖哲曼德佩修道院（Saint-Germain-des-Prés church）一帶，這個地區不論好歹今天仍令人聯想到這種思潮。沙特和波娃多年來住在聖哲曼區的廉價旅館，成天在咖啡館寫作，主要是因為這裡比起沒有暖氣的廉價旅館來得溫暖。他們最愛到花神咖啡館（Café de Flore）、雙叟咖啡館（Les Deux Magots）和拿破侖酒吧（Bar Napoléon），全都在聖哲曼大道和波拿巴路（rue Bonaparte）交叉口。花神咖啡館是最好的，因為當吵鬧的記者和過路人造成太大騷擾時，老闆有時會讓他們到樓上的私人房間工作。[20]可是他們也愛樓下一桌一桌生氣勃勃的用餐客——起碼早期是這樣：沙特喜歡在公共空間鬧哄哄而忙亂的環境中工作。[21]他和波娃招集一伙人為伴，包括朋友、同事、藝術家、作家、學生和情侶，大家七嘴八舌，煙霧繚繞的吸著香菸或菸斗。

咖啡館時光之後，又可以隱蔽地沉潛到爵士樂中：在洛里昂夜總會（The Lorientais），克洛德．路德（Claude Luter）樂團演奏藍調、爵士和繁音拍子（ragtime）；塔布夜總會（Tabou）的明星則是小喇叭手兼小說家鮑希斯．維昂（Boris Vian）。你可以隨著爵士樂參差錯落、如泣如訴的樂音搖動身軀，也可以在幽暗角落一邊辯論屬己性的問題，一邊欣賞茱麗葉．葛瑞科（Juliette Gréco）的磁性嗓音——她是卡薩莉的朋友和知音，一九四六年來到巴黎後就成為有名的歌手。她和卡薩莉，還有維昂的妻子蜜雪兒（Michelle）會留意洛里昂和塔布新來的客人，把看來不合適的人拒諸門外，不過據蜜雪兒說，「只要他們看起來有趣——也就是說手臂夾著書本」，就會大開方便之門。[22]這裡的常客很多是作家，夾著自己的著作進場，特別值得一提的是雷蒙．格諾（Raymond Queneau）和他的朋友莫里斯．梅洛龐蒂（Maurice Merleau-Ponty），兩人都是透過卡薩莉和葛瑞科發現了夜總會的天地。

葛瑞科開創新時尚，她那又長又直的存在主義髮型，有記者形容為「遇溺者」裝扮；她穿厚厚的毛線衣和捲起衣袖的男裝外套，看來也很時髦。她說，最初把頭髮留那麼長，是為了在戰亂日子裡取暖；[23]波娃也提到她配戴頭巾的習慣出於同一原因。[24]存在主義者愛穿破舊的襯衫和雨衣；有些人鬧著玩穿起類似龐克族的奇裝異服。有記者報導，一位青年「背部披上一件破破爛爛、體無完膚的襯衫」招搖過市。他們還選定了最具代表性的存在主義裝束——黑色高領毛衣。[25]

對這些叛逆分子來說，就像較早時的巴黎波希米亞浪人和達達主義者（Dadaist），任何危險、挑撥性的事物都是好的，而所有討喜、中產階級的東西都是壞的。波娃很愛講一位朋友的故事，那位德國藝術家是個酒鬼窮光蛋，名叫沃爾斯（Wols）——那是他的本名阿爾弗雷德．奧托．沃夫岡．舒茲（Alfred Otto Wolfgang Schulze）的簡稱。他在社區裡靠行乞和撿破爛為生。某天當他跟波娃在酒吧露台上喝酒，一位看似富人的男士停下來跟他聊天。那人離開後，沃爾斯轉身過去尷尬地跟波娃說：「對不起，那傢伙是我的兄弟，是個銀行家！」[26]這令波娃感到妙不可言，他的道歉，正好像銀行家被瞥見跟流浪漢說話而表示抱歉一樣。這種顛覆成規的看法若在今天看來也許沒那麼怪異，因為經歷了幾十年的反主流文化顛覆運動，但在當時，仍然會讓一些人震驚，而讓另一些人興味盎然。

新聞工作者可以憑著存在主義圈子的桃色新聞大發利市，波娃和沙特的戀愛生活尤其引起他們的興趣。大家都知道這對伴侶維持著開放式兩性關係，也就是說兩人是彼此的基本長期伴侶，但可以自由跟其他情人交往。兩人都熱情地享用這種自由。波娃後來有幾段較矚目的戀情，對象包括美國作家倪爾森．愛格林（Nelson Algren），以及後來拍攝長達九小時的納粹大屠殺紀錄片《浩劫》（*Shoah*）的法國製片家克勞德．朗茲曼（Claude Lanzmann）。身為女性，波娃的行為受到較嚴厲的批判，但新聞界也愛嘲諷沙特層出不窮的性愛誘拐行為。《星期六晚報》（*Samedi-soir*）一九四五年的一篇報導指稱，沙特把女性引誘到臥室的技倆，就是讓她們嗅一下他的卡門貝爾乳酪（Camembert）。（好的乳酪在一九四五年不容易找到。）[27]

事實上，沙特用不著拿乳酪哄女性上床。看過他的照片也許覺得不可思議，但他的成功，更多出自他表現出來的機智和信心，而不是他的外表。他一談起思想來，馬上魅力四射，但他也是個有趣的人：他能用很不錯的嗓子唱出〈老人河〉（Old Man River）和其他熱門爵士歌曲，能彈鋼琴，還會模仿唐老鴨。[28]且看阿宏筆下學生時代的沙特：「他一開口說話，機智表現就抹掉臉上的雞皮疙瘩，相貌上的難看消失無蹤。」跟沙特熟稔的薇奧麗．賴朵絲（Violette Leduc）也認為，沙特的臉永遠不會難看，因為閃耀著智慧的光芒，而且他「像火山爆發一樣真誠」，「像犁翻過的泥土一樣寬容」。雕刻家亞柏多．賈克梅第（Alberto Giacometti）給沙特畫素描，一邊畫一邊驚嘆：「多密集！多有力的線條！」沙特有一副時刻在發問的哲學臉孔：臉上的一切，在眼耳口鼻之間不對稱地轉動，把你引向他方。他可以把人耗得精疲力盡，但他不會令人生厭，圍繞著他的仰慕者愈來愈多。[29]

對沙特和波娃來說，他們的開放式關係不光是權宜之計，也是哲學抉擇，活出他們的自由理論。中產階級的婚姻模式對他們毫無吸引力，因為它囿於性別角色的嚴格區分、對不貞的掩飾，以及只著眼於財產和子女的積累。他們沒有子女，沒有財產，甚至從來沒有住在一起，儘管他們把雙方的關係放在首位，幾乎每天見面一起工作。

他們還在其他方面把哲學變成現實生活的一部分。兩人都認為應該投身政治活動，只要覺得有誰的理想值得支持，便不吝付出時間、精力，押上名譽。年輕朋友開展事業或尋求財務支援，都會向他們求助，他們也都願意費力栽培門生。他們撰寫大量引發爭論的文章，發表在他們一九四五年與朋友共同創辦的《摩登時代》（*Les Temps modernes*）雜誌。一九七三年創刊的主要左翼報紙《解放報》（*Libération*），沙特也是共同創辦人。該報幾經轉折，包括政治立場轉趨溫和，又一度瀕臨破產。但這兩份報刊到了本書撰寫的這一刻仍在刊行。

隨著他們聲望日益高漲，周遭一切像合謀引誘他們走進社會既定體制，但沙特和波娃始終堅持做體制外的知識分子。兩人都不是傳統意義上的學者，就憑當中學教師和自由寫作人維生。他們的朋友也是這樣：都是劇作家、出版人、記者、編輯或隨筆作家，只有寥寥可數的大學圈內人。沙特在一九四五年因為參與二戰抵抗運動而獲頒法國榮譽軍團勳章（Légion d'honneur），一九六四年又獲頒諾貝爾文學獎，但他都拒絕接受，聲稱身為作家要迴避各種利益和影響，保持獨立。波娃在一九八二年也基於同樣原因拒絕接受榮譽軍團勳章。在一九四九年，方斯華・莫里亞克（François Mauriac）提名沙特為法蘭西學術院（Académie française）院士候選人，也遭他拒絕。[30]

沙特曾在日記寫道：「我的人生和我的哲學是同一回事。」[31]他毫不畏縮地堅持這項原則。人生與哲學的結合，也使他對他人的人生感興趣，成為了創新的傳記作家。他的傳記作品洋洋灑灑有二百萬字，研究對象包括波特萊爾（Baudelaire）、馬拉美（Mallarmé）、惹內（Genet）和福樓拜（Flaubert），還有他自己童年的回憶錄。[32]波娃也蒐羅自己和朋友種種人生細節，整理成四大冊自傳，還加上她母親的回憶錄，以及她和沙特晚年生活的回憶錄。

沙特的生活經驗和怪癖，甚至出現在他最嚴肅的哲學論文中。這帶來古怪的結果，因為他接觸的事，包括迷幻藥影響下的糟糕幻覺、與情人和朋友的種種尷尬處境，以至對樹木、黏稠液體、章魚和甲殼動物的怪異迷戀。但根據阿宏最初在煤氣燈酒吧提出的原則——「你可以從這杯雞尾酒大談哲學」，這一切可說合情合理。哲學的話題，包括你在生活中所經驗的一切。

這樣把哲學思想與人生交織起來，可以追溯到悠久的傳統，只不過存在主義者賦予它意義上新的轉折。古希臘羅馬的斯多噶學派（Stoic）和伊比鳩魯學派（Epicurean），都是透過哲學追求更美好的生活，而不是純粹追求知識或智慧。他們相信，以哲學方法思考人生中難以預測的變化，可以令自己變得更堅忍不拔，更能超脫周遭環境，更能管控喜、怒、哀、懼、失望和焦慮。對這個流傳後世的傳統來說，哲學不是純粹的智性追求，也不是廉價的人生自助技倆，而是一種修養，讓你活出圓滿而負責的人生。

多個世紀以來，哲學逐漸變成一種在學院或大學從事的專業，而浸淫其中的學者，有時還為了這門學科的精純無用而自豪。可是把哲學看作生活之道的傳統，像背後的陰影般延續下來，往往是拜那些從主流高等學府縫隙鑽出來的異議人士所賜。十九世紀的兩位異議者齊克果和尼采（Friedrich Nietzsche），對後來的存在主義者影響尤其巨大。他們兩人都不是學院派哲學家：齊克果從來沒有大學教席，尼采是古希臘羅馬語文學教授，但因為健康問題提早退休。兩人都是個人主義者，性格上傾向與主流對抗，觀點立場刻意令人感到不自在。跟他們相處幾個小時以上，肯定難以忍受。他們扮演先行者角色，不在現代存在主義故事主體內，但對故事的發展有重大影響。

齊克果一八一三年出生於哥本哈根，他在新的意義下，用「關乎存在」（existential）一詞指稱與人類存在問題相關的思考，為這種思路奠定基礎。他一八四六年的一部著作，在彆扭的書名裡用上這個詞語——《對哲學片簡之最終非學術的附筆：模擬—悲憫—辯證式綜論：一個關乎存在的切入點》（*Concluding Unscientific Postscript to Philosophical Fragments: a mimical-pathetical-dialectical compilation: an existential contribution*）。[33]這個古怪書名是他的典型風格：他的著作愛玩這種遊戲，對於怎樣的語句引人注目，他有獨到眼光：他的其他著作包括《來自一個仍活著的人的論文》（*From the Papers of One Still Living*）、《非此即彼》（*Either/Or*）、《恐懼與戰慄》（*Fear and Trembling*）、《憂懼的概念》（*The Concept of Anxiety*）和《死病》（*The Sickness Unto Death*）。

齊克果本身的處境，讓他在有利位置上瞭解人類存在的棘手問題和困境。他個人的一切都不合乎常規，包括走路的姿態——因為他脊椎扭曲，還因此受到仇敵殘酷的嘲弄。宗教問題使他飽受折磨，他覺得自己和別人格格不入，大部分時間過著孤獨的生活。但他有時會走出去，在哥本哈根的街道上「沐浴於人世間」：他抓住相識的人，逼著對方邊走邊跟他進行冗長哲學討論。當他大踏步走著，夸夸其談，舞著拐杖，同行的人只好狼狽地跟在身旁。他的朋友漢斯．布魯克納（Hans Brøchner）回想與齊克果同行的情景：「你總是被他推呀推的，推到房子牆邊，推到地下室樓梯井，推到排水溝旁。」[34]很多時，你要往齊克果另一邊跑，才重新獲得容身之地。齊克果認為，在別人踏步向前時擾亂他的步伐，是合乎原則的作法。他曾寫道，他愛叫人騎在馬背上，然後讓馬在驚嚇之下疾馳，或讓別人騎一匹跛馬，又或給別人的馬車拴上兩匹跑得快慢不一的馬：他會作出許多刺激別人的事，只為了讓別人體會到存在的「激情」是怎麼一回事。[35] 齊克果本性就愛挑動別人，他對同時代的人挑起爭端，搞砸人際關係，老是把一切變得難以應付。他曾寫道：「抽象是漠不關心的，但對於一個存在的人來說，他的存在就是最值得關心的。」[36]

他把同樣的好辯態度施加於哲學史上的人物。比方說，對於勒內·笛卡兒（René Descartes）從「我思，故我在」（*Cogito ergo sum*）把現代哲學建立起來，齊克果不以為然。他認為，笛卡兒倒果為因。按照他的觀點，存在是最先的：它是我們所做的所有事的起點，不是邏輯推理的結果。我的存在是主動的：我把它活出來，我選擇了它，這先於我對自己的任何陳述。而且，我的存在是「屬於我的」，是個人的；笛卡兒的「我」是一般性的，可用在任何人身上。但齊克果的「我」，屬於一個好辯的、苦惱的異議者。[37]

齊克果也對黑格爾（G. W. F. Hegel）提出異議。在黑格爾的哲學觀點下，世界透過一連串「意識形式」（form of consciousness），以辯證（dialectic）方式演進，每個階段取代前一階段，直到昇華成為「絕對精神」（Absolute Spirit）。黑格爾的《精神現象學》（*Phenomenology of Spirit*）帶引我們攀上的高峰，就像《聖經》的〈啟示錄〉一樣氣象恢宏，但它的結局不是讓所有人分別處身天堂或地獄，而是全體納入宇宙的知覺中。齊克果用典型的棘手問題來反駁：如果我選擇不要成為「絕對精神」的一部分又如何？又或我拒絕被吸納進去，堅持

「我」的身分？

沙特曾閱讀齊克果的著作，對他的特立獨行精神和他敢於背叛往日的大型哲學體系十分神往。他也把齊克果對「存在」一詞的特別用法挪用過來；那代表一種人性化的存在，我們透過每一步「非此即彼」的選擇而創造自我。沙特也同意齊克果所說的，這種持續不斷的選擇帶來普遍的憂懼，就像在懸崖上往下望的眩暈。那種恐懼不在於害怕掉了下去，而在於無法信賴自己不會把持不住跳了下去。你的腦筋在轉動，你想抓住些什麼，讓自己穩住，但面對自由帶來的險況，沒那麼容易安穩下來。齊克果寫道：「憂懼就是自由帶來的頭昏眼花」。齊克果和沙特看法一致：我們整個人生，就活在懸崖邊緣。

但齊克果另一些思想是沙特絕不接受的。齊克果認為「憂懼」（Angst）的解決辦法就是靠著「信心的跳躍」（leap of faith）躍到上帝懷裡——不管你能不能確切感到神就在那裡。這是向「荒謬」（Absurd）一躍而下，躍進不能用理性證實或合理化的一種景況。[38]沙特對此毫不在意。他年紀輕輕就放棄了宗教信仰：似乎就在他十一歲左右，當時站在巴士站旁，他只知道，突然間，神不再存在了。[39]他的信仰再也沒有重新回來，因此終生是堅定的無神論者。波娃也一樣，丟棄了自小接受的宗教教養。齊克果包含神學元素的存在主義，有其他思想家以不同方式演繹，但沙特和波娃卻抗拒到底。

對沙特和波娃來說，更合他們口味的哲學來自另一位十九世紀存在主義先行者——尼采。尼采一八四四年生於普魯士王國的呂肯（Röcken），從古典語文學展開前途似錦的學術生涯，後來卻轉而撰寫獨具個性的哲學論著和格言集。這些著作針對的對象，包括基督教敬拜上帝的教條和傳統哲學：對他來說，兩者都是遮蔽著嚴酷現實人生的自欺欺人的帷幕。他認為，我們需要的不是高遠的道德或神學理想，而是一種具深刻批判性的文化史或「譜系」——這種譜系能揭示人類為何及如何成為這樣子。在他看來，所有哲學甚至可以重新界定為某種形式的心理學或歷史。他相信每個偉大的哲學家實際上是在撰寫「一種無心而為、不自覺的回憶錄」，而不是對知識進行非個人化的追求。[40]研習我們自己的道德譜系，不能幫助我們逃脫或超越自己的羈絆；但它能讓我們更清楚看到種種幻覺，引向一種更富生命力、更堅定自信的存在。

這個圖景裡沒有神，因為發明神的人類，把神殺死了。我們只能靠自己了。生存之道，不是把自己投入信仰，而是投入自己的人生，肯定人生每一刻，肯定它的本來面貌，不冀望有絲毫不一樣的景況會出現，也不對他人或自己的命運懷抱乖戾的恨意。

尼采不大能夠把他的想法付諸實踐，不是因為沒有勇氣，而是因為身體出賣了他。他四十多歲時罹患惡疾，可能是梅毒或腦瘤，摧毀了身心機能。一八八九年在義大利杜林街道上，一起瘋瘋顛顛的事件發生在他身上。據說，當時尼采哭了起來，伸手抱住一匹遭虐待的馬的脖子，此後他陷入無法逆轉的痴呆症，餘生在精神病院度過。他一九〇〇年在病中過世，沒想到他對人類存在景況的洞見，有一天會對存在主義者和其他人產生重大影響。也許他不會驚訝：雖然當時的人不能明白他，他總覺得終有吐氣揚眉的一天。

尼采和齊克果是現代存在主義的先驅。他們率先掀起叛逆和不滿的情緒，開創性地把存在界定為選擇、行動和自我肯定，埋首研究人生的憂懼和困窘。他們活出了自己的信念：哲學不光是一門專業，哲學就是人生——個人的人生。

吸收了這些早期影響後，現代存在主義者同樣啟發了當代和後代的人，帶出拒絕墨守成規、高舉個人主義的訊息。在二十世紀後半，存在主義提供了理由，教人抗拒常規，改變人生。

最具移風易俗影響力的存在主義著作，是波娃一九四九年出版的開風氣之先的女性主義研究《第二性》。書中對女性的經驗和人生選擇，以至整個父權社會的歷史作出分析，鼓勵女性提升自覺，質疑被灌輸的概念和常規，奪回自身存在的控制權。很多讀者可能不察覺自己在閱讀一部存在主義著作（部分原因可能在於英文譯本模糊了書中不少哲學意義），但它實在是存在主義著作，當婦女閱讀過後改變自己的人生，用的就是存在主義方法：追求自由，高舉個性和「屬己性」。

這本書當時頗具震撼力，一個不容小覷的原因，在於它有一章談到女同性戀；雖然很少人知道，波娃本人跟兩性都有性愛關係。沙特也支持同性戀權利，不過他堅持性傾向是一種選擇，而不是像很多同性戀者那樣，認為性傾向與生俱來。不管怎樣，存在主義鼓勵同性戀者採取自以為正確的生活方式，而不是硬把自己擠進別人認可的常規。

對於那些因種族或階級受壓迫的人，或對抗殖民主義的人，存在主義給他們提供另類的透視點。沙特倡議，對所有處境作出判斷時，都應該考慮受最大壓迫、最痛苦的人是怎麼看待那種處境。馬丁・路德・金恩（Martin Luther King Jr）是對這種觀點感興趣的民權先驅之一：在構思他的非暴力抗爭哲學之際，他曾閱讀沙特、海德格和德裔美國存在主義神學家保羅・田立克（Paul Tillich）的著作。[41]

沒有人會辯稱，二十世紀中期所有社會變革都是存在主義促成的。但存在主義對自由和厲己性的堅持，無疑對激進分子和抗議者提供了推動力。當轉變浪潮掀起，席捲一九六八年的學生及工人運動，巴黎等地市內牆壁出現的口號，很多都是存在主義主題的迴響：

・禁止對人施加禁制。
・世間無神，也無所謂主人。
・人的特質不在智慧，而在自由不自由。
・腳踏實地：明知不可，硬是要闖。[42]

就像沙特所說，一九六八年擠在路障前的示威者，無所要求也無所不要求；也就是說，他們要求自由。[43]

到了一九六八年，大部分在一九四〇年代後期穿著破爛襯衫、掛著黑眼圈的夜貓子，都已在寧靜的家庭和工作崗位安頓下來，但沙特和波娃不是這樣。他們走在遊行示威行列前方，加入巴黎街頭占領行動，在罷工糾察線前向工廠工人和學生講話——儘管他們有時發覺自己對新一代人的處事手法有點迷惑不解。一九六八年五月二十日，沙特對占領索邦學院（Sorbonne）大禮堂的七千個學生發言。眾多知識分子渴望參與，沙特雀屏中選，被帶到亂作一團的人群前面，就著麥克風發表演說；一如以往的，身材矮小的他在人群中難以辨別，但他扮演這個角色的資格毋庸置疑。他先是站在窗前對外面庭院的學生講話，就像教宗在梵蒂岡陽台上一樣，後來被帶進擠滿了人的禮堂。裡面的學生擠成一團，還有人爬到雕像上面；波娃寫道：「有學生坐在笛卡兒的手臂上，也有人在樞機主教黎胥留（Richelieu）肩膀上。」裝在走廊柱子上的揚聲器把演說傳到禮堂外。現場一度出現電視攝影機，但學生嚷著把它撤走。沙特要在麥克風前吼叫，才能讓人聽到，但群眾慢慢靜了下來，傾聽這位存在主義大師的話。然後，一大堆有關社會主義和後殖民地解放運動的問題讓沙特應接不暇。波娃不禁擔心他這輩子都無法從禮堂走出來。當他終於出來了，就碰上側廳一群妒忌不已的作家在等著，他們氣惱的是，沙特成為了學生渴望聆聽的唯一一位「明星」（據說瑪格麗特．莒哈絲〔Marguerite Duras〕就曾這樣抱怨）。44

沙特當時快六十三歲了。他的聽眾年紀輕輕，足以做他的孫子。他們當中很少人會記起二戰的終結，更不要說一九三〇年代中期，當沙特開始思考自由和存在的那段時光。他們把沙特視為國寶，多於看作同道中人。可是他們從沙特所領受的，比他們察覺的多，而且所受教益超越了政治激進主義。沙特起著連接作用，所連結的，一方是當前這群學生，另一方是一九二〇年代後期沙特那一代滿懷怨氣的學生——他們覺得所學知識枯燥乏味，渴望著破舊立新的思想。更遠一點，沙特也連結到一脈相承的哲學叛逆者，像尼采和齊克果。

沙特這座橋樑，通往所有經他吞併、現代化、個人化和注入新生命的傳統。可是他一輩子堅持的是：攸關重要的不是過去，而是未來。個人必須不斷往前，創造「將發生的事」：在世上有所行動，讓它有所改變。他對獻身未來矢志不渝，儘管年屆七十以後，軀體開始衰弱，僅餘的視力也終失去，聽覺漸漸失靈，頭腦不再清醒，最終不敵歲月的重壓。

索邦學院占領行動後十二年裡最大的一次群眾集會，也是沙特最後一次以名人身分亮相——就是他於一九八〇年四月十九日的葬禮。那不是國葬，因為他對體制的抗拒，到了人生最後一刻仍受到尊重。但那肯定是一次大規模民眾集會。

葬禮的電視報導片段，今天仍然可以在網上看到：只見醫院的門打開，一輛小卡車慢慢駛出來，在人群中間緩緩經過之際，車上可見堆得高高像個小丘的花，像軟珊瑚搖曳著。葬禮幫手在前面開路。卡車後面是靈車，裡面可見到棺木，還有波娃和其他主要送殯者。攝影鏡頭聚焦於夾在靈車門把的一朵玫瑰，再轉到覆蓋著棺材的黑布其中一角，飾有單獨一個「S」字母。沉默寡言的播音員告訴我們，約有五萬人參加葬禮；其中約三萬人佇立在從這裡到蒙帕納斯（Montparnasse）墳場約三公里的街道上，其餘二萬人在墳場等候。就像一九六八年那些學生，墳場裡有人爬到紀念像的大腿上或頭上。也發生了一些無傷大雅的糗事：據說有一個男人跳進敞開的墓穴，要把他拖出來。

車輛抵達墳場停下；我們看到扶靈的人把棺材搬下來移到墓穴旁，在人群中掙扎走過，保持著莊嚴舉止。一位扶靈者脫掉他的帽子，但發覺沒有人這樣做，又重新戴上；這是小小的尷尬時刻。到了墓穴旁，他們把棺材放下去，招手請送殯者上前來。有人送上一張椅子讓波娃坐下。她看來一臉茫然，精疲力盡，頭上繫了一條頭巾；她給自己服用了鎮靜劑。她把一朵花掉進墓穴，很多花隨著掉到上面。[45]

影片只展示了兩項儀式的其中之一。接著那個星期有另一項較安靜的活動：棺材給掘了出來，裡面較小的棺材移走了，沙特的屍體拿去火化。他的骨灰埋到一個永久地點，在同一墳場裡，一個不能容納那麼一大群人的地方。葬禮是為公眾眼中的沙特而設；第二次下葬儀式只讓與沙特最親近的人參加。六年後波娃過世，骨灰埋在同一墓穴，長眠沙特身旁；墳墓至今仍在，打理得整整潔潔，偶爾有人獻花。

儀式過後，一個時代宣告終結，同時結束的，是編織到很多人生活中的沙特與波娃的個人故事。電視鏡頭中那群人，眾多千差萬別的臉孔，有老有少，有黑有白，有男有女。他們包括學生、作家、懷念沙特戰時參與抵抗運動的人、罷工行動獲沙特支持的工會會員、表彰沙特貢獻的中南半島和阿爾及利亞等地獨立運動推動者。在某些人眼中，葬禮近乎抗議遊行：朗茲曼後來就把它形容為一九六八年抗議行動的最後餘波。[46]但很多人參加葬禮是出於好奇，或有感於這是盛典，又或因為沙特在他們生活某些方面帶來了小轉變，甚至是因為這樣一個巨人生命終結，總覺得該有所表示，參與其中。

我在網上看過這段短片十多次，凝視著低解析度影像呈現的許多臉孔，猜想存在主義和沙特對他們每個人有什麼意義。我只知道對我自己有何意義。沙特的著作也改變了我的人生，儘管那是間接、低調的。我不知怎地沒注意到他一九八〇年的死訊和葬禮，儘管那時十七歲的我，已是過著乏味市郊生活的一個存在主義者。

此前一年，我開始對沙特著迷。一時興起之下，我花了十六歲過生日的錢，買了他一九三八年的小說《嘔吐》（*Nausea*），主要是因為我喜歡企鵝（Penguin）出版社在封面用了薩爾瓦多・達利（Salvador Dalí）的圖像：綠如膽汁的頑石和有如液體往下滴的一隻錶。我也喜歡封面的吹捧式簡介，把《嘔吐》形容為「一部有關人格的疏離及存在之奧祕的小說」。我不大肯定「疏離」是什麼意思，儘管當時的我正是疏離的完美例子。但我毫無疑問相信那是我愛讀的那種書。確實如此：當我開始讀了起來，就馬上把自己跟憂鬱的、恍如局外人的主人公羅岡丹（Antoine Roquentin）聯繫到一起。他鬱鬱寡歡地在濱海地方城鎮「布維爾」（Bouville）漂泊度日（這個地方以勒阿弗爾為藍本，沙特曾在當地教書）。羅岡丹坐在小餐館裡，聽著藍調唱片，卻沒有動筆撰寫他要寫的傳記。他在海邊漫步，把小卵石拋到灰色的、粥一樣的大海深處。他走到公園，凝視著一棵栗樹露出地面像瘤一樣的根，在他看來像煮過變硬的皮革，它的存在散發著一種看不透的純粹力量，威嚇著他，讓他招架不住。[47]

我喜愛這一切，當我知道沙特用這個故事來表達一種稱為「存在主義」的哲學，就更是著迷。但這一切所講的「存在」到底是什麼？我從來沒有因為栗樹根的存在而招架不住，也沒注意到物體「擁有」一樣東西叫存在。我試著跑去自己居住的這個地方城鎮雷丁（Reading）的那些公園，凝視著一棵一棵的樹，直到雙眼模糊了。不行，我以為看到什麼在動，卻只是微風吹拂樹葉。但全神貫注察看物體，卻真的給我帶來發光發亮的感覺。從這時開始，我也為了「存在」而輕忽學業。我早就慣於曠課了；如今在沙特影響下，就更專心致志做個逃學者。我不再上學，在一家販售加勒比海貨品的商店隨意做兼職，售賣雷鬼搖擺樂唱片和裝飾用的大麻煙管。它給我帶來有趣的教育，勝過教室中所學的一切。

沙特教導我脫離常規，這是被低估而有時確實有用的處世之道。另一方面，他又引起我研習哲學的興趣。這表示要闖過考試關卡，我心不甘情不願最後一刻按著課程下工夫，總算過了關，入讀艾賽克斯大學（Essex University），取得了一個學位，讀了更多沙特和其他思想家的著作。我迷上了海德格而攻讀博士學位，研究他的著作，然後我又退學了，這是我第二次悄然消失。

在此期間，我再次在另一種學生經驗之下改變自己。我可以多多少少像存在主義者在咖啡館一樣，日日夜夜把時間用在閱讀、寫作、喝酒、戀愛而後分手、交朋友、談論思想。我愛這一切，認為人生就可以是一座存在主義咖啡館。

另一方面，我開始察覺到，存在主義被認為過時了。到了一九八〇年代，它讓路給新一代的思潮像結構主義（structuralism）、後結構主義（post-structuralism）、解構主義（deconstructionism）和後現代主義（postmodernism）。這些新思潮的哲學家看來把哲學當作一種遊戲。他們拿符號、象徵和意義耍弄一番；他們從別人的文章抽出畸零的言辭，使鴻篇巨帙潰散解體。他們從昔日作者的著作不斷尋找微言精義。

雖然這些思想運動互不苟同，卻大多異口同聲認為他們跟存在主義和現象學截然**不同**。什麼「自由的眩暈」、「存在的憂懼」，他們聽起來就尷尬。傳記也被摒諸哲學門外，因為人生也被排斥在外了。個人經驗同樣遭到摒棄；結構主義人類學家克勞德・李維史陀（Claude Lévi-Strauss）曾以輕蔑語氣寫道：建基於個人經驗的哲學是「售貨女郎形上學」。[48]他說，人文科學的目標是「把人化解於無形」，顯然哲學的目標也一樣。[49]這些思想家或許能刺激思考，卻把哲學帶回抽象思維的老路，存在主義時代占據哲學版圖的那種主動、激情的存在觀，一去不返。

我第二次退學後的二、三十年間，偶爾會翻翻哲學書，但已談不上研習哲學所需的深入鑽研工夫。我最愛的哲學書在書架遠處一端，看起來像造物主廚房裡的調味架：《存在與虛無》、《存在與時間》（*Being and Time*）、《論時間與存在》（*Of Time and Being*）、《全體與無限》（*Totality and Infinity*）。它們塵封多時，久久未動，直到幾年前，我拿起梅洛龐蒂一部散文集，找尋我依稀記得他談到文藝復興時代作家蒙田（Michel de Montaigne）的一些看法，那時蒙田正是我的研究對象。

梅洛龐蒂是沙特和波娃的朋友（直到後來失和），他是專門研究身體與知覺的現象學家，也是傑出散文家。我的注意力從蒙田轉移到那部散文集其他文章，再轉移到梅洛龐蒂的主要著作《知覺現象學》（*The Phenomenology of Perception*）。我對他的思想大膽新奇而豐富多采，再次驚訝不已。難怪我一向那麼愛這類想法！從梅洛龐蒂，我進而重讀波娃的著作——某年暑假我在英國一個灰色、陰鬱的海灘售賣冰淇淋時發現了她的自傳，重新讀了一遍。然後我又讀了卡繆（Albert Camus）、馬賽爾、沙特的著作。最後，我回到海德格這位巨匠。

一路下來，我相當怪異地感到，自己跟二十來歲時的那個我揉合起來，特別因為我讀的書，還帶著我少年時代古古怪怪、語氣很重的批注。

可是當下的我也在察看自己的反應，提出批判性或嘲諷式評語。我一邊讀，這兩個我就一邊在對調，有時彼此爭吵，有時又對另一個我有喜出望外的發現，有時只覺對方可笑。

我體會到，這二十五年左右的時間裡我自己有所轉變，同時世界也在轉變。那些把存在主義擠到一旁的曾風靡一時的思想運動，有些亦垂垂老矣，走上衰敗之路。二十一世紀的關注焦點，跟二十世紀後期也不一樣；也許我們目前也要在哲學上找尋不一樣的想法。

要是這樣，重新檢視存在主義者，以及他們的大膽作為與奮發精神，也可望帶來新的觀點。存在主義者不是坐在書桌前拿各種符號把玩一番。他們問的是大哉問：當我們墜入這個世界，要跟很多其他人一起生存下去，怎樣才能活出圓滿的、不失屬己性的人生？他們面對諸多難題：核子戰爭、暴力、與大自然共處之道、在危險時期如何處理國際關係。他們有很多人渴望改變世界，想知道為了達成這個目的，我們願意或不願意作出哪些犧牲。無神論存在主義者還要問：要是沒有上帝，我們怎麼才活得有意義。他們都談到焦慮，以及面對選擇而手足無措的經驗——這種感覺在二十一世紀較富裕的國度尤為強烈，儘管有人驚覺，現實世界裡已沒有什麼選擇可言。他們也對世上的苦難、不平等、剝削感到憂心，想知道面對這些禍患能做些什麼。面對這一切，他們還要問：個人能做什麼，他們又能提供什麼出路。

他們也追問：人到底**是**什麼？這是有感於二十世紀對腦部生理和人體化學的認知日益精細。如果我們受到神經元和荷爾蒙控制，又怎能仍然相信自己是自由的？什麼把人類跟其他動物區別開來？那只是程度上的差異嗎，抑或我們真的截然不同？我們對自己該有怎樣的看法？

尤其重要的是，他們追問自由的問題，有些存在主義者認為這是一切的根本問題，他們也同時從個人與政治層面詮釋自由。存在主義轉趨式微後，這個話題在世界好些地方不再是關切焦點，也許因為一九五〇和一九六〇年代的大規模解放運動在民權、非殖民地化、性別平等和同性戀權利等方面成果豐碩，這些運動看來已得償所願，再談解放式政治已沒有意義。在一九九九年一次電視訪問中，法國學者米歇爾．康塔（Michel Contat）回望過去，認為他自己和同代人從一九六〇年代的沙特獲得了「指示人生方向的自由意識」，但他同時補充，那是很少人仍感興趣的話題了。[50]

但那是十六年前的事，從當時到我寫作本書的一刻，自由又重新在聚光燈下。我們發現自己在不尋常的程度下受到監視和管控，個人資訊被收集利用，消費受到鼓勵的同時，卻不鼓勵我們表露心聲或做任何擾亂世間秩序的事，我們也經常可看到，種族、性別、宗教和意識形態的衝突根本沒有平息下來。也許我們蓄勢待發準備重新談論自由了，要從政治方面談論，同時也要談及個人層面。

因此，當我們讀到沙特在爭自由，波娃評壓迫的狡猾機制，齊克果談憂懼，卡繆倡叛逆，海德格論科技，梅洛龐蒂談認知科學，有時就覺得像是讀最新的新聞。他們的哲學依然令人感興趣，不是因為對或錯，而是因為它攸關人生，直指人類兩個最大的問題：「我們是什麼？」以及「我們該做什麼？」

在提出這兩個問題時，大部分（並非全部）存在主義者都依據自己的人生經驗立論。但這種經驗本身又圍繞著哲學構建起來。梅洛龐蒂概括這種關係說：「人生成為概念，而概念又回到人生。」他們經常透徹討論這些概念，這種關係就變得更明顯。像梅洛龐蒂所說：

討論並不是概念的交流或對抗；那是每個人構思自己的概念，向其他人展示，又看

> 看其他人的概念，然後回過頭來用自己的想法修正自己的概念。……不管是大聲說出來，還是輕聲耳語，每個人都把自己的想法和盤托出，包括了自己的「概念」，也包括個人著迷的事——個人的祕史。[51]

那麼全心全意投入個人思想體系的思想家，彼此的哲學對話往往變得感情用事，有時純粹為了好辯。他們的思想論戰，形成一長串爭鬥，把存在主義的故事一個一個連接起來。在德國，海德格背棄了往日的導師胡塞爾，其後海德格的朋友和同事又背棄了他。在法國，馬賽爾攻擊沙特，沙特與卡繆爭吵，卡繆又跟梅洛龐蒂爭吵，梅洛龐蒂又跟沙特爭吵；匈牙利知識分子亞瑟·柯斯勒（Arthur Koestler）跟所有人爭吵，在街上對卡繆飽饗老拳；當兩國的哲學巨人沙特和海德格終於在一九五三年碰面，結果十分糟糕，自此互相嘲弄不輟。

可是另一些關係又不尋常地緊密。最親密的是沙特和波娃，兩人幾乎每天讀對方的著作，討論大家的想法。波娃和梅洛龐蒂自青少年時代就是朋友，而沙特和波娃第一次碰上卡繆就給他迷住了。

當這些友誼變了調，通常是因為思想上的衝突——最常見的是政治觀點不同。存在主義者生活的時代，面對極端的意識形態和極端的苦難，他們總會牽涉入世間事務，不管他們願不願意——通常他們也願意。因此存在主義的故事是政治和歷史的故事：在某個程度上來說，它是歐洲這整個世紀的故事。現象學最初在第一次世界大戰戰前和戰時發展起來。海德格的哲學在兩次大戰之間德國的艱難處境中冒出頭來。當沙特在一九三三年前往柏林，到處看見納粹操兵，旗海飄揚，不安的感覺在他的著作中浮現。沙特和波娃的存在主義在第二次世界大戰期間趨於成熟，因為經歷過法國戰敗及被占領，對一九四五年之後的世界懷抱著狂想般的期望。存在主義思想灌注入一九五〇年代不斷壯大的反體制思潮，再灌注入一九六〇年代波瀾壯闊的理想主義。整個過程中，存在主義者隨著世界的轉變而改變想法；他們不停改變方向，因此不斷引起其他人的興趣，儘管從反面而言，起碼可說他們有時觀點不一致，看法也不一定正確。

簡言之，存在主義者活在他們的歷史及個人世界中，也活在他們的思想概念中。「活在其中的哲學」這種想法，我是從英格蘭哲學家暨小說家艾瑞斯．梅鐸（Iris Murdoch）借用過來的，梅鐸是撰寫專著談論沙特的第一人，也是擁抱存在主義的先行者（儘管她後來改變初衷）。她觀察到，我們不要期望道德哲學家在一種簡單情況下「活出」他們的想法，就像遵守規則那樣。但我們期待他們能顯示出，他們的思想怎麼讓人「活在其中」。[52]我們應該可以透過所謂哲學之窗，看到眾人怎樣立足在這些思想上，何去何從，如何自處。

梅洛龐蒂所謂「把概念活出來」的格言，以及梅鐸所說的「活在其中的哲學」都啟發了我，再加上我有一種怪異感覺，要追尋自己往昔走過的路，促使我決意在講述存在主義和現象學的故事時，把哲學和傳記結合起來。我談到的很多哲學家，也傾向把兩者揉合起來（儘管有一個例外：海德格），這也令我躍躍欲試朝這個方向走。我相信若把哲學塑造成一種人生模式，它會變得更有趣。同樣的，我相信若把個人經驗放在哲學思考之下，也更為有趣。

我講的是一個二十世紀的故事，因此不會多談尼采和齊克果這些原始存在主義者。我也不會詳談帶有神學意味的存在主義和存在主義心理治療：這都是令人著迷的，但實在要另撰一書討論才行。另一方面，像梅鐸、英國「新存在主義者」柯林・威爾森（Colin Wilson）、爭強好勝的諾曼・梅勒（Norman Mailer）和他的「存在主義黨」（Existentialist Party），以及受存在主義影響的小說家李察・賴特（Richard Wright），都由於各種原因在本書占有篇幅。有些人物在書中出現，只因為他們在別人的人生裡扮演有趣的角色：像倫理學哲學家列維納斯、勇敢拯救手稿的赫曼・雷歐・范布雷達（Herman Leo Van Breda），以及違抗統治者並因而犧牲的捷克現象學家楊・帕托什卡（Jan Patočka）。

兩個巨匠級人物自然是海德格和沙特。但如果讀者熟悉他們的著作《存在與時間》或《存在與虛無》，會驚覺這些鉅作被切割得零零碎碎，像巧克力碎片混進甜餅乾一樣，而不像完整的巧克力棒。畢竟，他們不一定是有最多話可說的思想家。

在我看來，這些哲學家加上波娃、胡塞爾、卡爾・雅斯培（Karl Jaspers）、卡繆、梅洛龐蒂等人，展開了多種語言發音、多方參與的一番對話，從上世紀的開頭延續到結尾。他們很多人從未謀面。可是，我還是愛想像他們處身一家又大又熱鬧的思想交流咖啡館，也許就在巴黎，生氣勃勃，活力十足，吵吵鬧鬧，談著交換著意見，肯定是眾人**活在其中**的咖啡館。

當你從窗外往內窺看，首先看到熟悉的人物，他們吸著菸斗，展開辯論，邊說邊湊近對方，強調著提出的論點。你聽到酒杯、咖啡杯碰碰撞撞；服務生在桌子之間閃身而過。前面最大那群人中，一個矮胖男子和一位戴著頭巾的優雅女士，跟較年輕的朋友在喝酒。後頭的餐桌，坐著其他較安靜的人。有幾個人在舞池；也許有人在樓上的私人房間寫作。憤怒的聲音響起來，也有情侶的竊竊私語從幽暗角落傳出。

我們可以走進去坐下來：也許坐在前面，也許在一個沒被遮擋的角落，可以隨便聽到各方傳來的對話，耳朵不曉得該轉往何方。

但首先，在服務生走過來之前……

存在主義到底是什麼？

有些談存在主義的書根本不回答這個問題，因為那是很難界定的。主要的思想家有太多不一樣的想法，不管怎樣說，都可能引起誤解或把一些人排除在外。而且，誰是存在主義者，誰又不是，都很難弄清楚。只有寥寥可數的人接納存在主義者這個標籤，其中包括沙特和波娃——儘管他們起初也不大情願。其他人拒不接受，往往也是對的。[53]書中談到的一些思想家是現象學家，卻非存在主義者（胡塞爾、梅洛龐蒂）；有些是存主主義者卻非現象學家（齊克果）；有些兩者都不是（卡繆）；也有原來兩者皆是，或屬其中一者，但後來改變初衷（列維納斯）。

無論如何，這裡我嘗試為存在主義者所做的事下一個定義，讓大家參考，你盡可以跳過不看，或在想看又或有需要時來看一下。

●存在主義者關切的是**個人的**、**具體的人類存在景況**。

●他們認為人類的存在跟其他物體的存在截然不同。其他物體始終是老樣子，但作為一個人，我可以在每一刻選擇自己成為怎樣的人。我是**自由的**——

●因此，我對所做的每一件事**負責**，這是令人頭暈目眩的事實，會造成——

●跟存在本身不可分割的**焦慮**。

●另一方面，我只有在特定**處境**下才是自由的，這些處境包含各種因素，像個人的生理和心理因素，還有我墜入去那個世界中的物理、歷史和社會變數。

●儘管面對各種限制，我總是想做更多的事：我熱切投入各種個人**規劃**中。

●人類的存在因而包含根本的**歧義**：在受到限制的同時，也有超越而令人奮發的一面。

●一位存在主義者若同時具**現象學**傾向，對上面的歧義情況也無法提供簡單應對規則，然而可聚焦於**描述**眼前活生生的經驗。

●如果能好好描述這種經驗，就有希望瞭解存在景況，喚醒自己，過著更**屬己**的生活。

那就讓我們回到一九三三年，當時沙特前往德國，為的是要瞭解那裡一些新的哲學家：他們召喚大家，要把心神放到餐桌那杯雞尾酒上，放在生活其他一切之上，簡言之，放在事物本身之上。

第二幕

回到事物本身

我們遇上了現象學家

沙特為了追尋現象學而跑到柏林去，其實他可以在離家較近的地方，找到另一個現象學家群聚的重鎮：這個較小的城市靠近德法邊界，就是位於德國西南隅的弗萊堡（Freiburg im Breisgau）。

萊茵河把這個城市跟西面的法國分隔開來，陰鬱的黑森林在東面成為它的屏障。弗萊堡是一個人口約十萬的大學城。但城裡實際人數要多一些，因為眾多度假人士途經此地前往山區遠足或滑雪——那是一九二〇和一九三〇年代很流行的玩意兒。他們為弗萊堡的街道增添了生氣：穿上平頭釘靴子，露出曬成棕褐色的膝蓋，褲子吊帶展現色彩鮮艷的刺繡，手杖釘上圓形金屬片炫耀曾征服的山徑。除了這些過路客和學生，傳統的弗萊堡居民，就圍繞著優雅的大學建築和一幢高大的教堂過活。教堂的沙岩高塔布滿蕾絲般的孔洞，在落日餘暉下透顯出玫瑰色光芒。[1]從城裡往外走，就是依山而建的市郊，特別值得一提的是北面自成一角的策林根（Zähringen），很多大學教授的住宅就在這裡的陡峭街道上。

這是一個虔誠信奉天主教的城市，也是以知識分子著稱的城市，種種追求知識的活動，主要集中在神學院和大學裡。大學哲學系如今出現了別具影響力的一小群人：他們是所謂的現象學家。起初，他們就是胡塞爾的追隨者。胡塞爾在一九一六年成為哲學系系主任，帶來一群入室弟子和學生，來到後又招攬更多同道人。胡塞爾一九二八年正式退休後，弗萊堡在很長一段時間裡仍然是現象學的研究中心，他的學生列維納斯就把弗萊堡稱為「現象學之城」。[2]這位傑出的年輕學生是猶太裔立陶宛人，後來沙特曾在巴黎購買他的著作。他的求學之路，是轉換跑道到現象學的典型例子。一九二八年他在法國邊境城市史特拉斯堡（Strasbourg）研習哲學，看到城裡有人在讀胡塞爾的書。這挑起了他的興趣，他把書拿來一讀，馬上決定轉學，要親身前去跟胡塞爾學習。這改變了他整個思考方式，他寫道：「對於我在弗萊堡碰上的年輕德國人來說，這種新的哲學不光是一種新理論；它是人生的新理想，歷史新的一頁，幾乎是一種新的宗教。」

沙特原來也有可能加入這群人的行列。假如他去了弗萊堡，可能愛上遠足和滑雪，成為瘦削的山中一族，而不是像他所說的，在柏林那一年大喝啤酒大啖餃子，變成「如假包換的小活佛」。[3]結果，他去了德國首都的法國文化中心，研讀現象學家的著作，尤以胡塞爾的著作為主，還要學習艱深的德文術語。他在這裡花了一年時間，像他後來所說的，「從胡塞爾擷取所需」[4]，構思自己的哲學思想，可是他從來沒和這位一代宗師碰過頭。胡塞爾也可能從未聽說過沙特的任何事蹟。這也許是好事，因為這位年輕法國存在主義者拿他的概念炮製出自己的一套思想，在他看來完全陌生，他說不定不會欣賞。

如果我們能像列維納斯這些門生，在一九一〇年代末至一九二〇年代間在弗萊堡修胡塞爾的課，我們最初可能感到失望。胡塞爾看起來、聽起來都不像一位大師，甚至不像偉大哲學運動的創始人。他沉默寡言，戴著圓形細金屬框眼鏡，體格纖弱。他年輕時一頭柔軟鬈曲的金髮，但髮線迅速後退，留下一個禿頂，襯著八字鬍和整齊的鬍子。[5]他說話時用小心翼翼的手勢配襯著言辭：一位聽他講課的人說，那使他想起「發瘋的鐘錶匠」。[6]另一位見證人是哲學家高達美（Hans-Georg Gadamer），他注意到胡塞爾每提出一個論點，就用「右手的手指在左手平坦的手掌上慢慢打圈」，似乎是把那個想法在手掌上轉動，從不同角度觀察一番。在流傳下來的一段短片中，可見到年老的胡塞爾在一九三六年跟女兒在花園散步，一邊說話，手一邊快速上下擺動。[7]胡塞爾自己也意識到這種心理強迫作用下的重複動作：他愛跟別人說，小時候獲贈一把折疊式小刀，十分高興，但他著魔地不斷地把刀磨快，結果把整個刀身磨掉，只剩下刀柄。他若有所思地說：「我不免尋思，我的哲學是不是跟那把刀有點相似。」[8]

胡塞爾年幼時，沒有跡象顯示他具備哲學才華。他一八五九年四月八日生於摩拉維亞（Moravia）的普羅斯捷約夫（Prostějov，對胡塞爾這些說德語的人來說是普羅斯尼茲〔Prossnitz〕，在今捷克共和國境內）。他生於一個猶太家庭，但年輕時就轉信路德宗。他在學校的表現並不突出。他往日的一個同學告訴傳記作者，年輕的胡塞爾「習慣在上課時沉沉熟睡，要同學把他推醒。當老師叫他的名字，他就睡眼惺忪站起來，打呵欠，目瞪口呆。[9]有一次他的呵欠打得那麼大，下巴掉了下來抬不上去」。但這種情況，只發生在胡塞爾對課題不感興趣的時候。在他最喜歡的數學課裡，他就比較留神。他後來到萊比錫大學（University of Leipzig）念數學。但那裡一位同樣來自摩拉維亞的同學托馬斯・馬薩里克（Tomáš Masaryk，後來成為捷克總統）遊說胡塞爾跟他一起到維也納大學（University of Vienna），追隨一位很有魅力的哲學教師布倫塔諾（Franz Clemens Brentano）。他從一八八四年起在維也納待了兩年，受到布倫塔諾的感召，決定投身哲學。從這時開始，他再沒有在工作崗位上睡覺了。

布倫塔諾是能帶來神奇轉變的教師。他是具亞里斯多德（Aristotle）哲學背景的前神職人員，在他認為「教宗無謬說」站不住腳而質疑教會這項新教條後，從神職崗位退下來並失掉原有教席。失業的布倫塔諾花了一年時間在歐洲遊學，學習其他新學說，包括來自學術新領域實驗心理學的理論，他認為傳統哲學要從這些新源頭重獲活力。他在思想較開放的維也納大學再次執起教鞭，鼓勵學生突破傳統，對往昔的哲學家提出批判，要有獨立思考，同時不失條理。就是所有這些因素的結合給胡塞爾帶來啟迪。他以布倫塔諾的創新思想把自己裝備起來後，便起步構思自己的哲學體系。[10]

接下來是很長的一段艱辛歲月，胡塞爾在不支薪大學講師（*Privatdozent*）的職位上慢慢建立他的事業，靠自由作家的收入維生——這是在德國進身學術生涯的慣常路徑。不久之後他要肩負養家的擔子：他跟來自老家、同樣由猶太教轉信基督教的瑪爾維納．史坦施奈德（Malvine Steinschneider）結婚，誕下三個孩子。但他卻能同時擠出時間，發表愈來愈具新意的哲學著作，特別值得一提的是一九〇〇至一九〇一年的《邏輯研究》（*Logical Investigations*），以及一九一三年的《觀念》（*Ideas*）。這些著作令他聲名大噪，在哥廷根（Göttingen）獲得了有薪教席，最後，更成為弗萊堡大學哲學系系主任，從此定居當地。

胡塞爾在一九一六年來到弗萊堡，正值第一次世界大戰中期，對他和家人來說這是可怕的一年。家中所有三個成年子女都投入戰爭任務：女兒艾莉（Elli）在戰地醫院工作，兩個兒子在前線作戰。大兒子格哈特（Gerhart）倖存但受了重傷；小兒子沃夫岡（Wolfgang）一九一六年三月八日在凡爾登（Verdun）陣亡，年僅二十歲。原來就時而受憂鬱症困擾的胡塞爾，墜入人生最壞的絕望時光。[11]

通常他透過瘋狂工作擺脫憂鬱，有時幾星期就寫好主要論著。這次就比較難了。而且他在弗萊堡有很多事分心。除了寫作和教學，現在還要管理一組門生，他們成立了一個胡塞爾實驗室之類的組織。我們可以想像穿上白色外套的現象學家在長凳上一字排開，議論紛紛，但他們大部分的工夫在於寫作、教學和從事個人研究。他們編了一本年鑑，在其中發表現象學論文，他們並講授基本大學課程：一位主要助理艾蒂特・許坦（Edith Stein）稱之為「現象學幼稚園」。[12] 許坦對於胡塞爾期待她和其他同事全身投入工作，留下深刻印象。當她開玩笑向一位朋友說出那種情況，其實不算誇張：「我要一直跟隨著他直到結婚的一天；而我只能嫁給一個將成為他助手的男人，我們的孩子一樣也只能當他的助手。」

胡塞爾實在有必要要求最好的追隨者全身投入，因為只有少數幾個人——其中包括許坦，能有本事閱讀他的手稿。他採用常用的「蓋貝斯伯格」（Gabelsberger）速記法，但加以自行改造，同時他用個人風格很重的筆跡，以細小字體一輪狂飆下寫成數以千頁計手稿。儘管他一般舉止很有分寸，寫作方面卻絕不是有條不紊。他會把舊的研究計畫像殘渣碎屑般丟棄，然後展開新計畫，然而新計畫往往也不能完成。他的助手費力整理他的草稿，把他的論點梳理出來，但每次把理順的文章交給他修改，他就會重寫成面目全非的新作。他總愛把自己的思想引導到越發費解難懂的地步，牽引到未經開墾的處女地。據他的學生（以及後來的翻譯者）多利安・凱恩斯（Dorion Cairns）追憶，胡塞爾曾說過，他的目的就是要分分秒秒投入「最令人煩惱並最懸而未決」的課題——也就是令他最焦慮、引起最大自我質疑的課題。[13]

胡塞爾的哲學成為了一門令人吃力卻又非常刺激的學問，你必須不斷投入努力和專注力。據他所說，要研習這門學問，「必須有一種**新的觀看事物的方式**」，這種方式反反覆覆把我們帶回原來的計畫，那就是「觀看眼前所見的東西，區別它，描述它」。[14]

這是胡塞爾自然的寫作風格，也是現象學的完美定義。

那麼現象學到底是什麼？它本質上是一種方法而非一套理論，儘管有過度簡化的危險，也不妨說，它的基本取向，可以用兩個詞語的一個祈使句來表達：「描述現象」（Describe phenomena）。

句子前面的部分是直接易懂的：現象學家的任務就是「描述」。這是胡塞爾不斷提醒學生從事的活動。它表示摒棄抽象、習慣、思想上的陳腔濫調、先入為主的觀念以及接收而來的概念，把注意力引回「事物本身」。我們的目光必須盯住、抓住事物本身——它們顯現眼前的確切模樣，而不是我們認定那種模樣。

我們這樣小心翼翼描述的東西就是「現象」——這是定義中的第二個元素。「現象」一詞對現象學家來說有特殊意義：它代表所有普通事物「在我們經驗中顯現出來的狀況」，而並非它在現實中可能是什麼狀況。

就以一杯咖啡為例子。（胡塞爾喜愛咖啡：遠早於阿宏談到杏子雞尾酒的現象學前，胡塞爾就在研討班上告訴學生：「把我的咖啡拿來，讓我從它弄出現象學來。」）[15]

那麼一杯咖啡是什麼？我可以從化學和咖啡這種植物的植物學特徵來界定它，再撮要講述咖啡豆如何種植、出口，如何把咖啡豆磨成粉狀，再用熱水沖泡，倒進特定形狀的器皿中供人飲用。我可以分析咖啡因對人體的影響，或討論國際咖啡貿易。我可以把這些事實編成一整部百科全書，可是這對於說明我面前的「這一杯」咖啡究竟是什麼，依然是一無是處。另一方面，如果我跑到另一極端，牽引出一大堆純粹個人的、感情上的聯想——像大文豪馬塞爾·普魯斯特（Marcel Proust）把他的瑪德蓮泡進茶裡享用，然後寫了整整七冊文字描述它，這也同樣不能讓我瞭解這杯咖啡怎樣構成眼前一種即時的、既定的現象。

取而代之，我可以說，這杯咖啡是一種豐富的香味，同時帶有泥土氣息和芳香；它是蒸氣像花體書法般從一個表面升起的懶洋洋動作。當我把它拿起放到唇邊，它就是平穩流轉著的液體，也是從厚邊杯子裡施加於我手中的重量。它是撲面而來的溫暖，然後是我舌頭上濃郁、深沉的味道，開頭是稍澀的一陣刺激，然後舒緩下來成為撫慰人的暖意，從杯中延伸到我體內，帶來可望久久持續的心曠神怡感覺。那種期望、那種預期的感覺，還有那種氣味、顏色和味道，都是那杯咖啡作為一個現象的一部分。它們都因為被經驗而顯現出來。

如果我把這些全都當作「主觀」元素，為了尋求咖啡的「客觀」實在而把它們全部摒除，那麼這杯咖啡作為一個現象，就什麼都沒剩下來了；也就是說，現象出現在我這個咖啡飲用者的經驗裡面。經驗中的這杯咖啡，是我可以肯定無疑談到的一樣東西，反倒所有其他關於咖啡豆種植、化學結構等事情，都只是傳聞而已。那可能是有趣的傳聞，但對現象學家來說無關宏旨。

胡塞爾因此說，要以現象學方法描述一杯咖啡，我應該把抽象假設和任何造成侵擾的感情聯想擱在一旁。然後把精神集中在目前面對的那深色的、芳香的、豐富的現象。這種把多餘的推測「擱在一旁」或「放進括弧」的存而不論作法，胡塞爾稱為「懸擱」（epoché），借用自古代的懷疑論者（Sceptics），他們以此表示普遍地擱置對世界的判斷。胡塞爾有時又把這種作法稱為現象學的「還原」（reduction）：透過這個過程，把咖啡「實在」是什麼的多餘理論性探討蒸發掉，剩下來就是「現象」——咖啡濃郁的、即時可感知的味道。

這種結果是一個大解放。現象學讓我解除束縛，可以談到我經驗中的咖啡，作為嚴肅探討的課題。我也可以同樣談到很多其他範疇的事物，只有在現象學的討論下它們才圓滿自足。另一個跟品嘗咖啡十分接近的明顯例子，就是專家的品酒——如果說有這麼一種專業，它用的就是現象學方法；在這種專業中，辨別能力以及把經驗到的品質描述出來的能力，都同樣重要。

還有很多同類話題。如果我跟你談到一首令人心碎的樂曲，現象學讓我能把它描述為動人的音樂，而不是弦線振動與音符的一組數學關係，再搭上我的個人感情。哀傷的音樂「就是」哀傷，甜美的曲調「就是」甜美曲調；這些描述，對於音樂究竟是什麼具根本意義。事實上，我們經常以現象學方法談音樂。即使描述一列音符「上升」或「下降」，跟聲波實際的狀況沒有多大關係（聲波是頻率與長短的問題），倒是跟音樂如何在我腦海中呈現有較大關係。我聽到音符在爬看不見的梯子。當我聆聽佛漢．威廉斯（Ralph Vaughan Williams）的

《雲雀高飛》（*The Lark Ascending*），我幾乎真的從椅子躍起來，我的靈魂振翅高飛。不光我是這樣，音樂就是如此。[16]

談到宗教經驗或神祕經驗，現象學也可以派上用場：我們可以從內心感覺作出描述，不用證明它們是否準確代表現實世界。基於同樣原因，現象學對醫生也有幫助。它容許醫生從病人所經驗的症狀作出考量，而不是完全著眼於物理過程。病人可以描述擴散式或刺痛式疼痛，又或沉重、呆滯的感覺，又或胃部異常的模糊不適感。截肢者往往有一種幻覺，出現在被截除肢體之處；現象學可以分析這些感覺。神經病學家歐利佛·薩克斯（Oliver Sacks）一九八四年出版的《藉以站立的一條腿》（*A Leg to Stand On*）一書討論了這種經驗，談到他從嚴重腿傷復元過來。在肉體損傷久已治癒之後，他仍覺得那條腿不是他身體一部分，就像蠟像的假肢：他能夠移動這條腿，可是心裡總覺得它不屬於自己。經過漫長物理治療後終於回復正常，可是，如果他不能說服醫生，從現象學體驗中得知這種感覺不容忽視——它是一種病況而非個人怪癖，他就可能無法獲得治療，可能永遠無法重獲控制這條腿的全部能力。[17]

在所有這些例子中，胡塞爾所主張的「放進括弧」或「懸擱」，容許現象學家暫時拋開「那是否真實？」的問題，而集中精神追問：一個人怎樣經驗個人的世界。現象學提供一種切入人類經驗的正式模式。它讓哲學家談及人生時，多多少少跟非哲學家沒有兩樣，但仍然能肯定自己是嚴謹的，有自己的一套方法。

是否嚴謹具關鍵意義；它把我們帶回「描述現象」這項定義的前面那個元素。現象學家聽了一首樂曲後，不能只說：「多麼悅耳！」，而是必須追問：它是否是悲傷的？是否莊嚴？是否宏偉壯麗？這樣追問，是為了不斷返回「事物本身」——即拋開概念化包袱，掃除虛泛的、外附的元素，而直搗經驗的核心。你可能永遠不能完成充分描述一杯咖啡的任務。但這是一種帶來解放的任務：讓我們重新尋回我們活在其中的那個世界。它最行之有效的，是用在通常不屬哲學範疇的東西之上：一杯飲料、一首哀歌、一趟兜風、一次日落、一抹愁緒、一盒照片、一刻無聊。它讓個人世界重新變得豐盛，那是圍繞個人視點而構建的世界，可是通常就像身邊的空氣一樣沒引起注意。

現象學還有一種附加作用：理論上它應該把我們從意識形態、政見等釋放出來。由於現象學迫使我們忠於經驗，避開那些嘗試左右我們詮釋經驗的所謂權威，它能化解所有纏擾我們的「主義」——自科學主義以至基本教義主張，自馬克思主義以至法西斯思想。這一切都被「懸擱」，存而不論，不得介入「事物本身」。因此現象學如果運用得當，會出人意表地帶有一種革命性的鋒芒。

無怪乎現象學可以很刺激，但也可能令人迷惑，往往兩者兼而有之。刺激與迷惑相混，在雅斯培的反應中清楚可見，這位年輕德國人在現象學發展早期就發現了這門新哲學。他一九一三年在海德堡（Heidelberg）精神病診所當研究員，當時捨棄哲學而選擇心理學，因為喜歡心理學那種具體、可應用的方法。在他看來哲學迷失了方向，心理學則能透過實驗方法產生特定結果。但他後來發覺心理學太像技術操作，缺乏哲學的雄心壯志。他對這兩門學問都不滿意，然後他聽聞現象學，發覺它兩美兼備：它是可應用的方法，卻又包含哲學的高遠目標，尋求對人生與經驗的整體瞭解。他以仰慕者身分寫了一封信給胡塞爾，坦承自己不大確定現象學是什麼。胡塞爾回信說：「你正在完美地使用這種方法。繼續下去吧。你用不著知道它是怎麼，它確實很難。」在給父母的信中，雅斯培猜測胡塞爾本人也不曉得現象學是什麼。[18]

可是這許多不確定因素沒有削弱他的興致。像所有哲學，現象學對實踐者有很高要求。雅斯培寫道，它要求**「不一樣的思考」**——「這種思考在認知過程中提醒我，喚醒我，把我帶回自身，讓我轉化過來」。它能做到這一切，並帶來結果。[19]

除了聲稱能使我們對現實的思考改觀，現象學家也應許能改變我們對自我的思考。他們相信，我們不應該嘗試找出人的意識是什麼，彷彿那是一種物質。取而代之，我們應該考慮意識「所做的」是什麼，它怎樣掌握經驗。

胡塞爾在維也納求學時，從當時的老師布倫塔諾擷取了這個概念。布倫塔諾在《從經驗立足點出發的心理學》（*Psychology from an Empirical Standpoint*）一書的一個簡短段落中，建議探索人的意識時從「意向」（intention）著手，這個詞語有點誤導，因為聽起來像涉及刻意目的。實際上它泛指「延伸、觸及」（來自拉丁文詞根 *in-tend*，表示伸向或延伸至某物）。布倫塔諾認為，向著物體延伸，是我們的意識經常從事的活動。我們的思維總是「在於」或「關於」一些什麼，他寫道：在愛戀中，有些東西被愛；在憎惡中，有些東西被憎厭；在判斷中，有些東西被肯定或否定。[20]即使我在幻想一樣不存在的物體，我的意識仍然逃不掉「在於」什麼或「關於」什麼的模式。如果我假想有如《愛麗絲夢遊仙境》中，一隻白兔在我面前走過，邊走邊看懷錶，我所假想的就是「在於」幻想中的兔子。如果我盯著天花板嘗試理解所謂「意識的結構」，我所想的就是「關於」意識的結構。除了在熟睡中，人類的意識總是離不開「關於什麼」的模式：它具備「意向性」（intentionality）。胡塞爾從布倫塔諾擷取了這種想法的雛型後，把它放置在自己整套哲學的核心。

試著坐下來兩分鐘，心裡什麼都不想，你可能就會瞥見為什麼「意向性」對人類是那麼基本。就像公園裡搜索食物的一隻松鼠，我們意識一直在竄動：先後抓住手機閃動著的螢幕、遠處牆上一個汙點、杯子的碰撞聲、形狀像鯨魚的一朵雲、一位朋友昨天所說的話、膝蓋的一陣刺痛、即將到來的截止期限、好天氣將臨的模糊期待、時鐘的滴答聲。一些東方冥想技巧，目的就是讓亂竄的心思靜止下來，但這個目的極難做到，正好顯示要意識寂然不動是很不自然的。在不受管控的情形下，意識只要在清醒狀態，就會向四方八面延伸開去，甚至睡覺作夢之際，也繼續做同樣的事。

這樣看來，意識根本**不是**「什麼東西」，而是一種「關乎什麼」的活動。這使得人類的意識（可能還有其他動物的意識）跟所有其他自然存在的物體截然不同。沒有其他任何東西，能夠像意識那樣徹底是「關於」或「在於」什麼：即使一本書，也只在當有人拿起它、閱讀它，才談得上「關於」什麼，否則它只是儲存資訊的工具而已。而意識要是沒有在經驗什麼事、想像什麼事或推想什麼事，那恐怕就稱不上是意識了。

胡塞爾從「意向性」這個概念瞥見一條出路，可以避開哲學史上兩項懸而未解的謎團：物體「其實」是什麼的問題，以及意識「其實」是什麼的問題。透過「懸擱」，把這兩方面的考量全放進括弧，我們就如釋重負，可以集中精神處理兩者中間那種關係。我們可以把描述事物的全部精力，用於「意向性」在我們生活中的永恆舞動：只要生活的音樂仍在奏著，意識就不停轉動，抓住一個又一個所指向的現象，把它們舞動著。

三個簡單的概念——描述、現象、意向性，提供了充分靈感，讓弗萊堡擠滿一房子的胡塞爾助理人員，足以數十年內忙個不停。那麼多人類經驗等著他們用心處理，他們怎麼會無事可做呢？

胡塞爾的現象學自始至終沒有沙特的存在主義那麼影響廣泛——起碼就直接影響而言，可是胡塞爾奠定的基礎，讓沙特和其他存在主義者解除束縛，得以天馬行空談論世間一切：自咖啡館服務生以至樹木以至乳房。一九三三年在柏林研讀胡塞爾的著作，沙特發展出自己的大膽詮釋，重點尤其放在「意向性」及在它的作用下，意識如何被「拋向」世界及世間事物。在沙特看來，這給予意識廣大無邊的自由。如果我們除了所思考的事以外一無所有，就沒有任何預設「內在本質」束縛我們；我們是變化不定的。沙特一篇在柏林開始撰寫而到了一九三九年才發表的短文，題為〈胡塞爾現象學的一個基本概念：意向性〉（A

Fundamental Idea of Husserl's Phenomenology: Intentionality），對這個概念以典型沙特風格重新解讀。

他寫道，以往哲學家對意識的看法，都拘泥於從「消化型」模式理解：他們以為，要感知某物，就是把它吸收到自己體內，像一隻蜘蛛用自己的唾沫把獵食的昆蟲裹起來，讓牠陷入半溶解狀態。可是胡塞爾所說的意向性大異其趣：所謂意識到某物，就是向外突破：

讓自己擺脫濕黏黏的、深藏胃裡的親密感，往外飛奔，躍出自我，到達非我境地。飛呀飛，飛到樹上，卻又在樹的外面，因為它避我而去，拒我於外，讓我不能迷失於其內，一如它不能溶解在我之內：它在物體之外，在我之外。……在同一過程中，意識被純化，變得像強風般澄明。意識內一無所有，只有從自身逃脫的衝動，從自身滑出去。如果你明知不可卻要硬闖，要「進入」意識之內，你就會被刮進一陣旋風，被猛拋到外面，回到那棵樹，回到那陣塵埃中，因為意識並無「裡面」可言。意識只是外在狀態，一種絕對的飛騰，一種對本質的抗拒；意識就是如此。試想像一連串的突破，把我從自我抽離，甚至在這一連串動作之後不留下「自我」立足的餘地，而是把我猛力一擲，越過這一連串的動作，掉到世界的滾滾塵埃中，掉到凹凸不平的地面上，掉到種種物體中。試想像我們被這樣拋出去，被我們的本性遺棄在一個漠然、滿懷敵意、充滿阻力的世界。如果能這樣想，你就能掌握胡塞爾這句名言所揭示的深刻意義：「一切意識都是

『關於』某物的意識。」[21]

對沙特來說，如果我們嘗試把自己關閉在自身意識內，「在一個舒適溫暖的、百葉窗緊閉的房間中」，我們就不再存在。我們沒有一個舒適的家：身處塵土飛揚的路上，這就是「我們是誰」的根本定義。

沙特別具秉賦，善用驚人隱喻，使得他這篇談「意向性」的文章，成為歷來最易讀的現象學入門論著，也是最短的一篇。它肯定比任何一篇胡塞爾的文章好讀。可是沙特此刻其實已察覺到，胡塞爾後來背棄了「意向性」往外延伸的詮釋：他從另一角度著眼，把它看作牽引一切到內心的動作。[22]

胡塞爾早就曾經考慮，「意向性」的整套動作，同樣可以輕易看作發生在個人內心裡面。[23]由於「懸擱」把「物體是否實在」的問題存而不論，沒有什麼理由不容許指向內心的詮釋。實在與不實在，外在與內在，又有什麼分別？想到這裡，胡塞爾便開始把現象學轉化為「唯心主義」（idealism）——這種哲學傳統否定外在的實在界，把一切界定為個人幻覺。

驅使胡塞爾在一九一〇及一九二〇年代如此轉向的，是他對確定性的渴求。我們對世界也許沒有什麼能確定的，卻可以確定自己腦袋裡正發生什麼。胡塞爾一九二九年在巴黎舉行了一系列演講，很多年輕法國哲學家出席（儘管沙特和波娃錯過了），他揭示了這種唯心主義詮釋，並指出這種想法令他跟笛卡兒的哲學走得很近，笛卡兒所說的「我思，故我在」就是內心探索的起點——如果這種探索是可行的話。胡塞爾說，只要人想要成為哲學家，起碼必須嘗試像笛卡兒這樣「返回自己內心」，然後在這個確定無疑的基礎上，從無到有把一切重新建立起來。

他這一系列演說引述聖奧古斯丁作結：

> 別冀望往外走；回到自身。
> 真理常存於你的內心。[24]

胡塞爾後來又經歷另一次轉變，再次把目光引向外界，那是跟他人共享的豐富經驗，同時包含個人身體的經驗和社會經驗。到了晚年，他較少再提到笛卡兒和聖奧古斯丁的內心探索，更多談及經驗發生於其中的那個「世界」。可是在這中間的一段時間裡，他幾乎完全往內看。也許戰時歲月的危機促使他追求一種私人的、別人碰不得的空間，儘管最初的打擊出現在一九一六年他兒子喪生之前，但喪子之痛延續久遠。究竟胡塞爾的唯心主義轉向有何重大意義，轉變幅度又有多大，迄今仍然爭議不休。

不過，長期在弗萊堡處於領導地位的胡塞爾，往唯心主義的轉向肯定足以讓幾個主要門生跟他疏遠。其中艾蒂特．許坦很早就對胡塞爾的動向頗有微言，那是在她完成了博士論文不久之後，論文的主題是同理心的現象學，目的是探索共同外界環境中的人際交往與聯繫，有別於往內退縮、陷入孤獨的取向。早在一九一七年，她就曾坐在胡塞爾辦公室那張通常讓得意門生作座上賓的「寶貝老沙發」上，和胡塞爾圍繞這個論題大辯一場。[25]他們爭辯了兩小時，沒有達成共識，不久後許坦就辭去助理職位，離開了弗萊堡。

她還有其他辭別的原因：她希望有更多時間做自己的事，而胡塞爾對她在助理崗位上的要求令她難償所願。不幸地，她找尋其他工作時到處碰壁。首先她在哥廷根大學尋求一個正式職位被拒諸門外，就因為她是女性。然後當漢堡有另一個職缺，她甚至沒嘗試申請，因為覺得自己的猶太裔背景肯定是個問題：漢堡大學哲學系已經有兩位猶太裔學者，看來已是極限。[26]她回到自己故鄉布雷斯勞（Breslau，今波蘭的弗羅茨瓦夫〔Wrocław〕），在那裡撰寫論文。[27]她讀了亞維拉的德蘭（St Teresa of Ávila，即聖女大德蘭）的自傳，繼而改信基督教，並在一九二二年戲劇性地成為加爾默羅隱修會（Carmelite）修女。會方對她格外通融，讓她繼續她的研究，並派人代為找尋哲學書籍。[28]

在此同時，在弗萊堡，許坦的離去在胡塞爾這伙人中間留下了一個洞。在一九一八年——遠在沙特聽聞這群人或想到前赴德國之前，這個洞由另一位極為了不起的年輕現象學家填補了。他名叫海德格，結果他給胡塞爾帶來的煩惱，比直率又叛逆的許坦猶有過之。

如果沙特在一九三三年前去取經的是弗萊堡，同時遇上了胡塞爾和海德格兩人，他思想歷程的出發點，可能就大不相同了。

第三幕
來自梅斯基希的魔術師

海德格現身，讓我們對存在大感迷惑

海德格對胡塞爾的挑戰，從《存在與時間》（*Sein und Zeit*）一書的頭兩句就可見一斑。一九二七年出版的這部著作，是胡塞爾的現象學年鑑系列叢書的其中一冊。第一頁引錄了柏拉圖對話錄《智者篇》（*The Sophist*）看似無殺傷力的一段話：

顯然當你使用「存在」一詞時，早就意識到它的意思。可是儘管我們向來以為瞭解它的意義，現在倒是迷惑起來了。[1]

海德格接著指出，在「存在」令我們困惑的各種問題中，最令人困惑的是，我們未能充分對存在感到困惑。當我說「天空是藍色的」或「我是快樂的」，彷彿中間的「是」這個表示某種存在的詞語，是無關宏旨的。[2]可是只要停下來想一下，就會察覺它帶出了一個根本的、神祕的問題。當我們說某物「是（存在著）」，那是什麼意思？大部分哲學家都忽略這個問題；萊布尼茲（Gottfried von Leibniz）是寥寥幾個提及它的哲學家之一，他在一七一四年說：為什麼世上會有些什麼東西，而不是一無所有？[3]在海德格看來，這個「為什麼」的問題，答案不應該從物理學或宇宙學尋找。不管是大爆炸宇宙生成論還是上帝創世說，都不能帶來滿意的答案。他提出這個問題的用意，主要是帶來驚奇。如果要用一個詞語概括《存在與時間》的開場白，那就可能是「哇」的一聲驚嘆。正因為這樣，評論家喬治・史坦納（George Steiner）把海德格譽為「驚愕大師」——他能夠「在明顯不過的路徑上，放置一件引人注目的障礙物」。[4]

作為哲學新起點，這「哇」的一聲就有如宇宙生成論那個大爆炸。對胡塞爾來說這是當頭棒喝。我們要知道，胡塞爾和他的追隨者正是未能對存在感到驚嘆的人，他們只管退縮，往內心審視，忘記了我們站立其上而不斷磨蝕著我們腳趾的嚴酷現實世界。海德格在書中客氣地讚揚胡塞爾的現象學方法，把書獻給他，提到對他常存「友誼和仰慕」，以示感謝。[5]但他也清楚暗示胡塞爾和追隨者迷失在自己的內心世界，陷入不確定、孤立境地，而「意向性」原來正是應該把它們由此拯救出來。他彷彿在說：醒來吧，現象學家！記住存在是在這裡、那裡，在你頭頂、在你腳底，四方八面向你壓過來；記住事物本身和你自身的存在！

說來奇怪，海德格最初走上這條路，是閱讀布倫塔諾的著作時受到啟迪，但不是布倫塔諾談「意向性」那段文字，而是他的博士論文，探討的是亞里斯多德著作中「存在」一詞的不同意義。[6] 海德格著眼於存在，以及胡塞爾發現「意向性」繼而轉向內心，竟然都是受到同一位哲學家引導。

海德格十八歲時發現了布倫塔諾的博士論文，當時他還在老家梅斯基希（Messkirch）。那是個寧靜的天主教小城，位於多瑙河上游的施瓦本地區（Swabia），離弗萊堡不遠。城內主流建築就是當地誇張的巴洛克風格的教堂。白色混雜金色的內部裝潢令人眼花繚亂，還有飄浮於雲間的聖人和天使，以及振翅飛翔的小天使，構成令人驚喜的歡快景象，正好平衡一下肅穆的建築外觀，以及城裡城外大片陰森沉鬱的森林。

海德格生於一八八九年九月二十六日，是家中長子，有個妹妹叫瑪麗（Marie）[7]，還有個弟弟叫弗利茲（Fritz）。父親弗里德里希（Friedrich）是教堂司事，一家人就住在教堂對面。他們那屋頂陡峭的房子，是三幢並列房子中間較簡樸的一幢，今天仍屹立在原址。海德格和弟弟年紀輕輕就幫忙打理教堂的雜務：採摘花朵用作裝飾，以及早上爬樓梯上教堂塔樓敲響那一組七個的鐘。每年聖誕節還要特別早起，在家裡的聖誕樹旁喝過牛奶咖啡、吃過蛋糕後，就在凌晨四點前走過教堂前的小廣場，執行「鳴鐘驚醒」（Schrecke-läuten）任務，把全城的人喚醒。[8]在復活節，他們不是敲鐘，而是轉動一根柄子讓小槌子打在木頭上，發出嘎嘎卜卜的聲音。

槌子打擊木頭或金屬的聲音，常迴盪在海德格的世界中，因為他父親也是城裡的老資格桶匠，專門製作桶子等器皿。（網上快速搜尋一番提醒我們，昔日桶匠的製品包括：「水桶、小水桶、油桶、盆子、攪乳器、一般酒桶、特大酒桶、大酒桶、中酒桶、中小酒桶、小酒桶、特小酒桶、超小酒桶、小啤酒桶和特小啤酒桶」——很漂亮的一系列器具，今日聽起來像一半殘留在記憶中的夢。）[9]家中兩個男孩會等待樵夫從附近的森林走出來後，到林裡撿拾一些父親可用的木材。[10]海德格後來寫給未婚妻的信中，描述了製桶工場的記憶，也還記得祖父是個鞋匠，坐在三腳凳上，在玻璃球發出的光芒下，把釘子打進鞋底。這一切值得書寫下來，因為這些兒時印象，在海德格身上較諸大部分其他作家身上，留下更加深遠的影響；他畢生忠於這些記憶所構築的世界，不離不棄。[11]

在充當「父親的好幫手」之後，海德格會一路走過教堂，走過同樣莊嚴肅穆的梅斯基希城堡和它的公園，走進森林，在林中深處一條小徑旁的簡陋長木凳上，攤開家庭作業。這張長凳和這條小徑，在他面對研習中的艱深課題時，幫助他迎刃而解；在往後的日子裡，每當棘手的哲學難題困擾著他，他就會想起林中的長凳，瞥見出路。他的思想總是充塞著陰森樹木的圖景，林中經葉子過濾的斑駁光線，透射到敞開的小徑和空地。在他的著作裡，會碰上「林中小徑」（Holzwege）和「路徑標記」（Wegmarken）一類字眼；字裡行間迴盪著槌子敲擊聲和村中如天籟的鐘聲，流露著鄉村質樸手藝的氣息，以及人力勞動的力道和手感。[12]

即使在他後期最精純的著作裡——又或可說尤其是在這些著作裡，海德格總愛把自己想像成故鄉的卑微農民，幹著砍砍削削的活。他從來不是個善於交際的人。從兒時歲月開始，就有些性格特質把他跟別人區隔開來。他害羞、弱小，有一雙黑眼睛、一個擠作一團的小嘴巴，一輩子都難以跟別人有眼神交流。[13]可是他卻有神奇的感召力。哲學家高達美一九九九年在英國廣播公司（BBC）電視台一次訪問中，回憶曾在梅斯基希追問一位老人是否認識兒時的海德格。那人答道：

「馬丁？啊對，我肯定記得他。」

「他是怎麼樣子的？」

「嗯，」那人答道：「怎麼說呢？他是個子最小、最孱弱、最任性、最沒用的。可是他能駕馭我們所有人。」[14]

隨著他長大成人，海德格進入神學院就讀，然後到弗萊堡念神學。在此同時，他發現了布倫塔諾的博士論文，因而沉迷於亞里斯多德，哲學對他的吸引力蓋過了神學。他在弗萊堡大學圖書館看到了胡塞爾的《邏輯研究》，把它借了出來，放在自己房間兩年之久。[15]胡塞爾的哲學沒有提到神，令他深感驚奇。（胡塞爾是基督徒，卻把信仰和哲學分開。）他研習的是胡塞爾的一套方法，建基於嚴密的描述和對現象的審察。

之後他追隨胡塞爾的步伐，改念哲學，多年在不支薪大學講師的職位上苦撐，建立自己的事業。並且和胡塞爾一樣，他組織了家庭，肩負起養家的擔子：他在一九一七年三月與愛弗利德・裴特里（Elfride Petri）結為夫婦，誕下兩個兒子——喬治（Jörg）和赫曼（Hermann）。[16] 裴特里是新教徒，他們的婚禮顧慮周全，先在婚姻登記處舉行儀式，再分別舉行新教和天主教的婚禮。但婚後兩人都脫離了教會。海德格正式認定自己不再是教徒，儘管在他的著作中，仍然不難瞥見對神聖事物的渴慕。他們的婚姻一路維持下去，但不忠的情事都曾在兩人身上發生。很多年後，赫曼揭露了一個祕密——他早就從母親那裡聽說他的親生父親不是海德格，而是跟母親有婚外情的醫生。

海德格初到弗萊堡念書和教學時，胡塞爾還沒有到那裡開展他的事業。當胡塞爾在一九一六年前來，海德格就主動跟他結交。最初胡塞爾以含糊及公事公辦的態度面對。然後，就像其他很多人一樣，他受到這個奇特的年輕人吸引。戰爭結束後，胡塞爾跟海德格一樣熱中於「共同哲學思考」（symphilosophein，他們這伙人愛用這個希臘文詞語）。[17]

當時，胡塞爾還在為戰爭中陣亡的小兒子哀傷欲絕，而海德格的年紀正好跟胡塞爾的子女相若。（但海德格沒有像他們那樣前赴戰爭前線，因為心臟虛弱，他只獲派遣郵件審查員和氣象站助理的任務。）胡塞爾有海德格在身邊，獲得非比尋常的正能量。他曾寫道：「啊，你的青春，是我莫大的喜悅。」[18] 他變得異常地感情外露，曾在一封信的結尾加了三項附筆，然後責備自己像個喋喋不休的老頭子。[19]胡塞爾後來對自己那麼著迷於這段關係感到驚奇，可是不難看到箇中原因。[20]在一九二〇年他的六十一歲慶生派對上，他的妻子就開玩笑地把海德格稱為「現象學之子」。[21]海德格也樂於扮演這個有如養子的角色，有時在信件開頭說「親愛的儼如慈父的朋友」。一次他寫信感謝胡塞爾的熱情款待，就說：「我真的有獲接納為兒子的感覺。」[22]

一九二四年，海德格在胡塞爾幫助下，在離弗萊堡不遠的馬堡（Marburg）大學取得有薪職位。他在那裡待了四年。在一九二八年三十九歲的時候，也是在胡塞爾協助下，他回到弗萊堡，填補了胡塞爾退休後的系主任職位空缺。重返故地是一種解脫：海德格在馬堡一直鬱鬱不樂，把它稱為「大霧的洞」，但那對他事業的起動有推動之功，他在馬堡也曾沉溺於與女學生漢娜・鄂蘭（Hannah Arendt）的一段戀情。[23]

海德格在馬堡任教期間，妻子裴特里利用自己所得的遺產，在黑森林小鎮托德瑙堡（Todtnauberg）買了一塊地；那裡離弗萊堡二十九公里，面向一大片馬蹄鐵形的鄉村谷地。她蓋了一幢自行設計的凸顯木瓦片特色的小屋，嵌進山邊一個角落。[24]那是給丈夫的一份禮物，一家人經常前去小住，但海德格花很多時間在那裡獨自工作。那裡縱橫交錯的小徑景色，有助於海德格思考，比他兒時的林中小徑更勝一籌。當時也像今天一樣，滑雪客、雪橇手和遠足客在當地往來頻繁，但在黃昏或非遊樂季節，那裡就很寧靜和平，高大的樹木像挺身而立的成年人，俯視林間玩樂的人群。當他獨自處身當地，海德格就會滑雪，漫步，點個火，做個簡餐，跟務農的鄰居閒談，還有長時間坐在書桌前；在這樣的環境下寫作，就像他在一九二五年寫信跟鄂蘭所說的，有如獨處林中砍著木頭，有一種平和的節奏。[25]

海德格也愈來愈慣於在城裡打扮得像個農人。他穿起一種量身訂作的黑森林裝束：棕色農夫外套，有寬大的翻領和高挺的衣領，配上及膝馬褲。他的學生稱之為「存在式」或「最具自身感」的打扮，後一種說法來自海德格的口頭禪。[26]他們覺得海德格很有趣，可是反過來他卻不能領略學生開的玩笑，因為他的幽默感要麼說是別具一格，不然就是根本不存在。不過這都無關緊要，他的衣著、他的施瓦本鄉下口音，以及他一本正經的態度，莫不加強了他的神祕感。他的學生卡爾．勒夫特（Karl Löwith）形容，海德格那種「難以看透」的感覺，在課堂上對學生有一種催眠般的魔力；你永遠不知道跟他一起會處於什麼狀況，因此要抓著他說的每個字。[27]曾受業於胡塞爾和海德格的漢斯．尤納斯（Hans Jonas），後來在一次電台訪問說，兩位老師以海德格帶來的刺激要大上許多。被問到為什麼，他說，主要是「因為他難懂得多」。[28]

據高達美指出，海德格的招牌風格就是「一口氣提出一長串問題」，直到他最終把這串問題捲起來，變成「由句子堆疊成的一片烏雲而雷電大作」，讓學生震驚不已。[29]這有它神祕難明的一面，因此學生給海德格取了另一個綽號——「來自梅斯基希的魔術師」。[30]即使在烏雲雷電之下，海德格的講課通常聚焦於細讀古典哲學家的著作，要求精神極度集中在文字上。據鄂蘭追憶跟他研習的情景，海德格教學生「思考」，而所謂思考表示「發掘」。[31]她寫道，海德格一路挖下去挖到根源，卻沒有把挖掘到的揪出來，展現在大家眼前，而是讓它們仍然被履蓋著，只是在周圍開出探索路徑——就像他酷愛的林中小徑。多年之後，不太認同這種作法的丹尼爾・丹奈特（Daniel Dennett）和阿斯本・史特格里希・彼得森（Asbjørn Steglich-Petersen），在他們以諷刺筆觸寫下的《哲學詞彙》（*Philosophical Lexicon*）中，有「挖得格」（heidegger——海德格姓氏的小寫）詞條，定義是：「一種重型器械，用以鑽穿整層厚厚的物質」，例句：「它藏得那麼深，我們要用一台挖得格了。」[32]

十八歲時修讀海德格課程的喬治・皮希特（Georg Picht），還記得這位老師的思想力量就像幾乎能觸摸到的東西，在海德格走進教室的那一刻就能感覺出來，他同時帶來一種身處險境的氛圍。他的講課是某種形式的劇場，「演得很有技巧」。[33]海德格鼓勵學生思考，但不一定要作答。「他認為，今天所謂的『討論』，就是把心裡首先想到的未經思考的話說出來，其實是空談。」他喜歡看到學生尊重他，但他從來不愛聽奉承話。「當一位學生一次把筆記念出來，充斥著海德格式措詞，他就打斷她說：『我們這裡不要海德格式演繹！轉到話題上吧。』」

皮希特懷疑，海德格的魯莽態度，可能是一種自衛反應：他覺得面臨威脅，不管是來自他人還是他自身。「存在這東西，從歷史可見它會突然闖進個人內心，闖進個人思想。」有一次皮希特感覺到，要是化身成為海德格，情景如何令人震驚：「海德格這個人該怎麼描述呢？他處身雷霆大作的環境中，就像狂風吹襲下走過黑森林的亨特察滕鎮（Hinterzarten），一棵樹被連根拔起，橫在前方十公尺的地方。這觸動了我，發生在這個人身上的事，活靈活現彷彿呈現眼前。」

即使他們緊張兮兮說著俏皮話，圍繞在海德格身邊的學生都知道他們多幸運，能親睹一種偉大哲學逐步發展起來。一九二〇年代中期，海德格講授柏拉圖、亞里斯多德或康德的哲學時，會從每段文字抉發原創的、不尋常的解讀，直到學生覺得，昔日哲學家構築的思想體系彷彿一塌而下，砸到他們頭上。就像鄂蘭概括指出：「思考重獲活力，被認為已衰頹的昔日文化寶藏，在這股力量驅動下重新發出聲音。……眼前有一位良師，我們可以學習怎樣思考了。」[34]

學生親歷的刺激時刻，很少能比得上一九二七年稍早的一次經驗。學生赫曼．莫爾遜（Hermann Mörchen）憶述，當天海德格到研討班上課，「一言不發，滿懷期待，像小孩炫耀最愛的玩具，他展示從印刷廠拿來的長條校樣」。[35]首先是《存在與時間》的書名頁預示大驚奇即將出現，接下來是一頁頁奇文，你絕不會把它誤認為是古代或現代其他哲學家所寫的其他東西。

那麼海德格叫我們在《存在與時間》中驚嘆的所謂存在，究竟是什麼？有什麼存在物具備這種存在？

海德格用來表達「存在」的詞語（Sein）難以界定，因為它所指的，並不像任何其他種類的事物或性質。它肯定不是任何物體，也不是物體的一般共同性質。如果你要教人認識什麼是「建築物」，可以在他們面前指著這個、那個各種不同的建築結構，從茅屋以至摩天大樓；可能得花點時間，但最終還是能讓對方瞭解所指的是什麼。可是儘管你不停指著世間種種事物，像小屋、餐點、動物、森林小徑、教堂大門、節慶氛圍，以及風雨欲來的烏雲，每指一次便說：「看，存在！」對方恐怕只會愈來愈一頭霧水。[36]

海德格把這一切總括起來，指出「存在」本身並不是一種存在物。也就是說，它不是任何可界定、可勾劃的東西。他把兩個近似的德文詞語區別開來：首先是 Seiende，它可以指稱任何個別存在者，譬如一隻老鼠或一道教堂的門；然後是 Sein，它指的是這些個別存在者所具備的「存在」。（在英文裡要作同樣區別，前者可以用小寫的 being，後者則用大寫的 Being。）海德格把兩者的差異稱為「存有學（ontology）上的差異」[37]（存有學是探究事物的存有的哲學）。這是不容易清楚劃分的區別，可是兩者在存有學上的不同，對海德格來說至為重要。如果混淆它們，就會掉進謬誤；比方說，投身一門研究特定事物的科學，像心理學甚或宇宙學，就以為是在研究「存在」本身。

跟存在物不一樣，「存在」本身叫人很難一直維持專注力，很容易把它拋諸腦後。可是有一樣存在物，它的「存在」是特別容易令人注意的，那就是我自己；因為跟雲或大門等等不一樣，我就是思考著自身「存在」的那個存在者。甚至可說，我原來就對「存在」本身有一種模糊的、初步的、非哲學的瞭解，要不然我根本不會對它產生疑問。這使得自我成為存有學探索的最佳起點。自我就是對本身的「存在」有所質疑的存在者，也是對這個疑問早就有某種答案的存在者。[38]

因此自我是探索起點。但海德格一再強調，這並不表示我要研讀生物學、人類學、心理學或社會學等所謂人類科學。這些都只是存在者層次（ontical）的探索，對存有學層次的探索毫無助益。[39]它們就像胡塞爾要「懸擱」起來的從推想產生的概念，在我們邁向真正探索目標的路上，可能成為障礙。如果我要知道一個人到底是什麼，做腦電圖檢查腦波，或分析各種行為模式，都是無濟於事的。就像雅斯培從心理學轉換跑道到現象學，為的是實踐「另一種思考方式」，海德格也認為，「存在」的問題必須真正從哲學上來理解，否則就一無是處。而且不應該採用舊式哲學方法，褊狹地聚焦於我們能夠知道什麼的問題。我們需要一個全新的起點。

對海德格來說，這不光表示要從「存在」本身起步，還要在思考過程中一直保持警覺，小心翼翼。在這方面他慷慨地為我們提供幫助，作法就是採用一種叫人很吃力的語言。

他的讀者很快會注意到，海德格傾向於拋棄耳熟能詳的哲學術語，而採用自行打造的用語。他用來指稱「存在」的德文詞語 Sein，大體沒有怎麼改造，可是，當他談到對「存在」有所質疑的那個提問者（也就是我或一個人），他竭力避免提到人類、人、心智、靈魂或意識等等，因為這些詞語隱含科學、宗教或形上學的假定。取而代之，他採用德文 Dasein

一詞，它通常在非常一般的意義上表示「存在的狀態」，是一個複合詞，由da（此）和sein（在）併合而成，因此字面上的意思是「在此」或「此在」。

由此而來的結果，令人不自在卻又興致勃勃。閱讀海德格的著作，往往會感到你認出了一種他正在描述的經驗，你就想說：「對，我就這樣！」可是他所用的詞語，會驅使你偏離這種解釋，迫使你繼續抱持疑問。只要經常把「此在」一詞掛在嘴邊，就有如半個人踏進了海德格的世界。這是十分重要的一個詞語，英文譯者傾向於不翻譯而照用原文；昂利・柯本（Henry Corbin）一個早期的片面法文譯法把它翻作 réalité humaine（意謂「人類實況」），只是徒添混淆。[40]

常聽到有人慨嘆：為什麼海德格不能說淺白的話？他那些糾纏不清而又不自然的用語，招來諷刺性模仿。譬如鈞特・葛拉斯（Günter Grass）一九六三年出版的小說《狗年月》（*Dog Years*）中，一個角色受到姓名不詳的一位哲學家影響，把未煮透的馬鈴薯稱為「對存在健忘的洋芋」，而在廚房水管清除老鼠之際，心裡又納悶：「為什麼是老鼠而不是其他東西在這裡存在？為什麼總是有些東西而不是一無所有？」[41]有人可能認為，如果海德格有什麼值得說的話，就應該能用普通語言表達出來。

事實是，他不想那麼普通，他甚至不想在一般意義下跟別人溝通。他要把熟悉的東西變得陌生，讓我們苦惱。喬治・史坦納認為，海德格的目的是要叫人體驗一種「陌生感」，多於叫人明白瞭解。[42]這就像貝托特・布萊希特（Bertholt Brecht）在他的劇作中追求「疏離」

或疏遠效果，目的在於阻止觀眾過於糾纏在故事中，陷入耳熟能詳的錯覺。[43]海德格的語言令讀者保持焦慮，那是具動感，具逼迫力的，有時可笑，通常強而有力。他著作裡提到的每樣事物，典型地是在奔騰或猛推，又或往前拋，被點燃或被破開。海德格坦承，這種寫作方式有點「彆扭」，但他認為，為了顛覆傳統哲學，把我們帶回「存在」本身，這是微不足道的代價。[44]

對非德文讀者來說，必須補充的是，有些彆扭的地方，是翻譯造成的結果。德文很樂於接受一大串詞語併合起來的構詞法，在英文裡往往就要用連字符串成一整行，像配對失當的一列火車車廂在拖沓前進。舉例說，「存在的問題」（英文：The Question of Being）在德文裡是很優雅的 Seinsfrage（由 Sein〔存在〕與 Frage〔問題〕併合而成）。可是，即使是德文，也不能很自在地容納這種說法：「在自身之前已然存在（於世界）而作為（與世上碰上的其他存在者）並存的存在」（Sich-vorweg-schon-sein-in-(der-Welt) als Sein-bei (innerweltlich begegnendem Seienden)）。[45]

對海德格的其中一種看法，就是把他看作文學創新者，甚至是現代主義小說家。在我撰寫本書好一段時間之後，透過珍妮特・馬柯姆（Janet Malcolm）的探索式傳記《兩個人的一生》（*Two Lives*），我閱讀了葛楚・史坦（Gertrude Stein）的實驗小說《美國人的前世今生》（*The Making of Americans*）[46]的一些片段。史坦原是看似講述一個典型美國家庭的傳說事蹟，但摒棄了寫作的既有規範，而這樣描寫小說中的人物：

我總覺得他們每一類人就像不知怎麼樣的一種物質，更深色而又更淺色，更薄而又更厚，更模糊而又更清晰，更平滑而又更凹凸不平，更像顆粒，更混雜，更簡單。[47]……而我總覺得在他們每個人裡面，有那麼多他們的那種物質，卻又那麼少，一整塊在裡面，卻又一團一塊在裡面，而把它們接合起來的，有時是同一物質的一部分，有時是他們裡面另外一種物質。……有些……是由小團小塊的存在物彼此接合或分割而成，你會感覺到那就在他們裡面，透過他們裡面其他種類的存在物而感覺到裡面一團一團、一塊一塊，有時透過裡面別的種類的存在者，而這跟他們裡面那些團塊幾乎是完全相反的東西，有時是因為那些團塊總是融化到周圍的存在者中，而這些存在者正是要防止團塊互相碰觸，有時是因為他們裡面這種存在者薄薄地鋪開來，以致他們所學習的一切，他們生活中期盼的一切，對一切有趣事物的所有反應，在他們裡面，由於那存在者薄薄鋪開，實在跟他們談不上什麼關係。……有些人總是維持著一個整體，儘管他們裡面的存在者亂作一團，就只因為皮膚包覆著而形成一體。[48]

她解釋，他們裡面的存在者「可能是黏答答、凝膠般、膠糊糊、白色而不透光的一種物質，它又可能是白色而明亮而清澈而熾熱的，而這一切對我來說並不十分清楚。」[49]

海德格也許不喜歡史坦的不夠精準，但他或許會欣賞作者的這種眼光，能夠把語言拉扯到極限，避免普通知覺有欠敏銳的反應。他也可能體認到，史坦把人物與他們裡面的「存在者」區別開來，預示了他自己提出的存有學的差異。

因此，把海德格想像為實驗性小說家或詩人，有助我們瞭解他。可是儘管他摒棄了傳統哲學家以清晰為尚的美德，他堅持自己是個哲學家，他的語言不光是文學表現或文字遊戲。他的目的是顛覆人類思考，推倒形上學的歷史，讓哲學重新起步。既然整體目標那麼極端，那麼強悍，對語言稍加扭曲並不令人意外。

《存在與時間》對舊式哲學的最大顛覆，就是另闢蹊徑對待「此在」與「存在」——這原來也是胡塞爾應走的路，只是他沒有很明顯地一路走到底，也就是說他沒有從日常生活著手。

海德格呈現在我們眼前的「此在」，穿的是日常便服，不是星期日的最佳打扮：我們看到的是它的日常樣貌。其他哲學家的起步點，往往是一個人出現在不尋常的景況，譬如獨自坐在房間裡，凝視著壁爐的餘燼沉思起來——笛卡兒就是從這裡起步。然後他們再用簡單、日常的用語來描述沉思的結果。海德格恰好相反。他把「此在」置於再普通不過的時刻，然後盡可能用至為創新的方式談論它。對海德格來說，「此在」的日常「存在」[50]就在眼前的世界中：它是「在世存有」（Being-in-the-world）[51]。

「此在」這種日常的「在世存有」，主要特徵就是它通常忙著做事。「我」不傾向於思索事物，而是抓住事物，有所行動。如果我拿著一根槌子，就像海德格所說的，通常不是「凝視著『槌子這東西』（the hammer-Thing，海德格使用了一個可愛的德文詞語 das Hammerding）」，而是動手槌打釘子。[52]

而且，槌打釘子是為了某種目的，譬如製作一個書架放置我的哲學書。我手中的槌子牽引出一整個網絡的目的和景況。它顯示我這個「此在」牽涉入事物之中：那些事物就是我所「關切」的目標。海德格舉了一些例子：製作某物、使用某物、照顧某物、放開某物。此外還有消極的牽涉，像忽視某物，或讓某物處於未完成狀態；這類消極事例畢竟還是一種關切形式，儘管被稱為「有缺陷」的形式。這些正反事例顯示，「此在」的「存在」一般而言就是「操心」或「牽掛」。注意「操心」（care／德文：Besorgen）和「關切」（concern／德文：Sorge）很易混淆，但兩者都表示「此在」在世界中總是捲起衣袖，忙個不停。[53]在這一點上我們跟齊克果和他所說的很接近：我不光存在，而且對自我的存在有一種關注或投入。

海德格繼續說，我牽涉在事物中，導致我利用「有用的東西」或「裝備」[54]，譬如槌子之類的東西。這些東西有一種特別的「存在」，海德格稱之為「就手狀態」或「就手性」（Zuhandenheit）。[55]當我用槌子敲打，槌子對我來說就具備這種「存在」。如果由於某種原因，我把槌子放下，凝視著「槌子這東西」，那麼它所具備的就是另一種「存在」——「現成狀態」或「現成性」（Vorhandenheit）。

在海德格看來，傳統哲學家的第二大謬誤（第一大謬誤是忘掉「存在」），就是談到一切事物只著眼於現成性。但那是把事物跟我們日常老在「關切」的態度割裂開來——而這卻是大部分時間下我們跟事物接觸的方式。那是把事物變成一個無關切心的思想者的思索對象，這個思想者整天沒事幹，只管盯著各種事物。然後我們就問，為什麼哲學家像跟日常生活割裂開來！

由於犯了這種錯誤，哲學家讓「在世存有」的整個架構陷於瓦解，然後，當他們試著把它重新構建成我們能認得的日常存在，就面對莫大困難。與此相反，在海德格的「在世存有」觀點下，一切事物原就互相連結。如果結構瓦解，那是「缺陷」狀態或次要狀態。因此，一個平順整合起來的世界，可以透過最簡單的行動揭示出來。[56]一枝筆可以牽引出一整個網絡的東西：墨水、紙張、桌子和檯燈；最終更牽引出我為他們或給他們寫作的一整個網絡的人，他們各有本身生存在世的目的。就像海德格在其他地方所寫的，一張桌子不光是桌子；它是一家人的桌子，「家中的孩子愛在這裡忙他們的事」，這張桌子又或是「某一刻跟朋友作決定的地方，某一刻撰寫文章的地方，或某一刻歡度節慶的地方」。[57]我們除了在「裝備」層面牽涉入這張桌子的世界，也在人際交往層面牽涉其中。因此，在海德格看來，所有「在世存有」也同時是「共在」（Mitsein）[58]，我們在一個「共同世界」（Mitwelt）中共同存在。[59]

傳統哲學那個老問題——如何證明在我以外有其他認知主體的存在，如今消失於無形。我這個「此在」，在質疑是否有其他主體存在前，就已經沉浸在「共同世界」中。其他主體，就是「大部分時間下我並不把自己從中區別開來的那些人，我也是他們一分子」。[60]即使我這個「此在」在船難後獨自流落荒島，或避開所有人獨個兒棲身一根柱子上，「共在」仍然是「此在」的特徵，因為這些極端處境，主要是相對於與我共存的其他「此在」從圖景中消失而得以界定的。中世紀在高柱上獨自苦修的修行者，他的「此在」仍然屬於「共在」，但這種「共在」模式是一種「缺陷」（海德格愛用這個詞語）。[61]

海德格舉了一個例子，把一切結合起來。我到戶外散步，看見岸邊有一艘小船。這艘小船對我來說是怎樣的一種「存在」？它不可能「只是」一件物體，即我從一個抽象觀點思考的「小船這東西」。相反，我碰上的這艘小船：（一）是一件具使用潛質的東西；（二）它處身的世界，是那些可使用之物的一整個網絡；（三）在它所在處境裡，顯然這艘小船要不是對我就是對其他人有用的。就是這樣，小船在這個例子中說明了何謂裝備，何謂世界，何謂共有。如果我只把它看作一件物體，儘管能這樣做，卻歪曲了日常生活的「存在」。[62]

令人驚訝的是，哲學要等那麼久，才有人說出這樣的看法來。美國的實用主義者（Pragmatist）像查爾斯．桑德斯．皮爾士（Charles Sanders Peirce）、約翰．杜威（John Dewey）和威廉．詹姆士（William James）等，也從實用的、活躍的角度探索人生，但他們沒有海德格的宏大哲學願景，偏重於透過實用主義把哲學牽到現實層次，而不是叫哲學毋忘最偉大的任務和問題。胡塞爾抱有海德格的宏大企圖心，但他把一切放進唯心主義的洞穴。對海德格來說那是致命錯誤：胡塞爾把錯誤的東西「放進括弧」；他「放進括弧」的是「存在」，那是必不可少的一樣東西。

海德格一手把哲學扭轉過來。在《存在與時間》中，「存有學」上最重大的「存在」，在於日常生活，而不是遠在他方的宇宙論或數學。與實用相關的「操心」和「關切」，比深思更根本。可使用的潛質，出現在沉思之前；「就手性」先於「現成性」；「在世存有」和「共在」先於獨在。我們不是高高翱翔在上，睥睨著世界的整個網絡。我們原就在世界裡，牽涉其中，被「丟進」世界。而「被丟進」這個動作，必須是我們的起點。

海德格又或像他的傳記作者呂迪格·薩弗蘭斯基（Rüdiger Safranski）所說的，「把顯而易見的說出來，那種說法讓哲學家也能掌握」。[63]

胡塞爾也注意到，《存在與時間》儘管對他讚譽有加，並把整本書獻給他，可是書中部分內容卻是專門針對他。他肯定讀過這本書好幾次。看完第一次後，一九二九年暑假他帶著這本書到義大利科摩湖度假，又細讀了一遍，在書的邊欄做了不少表示疑惑的評注，像「但這是荒謬的」，還用了不少問號、驚嘆號，甚至兩者並用的「？！」。[64]可是當他抱怨的時候，海德格似乎認為，這樣詮釋書中的意思，看作針鋒相對的攻擊，「簡直荒唐」。[65]

在私下場合，海德格對胡塞爾的哲學更是輕蔑。即使在胡塞爾正為了幫助他找工作而撰寫大加褒揚的推薦信，海德格也在跟人說，認為這位老師「荒唐可笑」。[66]海德格與雅斯培交上了朋友，他一九二三年寫信給對方談到胡塞爾說：「他的使命就是要當『現象學創始人』。沒有人知道那是什麼。」[67]（由於雅斯培早就坦承不知道現象學是什麼，他恐怕幫不上忙。）師徒二人的分歧到了一九二七年顯露無遺：當年稍早胡塞爾和海德格曾嘗試為《大英百科全書》（*Encyclopaedia Britannica*）合作撰寫現象學的詞條，最終只好放棄。[68]其中一個原因在於，兩人都覺得對方無法清晰表達自己的概念。情況固然如此，但更嚴重的問題是，他們對現象學的定義，幾乎在每一點上意見都不一致。[69]

胡塞爾對海德格的叛逆耿耿於懷。對方的想法是那樣截然不同！他們曾談過，海德格怎樣接收胡塞爾哲學上的遺產——他未出版的手稿，把這套哲學傳之久遠。胡塞爾後來坦承，他幫助海德格取得馬堡的職位，更在退休時幫助他接替自己在弗萊堡的職位，就是希望把海德格帶回自己陣營中。[70]可是事與願違，海德格坐上這個位子後，弗萊堡就變成了「兩種現象學的一座城市」，胡塞爾那個版本的現象學愈來愈缺乏刺激，海德格的版本則成為膜拜對象。

一九二九年四月八日胡塞爾七十大壽，海德格發表長篇演說，貌似推崇而帶有輕侮的弦外之音，強調胡塞爾的哲學應該給予自己重新思考和改變方向的機會。[71]胡塞爾則在答謝詞中表示，不錯他正踏上征途要完成一項任務，但任務大部分沒有完成。[72]這也有它的弦外之音：不管海德格怎麼想，他是在正確的路上，所有人都應該跟他攜手把任務完成。

海德格這種表現固然令人不敢恭維，但胡塞爾的期望也太大了。他老是希望把海德格塑造成下一代人的小胡塞爾，這種願望令人窒息。沒有什麼理由要海德格不加質疑地追隨胡塞爾；那從來不是哲學發展的方式。事實上，一種哲學愈具革命性，就愈可能招來反叛，因為它設下了戲劇性的挑戰擂台。

可是胡塞爾並不是把自己看作學派中的大老，而新一代人循著這條老路往前發展。與此相反，他認為自己愈來愈激進，年輕一代要急起直追。他把自己看作「肩負使命而沒有追隨者的領袖，也就是說，他那種超越經驗的現象學展現激進的新精神，沒有能同心協力的合作者。」[73]

在他看來，海德格的哲學錯在停留於「自然態度」或「常識」的層面。[74]這看來是怪異的指責：那個層面有什麼不妥？可是胡塞爾認為海德格沒有把對世界積累起來的各種假定擱置一旁，而這正是應該被「懸擱」的。海德格沉溺於「存在」，忘了現象學這個存而不論的基本步驟。

在海德格看來，忘掉要領的是胡塞爾。他往內轉向唯心主義，表示他列為優先的，仍然是抽象的沉思，而不是具活力的「在世存有」。《存在與時間》一開始就表明，他不要理論性探討，不要純粹羅列定義和論證；他要的是「具體」探索，從「此在」這一刻正在做什麼起步。

胡塞爾在一九三一年一次講課中反駁，這種作法只是「人類學」的一種。[75]從具體、立足世間的「此在」出發，就是放棄哲學的高遠抱負，放棄對肯定無疑認知的追求。胡塞爾不明白為什麼海德格似乎不能領略這一點。海德格對胡塞爾的想法，卻愈來愈興趣缺缺。現在他才是對眾人起著磁鐵作用的人物，胡塞爾的門生都被吸引過來了。

海德格的《存在與時間》起初令人想起一個快樂揮動著槌子的一環接一環的世界，揮槌者與身邊的伙伴在「共在」中形成社群互動，在此同時對「存在」有一種模糊的原型上的瞭解，但他們從來不會停下來細想這是什麼。如果海德格所揭示的就在這裡止步，他也許不會牽動那麼多的激情；而如果這就是人生的一切，我們就不會對哲學感興趣了。在這樣一個平淡無味的世界裡，誰還需要哲學家？幸而對哲學這門專業來說，意興有碰釘子的時候，事情有遭挫折的一刻。海德格分析接下來發生什麼。

且說我正槌打釘子，製作一個櫥櫃；我幾乎完全不察覺那個槌子，只留意釘子有沒有打進去，留意整個製作過程。如果我正在電腦上打字，寫作一段有關海德格的文字，我不會注意手指、鍵盤和螢幕；我的注意力略過這些，停留在我正嘗試達成的事。可是有些事情出了亂子：釘子彎曲了，或整個槌頭從槌柄飛脫了；又或者我的電腦當機了。

片刻間，我站起來呆呆盯著解體的槌子；又或我不再是「透過」電腦看什麼，我憤怒地「朝著」電腦這台機器直瞄，同時猛擊鍵盤。這時就從「就手性」轉移到「現成性」：著眼於一件呆著不動的物體。海德格把這個轉變的狀態，以一個琅琅上口的語句概括起來：「存在頓成現成性而不復見就手性」（das Nur-noch-vorhandensein eines Zuhandenen）。[76]

日常生活經常碰上這種例子。在尼可森．貝克（Nicholson Baker）的小說《夾樓》（*The Mezzanine*），有一段饒有興味的有如現象學經驗的文字，敘述一個男人的午餐時段，故事主人公拉緊鞋帶準備繫上，但鞋帶突然斷了。他呆呆望著手中斷落的鞋帶，腦海閃起類似情景：拉動護創膠布包裝袋口的線，卻沒把袋口撕破拉開，而是整根線給拉了下來；又或釘書機按下去卻不見釘子穿過去把紙張緊釘起來，而是「無牙地陷落」，顯示裡面沒釘子。[77]（我二十年前閱讀這部小說，由於某種原因，這句簡短的描述牢牢嵌進我腦袋，每次發現釘書機空無釘子，腦子幾乎總要閃起一句話：「它無牙地陷落了」。）

海德格指出，要是發生這樣的事，那就顯示「其中有一種我們必須關切的『固執性』（obstinacy）」，整件事頓時顯現在不一樣的景況下，同時還可瞥見我關切此事的整體背景。[78]世界不再是暢順運轉的機器，變成一整堆頑固地拒絕合作的東西，我處身其中，困惑而迷失方向，而這正是海德格的文字嘗試在讀者心中勾起的一種景況。

像釘書機沒釘子這種小事，通常不會引致整個宇宙崩潰。一時失落之後，世間的聯繫又恢復過來，我們繼續投入要做的事。但有時發生更全面的挫敗，在這種情況下沒釘子的釘書機「有可能」成為催化劑，令我對自己整體生涯和人生方向質疑起來。

人生意義如此大幅瓦解，在奧地利話劇及歌劇劇作家胡戈．馮．霍夫曼史塔（Hugo von Hofmannsthal）一九〇二年所寫的故事〈姜朵大人的信〉（The Letter of Lord Chandos）有所描述。[79]這個故事偽裝為一位英格蘭貴族在一六〇三年所寫的信，它喚起霍夫曼史塔一次親身經歷的記憶，當時他陷於崩潰，身邊所有事物和人物的結構徹底解體。日常的物體突然像放大鏡下看得太近，變得無法辨認。他聽到有人閒聊本地人和朋友的瑣事，卻不能整理出連貫的敘述。故事主人公無法工作，無法管理自己的財產，隨著時間一小時一小時逝去，他只能盯著一塊滿布青苔的石頭、一隻躺在陽光下的狗，或一個棄置田間的耙子。事件的聯繫消失無蹤。無怪乎我們把這種經驗稱為崩潰。這種情況對曾罹患憂鬱症的人也許不陌生，也可能在神經錯亂時出現。對海德格來說，這是日常「在世存有」崩潰的極端例子，結果就是一切惹眼刺耳、土崩瓦解，不是平常漫不經心置之不理就可排遣過去。[80]

海德格讓我們從另一個角度瞭解，為什麼有時釘子在槌打之下彎曲了，我們那麼不成比例地沮喪不堪，覺得一切像跟自己作對。借用菲利普．拉金（Philip Larkin）的詩〈差之毫釐失之千里〉（As Bad as a Mile），如果你把蘋果核拋向垃圾箱而沒有命中，你不光因為要走過去把它撿起而心煩不已，還可能頓時覺得一切都是困窘、可疑、不安。然而，哲學正是從疑惑不安起步。

這就是困頓之際眾所期待從哲學獲得的強而有力、個人化的慰藉：這也是海德格影響力如此巨大的原因之一。他的起點是家常便飯般的現實，可是他以恍如齊克果的筆觸描述生活中最奇特的經驗，那就是一切完全不對勁的時刻，甚至是我們面對最大挫敗的時刻——死亡將臨的預期。即使在和平安定的日子，也不會有太多人畢生從沒經歷這樣的時刻。在一九二〇年代的德國，當一切在第一次世界大戰後陷入混亂和憤恨，幾乎每個人都可能在海德格的願景中認出一些什麼。

到了一九二九年，對海德格的崇拜已擴散到弗萊堡和馬堡之外。當年春天，他在阿爾卑斯山度假城鎮達佛斯（Davos）的一個會議上演講。托馬斯．曼（Thomas Mann）一九二四年的暢銷小說《魔山》（*The Magic Mountain*）就以這個城鎮為背景，海德格讀過這部小說。[81]小說中包含一場論戰，辯論雙方是義大利理性主義老派評論家路易吉・塞特布里尼（Luigi Settembrini）和神祕主義的前耶穌會會士雷歐・納普塔（Leo Naphta）。難免令人把這兩人跟這次會議的兩位明星相提並論：會上與海德格針鋒相對的，是研究康德哲學和啟蒙運動的人文主義學者恩斯特・卡西勒（Ernst Cassirer）。[82]

猶太裔的卡西勒身材高挑，平和而優雅，一頭白髮梳理成突出卻過時的蓬鬆髮型，看來幾乎像個小蜂巢。海德格則身材矮小、難以捉摸而具逼人氣勢，頭髮梳得極扁平，配上一小撮八字鬍。辯論主題圍繞康德哲學，兩人的詮釋大異其趣。卡西勒把康德視為理性、知識和自由等啟蒙運動價值的最後偉大代表。最近才出版了《康德與形上學問題》（*Kant and the Problem of Metaphysics*）一書的海德格，則認為康德把那些價值拆解了，因為康德指出，我們無法洞悉任何現實或獲得任何真正知識。海德格更辯稱，康德的主要興趣不在認知問題，而在存有學——也就是存在的問題。

雖然辯論沒有明顯贏家，許多旁觀者會很自然地認為，卡西勒倒退到一個文明卻過時的昔日世界，海德格則是危險卻刺激的未來世界的先知。列維納斯就是這樣詮釋這次辯論的其中一人。這位胡塞爾昔日的學生如今出席會議，已搖身一變成為海德格的熱烈支持者。他後來接受訪問時說，就像看見一個世界終結，另一個世界誕生。[83]

卡西勒的妻子托妮（Toni）覺得海德格粗鄙不堪。她還記得會議第一晚海德格到場的情況，名副其實的令人另眼相看。這是與會代表齊聚一堂的餐後演講，海德格姍姍來遲，當大門打開，就像《魔山》裡的情景——被描述為撩人愛戀對象的克勞蒂亞・蕭夏（Clavdia Chauchat），赴宴老是遲到並粗心大意砰的把門關上。托妮四周一看，見到雙眼像珠子的一個矮子，在她看來就像當時德國國內多不勝數的義大利工人，只不過他穿的是黑森林服裝。他看來「像一個農夫跌跌撞撞走進皇宮一樣尷尬」。[84]

她其後對海德格的同伙更是印象差勁。她前去觀看學生的一場表演，那是把辯論以嘲諷方式重演一次。列維納斯扮演卡西勒，頭髮用爽身粉弄得斑白，梳成螺旋形高高捲起像蛋捲冰淇淋。托妮並不覺得他怎麼有趣。[85]多年後，列維納斯不再一味吹捧海德格，也變得較成熟了，但願當年能為自己的不敬向托妮道歉。[86]

達佛斯會議後幾個月，一九二九年七月二十四日，海德格再接再厲在弗萊堡發表精采萬分的就職演說，題為〈何謂形上學？〉——那就是沙特和波娃在一九三一年讀過譯文而沒看懂的著作。這次胡塞爾也在大群聽眾中間，聽聽這位新進教授表現如何。海德格沒有令人失望。這次演講對群眾來說十分討喜，包含《存在與時間》中最戲劇性的概念，加上另一些新概念。它的開頭甚至聽起來像一個假裝正經的笑話，出於海德格的口實在令人驚奇：

> 「何謂形上學？」這個問題喚起期待，以為我們要對形上學討論一番。這卻是我們不會做的一回事。[87]

演講接下來比較虛無與存在，並包含對「情緒」（mood）的詳細討論——這是海德格另一個主要概念。我這個「此在」的情緒，從興高采烈以至百無聊賴，又或彌漫著壓抑與不安感，就是齊克果形容為憂懼（懼怕夾雜焦慮）的感覺。每一種情緒都讓世界在不同形態下展現出來。在焦慮下，世界在我眼中就顯得「怪異」（德文：unheimlich，字面意義是「不像家」），「各種存在者完全陌生」。[88]在這種不像家、不熟悉的時刻，不安讓哲學踏出了提出質疑的第一步——具體來說，就是海德格在這次演講的高潮中所提出的大問題：「為什麼世間有存在物，而不是一無所有？」[89]

海德格的表現令人吃驚，陰暗中帶著刺激。它有些地方令人迷惑不解，因而更是別具效果。演講終結之際，聽眾起碼有一人幾乎狂喜昏倒地上，那就是海因里希．維甘德．佩慈特（Heinrich Wiegand Petzet）。「世間事物鋪展開來，展現一種幾乎令人刺痛的光芒，」他寫道：「在一瞬間我像瞥見了世界的立足點和基礎。」[90]

觀眾席上的胡塞爾就沒那麼興奮。他現在對海德格只能作最壞設想：他不是自己的門生，而是怪胎般的後代。不久之後，他寫信向一位同僚表示，他覺得必須全面駁斥海德格的論點。十八個月後他在另一封信中回頭談到那一刻：「我得出痛苦的結論：在哲學上我跟海德格的故作高深撇清關係。」胡塞爾已立定主意，對海德格的哲學必須不惜代價抗拒到底，要設法殲滅這種哲學，「讓它永不超生」。[91]

第四幕
常人與內心呼召

沙特惡夢連連，海德格思前想後，雅斯培慌張氣餒，胡塞爾振臂高呼

海德格一九二九年的表現如磁鐵般，他在國內哲學界的吸引力因而大增，當時德國剛經歷過戰爭和一九二三年的惡性通膨危機，又再掉進經濟災難。許多德國人覺得，被戰爭結束之際透過政變上台的社會主義政府出賣了。他們對猶太人和共產主義者心懷怨恨，指責他們密謀損害國家利益。海德格看來也有同樣的疑慮，對一九二〇年代的德國感到幻想破滅，前路茫茫。[1]

當時到訪德國的觀察家，震驚地察覺它那麼貧困，同時群眾因為貧窮而投向極左或極右政黨。當阿宏一九三〇年初抵德國，他的震驚馬上轉化為疑問：歐洲如何才能避免捲入另一

場戰爭？[2]兩年後，年輕法國哲學家西蒙・韋伊（Simone Weil）走訪德國，在法國左翼報紙上報導貧困與失業正摧毀德國的社會結構。[3]職場上的人終日擔心職位不保。住不起房子的人淪為遊民，或倚靠親戚救濟，令家庭關係緊繃，瀕臨崩潰。災難隨時可能降臨在任何人身上：「你看到衣領筆挺、頭戴圓頂禮帽的老翁，在地鐵站外行乞，或在街上以破嗓子賣唱維生。」[4]老人在活受罪，而初出茅廬的年輕人，則甚至沒有美好回憶可讓他們逃避現實。

在這種情況下，爆發革命的潛在可能顯而易見，但大家只能猜想那是誰的革命：共產主義者還是希特勒的納粹黨。韋伊希望那是左翼政黨，可是她深恐在情急拚命之際，納粹遊行中可見的嚴整制服和組織，比起社會主義對公平世界的模糊夢想更具吸引力。她想的沒錯。一九三三年一月三十日，總統保羅・馮・興登堡（Paul von Hindenburg）領導的弱勢聯合政府對壓力屈服，委任希特勒為總理。這位往日被嘲笑的邊緣人物，如今控制了整個國家和國內一切資源。三月五日的選舉讓他的政黨穩坐多數。三月二十三日，新的《授權法》賦予他近乎獨裁的權力。他在夏季期間進一步鞏固權力。因此，從阿宏那次喝著杏子雞尾酒聊天之際邀請沙特前赴柏林，以至沙特成行的這段日子，德國經歷了面目全非的轉變。

首項轉變發生在當年春天，在最根本、最具侵擾性的層面介入私人生活。三月，納粹政府授予自己新的權力，可隨意逮捕疑犯和搜查住宅，更不惜侵入向來被視為神聖的私領域，立法容許電話監聽和郵件審查。[5]四月，政府宣布「杯葛」猶太人商業，並把公務員中所有被認定為猶太裔或有反納粹傾向的人撤職。五月二日起禁止組成工會。令人譁然的焚書行動五月十日首次舉行。到了一九三三年七月十四日，除了國家社會主義黨，所有其他政黨被正式禁絕。

很多德國人和其他歐洲人在驚恐中目睹迅速發生的這一連串事件，卻深感無奈。波娃後來也大惑不解，為什麼一九三〇年代初納粹在德國的崛起沒有讓她和沙特產生多大憂慮，儘管他倆後來熱切投入政治。[6]她說，他們也讀報，但當時更感興趣的是謀殺故事或怪異心理故事，譬如女僕帕潘（Papin）姊妹殺死雇主，或是一對傳統式夫婦把另一對夫婦帶回家，四人共赴巫山，然後次日自殺身亡。這些個人怪異行為都十分具體，法西斯主義的崛起卻看來很抽象。[7]沙特和波娃在一九三三年夏天，就在沙特快要前往柏林時，與義大利的法西斯也曾尷尬地狹路相逢。他們趁著義大利鐵路有折扣優惠時去羅馬遊覽，一天深夜在羅馬競技場旁邊散步的時候，發現自己處身聚光燈下，有穿黑衣的人向他們叫囂，可是這沒有激發他們的政治思考。[8]

然後沙特到柏林去了，但他大部分時間埋首閱讀胡塞爾等人的著作，最初沒怎麼注意外面的世界，有空就跟同學喝酒或閒逛。他後來在筆記中回憶：「我重新發現了如何輕鬆卸下責任」。[9]隨著學年一天天過去，紅黑兩色的旗幟、衝鋒隊的遊行，以及屢屢爆發的暴力衝突，愈來愈令人困擾。一九三四年二月，波娃首次來探望他，對德國看來那麼正常感到驚奇。[10]可是當她六月再次來訪，與沙特一起回國，由柏林途經德勒斯登、慕尼黑及納粹勢力最大的城市紐倫堡，沿途所見的行軍和街頭暴力，令兩人趕緊與德國告別。這些日子沙特惡夢連連，看見城裡爆發暴亂，以及鮮血濺潑在一碗碗蛋黃醬上。[11]

沙特和波娃這種摻雜著焦慮和幻像的感覺，其實沒有什麼不尋常。除了納粹的崇拜者、堅定反對者或直接受害人，很多德國人內心的感覺也十分混亂。整個國家深深陷入海德格形容為「怪異」的氛圍中。

有時教育程度最高的人最不把納粹當回事，認為他們太過荒唐，不可能維持多久。雅斯培後來回憶，他就犯上了這種錯誤。[12]波娃也觀察到，柏林的法國學生也表現出一副不以為意的態度。[13]不管怎樣，大部分不認同希特勒意識形態的人很快就學懂了，這種觀點不能讓人知道。[14]如果納粹遊行在街上經過，他們就會溜之大吉或像其他人一樣行禮如儀，告訴自己，如果不相信行禮所代表的意義，那個動作就不表示什麼。心理學家布魯諾・貝特漢（Bruno Bettelheim）後來談到這種情況說，很少人會為了舉手敬禮這樣一樁小事而冒性命危險——然而個人抵抗力量就這樣遭到磨蝕，個人的責任感和正直心最終隨之消逝。[15]

當時是法律學生的記者瑟巴斯提昂・哈夫納（Sebastian Haffner）也在日記中用上「怪異」一詞，並補充說：「所有事情在一種麻醉狀態下發生。客觀的可怕事實產生可輕輕帶過的、模稜兩可的感情反應。謀殺像學童的惡作劇一樣稀鬆平常，屈辱和道德敗壞像小意外一樣教人甘心接受。」哈夫納認為現代社會形態要負上部分責任：民眾被習慣和大眾媒體牽著走，不停下來思考，沒有讓日常行動稍停一下，質疑眼前發生的事。[16]

海德格的學生兼舊日戀人鄂蘭一九五一年的研究論著《極權主義的起源》（*The Ori-*

gins of Totalitarianism）辯稱，極權運動能夠興起，起碼部分原因在於現代生活的碎片化，令民眾更容易受到蠱惑民心的政客煽動。[17]在別的著作，她又打造了「惡的平庸性」（the banality of evil）一語，形容個人道德覺察力的極端崩壞。[18]這種說法招來批評，主要是因為鄂蘭把它用在阿道夫・艾希曼（Adolf Eichmann）身上，而這個全面清洗猶太人的劊子手，罪惡遠遠不止於未能負上責任。可是鄂蘭堅持自己的分析：在她看來，如果你在有需要時不能充分作出反應，就顯示你缺乏想像力和注意力，這跟刻意暴虐他人同樣危殆。這就像內心向你發出命令，要你思考，你卻對內心的召喚置之不理。[19]內心命令你思考的這種想法，是鄂蘭在馬堡時從海德格領受而來的。

可是思考究竟是什麼？這個問題後來也出現在海德格一篇論文的題目裡：Was heißt denken?[20]——直譯過來可以是「我們所謂的思考是什麼？」，也可以是「什麼需要思考？」，這是德文的文字遊戲。我們應該會期待，由於海德格經常提醒大家不要隨便忘掉什麼，要質疑日常生活的現實，他應該是哲學家中最能好好思考的人，也應該能號召國人時刻警醒，負上責任。

事實上，他認為自己就正在這麼做。但他的作法，跟鄂蘭、雅斯培、胡塞爾或大部分他日後的讀者所期待的，並不是同一回事。

《存在與時間》起碼包含一個重大概念，可用來抗禦極權主義。海德格在書中說，我這個「此在」，傾向於受到所謂「常人」（das Man）的影響——這是一種非個人實體，它剝奪了我們自行思考的自由。[21]要活在屬己性當中，就必須抗拒或智勝這種影響，可是這很不容易，因為「常人」像星雲般浩瀚無邊。德文的Man，跟英文的man（人）不一樣（德文的「人」是der Mann），它是中性抽象名詞，就像英文裡用作代名詞的one（例如：One doesn't do that〔人家不這麼做〕），又或像抽象化的第三人稱複數代名詞they（例如：They say it will all be over by Christmas〔人家說聖誕過後那就完結了〕）。把das Man翻成英文，最佳譯法也許是The they——儘管這彷彿指向「那邊」跟我分離的一群人，而事實上對海德格來說這個「常人」卻正是我。它無所不在卻又不在任何一處特定的地方——它沒有一絲一毫特定的性質，但我們每個人都是「常人」。就跟「存在」一樣，它普遍存在而難以察見。可是如果我不小心，「常人」就會作出原應由我來做的重大決定。它讓我的責任和「承擔責任的身分」流失於無形。就像鄂蘭所說的，我們墜入惡的平庸之中，無法思考。[22]

若要抗拒「常人」，我必須對自己「良心的呼召」作出回應，這種呼召，並不同於傳統基督教所界定的那種來自上帝的呼召。[23]它有真正的存在主義來源：屬己的自我。[24]可惜，這個呼召之聲也許是我聽不見的、不能認出的，因為它不是我習以為常的「常人自我」。它是我常聽的自我聲音的陌生版本或怪異版本。我所熟悉的是常人自我，而不是這個未經異化的自我聲音。因此出現這樣的怪異情況：我真正的聲音，卻是對我來說最陌生的聲音。我可能無法聽到它，又或聽到了也不曉得那是自己內心的呼召。[25]我可能誤以為它是來自遠方的聲音，也許是微弱而沙啞的慟哭聲，就像一九五七年的電影《聯合縮小軍》（*The Incredible Shrinking Man*）裡面那個微小的主角那種無法聽到的求救聲（電影的這一幕，是二十世紀中期因真實人性力量喪失而陷入妄想狂的最佳寫照）。「回歸屬己性的呼召」這個概念，成為日後存在主義的重要主題；這個呼召被詮釋為「活出自己！」（Be yourself!），相對於虛假苟且偷生而言。對海德格來說，這個呼召還要更為根本。那是呼召你回歸那個你不知道它實際存在的自我：被喚醒而察覺自己的「存在」。而且，它呼召你投入行動。它要求你「做」某些事情，作出某種決定。

你也許以為在當時德國的環境下，那個決定就是漠視來自公共領域的「常人自我」的誘惑，抗拒威嚇，拒絕歸順。你可能推斷，「此在」的真誠聲音，叫你在軍隊經過時不要舉手行禮。

可是這並不是海德格的意思。

海德格與納粹的聯繫，傳聞已久。一九三二年八月作家勒內·史克勒（René Schickele）在日記中提到，據傳海德格「獨與國家社會主義黨」為伍。[26]有人告訴胡塞爾，海德格有反猶言論。[27]鄂蘭也聽到類似的故事，她在一九三二與三三年間的冬天寫信給海德格，直截了當質問他是否為納粹支持者。海德格斷然否認，氣沖沖地回信強調他對猶太裔學生和同事從不吝幫忙，鄂蘭卻不相信，此後兩人斷絕聯繫十七年。[28]

海德格看來懂得在有利自己的情況下，隱藏內心的想法。他與鄂蘭相戀的時候，似乎沒有因為對方的猶太人身分而感到困擾；他後來又與伊莉莎白．布洛克曼（Elisabeth Blochmann）親近，對方也是猶太裔。他教導過很多猶太學生，在學術生涯早期與胡塞爾共事也沒有表現出抗拒。當時一般人的日常談話就夾雜一些反猶說法；因此海德格親納粹的傳聞，不乏可疑餘地，並未引起太大反應。

可是結果顯示，鄂蘭對海德格所作的最壞設想竟是對的。一九三三年四月，一切疑惑一掃而空：海德格接受弗萊堡大學校長一職，職責上要執行新的納粹法律。他也必須加入納粹黨。他入了黨，對學生和教員發表了令人吃驚的親納粹演說。據傳有人看見他參加五月十日在弗萊堡舉行的焚書活動，在下著毛毛雨的晚上手執火炬，隨著大隊步向大學圖書館外的廣場而現身篝火前，現場距離哲學系僅數步之遙。在此同時，他私下在筆記本記下的哲學思想，摻雜著納粹式反猶言論。這些「黑色筆記」在二〇一四年出版，為眾所周知的事實提供更多確證：起碼在一段時間裡，海德格是納粹黨人，而那不是權宜之計，而是出於他的信念。[29]

只要讀一下他的大學校長就職演說，就可以感受到他在這段時間裡怎樣說話和怎樣思考。這次演說在一九三三年五月二十七日舉行，當時會堂裡掛著納粹旗幟，聽眾包括大學教職員和納粹黨員。他說的話大部分反映黨的立場：他提到德國學生必須以嶄新形式的勞動以及軍事和「知識」服務，取代舊式的所謂「學術自由」。但他加入了獨特的海德格色彩，譬如他解釋，他的知識服務會讓學生把自我存在放置在「至為急迫的險境中，在壓倒一切的普遍存在中」；同時，正當德國民眾面對「極端可疑的自身存在」，學生努力的目標，應該就是「在國民的歷史與精神世界中，提出基本的、簡單的質疑」。[30]海德格就是這樣，在演說中不惜扭曲存在主義最具深意的兩大主題——自我質疑和自由。在十一月的另一次演說中，他再次強調所謂「質疑」；而這次演說伴隨一項效忠宣言發表，這是必須的宣言，表明他支持希特勒和國家社會主義黨政府。[31]他還自行發展熱心的教育計畫，在他的托德瑙堡鄉村小屋為教員和學生義務主持夏令營，那是經特別設計的哲學性納粹訓練營，把體能訓練和研討活動結合起來。[32]

海德格投身納粹是值得注意的，因為他如今在這個位置上，對其他人的性命握有控制實權。他原是一個愛穿怪異服裝的古怪教授，為少數人寫作漂亮卻幾乎無人看得懂的傑出著作，如今搖身一變成為官員，是每個學生、每個教授的奉承對象。如果他選擇那麼做的話，他可以毀掉別人的事業，危及別人的人身安全。海德格曾說「此在」的呼召可能是聽不見的，但《存在與時間》的讀者沒多少人會想到，那聽起來竟然像是叫人服從納粹的呼召。

海德格在這個職位上，有時不免出賣別人。他要執行並維護一九三三年四月的新法令，其中包括從公共雇員及大學職位，把納粹認定的猶太人一律撤職。這也影響到胡塞爾，儘管他已退休：他喪失了榮譽教授地位，以及使用大學設施的優惠待遇。[33]胡塞爾的兒子格哈特在基爾（Kiel）大學擔任法律教授，也因此失去職位，儘管他在第一次世界大戰中作戰受傷，他的弟弟更為國捐軀。新法令對這個為國家付出那麼多的家庭來說是莫大侮辱。海德格和妻子裴特里提供的唯一幫助，就是送了一束花給胡塞爾的妻子瑪爾維納，附上裴特里所寫的一封信，信中強調胡塞爾的愛國事蹟。這封信顯然是讓胡塞爾夫婦在有需要時用於自保。[34]但信函筆調冷淡，而瑪爾維納也不是對侮辱逆來順受的人，她為此十分氣惱。[35]同年，《存在與時間》出了新版，海德格給胡塞爾的獻詞從書中消失。[36]

雅斯培是另一個在驚慌中察看著海德格這個新身分的朋友。他和海德格在胡塞爾的慶生派對上相遇後便成為好友（就是在這個派對上，瑪爾維納把海德格稱為「現象學之子」）。雅斯培住在海德堡，他和海德格只是偶爾出行探望對方，但他們透過通信遙遙維繫著一段溫厚的友情。

他們有很多哲學上的交接點。雅斯培早就接觸過胡塞爾的思想，繼而在自己的心理學背景和齊克果存在主義的基礎上，發展出自己的想法。齊克果對「非此即彼」抉擇和對自由的研究，尤其引起他的興趣，這涉及兩難處境的抉擇。雅斯培把他的研究焦點稱為「邊界處境」（Grenzsituationen）或極限處境。[37]這就是當我們被周遭所發生的事束縛或限制，被這些事情推到正常經驗的極限或邊緣。譬如面臨生死抉擇，面對一些突然想到死亡的事，或碰上一些事而察覺必須對自己的行為負責。對雅斯培來說，經歷這些處境，幾乎就等同齊克果意義上的存在。雖然這些經驗十分難熬，卻是我們生存在世的謎題，因而打開哲學思考大門。我們不能透過抽象思維解決這些疑惑，而必須在生活中體驗它，最終依據我們的整體存在作出抉擇。它們是「存在式」處境。[38]

雅斯培對邊界處境的興趣，也許跟他早年面對死亡經驗有很大關係。他自小受到嚴重心臟疾患煎熬，朝不保夕。[39]他又罹患肺氣腫，只能慢慢講話，中間要有長長的停頓喘息一番。[40]受到這兩種疾病困擾，他必須好好分配他的精力，才能完成工作而不危及性命。[41]

這一切他都仰賴妻子葛楚（Gertrud），夫婦倆很親近。就像很多哲學家的妻子，葛楚為他編訂生活時程，協助他處理文書，更跟他一起投入工作。雅斯培透過與葛楚的討論而發展他的哲學思想，幾乎像沙特後來與波娃攜手合作，主要的分別只是波娃有她自己的哲學生涯。海德格知悉雅斯培這樣跟葛楚合作後十分驚奇，他永遠不能想像在自己的哲學思考中，愛弗利德能夠這樣緊密參與。對海德格來說，哲學就是在托德瑙堡的鄉村小屋獨自思索，頂多只是跟他挑選的入室弟子或學生一起討論。[42]

雅斯培遠比海德格更相信思想分享的重大價值。儘管受氣喘困擾，他愛跟人交談。鄂蘭跟他是畢生的朋友，後來追憶兩人在一九二〇和一九三〇年代的對話：「我想起你的書房……書桌前有椅子，扶手椅在對面，你坐在扶手椅上，雙腿交叉打成一個令人驚嘆的結，又把結解開來。」[43]海德堡以它的學術沙龍和社交圈子而聞名——最有名的是圍繞社會學家馬克斯．韋伯（Max Weber）形成的圈子，但雅斯培成為了另一個圈子的核心。他深信大學是文化活動的焦點，對這個信念有近乎宗教的尊崇，因而工作上一絲不苟，即使面對枯燥的行政管理也不例外。他崇尚溝通的理想，也延伸到一套歷史理論：他把所有文明追溯到西元前五世紀的一個所謂「軸心時期」（Axial Period），當時哲學和文化同時在歐洲、中東和亞洲勃興，彷彿包覆著人類智慧的一個大泡沫在地球表面突然爆破。他寫道：「真正的哲學要經過溝通才能形成。」他又補充：「哲學家如果欠缺溝通，幾乎就可以憑這一點判定，他的思想是不真實的。」[44]

雅斯培這麼熱中於哲學對話，因此他在胡塞爾的派對上與海德格相遇後，曾一再邀請對方到海德堡交流。先是一九二〇年展開一次「哲學交流」，然後一九二二年海德格又前去小住八天。第二次聚會期間，葛楚不在家，兩個大男人就像小孩子般樂不可支，整個星期通宵達旦舉行哲學討論大會。雅斯培熱情高漲，構思共同出版一份學術刊物，名為《當代哲學》（*The Philosophy of the Age*），他倆同時擔任編輯和供稿者，收錄談及當代哲學的短小精悍、清晰果斷的文章。計畫沒有實現，卻促使兩人成為更親密的朋友。他們最初在信函中互稱「教授」，後來變成「先生」，到了一九二三年稍晚便以「親愛的雅斯培」、「親愛的海德格」互稱了。[45]海德格比較克制，兩人一起時，他有時沉默不語，雅斯培便更健談了，把冷場填補起來。[46]可是海德格也曾寫信告訴雅斯培，他們友誼最初踏出的這些步伐，給他一種「不可思議」的感覺——對海德格來說這是高度讚揚的說法。[47]

他們兩人都相信哲學需要一次革命，對革命形式卻有不同看法。[48]他們在寫作風格上也看法各異：海德格認為雅斯培在著作中很愛用的分項分欄羅列方式十分枯燥乏味；雅斯培看過《存在與時間》的初稿後覺得晦澀難懂。[49]其他不協調跡象也早就浮現。一次雅斯培被告知海德格在背後說他壞話，便去跟他對質。海德格否認，同時以震驚口吻補充：「我從來沒碰上過眼前這種事。」雅斯培一時之間迷惑不已。這次挑戰令雙方都陷入迷惘，受到侮辱，但雅斯培沒有計較。

迷惘進一步加強。隨著納粹崛起，就像雅斯培多年後在私人筆記談及海德格所說，兩人的關係變得「疏遠」。[50]雅斯培有他疏遠的理由：他本人不是猶太裔，但葛楚是。就像很多人一樣，夫婦倆最初不把納粹當作一回事。他們依常理衡量：這些野蠻人肯定不能掌權多久吧？此外，即使是有名的教授，也很難切斷原來一切生活聯繫，遠走別國從頭開始。何況出走還要付懲罰性的「財富出走稅」，也要取得簽證。自一九三三年起，雅斯培夫婦再三考慮逃離德國的可能性，但一直沒有付諸實行。

一九三三年三月，海德格在就職大學校長前夕探望雅斯培，尷尬的一刻出現了。他們談到國家社會主義黨，海德格說「必須跟隨大家的步伐」。[51]雅斯培震驚得說不出話來，也沒有追問，因為不願意聽到更多對方想說的話。同年六月，海德格再去海德堡，再發表有關新政府與大學政策的演說，也在雅斯培家留宿。聽眾席上的雅斯培，聽到學生對海德格的演說報以「如雷掌聲」，震驚不已。他自己又如何？他寫道：「我坐在前方靠邊的位置，伸出雙腿，兩手插在口袋裡，一動不動。」他憑這雙令鄂蘭留下深刻印象的長腿，對海德格的演說下了評語。

其後在家中，雅斯培跟海德格談起來：「這就像一九一四年……」，原打算繼續說：「再次出現這種欺矇哄騙的群眾狂熱。」但海德格對前半句非常熱切地贊同，讓雅斯培後半句說不下去。稍後吃晚飯時，談到希特勒沒受過多少教育，這次海德格相當奇怪地表示：「教育是毫不相干的，就看看他那雙奇妙的手好了！」[52]這句話如果出自其他人的口，絕對是古怪難明。但海德格看重手藝和工具的使用，這種說法就別具意義。看來納粹吸引他的，主要不是他們的意識形態，而是希特勒那雙巧手，能堅定地把國家塑造成新的模樣。

葛楚對海德格來訪一直心存畏懼，卻嘗試為了丈夫的緣故表示歡迎。訪客來到前，她寫信給父母說：「現在我必須跟自己說：你是來自東方的女性，懂得什麼是待客之道！我必須和藹可親，保持靜默！」[53]她這麼做，卻換來客人離去時的粗魯對待，後來雅斯培寫信告訴鄂蘭：「他幾乎沒有說再見。」[54]這尤其令雅斯培無法原諒海德格。多年後，海德格聲稱不辭而別是因為「羞愧」，[55]大抵是說對當時的親納粹態度感到尷尬，但雅斯培質疑這種解釋。[56]此後兩人久久沒有通信，海德格也再沒有到過雅斯培的家。

雅斯培後來認為，他太過小心翼翼對待海德格，也許錯了。當海德格在一九三三年把大學校長就職演說的印刷版本寄給他，雅斯培的回覆極像外交辭令：「在報紙上讀過後能看到正式版本，實在太好了。」[57]他後來猜想：當時是否應該更具批判性？也許他未能把「這個酣醉、狂熱的海德格」拯救過來。海德格也許需要後來學術界所稱的「介入」，把他從自我中拯救出來。[58]雅斯培默認，自己沒有恰當介入；他認為，這方面的失敗，普遍來說，就是寬容、飽受教育的德國人未能面對時代的挑戰。

當然，後世的人（或同代人在人生稍後階段）相對來說不難看到特定「邊界處境」中有何挑戰；但活在處境中的人，卻沒有回顧而得的洞見。人類的自然傾向，就是嘗試讓最為習慣的、最文明的生活延續下去，能延續多久就多久。貝特漢後來體會到，在納粹統治下，只有寥寥可數的人能即時察覺生活不能這樣下去，這些人早就跑掉了。[59]貝特漢沒有及早溜掉，當希特勒侵占奧地利，他隨之被抓，先後被送到達豪（Dachau）和布亨瓦德（Buchenwald）兩個集中營，然後在一九三九年慶祝希特勒生日的一次集體特赦中獲釋；在這次非比尋常的緩刑後，他馬上逃到了美國。

當時另一些思想家也認同，保持開放心態並隨時察覺是否該做抉擇，是十分重要的人生態度。法國存在主義者加布里爾・馬賽爾就熱中於探索這個課題。他是以劇作家身分而聞名基督教思想家，他表達思想的主要管道，除了撰寫文章，就是在他的巴黎公寓中與學生和朋友共聚交流。馬賽爾發展出一種帶強烈神學色彩的存在主義。他的信仰令他與沙特和海德格保持距離，但與他們有共通之處：能意識到歷史加在每個人身上的擔子。

馬賽爾一九三二年寫的論文〈論存有學奧祕〉（On the Ontological Mystery），在多事之秋的一九三三年發表，其中談到人類傾向沉溺於習慣和既有概念，以及褊狹地附著於擁有之物和熟悉的情景。取而代之，他呼籲讀者發展一種在特定處境下可「派上用場」（disponibilité）的能力。類似想法其他作家也有提及，特別是安德烈・紀德（André Gide），但馬賽爾把它視為具核心地位的存在式命令。他意識到這是很少見而難得的。大部分人墜入他所說的「攣縮」狀態：生活中一種緊縮、被硬殼包裹著的狀況，「彷彿每個人分泌出一種質料，形成逐漸變硬的外殼，把自己囚禁在內」。[60]

馬賽爾所說的「外殼」，令人想起胡塞爾類似的概念：要把累積起來的僵固先入為主看法「懸擱」起來，從而開啟引向「事物本身」的通道。兩者相同的是，把僵化的東西清除掉，原被蓋著的鮮活內容，便成為哲學家的審視對象。在馬賽爾看來，學習循著這種方式以開放態度面對現實，是哲學家的基本任務。每個人都能這樣做，但我們尤其期待哲學家這樣保持清醒，在錯誤出現時首先響起警號。[61]

海德格也相信要保持警覺：他決志讓民眾從善忘心態中驚醒過來。可是對他來說，警覺並不表示對納粹的暴力、對國家監控侵擾國民，以至對同胞受到人身威脅提高警惕；而是表示決斷而堅定地推動德國的歷史進程，整個歷程代表一種特殊命運、特殊的存在。它表示與眾望所歸的英雄踏著同樣步伐。

對一九三〇年代的海德格來說，他關心的一切全在德國人身上。

他這方面的觀點很易被忽略。我們慣於認為哲學提供一種適用於任何時間地點的共通訊息——起碼這是努力的方向。但海德格不喜歡普遍真理或共通人性這種想法，認為這是空想。對他來說，「此在」並不是啟蒙運動思想家所相信的，透過共通的理性和理解力來界定。它更不是傳統宗教所相信的，透過一種超越經驗的、永恆的靈魂來界定。我們並不存在於一個更崇高而永恆的層面上。「此在」的「存在」是具體的：它在歷史處境中，在實際時空中。

在《存在與時間》的開頭，海德格承諾這本書會把讀者帶到一個宏偉的結局，那是他的最終論點：「『此在』的意義就是時間中的存在」。[62]他始終沒做到這點，因為這本書始終沒有完成——我們所讀的只是書的第一部分。但海德格已清楚表明他的前進方向。如果我們本質上處於時間中，那麼屬己的存在首先就表示，認定我們是有限的，生命會終結。我們體會到「終將一死」這項至為重要的事實，海德格稱之為具屬己性的「步向死亡的存在」（Being-towards-death），這是他的哲學的根本概念。[63]

第二，這也表示體會到我們存在於歷史中，要掌握歷史處境加諸我們身上的要求。透過海德格所稱的「先行的決斷」（anticipatory resoluteness）[64]，「此在」發現了「它的最大可能性在於放棄自己」。[65]在那一刻憑著「步向死亡的存在」和決斷力，面對自己生命將盡，也就從「常人自我」獲得解放，獲致真實的、具屬己性的自我。

這是《存在與時間》中看來最具法西斯色彩的觀念。幾乎毫無疑問，海德格寫到死亡與決斷時是從政治著眼。可是即使在這裡，海德格的基本概念也「可能」引向頗不相同的詮釋。就像他有關「常人」和屬己性的概念有可能引導民眾抗禦獨裁者的洗腦，他有關決斷和接受死亡的概念，也可能形成一種勇於對抗政府及其恐嚇手段的思想框架，有可能成為反獨裁統治的英雄主義宣言。可是海德格顯然有意讓字裡行間呈現大量政治涵義，不過一般讀者很難看得出來，只有原就傾向於他那種政見的人才能看到。

海德格昔日的學生漢斯・尤納斯還記得，這些別具涵義的詞語在早期的講課裡就已出現，只不過當時他不以為意。他當時未能看到，因為還沒有調適過來。但他後來在訪問中說，回頭追想，他認出了講課中那種「血和著泥」的語言，也認出了海德格談及決斷和歷史時「那種（怎麼說呢？）原始的國族主義」，還有偶爾出現的反法國政治暗示，和對黑森林鄉村氣息的眷戀。當時只覺得那是怪怪的。直到尤納斯被告知海德格一九三三年的大學校長就職演說，他才對久遠記憶中的研討課內容重新思考。「那時我首次意識到海德格思想中的某些特徵，我拍拍自己額頭說：『對，之前我錯過了。』」[66]

到了一九三三年聖誕節，海德格對於公開擔任國家社會主義黨哲學家這個角色，感到沒有預期那麼自在。據他自己說，他在寒假作出決定，準備下個學期結束時辭去校長職務。他真的遞上了辭職信，日期是一九三四年四月十四日。[67]他後來聲稱，跟納粹黨再沒有絲毫瓜葛。他甚至冒險做了一個反叛的小動作，在一九三五年版的《存在與時間》重新放上原來給胡塞爾的獻詞。[68]他聲稱，這個新的姿態讓自己付出明顯代價，因為自此直到戰爭結束，一直遭黨幹部騷擾和暗中監視。[69]

海德格不喜歡談到親納粹的日子，他對一九三三年發生的事，所作的解釋從來不曾令人滿意。一九四五年他寫了一篇短文談及那段往事，題為〈校長職位：一九三三／三四——事實與想法〉。文中承認，他曾短暫認為納粹黨能提供「個人內在修養和國民重生的可能性，並指示一條出路，讓國民發現他們在歷史上、西方文明上的目的」。他說，可是後來看到這是錯誤，便抽身而出。文中的訊息或可概括為：「哎喲！我沒有真的想成為納粹黨人。」[70]他讓自己聽起來那麼幼稚，正符合他的原意。一九四五年當法國作家弗瑞德力．德．托瓦涅奇（Frédéric de Towarnicki）用一瓶好酒減輕了海德格的防備心，然後問他為什麼投身納粹，海德格身子前傾，以洩漏祕密的嚴肅口吻說：「愚昧（Dummheit）」，並再用強調語氣重複一遍。[71]言下之意，他這個最大失誤不是為了現實利益。甚至向來寬容的雅斯培也被他說服了，戰後指稱一九三三年的海德格是個「作夢的男孩」：一個小孩被一些對他來說太難理解的事迷惑了。[72]

事實卻頗不一般。首先，海德格辭職後好一段時間仍然明顯認同納粹。一九三四年八月，他對科學暨教育部打算在柏林設立的哲學學院提出規劃，那是他曾主持的托德瑙堡夏令營的都市版，教師和學生在營裡從事「科學探索、休閒育樂、專題研習、軍事遊戲、體力勞動，還有散步、體育和慶祝」，負責監督的一位主任和多位教授，都是「政治上穩妥」的國家社會主義黨人。[73]海德格提交的計畫遭否決，但在遊說過程中他的熱誠顯而易見。一九三六年他前往羅馬講學，談的是詩人弗里德里希．賀德林（Friedrich Hölderlin），他外衣翻領上依然別著納粹胸針，具猶太血統的昔日學生卡爾．勒夫特盡地主之誼，請了一天假安排兩家人一起去遊覽，海德格沒有把胸針除下。[74] 勒夫特很是不快，他認為，不管海德格的觀點如何，為了讓朋友安適一點而把胸針除下來，其實是輕而易舉的。

海德格與人相處時擺出一副堅硬「外殼」（馬賽爾所說的「攣縮」的極端形式），這不是唯一的一次。在海德格門下學習並擔任助理的哲學家馬克斯．穆勒（Max Müller），一九三七年寫了一些政論，並為一個天主教青年小組辦事，遭政府找麻煩。弗萊堡大學副校長堤歐多．毛茲（Theodor Maunz）告訴穆勒，已找到了海德格給他寫一份報告，談及他的政治傾向，對「他的為人，以及作為一位教育家和哲學家」，一般給了好評價。可是報告也提及另一項觀察，指穆勒對國家有負面意見。加上了這一句，肯定凶多吉少。「去找他，」毛茲告訴穆勒：「如果他把這個句子刪掉，就萬事妥當了。」

穆勒照著做，可是海德格迂腐地拒絕修改，他說：「我寫的是唯一符合事實的答案。但我用好事、合理的事把它遮蔽起來。」

「這沒有什麼幫助，」穆勒回答：「句子還是在那裡。」

海德格說：「你是天主教徒，應該知道我們必須講真話。因此我不能把句子刪掉。」

穆勒質疑這種說法背後的神學依據，但海德格不為所動：「不，我堅持這樣回答問題。我現在不能把整份報告拿回來，說我不寫報告了，因為人家知道我已經給大學交了報告，遞了上去。沒有什麼可做的了。不要拿這個為難我。」

最後幾句話最令穆勒驚訝。海德格所關心的，似乎是為自己的作法辯解，沒有想到別人面對的危險。幸而穆勒這次逃過大難，但談不上感謝海德格。他記得那天離開時跟海德格說的話：「問題不是我拿這個為難你，而是我的生存。」他對這位往日的導師，從此感覺不再一樣：他永遠不能忘記「海德格人格的一種模稜兩可狀況。」[75]

「模稜兩可」一詞，一再有人用來描述海德格，不光用在他的性格或行動方面，也用在他的哲學上。自一九四五年以來哲學家和歷史學家都在嘗試探討，海德格的思想應否因為他的納粹傾向而全盤否定，抑或可以抽離他的人格和政治缺失另作評估。[76]有些人建議保留部分內容而棄掉其他的，像處理輻射廢料一樣把有危險的部分埋藏起來，而挑出有價值的片段。[77]但這種作法不能令人滿意：海德格的哲學形成一個密集而複雜的整體，每部分都要併合其他部分來看。如果把《存在與時間》裡令人不快的內容移除，整體結構便會垮掉。

而且，幾乎每個海德格的重要想法，都包含模稜兩可特性。最危險的概念，也可能最有價值——就像呼召我們回歸屬己性、負起人生責任的論點。最令人迷惑的是有關「共在」（與他人共同存在）的論述；海德格是把這種經驗放在哲學中心地位的首位哲學家。他很漂亮地寫到對他人的「關心」：也就是我出於關切和同感，為了他人而「躍進」某種景況。可是說是這麼說，海德格卻沒有對那些在納粹德國受迫害或受苦的人付出同情心。他可以大談「共在」和「關心」，卻不能應用到歷史上，或應用到別人的困境上，包括與他親近的人。[78]

海德格顯然不曉得他的作法對朋友帶來什麼後果。很多認識他的人，尤其是胡塞爾、雅斯培和鄂蘭，被他的模稜兩可搞糊塗了，也因他的行動和態度而受傷了。他們不能叫自己忘掉他，只能為他而悲痛。當他們試著弄清他的底蘊，卻只見一片虛空。鄂蘭在一九四九年寫信跟雅斯培說，這不是因為海德格人格敗壞，而是他「沒有」人格。[79]沙特一九四四年的一篇文章談到海德格的納粹傾向，說了很相似的話：「海德格沒有人格，這是事實。」[80]彷彿人類日常生活有些東西，是這位著眼於日常性的大哲學家沒看到的。

海德格在他的托德瑙堡鄉村小屋沉思，在掙扎中想到並寫到了一九三〇年代的事。他在一九三五年哀傷地寫到「世界變得黑暗，眾神逃竄，地球毀掉，人類還原為混沌，痛恨並質疑一切創作與自由」。[81]但這也是模稜兩可的：他是否表示納粹要為此負責，抑或人類世界普遍變得黑暗而陷入混沌，使得納粹成為必要？

這些年裡他也許對自己感到混淆，思想表達肯定有困難。一九三五年七月，他寫信向雅斯培表示，近來他在工作上能做的，就只是「稀疏而結結巴巴地說些話」。他在做翻譯，信中引錄了譯自索福克里斯（Sophocles）《安蒂岡妮》（*Antigone*）一劇的一些詩句，那是〈人類頌歌〉（Ode on Man）合唱部分。（他後來自行印刷出版這個譯本，在一九四三年送給妻子作為生日禮物。）它的開頭是這樣的（據譯自海德格德文翻譯的英譯本）：

> 萬物怪異地大顯神威，
> 沒有什麼比人怪異得更徹底。[82]

海德格的思想也變得愈來愈「怪異」。在遍地積雪的森林裡，他展開漫長而緩慢的重新定位，後來被稱為「轉向」（die Kehre），儘管這番動作不能跟任何單一事件聯繫起來。這個過程把海德格引向更具泥土氣息、接受力更強、更具詩意的思考方式，而跟堅定和決斷逐漸遠去。[83]

可是，他出現詩化傾向，與森林融為一體之際，也正好碰上新的抉擇。當他正考慮應否繼續弗萊堡大學校長之職，有人願意在柏林給他一個大學職位；這個選項肯定令應否辭任校長的抉擇更複雜。但他拒絕了這項提議。他在一次電台演說中說明了原因，後來在一九三四年三月七日在納粹認可的《日耳曼人日報》（*Der Alemanne*）上發表。

這次演說沒有明顯談到政治，不過它的寓意是政治性的。他不擬移居柏林，是因為這樣就會脫離黑森林的環境，告別「冷杉緩慢而從容生長，青草地上繁花盛放，山溪在漫長秋夜奔騰，白雪覆蓋大地喚起肅穆簡樸氣象」。一個嚴冬晚上，當暴風雪在小屋四周掠過，他寫道：「這是哲學思考的最佳時刻」。又說：

> 當那年輕的農家小孩操控著沉甸甸的、高高堆著山毛櫸木材的雪橇，往山坡上拉，

再往下驚險送回家中，當那牧人陷入沉思踏著緩慢步伐，把牛群趕上山坡，當雪橇上的農夫拿到了數不盡的木瓦片準備裝上屋頂，我做的工作，跟他們是相同的。[84]

海德格說，當柏林的職位最初向他招手，他向托德瑙堡的鄰居尋求忠告，那是一位七十五歲的老農夫，後來確定是約翰．布倫德（Johann Brender）。布倫德想著想著，像有智慧的鄉下人常見的那樣，腦袋轉動了好一陣子，然後作出了回答，不是用語言，而是默默搖了搖頭。[85]一切就這樣搞定。海德格不去柏林了，放棄國際化都市生活，避開「權力的毒害」，回到德國西南部的森林，回到高聳的樹木，回到砍柴劈木，回到小徑旁的簡陋長凳，這是他思考的最佳環境，「一切事物變得孤獨而緩慢」。[86]

就是這些景象——這些恰好在納粹最差勁的鄉野藝品中可見的景象，引導著海德格日後的哲學方向。

直到一九三〇年代末，雅斯培和葛楚仍在為他們的抉擇而掙扎：他們該離開德國嗎？一九三五年的《紐倫堡法案》使他們的生活受到嚴重限制：法案褫奪了猶太人的公民權，又禁止跨族裔通婚，雖然已存在的這類婚姻，像雅斯培和葛楚的，暫時可獲通融。翌年，雅斯培因為婚姻的關係失去了大學職位。可是夫婦倆仍然沒有離開德國，而是更低調更小心過活，就像雅斯培早就學懂了，從呼吸以至行走總要小心，以免傷及重要器官。

鄂蘭早就決定離開：一次強有力的警告讓她醒悟過來。就在納粹上台執政後不久，在一九三三年春天，當她正為德國猶太人復國主義者組織在柏林的普魯士國家圖書館（Prussian State Library）研究反猶文獻，就遭到逮捕。她的公寓被搜查，她和母親一度被扣押，稍後獲釋。她們馬上逃離，甚至沒停下來辦理出國證件。她們越過邊界去了捷克（當時仍然安全），所用的方法難以置信卻切實可行：一個同情逃難者的德國家庭，在邊境有一幢房子，前門在德國，後門在捷克。那家人邀請客人前去用餐，晚上就讓他們從後門溜掉。鄂蘭和母親從布拉格去了日內瓦，再去巴黎，最後定居紐約。鄂蘭後來接受電視訪問說，所有人一開始就知道納粹德國有多危險，但理論上知道是一回事，把它當作「個人命運」問題採取行動則是截然不同的另一回事。[87]她們存活下來。

曾與海德格在達佛斯唇槍舌劍比拚一番的卡西勒，沒有等到警告出現。他自一九一九年就在漢堡教書，一九三三年四月的法令公布後，他馬上預見後果，連忙在五月與家人離開。他在牛津大學待了兩年，再在瑞典的哥特堡（Göteborg）待了六年；當瑞典看來要淪陷於德國，他便移居美國，先後任教於耶魯大學和哥倫比亞大學。他一直活到戰爭快結束之際：一九四五年四月十三日外出散步時心臟病突發，在紐約與世長辭。

列維納斯遠在納粹還沒有上台前就移居法國。他在索邦學院教書，一九三一年歸化法籍，戰爭開始後從軍參與抗戰。

胡塞爾的子女艾莉和格哈特移民美國。胡塞爾本人在一九三三年十一月也獲南加州大學（University of Southern California）邀請前往任教，他原有可能成為加州人。很奇怪的我可以輕易想像他在當地是什麼情景：一如既往穿著整齊的西裝，在棕櫚樹下、在燦爛陽光下拄著拐杖散步，就像很多移民前來的歐洲知識分子一樣。可是胡塞爾沒有打算離開他的國家、他的家園。妻子瑪爾維納伴在身邊，同樣堅定不移。[88]

胡塞爾在他藏書甚豐的私人圖書館繼續做研究。曾因海德格而人身安全受威脅的穆勒，常在海德格差遣下到胡塞爾家，通常是讓胡塞爾知悉哲學系的近況，瞭解有些什麼論文正在撰寫。顯然海德格不希望胡塞爾完全陷於孤立，可是他從來不親身前去探望。穆勒很高興藉這個機會去見這位現象學大師。從他所見，他的結論是胡塞爾事實上與外界相當隔絕，主要因為他對外邊的事興趣缺缺。「他是一個頑強的獨白式人物，完全專注於哲學問題，他實際上沒有把一九三三年開始的那段日子視為『艱困』歲月，跟他妻子不一樣。」[89]

可是胡塞爾事實上對世界有更大關注。一九三四年八月，他申請前往布拉格參加第八屆國際哲學會議，主題是「我們時代的哲學使命」。他不獲簽發外遊許可證，因此只能寄去一封信，在會議上讀出來。[90]這是一篇短小卻動人的文章。他警告，一項危機正威脅著歐洲的理性和哲學探索傳統。他呼籲各領域的學者肩負責任，透過「自願扛起責任」（Selbstverantwortung），抗衡這次危機，尤其致力建立國際網絡，讓思想家跨越國界共聚一堂。

一九三五年五月他獲准外遊，在維也納的文化協會親身發表演講，重複了類似訊息。他說，學者必須團結，抗衡目前往非理性神祕主義滑落的趨勢。「理性的英雄主義」是歐洲的唯一希望。[91]一九三五年十一月，他再申請出國前赴布拉格，這次獲得批准，他又發表另一次演講提出類似論點。在這一年裡，他努力把自己的想法組織到更大架構下。一九三六年一月，他完成了這部著作的首兩個單元，取名《歐洲科學危機與超驗現象學》（*The Crisis of the European Sciences and Transcendental Phenomenology*）先行發表。[92]由於反猶法令禁止他在德國出版著作，他投稿《哲學學報》（*Philosophia*）刊登，那是以貝爾格萊德（前南斯拉夫首都）為基地的國際年鑑。

一九三七年八月胡塞爾摔了一跤，復元不如理想。那年冬天他的健康惡化。他繼續與合作者和來訪者試著合力完成那部著作的第三個單元，但無法寫成。他在世最後幾個月腦袋已不聽召喚；他很少說話，偶爾有片言隻語，像：「我犯了很多錯誤，但一切最終能大功告成」或「我在陰間的河裡游泳，思想一片空白」，又或突然顯得雄心勃勃，說：「哲學必須從頭再建立起來。」[93]他在一九三八年四月二十七日與世長辭，享年七十九歲。照顧他的妹妹後來跟瑪爾維納說：「他過身時像個聖人。」[94]

胡塞爾的遺體被火化，因為瑪爾維納擔心如果樹立墓碑，會遭惡意破壞者褻瀆。[95]她繼續留在家裡，守護著丈夫的骨灰、他那規模宏大的圖書館，還有他的論文遺稿——全都以獨特的速記符號書寫，那包括他的很多未出版及未竟著作，特別是首兩個單元後無法完成的那部臨終鉅作。

海德格以抱恙為由，沒有出席喪禮。[96]

第五幕
啃嚼開花的杏樹

沙特用心描述一棵樹，波娃讓概念活了起來，梅洛龐蒂身處中產階級圈子

一九三四年，也就是在柏林研習胡塞爾哲學翌年，沙特滿載能量回到法國。他開始構想他所詮釋的那個版本的現象學，透過他擷取自齊克果和黑格爾的獨到見解，使它更富活力。他也取材自個人閱歷：他的兒時經驗、青年時代的熱情，以及範圍寬廣且有趣的他所恐懼與著迷的事物。現在他和波娃重聚了，就讓她一起參與，她在寫作和思想中注入個人性情與閱歷，兩人炮製出複雜的哲學大雜燴。

沙特重返教師生涯，最初是回到勒阿弗爾。空閒時他成為現象學傳教士，慫恿所有朋友研究這門學問——包括已展開研究的梅洛龐蒂等人。[1]德文閱讀能力不錯的波娃（看來比沙

特為佳，儘管沙特曾一整年講德文、讀德文），在一九三四年花了很多時間沉浸在現象學著作中。[2]

沙特熱切希望把他的想法寫下來，他把在柏林開始撰寫的論文完成了，題為〈胡塞爾現象學的一個基本概念：意向性〉，這篇文章令人印象深刻地解釋了「意向性」，把它由內心蘊釀而迸發出來的概念，轉化為塵世事物。他又從現象學角度研究想像力，一九三六年出版了篇幅較短的《想像力》（*L'imagination*），並在一九四〇年出版重寫的完整版《想像》（*L'imaginaire*）。兩部著作探討同一個現象學謎題：怎樣把夢境、幻想或幻覺構想為「意向性」結構，儘管那些夢幻對象根本不存在或在現實世界中杳無蹤影。

為了拓展這些領域的研究，沙特認為應該親身體驗自己的幻覺，在老同學丹尼爾．拉格許（Daniel Lagache）醫生幫助下，他試用了仙人球毒鹼（mescaline）。這是最初在一九一九年成功合成的迷幻藥；到了二十世紀中期，知識分子爭相躍躍欲試，這個趨勢隨著《眾妙之門》（*The Doors of Perception*）一書在一九五三年出版而達到顛峰，那是阿道斯．赫胥黎（Aldous Huxley）有名的現象學研究，描述在迷幻過程中觀看畫作和聆聽音樂的經驗。一九五〇年代存在主義實驗者、英國作家柯林．威爾森曾描述與原始「存在」相遇的情景：「就像在火車上醒來，發覺一個陌生人的臉跟自己的臉只有一吋距離。」[3]早在此之前，沙特就尋求與「存在」碰面。拉格許醫生給他注射了迷幻藥，監視整個過程；沙特畢竟是一位了不起的現象學家，他觀察了那種迷幻經驗，做了筆記。[4]

結果是戲劇性的。赫胥黎的迷幻歷程是神祕、狂喜的經驗，拉格許醫生一位助手則在夢幻的青草地上與脫衣舞孃手舞足蹈享樂一番。沙特的腦袋，卻充斥著地獄兵團般的蛇、魚、白頭鷹、蟾蜍、甲蟲和甲殼動物。更糟的是，牠們拒絕消失。其後的好幾個月，龍蝦般的怪物就在他視線邊緣以外跟蹤著他，房子面向街道的牆壁長了人的眼睛直勾勾地盯著他。

沙特只把相對來說很少的迷幻經驗放進想像力的研究中，也許因為那令他驚恐了好些日子，他害怕自己神智不情。但他在其他著作用上了這種經驗，包括一九三七年的短篇故事〈房間〉（The Room），以及一九五九年的劇作《阿多拿之謫民》（*The Condemned of Altona*），兩者都提到年輕男子被幻覺中的怪物包圍。此外還有一九三八年的半小說作品〈食物〉（Foods），內容取材自迷幻景象以及一九三六年的義大利之行。敘事者在非常酷熱的一天獨自在那不勒斯街頭閒逛，目睹可怕的事物：一個拄著腋下拐杖的小孩從排水溝撿起一塊滿布蒼蠅的西瓜，把它吃進嘴巴。透過敞開的門道，他看見一個男人跪在一個小女孩面前。當小女孩說「爸，爸爸」，那個男人便掀起她的裙子，一口咬在她屁股上，像是咬麵包一樣。[5]故事敘事者頓時垮倒在噁心感覺之下，但隨之而來是一種洞見：世間的事沒有必然性，一切出於「偶然」，所發生的事可能完全不一樣。由此而來的啟示把他嚇倒了。

沙特必定更早就獲得了「偶然性」的洞見，因為他一直在搜羅、記下這方面的資料，最初是記在一部可讓他隨性地記錄的空白筆記本（那是在地鐵車廂找到的，封面有「醫藥栓劑」廣告），[6]這些筆記在柏林演化成一部小說，沙特暫定書名為《憂鬱症》（*Melancholia*），後來成為我十六歲時遇上的那部小說——《嘔吐》，那是關於作家羅岡丹在布維爾的漂泊故事。[7]

羅岡丹最初來到這個沉悶乏味的海邊城鎮，是為了研究德·羅爾邦侯爵（Marquis de Rollebon）的事蹟，當地的圖書館便可以找到這位十八世紀廷臣的歷史文獻。羅爾邦的生涯包含種種狂放的歷險行動，所有傳記作者都會將其視為至寶，可是羅岡丹還沒想到該用什麼敘述方式。他發現了人生一點兒也不像這類傳奇歷險故事，他也不想捏造事實。事實上，是羅岡丹自己變得漫無目的。他欠缺了賦予一般人生活結構的慣常活動或家庭，終日在圖書館度日，或到處漫步，或在播著繁音拍子唱片的小餐館喝啤酒。他看著城鎮居民整天忙著的，是中產階級或一般人所做的事。人生就像一團毫無特徵可言的生麵糰，它的基本特質在於偶然性而非必然性。這方面的體會，隨著規律出現的事件而來，像一波接一波的浪，每次都令羅岡丹噁心欲吐，而這種感覺像是附著於所感知物體——附著於外在世界。他撿起一顆小卵石拋到海裡，它感覺起來像手中一團令人厭惡的球狀物。他走進房間，球形門把變成一團圓鼓鼓的古怪東西。在小餐館裡，他慣用的那種有斜邊、有鮮明酒商紋章的酒杯，如今令他感到可怕，感到意外。[8]他嘗試以現象學方式抓住這些經驗，在日記中記下來：「我必須描述我怎麼看這張桌子、那條街道、那些人，還有我的一包香菸，因為這些事情在發生轉變。」[9]終於，當羅岡丹在當地公園看見一棵栗樹露出的根像煮過變硬的皮革，他再次感到噁心，他突然體會到，不光這棵樹，還有這棵樹的「存在」令他惴惴不安。這可以從這棵樹的存在方式看得出來：它無法解釋而又毫無目的靜立在這裡，既不具備什麼意義，也拒絕變得低調一點。這就是事物的偶然性：事物那種隨意、可惡的「就是如此」的狀態。羅岡丹體會到，他不能像以往那樣看待世界，他也永遠無法完成羅爾邦的傳記，因為他不能編造歷險故事。當前一刻，他什麼也不能做：

> 我掉到長凳上，被不知從哪裡湧現的事物弄得眼花繚亂，昏頭轉向：這裡、那裡、到處迸發出來，我的耳朵因為這種種存在嗡嗡響起，我的軀體在悸動，在敞開，隨著萬物迅速滋長而豁了出去。[10]

他也有喘息的時刻，那就是當他最愛的小餐館播放一位女歌手的唱片（可能是蘇菲・塔克〔Sophie Tucker〕），唱著一首悲傷、憂鬱的歌曲，叫〈這些日子〉（Some of These Days）。先是優雅的鋼琴前奏，然後琴音融入歌者溫婉的嗓子中；接下來幾分鐘，羅岡丹的世界安穩下來。每個音符引向另一音符，沒有另一種可能性。這首歌具備必然性，也賦予羅岡丹的存在一種必然性。一切平穩流暢：當他拿起杯子放到唇邊，杯子沿著平順的圓弧移動，他輕鬆地把杯子放下，半滴酒也沒有濺出。他動作流暢，像運動員或音樂家。然而當曲子完結，一切又散亂不堪。[11]

在小說結尾，羅岡丹在一個願景中瞥見出路：他把藝術視作必然性的源頭。為了寫作，他決定離開此地前往巴黎，但他要寫的不是傳記，而是另一種著作，「美麗而堅硬如鋼，令人對自己的存在感到羞恥」。[12]後來沙特經過省思，又覺得這個解決辦法未免過於輕易：藝術真的能把我們從生活的混沌中拯救出來嗎？但這條出路讓羅岡丹總算有個前進方向，否則小說就一直是種種感覺不停迸發，沒完沒了，永遠沒有解脫。我們稍後會看到，只要有哪個東西能讓沙特把一本書完成，就都值得鼓掌。

沙特把很多個人經驗融入寫作：淡季中的海邊城鎮、種種幻覺、對偶然性的洞見。甚至對栗樹的著迷也是個人經驗：他的著作到處是樹木。在自傳中，他回憶兒時被一個鬼故事嚇壞了：故事中一個年輕女子臥病在床，突然尖叫起來，指著窗外的栗樹，然後倒臥床上一命嗚呼。[13]在沙特所寫的〈一位領袖的童年〉（Childhood of a Leader）中，故事主人公呂西安（Lucien）被一棵栗樹嚇倒，因為當他一腳踢過去，那棵樹毫無反應。[14]沙特後來告訴他的朋友約翰·傑拉西（John Gerassi），他在柏林住的公寓，外頭有一棵漂亮的大樹——不是栗樹，卻很近似，足以讓他寫作時喚起記憶中勒阿弗爾的樹。[15]

樹木對沙特來說代表很多東西：「存在」、神祕、現實世界、偶然性。現象學若要抓住一個焦點描述一番，樹木正是唾手可得的對象。在自傳中，沙特引述祖母曾對他說的話：「不是有眼睛就行了，你還要學習使用它。你知道福樓拜曾要求年輕的莫泊桑（Guy de Maupassant）做些什麼嗎？他讓莫泊桑坐在一棵樹前面，給他兩小時把它描述一番。」[16]這是真的：福樓拜顯然曾勸導莫泊桑要「長時間、專注地」察看事物，他說：

萬事萬物總有一部分是未經探索的，因為我們墜入了因循的習慣，對眼前所見的事物，只管記住以前的人有些什麼想法。即使最微末的東西也包含一點兒未知的內容。我們必須把它找出來。要描述熊熊烈火或平原上的一棵樹，我們必須停留在那團火或那棵樹前面，直到它跟我們見過的任何火或任何樹都不再相似。[17]

福樓拜談的是文學技巧，但這種說法也可以用在現象學方法之上，因為現象學依循同樣的程序。透過「懸擱」，首先摒除二手概念或接收而來的概念，然後再描述直接呈現在眼前的東西。對胡塞爾來說，能夠不受其他理論影響而描述一個現象，就是哲學家的解脫之道。

描述和解脫之間的關係令沙特十分著迷，作家是描述者，也就是自由的人，因為若能準確描述自己的經驗，就可以對所經驗的事物施加某種控制。沙特在著作中再三探索寫作和自由的聯繫。當我第一次閱讀《嘔吐》，我相信這是它對我的吸引力之一。我也希望能完整地察看事物、經驗事物，描述事物，並獲得自由。我曾站在公園裡試著觀察一棵樹的「存在」，以至後來立志研讀哲學，就是因為這個緣故。

在《嘔吐》中，藝術帶來解脫，因為它抓住了事物的原貌，從而賦予它們內在的必然性。它們不再鼓作一團、令人噁心，而是變得有意義了。羅岡丹的爵士歌曲是這種程序的範例。波娃在回憶錄中告訴我們，沙特獲得這個概念的一刻，其實是在看電影而不是聽音樂。[18]他們是電影迷，特別喜愛查理·卓別林（Charlie Chaplin）[19]和巴斯特·基頓（Buster

Keaton）[20]的喜劇，兩人所拍的電影充滿了芭蕾的美感，宛若歌曲一樣優雅。我總愛這麼想：沙特在哲學上發現了藝術能帶來必然性和自由，靈感可能來自卓別林的電影《小流浪漢》（*The Little Tramp*）。

另一些纏擾著羅岡丹的事，也來自沙特的個人經驗：那就是他恐懼所有肉感的、黏滯或黏滑的東西。在故事中，羅岡丹甚至對自己口中的唾液、自己的嘴唇，以至對自己整個軀體感到厭惡，因為它「濕漉漉隱含著存在」。[21]在一九四三年出版的《存在與虛無》中，沙特更進一步用多頁篇幅談到「黏滯性」和「黏滑性」的物理性質。他寫到蜂蜜倒進湯匙聚作一潭的情狀，又叫人想到黏糊糊的東西附著手指時喚起的那種令人發抖的「濕潤而陰柔的吸吮感」。[22]我相信，沙特不會喜歡雷利・史考特（Ridley Scott）執導的電影《異形》（*Alien*）中的那些異形，又或是菲利普・狄克（Philip K. Dick）小說《員警說：為我流淚吧》（*Flow My Tears, The Policeman Said*）裡面凝膠狀的「像摟住什麼的海綿」（從這個描述就知道它是置人於死地之物），又或是易卜生（Henrik Ibsen）劇作《皮爾・金特》（*Peer Gynt*）中的巨怪蛇魔——「黏滑而一身霧氣」的畸形怪物。他更不想見到赫伯特・喬治・威爾斯（H. G. Wells）小說《時光機器》（*The Time Machine*）結尾出現的怪物：拖曳著觸鬚在海灘起伏蠕動的一團異物。沙特對這類事物的恐懼，名副其實深入腑臟。他著作裡經常用上這種形象，如果一篇哲學文章提到黏稠物聚作一團或啪嗒一聲出現，就幾乎可以肯定是沙特的著作，儘管最初是馬賽爾向沙特提議，可以從哲學角度探討這種東西。[23]沙特用黏滯性來表達偶然性帶來的恐懼，令人想起所謂「現實性」（facticity）的影響，那是指任何一事物把我們牽進一個處境，令我們不能自由翱翔。

沙特把個人直覺反應跟哲學思考結合起來，這種才能是刻意培養的，得下一番工夫。在一九七二年一次電視訪問中，他坦承從來沒有在碰見偶然性時自然地感到噁心。在場的另一位訪問者質疑說，一次看見沙特凝視水中一束束的水藻，面露厭惡表情：這不就是「噁心」嗎？其實，沙特凝視水藻，可能是刻意喚起一種厭惡感，觀察那是怎麼一回事。[24]

沙特的思想從個人生活建立起來，但也有些影響來自他閱讀的著作。在《嘔吐》中不難發現海德格的蹤影，不過，也許這不是來自沙特還沒來得及細讀的《存在與時間》。其實，在主題上與《嘔吐》明顯更接近的，是海德格一九二九年的演說〈何謂形上學〉，其中談到虛無、存在和塑造事物情態的「情緒」。演講稿後來印行出版，就是波娃說他們曾看過卻未能讀懂的著作。

《嘔吐》與另一著作也驚人地相似：那是列維納斯的論文〈論逃避〉（De l'évasion），一九三五年刊登在《哲學研究學刊》（*Recherches philosophiques*），當時沙特還在撰寫《嘔吐》的初稿。列維納斯在文中描述伴隨失眠或嘔吐而來的感覺，尤其是有一種壓迫感，牽制著你、囚困著你：一種沉重、堅實、混沌的「存在感」壓在你身上。列維納斯把這種重壓感稱為「有」（*il y a*）。[25]後來他又用比喻說明這種感覺：就像你把一個罩子放到耳朵上而聽到隆隆或嗡嗡的聲音，又或兒時獨自躺在空蕩蕩的房間裡無法入睡，感到「似虛若盈，似靜若鬧」。[26]這是整個腦袋擠得滿滿的惡夢，沒有思考空間，沒有喘息餘地。在一九四七年的《從存在到存在者》（*Existence and Existents*）一書中，列維納斯又這樣描述這種狀態：存在物在我們眼中「彷彿不再構成一個世界」[27]，也就是說，不再像海德格所說的，彼此的目的與互動形成一整個網絡。我們對這一切的反應就是設法逃避，只要事物能讓我們重新看見一種結構、一種形式，就是我們的避難所。那可能是藝術、音樂，或與另一人的接觸。[28]

我從沒聽到有人斷言，沙特的想法從列維納斯的論文抄襲而來，甚至沒聽說他讀過那篇論文，儘管有人像我一樣察覺兩者驚人的相似。[29]最可信的解釋就是，兩人發展出自己的一套思想，都是因為對胡塞爾和海德格作出回應。沙特暫時把《存在與時間》擱置下來，因為在柏林時就發現，同時研讀胡塞爾和海德格，對一個人的腦袋來說負擔太重。[30]但後來他找到了通往海德格之路，而列維納斯則朝另一個方向進發，他因為海德格的政治取向而對這位昔日的導師不再存仰慕之心。列維納斯不認為該像海德格那樣，對原始的「存在」照單全收：我們不是透過擁抱「存在」，而是透過「逃避」它所帶來的有如惡夢的重壓，而跨進文明境地。[31]

在閱讀沙特的著作時，有時難免覺得他確實是借用甚至盜用別人的概念，然而一切跟他的奇特個性和獨特眼光揉合起來，結果就是十足十的原創性。他寫作時就像陷入催眠的專注狀態，寫出深具洞見的經驗。他那種寫作方法的最佳概括，可見於他早在一九二六年寫給當時的女友西蒙·若利維（Simone Jollivet）的一封信，信中提出寫作的忠告。他說，要聚焦於一個影像，直到你覺得「它膨脹起來，像個泡沫，並向你指示一個方向」，這樣它就成為你的概念，接著你可以把它弄個明白，再寫下來。[32]

這基本上就是現象學方法了；或許得退一步，說它是現象學一個色彩濃重的版本，因為胡塞爾可能對沙特老是沉溺於軼事和隱喻不以為然。如果說海德格把胡塞爾的現象學詩化了，沙特和波娃就是把它小說化了，因而對非專業的哲學家來說較易接受。波娃一九四五年的演說〈小說與形上學〉（The Novel and Metaphysics）指出，她察覺現象學家寫的小說沒有其他哲學家的小說那麼枯燥乏味，因為現象學專注於描述，而不是講道理或把事物放進各種框框。[33]現象學家把我們帶到「事物本身」；也可以說，他們遵從創作性寫作的金科玉律：「呈現，而不是敘述。」

沙特的小說很參差，並不總是閃爍生輝。波娃的也是這樣，但在她表現最佳的小說裡，可見她跟沙特相比，是更為自然的小說家。她在情節和語言上更用心，又更傾向於用人物和事件帶動原始概念。她也擅於找出沙特的缺失。沙特一九三〇年代中期修改《憂鬱症》的草稿時陷入困境，她讀過稿子後便勸他注入懸念——這是電影和偵探故事中令他們大感興趣的元素。[34]沙特接受了忠告，還把這門絕活據為己有，他在一次訪問中表示，嘗試把這本書打造成「猜猜誰是兇手」的偵探故事，布下各種線索把讀者引向元兇，那就是（這談不上透露劇情吧）——「偶然性」。[35]

沙特努力修改草稿，遭好幾家出版社拒諸門外仍鍥而不捨。終於伽利瑪出版社（Editions

Gallimard）點頭了，而且對他信任到底。但出版社創辦人加斯東．伽利瑪（Gaston Gallimard）親自寫信建議沙特取一個更好的書名，並點出《憂鬱症》欠缺商業上的吸引力。沙特提出了一些選項，譬如《偶然性事實舉證》（*Factum on Contingency*）——他在一九三二年最初為這本書寫的筆記就用這個書名；又或是《論精神之寂寞》（*Essay on the Loneliness of the Mind*），都給伽利瑪打了回票。沙特於是再來個新嘗試：《安東．羅岡丹非比尋常的歷險旅程》（*The Extraordinary Adventures of Antoine Roquentin*），還附上一段吹捧式簡介，費盡唇舌表明這是只開玩笑而已，根本沒有什麼歷險旅程。[36]

最後，這本書採用了伽利瑪建議的一個簡單而震撼人心的書名——《嘔吐》，在一九三八年四月出版，佳評如潮，大為稱讚的評論家也包括卡繆。沙特因而聲名大噪。

在此同時，波娃也開始構思她的第一部小說《女客》（*L'invitée*；英譯：She Came to Stay），不過最後成書出版卻是一九四三年的事了。故事取材自她近日親身經歷的一樁三角戀，她和沙特牽涉其中，另一人是波娃往日的學生奧嘉．柯沙基維茲（Olga Kosakiewicz）。在現實世界中，緊繃的三角戀引來了更多參與者，變成五角戀而最終解體。在最後的結局裡，奧嘉嫁給了沙特昔日的學生雅克．洛宏．博斯（Jacques-Laurent Bost），沙特跟奧嘉的姊妹萬妲（Wanda）發生了關係，波娃則退隱療傷，同時跟博斯展開一段漫長的祕密戀情。在小說中，波娃移除了一些複雜關係，加入了一個哲學框架，還有包含著謀殺案的聳人聽聞的結局。沙特後來也把同樣事件小說化，成為《自由之路》（*Roads of Freedom*）系列小說

第一部的一條敘事線。

沙特和波娃的小說，反映了他們在哲學和個人興趣方面的差異。沙特的作品是自由探索的史詩，戀愛只是眾多元素的其中一種。波娃的興趣則在於欲望、觀點、妒忌和操控之間的權力互動。她更多聚焦於核心角色，擅於探索感情和經驗如何透過身體表現出來，也許是透過病痛和特殊身體狀況呈現，譬如故事主角試著驅使自己抓住一些本來沒有的感覺，腦袋就變得不尋常的沉重起來。[37]專門研究知覺和身體反應的梅洛龐蒂，對波娃作品的這些描述表示讚許。他一九四五年的論文〈形上學與小說〉（Metaphysics and the Novel），開頭的一段對話就引自《女客》，其中與沙特相似的角色皮耳（Pierre）告訴與波娃相似的主角法蘭絲瓦（Françoise），他不得不驚嘆起來，因為形上學處境竟然能在她身上引起「具體」反應；

> 「可是那種處境是具體的，」她回答：「這攸關我的整體人生意義。」
>
> 「我不反對這種說法，」皮耳說：「不管怎樣，你透過身體和靈魂把一個概念活出來，這種本領是不尋常的。」[38]

這個評語也適用於波娃本人。沙特在《嘔吐》中以清新手法透過身體把概念表達出來，但絕對沒有波娃那麼令人信服，也許因為她在這方面有更深感受。她具備一種天賦，能對世界和自己時時刻刻感到驚嘆，她一輩子都是箇中高手。她在回憶錄中表示，這就是小說寫作的根源：「當你對現實不再照單全收」，小說就應運而生。[39]沙特對波娃這種本領不無妒忌。他嘗試驅使自己攀上同樣水準，他盯著一張桌子，不斷重複：「這是一張桌子，這是一張桌子……」，直到像他所說：「一種含蓄的興奮浮現，我稱之為喜悅」。[40]但他必須使勁鞭策自己，並不像波娃來得那樣自然。對於波娃那種時刻能捕獲驚奇的天賦，沙特譽為「最具屬己性」的哲學，但同時又說那是一種「哲學上的貧乏」，也許是說，在一刻驚嘆之餘，它漫無目標，也沒有充分發展和概念化。他還有一種補充說法——正好反映出他當時研讀的海德格哲學：「在那一刻所發生的是，疑問者被疑問牽動。」

在諸多引起驚嘆的事情中，令波娃最為驚嘆的是，她本身的無知。早年她與沙特辯論之後，總愛總結說：「我不再確定我在思考的是**什麼**，也不確定我到底是不是真的在思考。」[41]她看來是刻意去找一些能令她這樣頓感迷失的高手，但這樣的對象不多。

在碰上沙特之前，波娃這方面的交手對象是她的朋友梅洛龐蒂。他們相識於一九二七年，當時兩人都是十九歲：她在索邦學院念書，梅洛龐蒂則是巴黎高等師範學院的學生，沙特也是同校學生。波娃在當年的普通哲學共同考試中成績高居第二名，勝過第三名的梅洛龐蒂。但比他們兩人更勝一籌的是另一位女生——西蒙．韋伊。這次考試後梅洛龐蒂和波娃交上了朋友，據波娃後來說，那是因為梅洛龐蒂很熱中於跟一位勝過自己的女性相識。（看來他對那位相當厲害的韋伊沒那麼熱中；韋伊自己也證明了對波娃不感興趣，當對方伸出友誼之手時斷然回絕。）42

韋伊和波娃的成績尤其非比尋常，因為她們不是來自巴黎高等師範學院體系：這所精英學府在一九二五年波娃上大學時還沒有對女性開放。它曾在一九一〇年一度錄取女學生，翌年又把這道門關上，直到一九二七年才重新開放，對波娃來說為時已晚。波娃先後在不同女子學校就讀，校譽還算不錯，但在外界心目中就沒有太高期望。這是在人生較早階段女性跟男性處境大有差別的其中一面，波娃一九四九年的著作《第二性》詳細探討了這些差異。當時她能做的，就是發奮學習，從友誼謀求出路，並奮力對抗自身的局限——她把困局歸咎於自小所受教養的中產階級道德規範。她不是唯一有這種想法的人。沙特也來自中產家庭，同樣對這種背景極度抗拒。梅洛龐蒂也有類似背景，但作出不同反應。他可以在中產階級環境裡活得相當快樂，而在別的方面過著特立獨行的生活。

對波娃來說，特立獨行是要經過一番搏鬥才能實現的。她一九〇八年一月九日生於巴黎，大部分時間在城市裡成長，但處身狹隘的社會環境，圍繞著她的是女性身分和上流社會的標準觀念。她的母親法蘭絲瓦·波娃（Françoise de Beauvoir）也依循這些原則教養她，父親則比較開明。波娃的叛逆在年幼時就浮現，青少年時期更趨強烈，成年後未嘗稍減。她畢生工作不輟，熱愛旅遊，決意不要小孩，不循常規選擇伴侶，都是全心追求自由的表現。她在自傳《西蒙·波娃回憶錄》（*Memoirs of a Dutiful Daughter*，又譯《端方淑女》）的第一冊中，就從這些方面鋪展她的一生；後來談及母親臨終臥病在床的回憶錄《寧靜而死》（*A Very Easy Death*），也進一步反思自己的中產階級背景。

就在她開始以學生身分走上自立之路時，她透過一位朋友認識了梅洛龐蒂。她在日記中記下了初次見面的印象，把對方的姓氏改稱 Merloponti（像義大利文），認為他人格和外表都十分吸引，儘管嫌他對自己的外表有點自負。在她的自傳中（這裡她給梅洛龐蒂一個渾號，叫「普拉代萊」〔Pradelle，與法國南部一個小鎮的名字近似〕），形容他「有一張清秀、相當漂亮的臉孔，長著濃密的深色睫毛，掛著學童般歡快、坦率的笑容」。[43]她補充，對他馬上就有好感，但這毫不稀奇，事實上所有人碰上了梅洛龐蒂都會喜歡他，包括了波娃的母親。[44]

梅洛龐蒂生於一九〇八年三月十四日，只比波娃大兩個月，對自己的出身能更從容面對。他能以輕鬆、沉著的態度應對眼前的社會處境，可能是由於他有一個非常快樂的童年（他自己也認為是這樣）。他說，兒時感到自己受愛護，受鼓勵，從來不用費力就贏得讚賞，因此畢生保持歡愉的性格。他有時也感到煩躁，但就像他在一九五九年一次電台訪問中說，他幾乎總是心平氣和。他是我們所講的存在主義故事裡唯一有這種性情的人，難能可貴。[45]沙特後來談到福樓拜小時缺乏了愛，就對愛的有無，下了這樣的斷言：「有之，精神振奮；無之，萎靡不振。」[46]梅洛龐蒂童年時代總是深受愛護，但這一切可能沒有他自己暗示的來得那麼容易，他父親在一九一三年因肝病過世，母親獨力把他和哥哥、妹妹撫養成人。波娃跟母親關係緊繃，梅洛龐蒂則始終對母親十分孝順。

每個認識梅洛龐蒂的人，都會感覺到一種幸福感從他身上散發出來。波娃最初也因此心頭有一陣暖意。她一直在等待一個可以仰慕的人，梅洛龐蒂看來符合她這個條件，因此曾短暫認定他是男朋友人選。可是梅洛龐蒂那種輕鬆隨意的態度，對於性格上愛打抱不平的波娃來說很是困擾。她在筆記裡寫道，梅洛龐蒂的重大過錯就是「他不夠激烈，而天國是為激烈的人而設的」。[47]梅洛龐蒂堅持善待每一個人。「我覺得自己很不一樣！」波娃大嚷。她總是要作黑白分明的判斷，梅洛龐蒂對任何處境都從多方面考量；他認為每個人都有多種多樣的特質，對個人動機有所懷疑時，總是從寬看待。年輕時的波娃卻認為，人類就是「一大群不足道的民眾中間有少數出類拔萃的例外」。[48]

但令波娃特別氣惱的是，梅洛龐蒂看來「對所屬階級和它的生活方式徹底適應，全心全意接納中產階級社會」。他有時在梅洛龐蒂面前大談中產階級道德如何愚蠢、殘酷，對方只是平和地不表認同。波娃寫道，梅洛龐蒂「跟他母親和妹妹相處融洽；我對家庭生活的恐懼，他沒有同感」。又說：「他不厭惡派對，有時還去跳舞。他以天真的語氣問道：有何不可？——我只好棄械投降。」

他們相識後的第一個夏天，當其他學生都離開巴黎度暑假，兩人就經常結伴遊逛。他們一起散步，先是在巴黎高等師範學院的花園——對波娃來說那是「令人驚嘆的地方」；後來又同遊巴黎的盧森堡公園（Jardin du Luxembourg），坐在「某位王后或什麼人物的雕像旁」

談論哲學。雖然波娃考試成績勝過梅洛龐蒂，她很自然地在他身旁扮演起哲學新手的角色。她有時幾乎是出於意外才在辯論中獲勝，但在更多情況下，她卻是高興地慨嘆：「我什麼都不知道，什麼都不懂。我不光不能提出答案，我甚至沒法找出一種滿意的方式把問題表達出來。」

她欣賞對方的優點：「我認識的人當中不曾有誰，能讓我切身學習歡愉的藝術。他輕輕扛起整個世界的重量，讓重壓也不再落在我身上。在盧森堡公園裡，早上的藍天，還有綠色的草坪和太陽，都在發光發亮，這就像我最開心的日子，好天氣常在的日子。」可是有一天，當他們在布洛涅森林公園（Bois de Boulogne）的湖邊閒逛，看著天鵝和小船，波娃突然對自己慨嘆：「啊，他沒有半點苦惱！他如此平和，觸怒了我。」[49]如今清楚不過，他永遠不能成為合適的情人。他最好還是扮演哥哥的角色；波娃只有一個妹妹，兄弟的角色空著正好由他來填補。[50]

梅洛龐蒂也認識波娃最要好的朋友伊莉莎白．勒．況（Elisabeth Le Coin，姓氏或為勒況〔Lacoin〕，波娃在回憶錄中暱稱其為「莎莎」〔ZaZa〕），對她的影響又是另一番光景。伊莉莎白對梅洛龐蒂那種「百毒不侵」、毫無苦惱的性情，同樣感到不對勁，卻還是對他情深一片。[51]她跟梅洛龐蒂的平和恰好相反，很容易陷入極端感情和狂飆激情中，她和波娃的少女情誼給波娃帶來興奮感。伊莉莎白如今希望嫁給梅洛龐蒂，對方也有意娶她為妻，怎料突然斷絕了關係。波娃後來才知道原因。原來伊莉莎白的母親認為梅洛龐蒂不是女兒的合適對象，警告他放棄這段姻緣，否則揭露他母親的祕密：據稱他母親曾有不忠行為，起碼有一個孩子不是丈夫的親生子。為了避免母親和妹妹受醜聞打擊（當時妹妹正好快要出嫁），梅洛龐蒂只好退讓。

波娃得悉真相後更是厭惡萬分。這是卑劣的中產階級的典型行徑！伊莉莎白的母親典型地把中產階級的道德觀、殘酷和懦弱熔為一爐。而且，波娃認定結果是名副其實地致命的。伊莉莎白十分沮喪，在感情爆發危機之際患上重病，也許是腦炎，她因而喪命，年僅二十一歲。

這兩個悲劇之間沒有直接因果關係，但波娃總是覺得，中產階級的虛偽殺死了她的好友。[52]她原諒了梅洛龐蒂在事件中扮演的角色。可是她永遠不能抹掉那種感覺：梅洛龐蒂太安於逸樂，太尊重傳統價值觀，這是他的錯失，也是她發誓永遠不容發生在自己身上的錯失。

不久之後，波娃遇上了沙特，她那「偏激」、固執己見的一面，完全獲得了期待已久的滿足。

沙特的童年也在中產階級環境中度過。他生於一九〇五年六月二十一日，比波娃大兩歲半，是家中備受寵愛的獨子。像梅洛龐蒂一樣，他自幼喪父。父親尚—巴普堤斯特（Jean-Baptiste）是海軍軍官，沙特一歲時他就因肺結核病逝。沙特年幼時受到母親安—

瑪麗（Anne-Marie）和同住的外祖父母溺愛。大家都喜愛他一頭像女孩的鬈髮和他的標緻相貌。但他三歲時因感染而罹患眼疾，最初在蓬鬆鬈髮的遮掩下不大看得出來。後來外祖父帶他去把頭髮剪短，受損的眼睛、魚嘴般下斂的嘴唇及其他難看的特徵，就都暴露在別人目光下。[53]沙特憶述早年生活的回憶錄《沙特的詞語》（*The Words*），以極端冷嘲熱諷的口吻描述了這一切。他談及自己的樣貌時，原來愛逗樂的口吻就變得更瀟灑輕狂，但他實在因為別人對他的不尋常反應而深受挫傷。他對自己的醜陋外貌一直無法釋懷，而且總是直言不諱用上「醜陋」一詞。有一段時間他只管逃避別人的眼光，後來決志不要因此糟蹋自己的人生：他不會為此犧牲自己的自由。

他的母親後來再婚，嫁給一個沙特不喜歡的男人。他們一家搬到拉羅歇爾（La Rochelle），在那裡沙特受盡比他高大、比他粗野的男孩欺凌。這是他童年的一次重大危機。他後來說，在拉羅歇爾孤獨一人，讓他對「偶然性、暴力和世間現實」，學會了應該知道的一切。[54]可是，再一次的，他決不畏縮。他挺了過去，當一家人再搬到巴黎，他就有機會再展所長，他先後在多所好學校念書，最後登峰造極，入讀巴黎高等師範學院。他從一個被蔑視的人，搖身一變成為校內最時髦、最叛逆、最令人敬畏的一個派系的領袖。他是個隨時隨地都善於交際、擅於領導的人，儘管有時受煩惱所困，他總是能毫不猶疑讓自己在任何一個圈子中凌駕眾人。[55]

一群反偶像崇拜、挑起爭端的異議者以沙特和他最要好的朋友保羅・尼贊（Paul

Nizan）為核心，整天待在咖啡館裡，只要有人闖入他們的領域，他們就會當面把一般人認為神聖不可冒犯的哲學、文學和中產階級行為批判得體無完膚。他們對所有提及靈魂「內在生命」、精微內在感覺的說法攻擊不遺餘力，又因為拒絕參加學校的宗教知識考試而引起一陣騷動。他們認為人類不是什麼高尚的靈魂，不過是種種肉欲的化身，因此引起所有人的反感。在急躁無禮的表現背後，他們卻擁有受過完美教育的人那種信手拈來的自信。

就是在這些日子裡，在一九二九年，波娃透過她的朋友馬友（Maheu），結交了沙特這個圈子的人。她覺得這群人很刺激，令人望而生畏。他們則取笑她太認真念書；她當然要努力念書，因為能入讀索邦學院，代表了她奮力爭取的一切。對她來說，教育代表自由和自決，這對於男孩子來說卻是不用爭取的。但這群人接納了波娃，她和沙特成為朋友。沙特和他的同伴戲稱她為海狸或河狸，該是指她老是忙個不停，但也許同時是音近的文字遊戲，因為英語裡「Beaver」（河狸）一詞跟波娃的姓氏近似。沙特半點沒有梅洛龐蒂那種令人生厭的平和態度：他是個愛高聲講話的極端主義者。他沒有被降格為兄弟，而是成為了波娃的戀人，不久之後，他們在對方身上發揮的重大意義，就更勝戀人了。沙特把波娃看作他的盟友、他的最佳對話伙伴，又是他每本著作的第一位也是最佳的讀者。沙特早年在學校念書時阿宏所扮演的角色，現在由波娃取代了：這位伙伴跟他一起討論哲學，讓他邊談邊構思自己的一套想法。

他們曾考慮結婚，但雙方都不想要中產階級式婚姻，也不想要小孩，因為波娃決意不要重演她與母親之間那種令人焦慮的關係。[56]一天晚上當他們坐在杜樂麗花園（Jardin des Tuileries）一張石凳上，波娃和沙特訂立了一項合約。他們先做兩年夫妻，再決定是否延長合約，抑或分手，又或變成另一種關係。波娃在她的回憶錄中承認，這種暫時性安排最初令她畏懼。她記下的當時對話，充滿了出於強烈感情的刻骨銘心細節：

> 那裡有一道欄杆可用作靠背，從牆上稍微伸展開來；在那個有如籠子的空間裡有一隻貓在喵喵地叫。這可憐的傢伙身體太大走不出來；牠怎麼能走進去呢？一個女人過來餵牠一些肉。沙特便說：「我們簽個兩年的合約吧。」[57]

禁閉、圈套、苦惱、施捨殘羹剩菜：竟然用這種嚇人的圖景，來襯托一個該是關於自由的故事，聽起來就像惡夢連篇。事實真是如此嗎，抑或波娃用象徵來充實她的記憶？

不管怎樣，恐慌消退了，這種安排行之有效。關係在兩年後延續下去，他們成為長期伴侶，畢生維持一種非獨占的情侶關係。這種關係後來變得較易維持，因為從一九三〇年代後期起，這種關係不再涉及性愛。（波娃寫信告訴她的愛人尼爾森．愛格林：「我們這樣相處八到十年後不怎麼成功，後來就把那回事擱置一旁了。」[58]他們也同意兩項長期條件。第一，跟其他人的所有性愛關係必須告知對方，必須誠實。[59]他們沒有全面做到這一點。第二，他們兩人的關係必須是基本的：用他們的話來說，他倆的關係是「必然」的，其他關係只是「偶然」的。[60]這一點他們是做到了，不過一些情侶因為長期只能處於偶然關係，以致厭倦起來跑掉了。這就是他們的協議，只要是牽涉其中的人，一開始就知道有這樣的關係。

外界常常關心波娃在這種關係中是否稱得上幸福，似乎是擔心她（典型的女性！）容許自己受到欺凌，接受一些她不想要的安排。從杜樂麗花園裡的情景看來，確實有跡象顯示這不是她年輕時的首選安排，她有時也受到驚慌和妒忌的困擾。但傳統的中產階級婚姻也不大可能保證她免受這些感情困擾。

我倒是相信這種關係正好滿足了她的需要。如果她和沙特嘗試接受正常的婚姻，兩人最終可能分手，又或在性愛方面深感挫折。波娃在這種安排下得享美滿性生活——較沙特的為佳（顯然是因為他的神經質表現）。波娃的回憶錄證實了她年輕時體驗到「一種懶洋洋的刺激感」以及「驚濤駭浪的強烈感覺」，後來的兩性關係也給她帶來肉體滿足感。[61]至於沙特，如果我們可以從他著作中的生動描述來作判斷，對他來說性愛是竭力掙扎避免遭黏泥或黏液淹沒的一場惡夢。[62]（在我們盡情取笑沙特之前，首先記住我們能知道他有這種表現，正是因為他坦白向我們表白。好吧，稍微取笑他一下就是了。）

肉體享樂對波娃來說從來不對人生構成威脅，她倒是嫌它不夠多。小時候她就想把看見的一切吞進肚子。她貪婪地往糖果店櫥窗裡凝望：「果餞泛起亮光、果凍如雲彩般亮麗、酸味水果硬糖像萬花筒一樣色彩繽紛——綠色、紅色、橘黃色、紫色——我貪愛它的顏色，不下於我貪愛它們預期帶來的歡愉。」她恨不得整個宇宙能吃進肚子，就像童話故事《漢賽爾與葛麗特》（Hansel and Gretel，又譯《糖果屋》）的兩個小主角在薑餅屋裡大快朵頤。甚至成年以後，她也曾寫道：「我要啃嚼開花的杏樹，在日落中吃一口彩虹形成的牛軋糖。」一九四七年到紐約旅行時，她突然有一種衝動，想把夜空反襯出光芒四射的霓虹燈招牌吃掉。[63]

她的胃口進一步延伸，愛上了收集東西，包括旅行的禮品和紀念品。當她在一九五五年終於從旅館遷入正式的公寓，房間馬上塞得滿滿，包括「瓜地馬拉的夾克和裙子、墨西哥的女襯衫……撒哈拉的鴕鳥蛋、鉛質手鼓、沙特從海地帶回來的鼓、他在波拿巴路買回來的玻璃劍和威尼斯鏡子、沙特雙手的石膏模型、雕刻家賈克梅第設計的燈。」[64]她寫日記，又寫回憶錄，也反映她有一種衝動，要取得和享有任何她能抓住的東西。

她以同樣的熱情探索世界，狂熱地旅遊、遊逛。她獨自一人在馬賽當教師時，不用上課的日子便帶著麵包和香蕉、穿上裙子和一雙便鞋，黎明出發前去山區鄉野探索一番。[65]一次，帶著麵包、一根蠟燭和裝在一個水瓶中的紅酒，她攀上了梅藏山（Mont Mézenc），在山峰一間小石屋過夜。醒來往下看是一片雲海，她沿著大石之間的小徑走下去，當太陽出來曬得灼熱，熱力就透過那雙不合適的鞋子的鞋底，灼傷了她的雙腳。[66]另一次出遊之際她被困在一個峽谷裡，勉強脫身。[67]後來她在一九三六年攀登阿爾卑斯山，獨自一人從陡峭的石壁墜下，但只是身體擦傷了幾處地方。[68]

沙特就不一樣。他會被說服一起出遊，卻不喜歡那種疲累感覺。《存在與虛無》裡有一段令人驚嘆的描述，談到跟隨一位隱名的同伴奮力攀登一個山丘，有人猜想同伴是波娃（雖然那個情景其實跟文藝復興時期詩人佩脫拉克〔Petrarch〕有名的登梵托克斯山〔Mont Ventoux〕描述有些近似）。那位同伴看來興致勃勃，沙特卻覺得這樣費力是一種困擾，對他的自由造成侵害。他很快就放棄，丟下背包，垮倒在路旁。同行的人也很累，卻覺得奮力前行帶來幸福感，能感受到脖子背部遭陽光曝曬的灼熱，每踏出一步也因為重新發現了路徑的崎嶇而滿心歡喜。整個景觀在他們兩人眼中截然不同。[69]

沙特卻喜愛滑雪，這方面的經驗也在《存在與虛無》中找到蹤影。他指出，在雪地走過是苦差，滑過去卻其樂無窮。從現象學來說，腳下的雪本身也發生變化：它不再是黏稠地抓住腳跟，而是變得堅硬而平滑。它把你承托起來，你在它上面流暢滑過，像《嘔吐》中的爵士歌曲音符一樣輕鬆。沙特還說，他對滑水這種新興玩意也很感興趣，但只是聽說過卻沒嘗試過。滑雪時你還會在雪面留下軌跡，滑水則完全沒有痕跡。這是沙特能想像的最純粹的樂趣。[70]

沙特的夢想，就是不受窒礙地在世上溜過。波娃從擁有獲得樂趣，沙特卻只會感到恐懼。他也愛旅遊，但不會留下旅程中的一絲一毫。他看過的書就送人。他經常留在身邊的，就只有菸斗和筆，但也沒有不捨之情，經常把它們失掉。他曾寫道：「它們是我手中的流亡者。」[71]

沙特對他人慷慨，像著了魔似的。他收到了錢便要馬上送出去，不要它留在身邊，彷彿那是手榴彈。如果自己把錢花掉，他不願意花在實物上，而是「晚上外出把它花掉：去舞廳，花大錢，坐計程車到處去，諸如此類——簡單來說，就是錢花掉後不要剩下什麼，只剩記憶，有時比記憶還要少。」[72]他給服務生的小費傳為美談：只見他拿出隨身帶著的大疊鈔票，一張張翻出來。[73]他的著述同樣慷慨送人，任何人有所求，他就不吝送上文章、演說或序言。甚至說話也不會緊抓著每個字小心翼翼說一下又補充一下。波娃也很慷慨，但她的開放態度是雙向的：喜歡施予的同時，她也喜歡收集。也許，從他們的不同風格，可以瞥見現象學式存在主義包含兩方面：一方面是對現象觀察、收集資料再加以默想；另一方面是透過胡塞爾的「懸擱」，把累積起來的預設概念丟掉，從而獲得自由。

儘管兩人之間有這樣的差異，他們彼此的瞭解是外人不可能動搖的。當波娃的傳記作者狄德雷・貝爾（Deirdre Bair）訪問波娃的朋友柯麗特・歐翠（Colette Audry），她概括指出：「他們兩人之間維繫著一種全新的關係，我從來沒見過跟它近似的。我不能形容他倆一起時這種關係怎樣表現出來。它那麼強烈，有時其他人看見只能慨嘆自己無福消受。」[74]

那是很長很長的一段關係，從一九二九年延續到沙特一九八〇年過世。五十年來，它是存在主義實踐的哲學演示，界定它的兩大原則，是自由與伙伴。不用說得太嚴肅，其實他們共有的記憶、體驗和玩笑，像每一段長久的婚姻一樣，維繫著他們的關係。他們認識後不久就分享了一個典型的玩笑：他們參觀動物園，看見一頭胖得可怕而看似悲劇人物的海象正張大嘴巴，讓管理員把魚滿滿地塞進去，一邊餵著，牠就一邊抬頭望天像是嘆息哀求。從此之後，每次沙特看來悶悶不樂，波娃就會提到那頭海象，於是沙特雙眼往上滾，發出搞笑的嘆息，兩人的感覺馬上改善過來。[75]

在後來那些日子裡，沙特像是往外跑開去，因為他投身的事業令他不能老是沉溺在這個二人世界，但他一直是波娃經常倚賴的對象；她有需要時會讓自己迷失在這種關係中。她知道自己有這種傾向，就像在學校念書時她讓自己迷失在與伊莉莎白．勒．沉的關係中。她曾嘗試迷失在與梅洛龐蒂的關係中，卻挫敗而返，因為他的笑容和冷嘲熱諷態度令她分心。與沙特在一起，她很容易迷失自我，卻沒有真的失去作為女性或作為作家在現實世界中的自由。[76]

其中最重要的元素是作家之間的關係。沙特和波娃都有與人溝通的強烈欲望。他們寫日記，寫信，把每天生活的細節告訴對方。[77]兩人在二十世紀一半時間裡的語言文字往返，光想到它的數量就令人不勝負荷。沙特總是波娃的著作的第一位讀者，波娃信賴他的批評，他則鞭策波娃寫作，發現她偷懶就嚴責一番：「海狸海狸，你為什麼停止了思考，為什麼不在工作？我相信你想寫作吧？你不用當家庭主婦，對嗎？」[78]

感情經常有起有落，一起工作卻恆久不變。工作！在咖啡館工作，旅行期間工作，在家裡工作。隨時隨地，只要他們在同一個城市裡，就會一起工作，不管生活其方面發生了什麼。沙特在一九四六年（和母親一起）搬進波拿巴路四十二號一間正式公寓後，波娃每天去跟他見面，兩人可以整個早上或整個下午坐在對方身旁，各有自己的書桌，一起工作。加拿大電視台（CTV）一九六七年的一部紀錄片裡，可以見到他們在公寓裡工作，兩人抽菸抽得很凶，只聽到一支鋼筆在紙上劃來劃去，沒有其他聲音。波娃在練習本裡寫作，沙特在閱讀稿件。[79]在我的幻想中，這像是影片不斷重播紀念性影像。也許在蒙帕納斯墳場裡他們的共同墳墓上，應該播放著這些影片。試想像晚上墳場關門後他們在那裡寫作，白天有人走過時他們一樣在寫作，真教人毛骨悚然！但這較諸白色的墳墓或任何靜態影像，應該更適合他們。

第六幕

我不想吃掉我的手稿

危機乍現，兩度英勇搶救，戰爭爆發

以書名來說，胡塞爾最終的未完成著作《歐洲科學危機與超驗現象學》沒有《嘔吐》那麼引人注目，但書名中「危機」一詞，卻是一九三〇年代歐洲的最佳注腳。法西斯主義者墨索里尼（Benito Mussolini）自一九二二年在義大利掌權，至今超過十年了。在蘇聯，繼列寧（Vladimir Lenin）一九二四年逝世後，史達林（Joseph Stalin）經過一番操控在一九二九年登上權力寶座，整個一九三〇年代不斷傳出饑荒、迫害、囚禁和大規模處決行動。希特勒首次贏得選舉並鞏固權力後，向外擴張的野心愈來愈明顯。一九三六年西班牙爆發內戰，左翼共和政府與佛朗哥（Francisco Franco）將軍帶領的法西斯國民主義者展開對抗。一切看來歐洲正面臨分裂，另一場戰爭如箭在弦。這種前景帶來極大恐懼，尤其在法國，因為第一次世界大戰光是地面戰場上陣亡的法國士兵就多達一百四十萬，由於很多戰事發生在法國境內，整個國家傷痕累累，沒有人願意看到歷史重演。

法國也有一些極右組織，包括法蘭西運動（Action française）和更新、更極端的火十字團（Croix-de-Feu），但在和平主義的一般氛圍下它們影響有限。小說家羅傑．馬丁．杜．加爾（Roger Martin du Gard）一九三六年九月給朋友的信中，表達了一種普遍感受：「什麼都不打緊！就是不要戰爭！……甚至西班牙的法西斯主義也無妨！別逼我，因為我會說：對……『甚至法西斯出現在法國也無妨！』」[1]波娃也有同感，她對沙特說：「法國陷入戰爭比淪陷於納粹還要更糟吧？」但曾近距離觀察納粹的沙特不同意。像平日一樣，他的想像力帶出了可怕的細節：「我不想被迫把手稿吃掉。我不想尼贊的眼球被湯匙挖出來。」[2]

到了一九三八年，沒有人奢望情勢緩和下來。希特勒三月侵占奧地利，九月又把目標對準捷克境內有大量德裔人口的蘇台德地區（Sudetenland），其中包括胡塞爾的故鄉摩拉維亞。英國首相張伯倫（Neville Chamberlain）和法國總理達拉第（Édouard Daladier）同意了希特勒的初步要求，捷克毫無選擇只能接受。希特勒受到鼓舞而變本加厲，在九月二十二日要求行使全面軍事占據的權力，無異要求捷克其他地區敞開大門。接下來發生所謂「慕尼黑危機」：整個星期民眾時刻聽著收音機、看著報紙，深恐戰爭隨時可能爆發。

對於看重個人權利的年輕存在主義者來說，戰爭是終極的冒犯：它威嚇著把個人所有思想、關注一掃而空，像把玩具從桌子掃光。當時住在巴黎、以思考細膩見稱的英格蘭超現實詩人大衛・蓋斯柯因（David Gascoyne）在這星期的日記裡寫道：「戰爭的可恨之處，就是把個人貶抑到一文不值。」[3]他一邊聽收音機，一邊想像轟炸機飛過、樓房倒塌的情景。災難將臨的類似想像，也到處可見於喬治・歐威爾（George Orwell）翌年出版的小說《上來透口氣》（*Coming Up for Air*）：故事主人公廣告公司主管喬治・保靈（George Bowling）一邊在所住市郊地區的街道上行走，一邊想像房子被炸彈夷為平地；所有平日熟悉的事物看來將要消失，保靈害怕隨之而來的是長期的獨裁統治。[4]

沙特在《延緩》（*Le sursis*）中嘗試抓住危機的氛圍，這是《自由之路》系列的第二部小說，要到一九四五年才有機會出版，故事背景是一九三八年九月二十三至三十日這關鍵一週。小說的每個角色都掙扎著調適自己的心態，面對未來將受扼殺而眼前一切將面目全非。沙特從一個人的想法溜向另一人的想法，借用了約翰・多斯・帕索斯（John Dos Passos）和吳爾芙（Virginia Woolf）等人小說中的意識流手法。[5]年輕人角色鮑希斯（Boris，以沙特昔日的學生雅克・洛宏・博斯為藍本）計算一旦戰爭爆發他能在軍隊中存活多力，也就是喪命之前還可以吃多少煎蛋餅。[6]在關鍵的一刻，所有人聚集到一起聽希特勒的廣播，沙特從這個場景退後一步觀察，把整個法國、整個德國、整個歐洲呈現眼前。「一億擁有自由意識的人，每人察覺到四周的牆、仍點燃著的雪茄菸頭、熟悉的臉孔，每個人按照自己的責任構建自己的命運。」[7]

書中的實驗手法不是每個都靈光，但沙特抓住了這個星期的怪異氣氛：數以百萬計的人試著適應以另一種方法思考人生——這是海德格所說的人生規劃與關切。書中也揭示了沙特思想的第一個轉變跡象。在未來的日子裡，他更多的關切人類如何在巨大歷史動力驅使下，仍能保持自由與個人特質。

至於沙特的個人景況，他在一九三八年為自己的焦慮找到了答案，那是來自閱讀海德格的哲學。他從《存在與時間》這座高山的山腳踏出了第一步，儘管他兩年後才攀上陡峭的山坡。他後來回顧，記得這一年裡他追求的是「一種具智慧的、不光是沉思的哲學，那是一種英雄主義、一種神聖品質」。[8]他拿古希臘的一段時期來做比況：那是亞歷山大大帝死後，雅典人從亞里斯多德科學的平靜理性思維，轉向斯多噶學派和伊比鳩魯學派那種更個人、「更原始」的思想——這些哲學家「教人如何過活」。

在弗萊堡，已不在人世的胡塞爾無緣親睹這年秋天一連串的事件，但他的遺孀瑪爾維納仍住在他們那幢漂亮的市郊房子，守護著亡夫的圖書館和大量遺稿，包括手稿、論文和未出版專著。七十八高齡的她孤身獨居，並被官方歸類為猶大人——儘管她信奉的是新教，她身處險境，但暫時憑著不屈的個性把危險擋在門外。

一九三〇年代早期，納粹已經上台，但胡塞爾仍然在世，他們曾討論把家中文件搬到布拉格，似乎那裡比較安全。胡塞爾一位往日的學生——捷克現象學家楊．帕托什卡願意幫忙安排，但最終沒有成事，這也是不幸中之大幸，因為文稿放在布拉格一點也不安全。[9]

布拉格在二十世紀初成為了現象學的中心，部分原因在於總統托馬斯・馬薩里克，他是遊說胡塞爾前去拜布倫塔諾為師的朋友。他在一九三七年辭世，避過了親睹自己國家陷入災難。他生前做了不少事促進現象學的發展，並幫助布倫塔諾其他學生把他們老師的論文收集起來，放在布拉格一個檔案館中。一九三八年面臨德國侵略的威脅，布倫塔諾檔案室危在旦夕。現象學家聊堪告慰的是，胡塞爾的文獻沒有搬到布拉格。

但弗萊堡也不安全。如果爆發戰爭，由於它靠近法國邊境，可能是其中一個最先陷入戰火的城市。同時瑪爾維納就在納粹魔爪之下，如果他們決定搜掠房子，她無法保護裡面收藏的東西。

胡塞爾遺稿和遺孀的處境，引起了比利時哲學家暨方濟會（Franciscan）修道士范布雷達的注意。他提議尋求魯汶大學（Louvain University）哲學院支持，展開現存弗萊堡的胡塞爾文稿的轉寫作業——這只可以由能解讀胡塞爾速記法的舊日助理操刀。由於許坦已成為加爾默羅隱修會修女，海德格又另有出路，能擔當這項工作的主要就剩下兩個近年曾與胡塞爾一起工作的人：原來自康斯坦茨（Konstanz）而目前定居弗萊堡的歐伊根・芬克（Eugen Fink），以及目前身在布拉格的路德維希・朗德格雷貝（Ludwig Landgrebe）。

范布雷達起初建議提供資金在弗萊堡進行這項工作，可是當戰爭陰霾密布，這看來並非明智的作法。他注意到瑪爾維納意志堅定不移，「彷彿無視納粹的存在，也不把自己視作納粹受害人」，儘管這值得敬佩，對胡塞爾的手稿卻不是好事。一九三八年八月二十九日，捷克危機開始蘊釀，范布雷達到弗萊堡跟瑪爾維納和芬克見面，兩人一起向他展示那裡收藏的遺稿。光是視覺效果就令他驚嘆不已：一列一列資料夾包含四萬頁以胡塞爾速記法寫成的手稿，還有一萬頁經助理轉寫的打字稿或手寫稿，圖書館有近六十年來搜羅的約二千七百冊書，還有無數論文抽印本，很多帶有胡塞爾用鉛筆寫的筆記。

范布雷達說服了瑪爾維納必須採取行動。回到魯汶後，他又要做另一番遊說：說服同事同意把文件轉運來過來並收藏在此，而不是提供資助在遠端作業。事情都辦妥後，他回到弗萊堡；朗德格雷貝也隨之到來，離開了局勢緊張不安的布拉格。那是九月中，戰爭可能在數週甚至幾天後暴發。

眼前的問題是：這些東西**怎麼**搬？手稿比書易搬，也需要優先處理。但開車駛過邊界時載著數萬頁文件，而且全都像無法解讀的密碼，肯定並不安全。

一個比較好的主意，是把這些文件送到比利時大使館，然後放進外交文件袋帶出國，確保不受干預。可是在協議下享有免檢權的最近外交辦事處在柏林，要往反方向走一大段路。范布雷達曾問過弗萊堡附近的方濟會修道士，能否把文件藏起來或協助偷運出國，可是他們不大願意。然後附近李奧巴修女團（Lioba Sisters）的本篤會修女艾德根迪絲・耶歌許密特（Adelgundis Jägerschmidt）挺身而出。她以前也是現象學學生，胡塞爾病逝前，她不顧禁止與猶太人交往的法令，經常前去探望。她自告奮勇，願意自行把文件帶到康斯坦茨另一位修女擁有的小屋，那裡靠近瑞士邊境，她說，當地的修女可以小包分批把文件帶過邊界到瑞士去。

這是一個叫人極不安心的計畫。如果期間戰爭爆發而邊界被封鎖，文件便會分散在兩地，還有些會散失。那些修女面對的危險也顯而易見。可是這仍是看來最好的選項，因此在九月十九日，英勇的艾德根迪絲修女把四萬頁手稿裝進三個皮箱，帶著這重重的行李搭火車到康斯坦茨。

可惜，雖然當地的修女願意讓文件暫時存放在那裡，卻認為偷運過邊界太冒險。艾德根迪絲只得把皮箱留下，回去告訴范布雷達這個壞消息。

范布雷達回到老方法，要把手稿帶到柏林的比利時大使館。現在這表示要先到康斯坦茨取回手稿，這次他親自出馬，九月二十二日啟程，正好這天張伯倫跟希特勒會面，得悉對方覬覦更多捷克國土。范布雷達取得皮箱後，馬上坐夜班火車去柏林。那種緊張情勢不難想像：戰爭陰霾密布，三大皮箱裝滿似由密碼寫成的密件，火車在黑夜轟隆轟隆奔馳。范布雷達九月二十三日上午抵達柏林，把皮箱送到市中心外一所方濟修道院，然後前往大使館，可是大使不在，館方無法作出決定。但使館初級職員同意暫時保管那些皮箱。

范布雷達於是回到修道院，把皮箱帶到大使館。終於，在九月二十四日星期六，范布雷達看著皮箱鎖進了大使館保險箱。然後他回到弗萊堡，再前去魯汶。他隨身帶了小量手稿，以便轉寫計畫可以馬上展開。令他鬆一口氣的是，邊防警衛瞧都沒有瞧那些無法理解的手稿一眼，便揮手讓他過關。[10]

幾天後，歐洲的危機暫時化解了。在墨索里尼斡旋下，九月二十九日在慕尼黑召開會議，參加者包括希特勒、達拉第和張伯倫。會議上完全沒有捷克代表，但踏進九月三十日沒多久，達拉第和張伯倫就屈從了希特勒的進一步要求。次日，德國軍隊進入蘇台德地區。

張伯倫以勝利者姿態回到英國；達拉第返回法國時既羞愧又滿心驚恐。他下機時群眾齊聲歡呼，據報他當時喃喃自語說：白痴（Les cons）！——起碼沙特聽到的故事是這樣。[11]情勢稍微緩和下來後，很多法國人和英國人都質疑協議恐怕無法持久。沙特和梅洛龐蒂都很悲觀，波娃則希望和平能夠延續，三人為此討論了一番。[12]

拜這項和平協議之賜，把胡塞爾手稿運出德國一事也沒那麼緊迫了。到了一九三八年十一月，大部分手稿才從柏林運到了魯汶。送抵之後，手稿存放在大學圖書館，館方自豪地辦了一項展覽。當時沒人料到，兩年後德國入侵比利時，手稿再次面臨危機。

范布雷達十一月回到弗萊堡。瑪爾維納現在決定尋求簽證前往美國，與子女團聚，但那要好些時間，范布雷達安排她暫時移居比利時。她在一九三九年六月抵達魯汶，與芬克、朗德格雷貝會合，兩人當年春天移居當地展開工作。[13]瑪爾維納的行李多得驚人：一貨櫃的家具、胡塞爾整個圖書館共六十箱的藏書、胡塞爾的骨灰，還有他的一幅人像——那是布倫塔諾和妻子伊達・范・李本（Ida von Lieben）合力繪畫的，作為胡塞爾的訂婚禮物。[14]

布倫塔諾的文稿當時仍在布拉格一個檔案館，其後也有它的歷險旅程。[15]當希特勒在一九三九年三月從蘇台德地區揮軍進占捷克其他國土，一群檔案保管員和學者把大部分文件集合起來，偷偷送上最後一班平民逃難出國的飛機。這些手稿最後去了哈佛大學的霍頓圖書館（Houghton Library），到今天仍在那裡。留在捷克的少數文件被德軍從辦公室窗子丟了出去，大多散佚了。

胡塞爾的手稿在戰爭中保存下來，大部分仍在魯汶，與他的藏書在一起。研究人員花了七十五年整理，成果結集成《胡塞爾文獻大全》（*Husserliana*）。迄今這包含四十二冊著作全集、九冊「附加材料」、三十六冊雜項文件和書信，以及十三冊官方英譯的版本。[16]

梅洛龐蒂是最早前往魯汶翻閱這些檔案的參觀者之一，他原就熟悉胡塞爾的早期著作，也曾在《哲學國際評論》（*Revue internationale de philosophie*）一篇論文中讀過他的未出版著作。一九三九年三月，他寫信安排拜訪范布雷達神父，希望進一步探索他感興趣的知覺現象學，范布雷達表示歡迎。他在魯汶美滿地度過了四月的首個星期，埋首於胡塞爾未經編輯及未出版的著作，那原是要用來補充《觀念》和《歐洲科學危機與超驗現象學》等書的。[17]

胡塞爾這些晚期著作，跟早期著作在精神上不同。在梅洛龐蒂看來，晚期著作顯示胡塞爾開始擺脫內向的、唯心主義的現象學詮釋，轉往沒那麼與世隔絕的圖景：個人與他人共存世間，沉浸在感官經驗中。梅洛龐蒂甚至猜想，胡塞爾也許從海德格吸取了一些想法，但不是所有人同意這種詮釋。其實還可以看到影響來自其他方面：譬如來自社會學，又或來自雅各・宇克斯庫爾（Jakob von Uexküll）的研究，揭示不同種類的生物怎樣經驗牠們的「環境」（Umwelt）。不管源頭在哪裡，胡塞爾的新思維包含了對所謂「生活世界」（Lebenswelt）的省思——這是指社會、歷史和物理大環境，我們所有活動都發生在它裡面，但我們通常認為它是理所當然的，幾乎不會意識到它。即便是我們自己的軀體，也很少需要有意識地注意它；可是我們幾乎總能意識到，每種經驗都來自這個軀殼。[18]當我到處移動，抓住些什麼，我就意識到我的手腳和這個軀體上的我，在這個世界中活動。我從內心感覺到自己的手和腳，用不著望著鏡子看看它們在什麼位置。這稱為「本體感覺」（proprioception）；它是經驗的重要部分，但只有當某處出了亂子，我才會去注意它。[19]胡塞爾說，當我遇見他人，我也在默示中把他們認作像我一樣，擁有「他們個人周遭的世界，圍繞著這活著的軀體而開展」。[20]軀體、生活世界、本體感覺和社會脈絡，合起來構成生存在世的本質。

我們由此看到，為什麼梅洛龐蒂在胡塞爾這方面的新視野中，看到海德格「在世存有」哲學的蹤影。此外還有其他聯繫：胡塞爾晚年的著作顯示，他就像海德格一樣，考慮到文化和歷史的漫長進程。可是兩人之間又有很大差異。海德格的著作談到了「存在」的歷史，總是充滿「回歸」的渴望：哲學應該追溯回歸一個失落的時代、失落的地點，從而重獲新生。海德格這個夢想家園，往往令人想起他兒時的德國森林世界，還有那裡的手藝和寧靜的智慧。另一方面，它也令人想起遠古希臘文化，海德格認為那是人類擁有恰如其分的哲學的最後一個時期。海德格不是唯一對古希臘著迷的人，當時的德國人都有這種狂熱。但其他德國哲學家多是聚焦於西元前四世紀哲學和學術蓬勃發展的時代，也就是蘇格拉底（Socrates）和柏拉圖的時代，海德格卻把那段時間看成一切開始誤入歧途的時候。在他看來，真正觸及了「存在」的哲學家，是蘇格拉底之前那些哲人，像赫拉克利特（Heraclitus）、巴門尼德（Parmenides）和安納西曼德（Anaximander）。不管怎樣，海德格的著作談到德國和希臘時，共通點就是渴望回歸之情，回到沉鬱的森林、兒時的天真和暗黑的流水，因為思想和弦最初撥動，就是在這些地方。我們要回歸的那個時代，社會是簡單、深刻而詩意的。

胡塞爾不是在尋找這個簡單、失落的世界。當他談到歷史，吸引他的是較高度發展的時期，特別是不同文化透過旅行、遷徙、探險或貿易而相遇的時候。他寫道，在這些時期，生活在某一文化或「我群世界」（Heimwelt）的人，與來自「他群世界」（Fremdwelt）的人相遇；反過來說，所碰上的這群人有他們本身的「我群世界」，而對方則是他們的「他群世界」。彼此相遇的震驚是雙向的，把兩方喚醒，看見了令人驚奇的發現：體會到自己的文化並非無可質疑。一個旅行中的希臘人會發現，希臘不過是希臘人的「我群世界」，此外還有印度和非洲的「他群世界」。看透這一點之後，每種文化的成員就會瞭解，他們一般來說是「族群」中的人，因此任何事都不應視之為理所當然。[21]

因此，對胡塞爾來說，跨文化邂逅一般來說是件好事，因為它能激發自我質疑。他猜想，哲學從古希臘起步，不是像海德格所想像的，因為希臘人對他們的「存在」有一種深刻內心省察，而是因為希臘人是貿易家（但有時也是好戰者），經常遇上各種各樣的「他群世界」。

這種差異凸顯了胡塞爾和海德格在一九三〇年代的更深層觀點對立。在這個多事之秋，海德格的目光愈來愈傾向於轉向遠古、一時一地和自己內心，就像他解釋為何不擬前往柏林那篇文章所預示的。面對同樣環境，胡塞爾的反應卻是往外轉向。他以國際化精神描述他的「生活世界」，而在當時，「國際化」被定型為一種侮辱說法，往往詮釋為「猶太」的代號。胡塞爾在弗萊堡陷於孤立，可是他憑著一九三〇年代在維也納和布拉格最後幾次演講的機會，呼籲國際學術界覺醒。他看見了社會和知識的危機，呼籲學術界攜手對抗非理性主義和神祕主義的崛起，對抗一時一地的崇拜，從而挽救啟蒙運動信奉的共同理性和自由探索精神。他不期待回到對理性的天真信仰，但他辯稱，歐洲人必須捍衛理性，因為理性一旦失落，歐洲和更廣大的文化世界也必隨之失落。

馬賽爾一九三三年的文章〈論存有學奧祕〉，揭示了一個美麗圖景，可以概括胡塞爾眼中的「他群」邂逅和國際共融，能夠為我們做些什麼：

> 我從自己的經驗知道，從一個意外遇上的陌生人身上，可以產生一種無法抗拒的吸引力，能推翻習以為常的觀點，就像一陣烈風吹倒一整幕布景的布景板——原來看似很

近的東西變得無限遙遠，而原來看似遙遠的又彷彿變得很近。[22]

推倒布景板和觀點重新調整，正好用來形容本書到此為止談到的好些令人驚奇的相遇：海德格青少年時期發現了布倫塔諾、列維納斯在史特拉斯堡發現了胡塞爾、沙特在煤氣燈酒吧透過阿宏發現了胡塞爾（和列維納斯），還將有更多類似故事。梅洛龐蒂一九三九年發現了胡塞爾的晚年著作，是成果最豐碩之發現之一。主要就是憑著那一週在魯汶所讀到的，他發展出自己的一套精微而豐富的哲學，說明人類如何體現自我，社會經驗如何產生。他的著作又影響了以後幾代的科學家和思想家，延續至今，並讓這些後來者與胡塞爾聯繫起來。

胡塞爾深知他的未出版著作對後世的價值，儘管那是未完成、雜亂而幾乎無法閱讀的。他一九三一年寫信給一位朋友說：「我這一生的著述，最大的一部分，而且我相信最重要的部分，仍然在我的手稿裡，由於篇幅龐大，幾乎無法處理。」[23]他的遺稿本身就像是一種生命模式：傳記作家呂迪格・薩弗蘭斯基把它比擬為史坦尼斯勞・萊姆（Stanislaw Lem）的科幻小說《索拉力星》（*Solaris*）那個具有意識的大海。[24]這個比喻很貼切，因為萊姆這個海洋的溝通方式，就是在靠近它的人的腦海中喚起概念和影像。胡塞爾的手稿檔案以很近似的方式發揮影響力。

要不是范布雷達神父的勇氣和毅力，這批收藏起來的文稿可能全部散失。要不是胡塞爾在很多人認為他已退休、躲了起來之際，堅持繼續鑽研和發展他的概念，也可能根本沒有這樣的成果。如果不是純粹有點兒幸運，遺稿也可能全部不能流傳下來；這也提醒我們，人生中即使最妥善安排的事，也不能排除偶然性所扮演的角色。

梅洛龐蒂一九三九年前往魯汶取經，是在戰爭前僅餘的幾個月和平時間成行的。波娃後來說，在這一年，歷史抓住了每一個人，讓他們不能脫身。[25]

波娃和沙特這年八月在瑞昂萊潘（Juan-les-Pins）一幢別墅度假，與保羅・尼贊和雅克・洛宏・博斯在一起。他們閱讀論文、聽收音機，對八月二十三日納粹與蘇聯達成的協定感到恐懼和厭惡，協定表示蘇聯會增強本身的實力，而對德國的擴張不加對抗。這對於每一個支持蘇聯共產主義，期望它肩負抗衡納粹重任的人來說，都是沉重打擊，尼贊肯定是其中一人，沙特和波娃某程度上也是。如果蘇聯不願意挺身而出對抗納粹，誰願意？再一次的，戰爭看來隨時可能爆發。

當他們在別墅裡享受陽光，戰爭話題還是在他們的對話中成為焦點。「你寧可在前線戰事中被弄瞎，還是臉部被痛擊？你寧可失掉雙臂還是失掉雙腿？巴黎會被轟炸嗎？他們會用毒氣嗎？」[26]類似的辯論也在法國南部另一幢別墅中進行著，匈牙利作家亞瑟・柯斯勒在那裡，陪伴著他的朋友艾托瑞・柯尼格里安（Ettore Corniglion）提到，這一年八月情緒上的變化，使他想起祖母「治療他的凍瘡慣用的辦法，就是讓他把腳一刻放進一桶冷水，一刻又放進一桶熱水」。[27]

沙特知道，由於他眼睛的問題，他不會被派到前線。年輕時他曾在氣象站服兵役，這次也可能被派遣同樣任務，這也是海德格在第一次世界大戰時曾擔當的任務。（阿宏後來也被派到氣象站，看來這是哲學家的慣常任務。）這個角色不參與作戰，卻仍然是危險的。博斯和尼贊的危險更大：他們身體沒問題，會被徵召作戰。

法國的假期在八月三十一日結束，很多巴黎居民當天從鄉間度完了假回來。沙特和波娃也回到了巴黎，沙特準備到旅館房間拿取裝備包和軍靴，向所屬單位報到。他和波娃在圖盧茲（Toulouse）轉火車，但發現去巴黎的火車太擠無法上車。他們再等了兩個半小時，在漆黑的車站，在末日氛圍下，與一群焦慮的人一起。另一列火車進站，他們在艱難中擠上了，九月一日到達巴黎，這天德軍入侵波蘭。沙特拿了裝備，波娃次日早上在巴黎東站看著他坐火車離去。[28]九月三日，英國和法國向德國宣戰。

瑪爾維納的美國簽證始終沒有發下來，開戰時她仍在魯汶。她待在那裡，小心翼翼藏身海倫特（Herent）一所修道院。一九四〇年一月，胡塞爾的館藏剛好來得及從大學主圖書館移往哲學院。四個月後，大學圖書館大部分在開戰後被德軍炸毀。這是圖書館第二次損失慘重：一幢較舊建築和裡面價值連城的珍本和手稿，在第一次世界大戰毀於一旦。[29]

一九四〇年九月十六日，瑪爾維納存放在安特衛普那整個貨櫃的私人物品，在聯軍轟炸中被擊中。難以置信的是，據她本人指出，總是計謀多端的范布雷達走到殘骸裡救回一件很珍貴的物品——胡塞爾的骨灰甕，並在戰爭期間一直把他存放在修道院一個小房間裡。[30]其他一切都殘破不堪，包括布倫塔諾繪畫的人像。[31]為免瑪爾維納傷心，范布雷達沒有馬上告訴她發生了什麼。他又把胡塞爾的手稿帶到魯汶不同地方，保障它們安全。

開戰時在低地國家陷入困境的，還有胡塞爾往日的助理許坦。她完成了博士論文後改信天主教，成為加爾默羅隱修會修女，教名為德蕾莎・本篤（Teresa Benedicta）。一九三八年她從德國科隆移居荷蘭艾克特（Echt），那裡當時看來較安全。她的姊姊羅莎（Rosa）跟她一起。

一九四〇年，德國占領荷蘭及區內其他國家，並在一九四二年開始屠殺猶太人。加爾默羅隱修會嘗試把許坦姊妹送到瑞士，但這時已無法取得離境簽證。信奉基督教的猶太人暫時免被處死，但政策很快改變，納粹在七月開始搜索荷蘭所有修道院，抓出所有非雅利安人。他們在艾克特找到了許坦兩姊妹，把她們和其他很多改信基督教的猶太人送到一個中轉營，再轉送韋斯特博克（Westerbork）中轉營，八月初送到奧斯威辛（Auschwitz）集中營，途中火車經過她們的故鄉弗羅茨瓦夫。一位車站郵政員工還記得，看見火車在那裡停了一會，一位穿加爾默羅隱修會修女袍的女子往外看，說那是她的故鄉。紅十字會的紀錄顯示她們兩姊妹在一九四二年八月七日抵達奧斯威辛。八月九日，她們在比克瑙（Birkenau）的毒氣室遭到殺害。[32]

許坦在修道院期間一直繼續研究哲學，留下很多論文和未出版著作。那裡的修女盡可能保管著它。當德軍在一九四五年一月徹退時途經當地，修女在一片混亂中逃生，不能帶走那些文件。

三月德軍離開，幾個修女回到修道院，范布雷達跟她們回去。他們發現一些文件散落多處，在當地鎮民協助下，他們一點一滴收集了所有可救回來的許坦文稿，范布雷達把文件放到胡塞爾檔案資料中。一九五〇年，學者露西・蓋爾伯（Lucy Gelber）把文件帶回家中，費盡心力把散落的文件重新組合，編纂成全集分批出版。[33]

許坦一九八七年獲天主教會宣福，一九九八年由教宗若望保祿二世封聖。二〇一〇年，在一次刻意重新界定德國「英雄」的運動中，她的一個大理石雕像被放到路德維希二世的巴伐利亞英靈神殿，這個英雄殿堂從高山森林俯視多瑙河；許坦加入了普魯士國王腓特烈二世（Frederick the Great）、歌德（Goethe）、康德和華格納（Wagner）等人的行列，這裡還有另一位反納粹鬥士蘇菲・索爾（Sophie Scholl），她在一九四三年因參與反抗運動遭到處決。[34]瑪爾維納在魯汶度過了整個戰爭。戰後才在一九四六年五月八十六歲時，到美國與子女一起安度人生最後幾年。她在一九五〇年十一月二十一日過世。遺體送返德國，下葬在弗萊堡市外的鈞特斯塔（Günterstal）墳場，與她在美國一直帶在身邊的胡塞爾骨灰安葬在一起。[35]他們今天仍然長眠當地，一九七三年過世的長子格哈特也葬在這裡，一戰殉職的幼子沃夫岡也在這裡有紀念碑。今天你還可以走在墳場的青蔥小徑上，拿起附近掛著的其中一個小澆水罐，往墳墓上澆水。[36]

第七幕
從淪陷到解放

戰爭延燒，卡繆現身，沙特尋獲自由，法國解放，哲學家過問世事，所有人都想去美國

波娃在一九三九年看著沙特帶著裝備和軍靴從巴黎東站出發後，就只能靜待他的消息了，很長一段時間甚至不曉得他派駐什麼地方。宣戰後第一天波娃在巴黎逛了一圈，驚訝地發現一切看來一如往常。她只看見幾種異常狀況：街上巡邏的警察隨身攜帶一個裝著防毒面具的袋子；晚上很多汽車的車頭燈像黑夜中發亮的藍寶石，原來燈罩給蓋住了，這是燈火管制防範措施。[1]

怪異情況持續幾個月，因為所謂「假戰」（phony war）正在進行中：這是英文的說法，法國人叫做「有趣的戰爭」（drôle de guerre），德國叫「坐著的戰爭」（*Sitzkrieg*），被侵占

的波蘭則叫「奇怪的戰爭」（*dziwna wojna*）。各方皆極度焦慮，卻很少付諸行動，完全沒有大家恐懼的毒氣或轟炸襲擊。身在巴黎的波娃，從她任教的莫里哀高中（Lycée Molière）取得一只防毒面具，她寫日記，又狂躁地打掃房間，把「沙特的菸斗、衣服」整理一番。[2]她和奧嘉．柯沙基維茲住在同一家旅館——瓦溫路（rue de Vavin）的丹麥飯店（Hotel Danemark，今天仍在原址）。她們都把玻璃窗塗暗，所用的混合塗料聽起來就令人噁心，裡面有藍染料、油和防曬霜。[3]一九三九年後期的巴黎，有很多這樣半藍不黑的窗。

波娃投入工作，仍在撰寫《女客》的草稿和修訂稿。她還騰出時間跟學生發展不尋常關係，包括娜妲莉．索洛金（Nathalie Sorokine）和比安卡．卞恩菲德（Bianca Bienenfeld），這兩個少女後來也跟沙特發生了關係。傳記作家對波娃這種看似卑劣的「誘姦」行為和不專業舉動嚴加斥責。很難瞭解什麼令她生起這種動機，因為她大部分時間對這兩個女生不感興趣。也許這是因為巴黎在「假戰」氛圍中，令人變得緊張、軟弱，很多人出現怪異行為。至於其他身在巴黎的人，亞瑟．柯斯勒在觀察一切如何變得灰暗，彷彿這個城市深受惡疾侵擾。[4]從阿爾及利亞移居巴黎的記者暨短篇小說作家卡繆，躲在房子裡靜靜聆聽窗外傳來街上的聲音，對於自己為何身在此地感到納悶。一九四〇年三月他在筆記本寫道：「陌生，我承認只覺得一切怪怪的，一切陌生」[5]；另一則沒有日期的筆記補充：「沒有未來。」[6]可是他沒有讓這種情緒妨礙他的寫作計畫：這時他在寫小說《異鄉人》（*L'étranger*）、長篇隨筆《薛西弗斯的神話》（*The Myth of Sisyphus*），還有劇作《卡里古拉》（*Caligula*）。

他把這三部作品統稱「荒謬三部曲」，因為主題都是人類存在景況荒謬而毫無意義，這是當時環境下的自然產物。

在此同時，沙特派駐的氣象站在布呂馬（Brumath），位於靠近德國的亞爾薩斯（Alsace）地區。他發覺要幹的事很少，閱讀和寫作的時間很多。[7] 除了發放氣球和用望遠鏡觀測，或坐在營房聽著同僚乒乒乓乓的打桌球，他可以每天十二小時寫作。[8] 他寫日記，還每天寫長信，包括很多給波娃的情書——當他們的信終於到達對方手上，才重新聯絡上了。他的筆記後來演化為《存在與虛無》，他也寫成了《自由之路》系列小說的初稿。第一冊在一九三九年十二月三十一日完成，馬上開始寫第二冊。他告訴波娃：「如果戰爭以這種搖籃曲節奏緩慢進行，當和平來臨我可以寫好三部小說和十二篇哲學論文了。」[9] 他央求波娃寄書給他：包括塞凡提斯（Cervantes）、薩德侯爵（Marquis de Sade）、愛倫．坡（Edgar Allan Poe）、卡夫卡（Kafka）、笛福（Defoe）、齊克果和福樓拜等人的著作。此外還有瑞克里芙．霍爾（Radclyffe Hall）的女同性戀小說《寂寞之井》（*The Well of Loneliness*），他對這部作品感興趣，可能因為聽了波娃的戀愛冒險故事——根據他們的協議，波娃要告訴他所有性愛關係。[10]

沙特原以為可以這樣快樂地工作多年，可是「有趣的戰爭」是個結局出乎意料的笑話。一九四〇年五月，德國突然攻占荷蘭和比利時，然後進攻法國。博斯在前線作戰受傷，後來獲頒英勇十字勳章。[11] 沙特的老朋友暨近日度假伙伴保羅．尼贊五月二十三日在敦克爾克（Dunkirk）戰役陣亡，就在聯軍大撤退行動前不久。梅洛龐蒂在前線隆維（Longwy）當步兵軍官。他後來回憶，一個漫長的夜晚，他和兵團同袍聽到一個中槍並被有刺鐵絲網纏住的德軍中尉求救：「法國軍隊，來救一個垂死的人！」他們奉命不得行動，因為求救可能是假裝的，次日他們發現他死在鐵絲網上。梅洛龐蒂永遠不會忘記當時的情景：「在零度低溫，軍服幾乎無法蓋住窄窄的胸部，……帶淡灰色的金髮和細緻的雙手。」[12]

抗戰行動很英勇，卻十分短暫。因為第一次世界大戰記憶猶新，法國的將領和政治領袖寧可早日投降，避免人命白白犧牲；這是理性考量，可是，跟納粹時期其他看似理性的算計一樣，它要付出心理代價。阿宏所屬部隊從來沒有見過敵軍就撤退了，與路上的平民一起逃生；他是猶太裔，知道面對德國人多危險，很快去了英國，戰爭期間在那裡為自由法國的軍隊充當新聞記者。[13]梅洛龐蒂成為敵軍戰俘，一度被拘押在聖伊里耶（Saint-Yrieix）軍醫院。[14]沙特也被俘虜。

波娃再次跟沙特失去聯繫，很長時間再沒有他和其他任何人的消息。她也加入逃難平民的行列，全都往西南方遁逃，但沒有明確目標，只為了避開從東北進來的敵軍。[15]她和卞恩菲德一家人一起南逃，一輛車擠滿人和皮箱。車頭繫著一輛單車，用來遮擋車頭燈光線，這輛超載的車隨著大隊緩慢前進。到了市外，他們分道揚鑣。波娃坐巴士到昂傑（Angers）跟朋友同住幾個星期，然後像很多人一樣回到巴黎，途中還搭上一輛德國卡車的順風車。[16]

她發現巴黎不可思議地正常，只不過有德軍巡邏，他們有些看來傲慢，有些則迷惘或尷尬。即使半年後，在一九四一年一月，日記作家尚．奎安諾（Jean Guéhenno）仍觀察到：「我似乎能看出占領軍隊臉上的尷尬……他們不曉得在巴黎的街上該做什麼，該看著誰。」[17]波娃恢復了在咖啡館寫作的習慣，但附近桌子有三五成群穿納粹軍服的軍人在喝咖啡或干邑白蘭地，她要適應新環境。[18]

她也要適應巴黎市民必須面對的小小挫折或妥協。為了保住教席，她必須簽署一份文件，聲明自己不是猶太人也不是共濟會（Freemason）成員。雖然「惹人反感」，她還是簽了。[19]隨著市內供給日趨緊縮，為即將來臨的冬天找尋黑市農產品或燃料，幾乎成為全職工作。只要有誰有朋友住在鄉間，都會心存感激地倚賴他們寄來新鮮食物包裹——波娃就是這樣。可是包裹有時來得太慢：波娃收到的第一個包裹，是烹調得很棒的豬肘子，但上面有蛆蟲在爬著。她把蛆蟲刮掉，能吃的部分就盡可能吃掉。後來她想出一種辦法，把發臭的肉用醋清洗後，再用氣味濃烈的香草燉煮好幾個小時。[20]她的房間沒有暖氣，她睡覺時穿著滑雪褲[21]和毛絨外套，有時上課也穿同樣的服裝。[22]她還包上頭巾，省下理髮的錢，發覺這很適合自己。[23]她在回憶錄寫道：「我在各方面追求簡樸。」[24]

其中一種必須的調適，是學習忍受傀儡政府每天發布的愚民道德訓誡——提醒大家敬拜上帝，重視家庭規範，遵循傳統價值觀。這令她想起中產階級的一套說法，那是她自小至為痛恨的，現在這種說法更有暴力威脅在背後撐腰（也許從來就是如此）。[25]她和沙特的政見，後來有一個核心信念：聽起來美好的中產階級價值觀，永遠不能信賴，也永遠不能從字面理解。他們可能在法國淪陷的屈辱時刻，學懂了這種態度。

波娃不知道沙特是否仍然在世。為了保持平靜（和溫暖），她開始每天在早上教學或寫作後，下午去國家圖書館或索邦學院圖書館，閱讀黑格爾的《精神現象學》。這樣專注閱讀能令人心安，黑格爾的人類歷史壯麗願景也有撫慰作用——它透過正、反、合的必然步伐邁進，昇華至絕對精神。每天下午離開圖書館，她的感覺就是世間一切正當無誤，瀰漫著靈光；但這種感覺只維持五分鐘，然後市內的齷齪現實把它沖垮了。這時候齊克果就發揮更大作用，他是彆扭、沉痛、不敬的黑格爾反對者，波娃也讀他的著作。把兩人併到一起來讀，必然令人昏頭轉向。可是，就像興奮劑和鎮靜劑恰當搭配，正好滿足她的需要。兩位哲學家都給寫進了她逐漸構思成形的《女客》。他們成為波娃的思想和存在主義哲學的兩大源頭：齊克果著重自由和選擇，黑格爾著眼於個人在歷史洪流中的史詩式願景。[26]

在靠近盧森堡邊界的萊茵河地區城市特里爾（Trier），沙特仍然健在，被囚禁在一個戰俘集中營——十二D戰俘營。他也在潛心閱讀一本難懂的書——《存在與時間》。海德格這部著作在一九三八年曾滿足沙特追求心安的需要。現在，沙特更仔細地持續讀下去，發現海德格對一個戰敗國提供了完美啟迪。海德格的哲學有一部分是從德國在一九一八年所受的屈辱中發展起來的，現在它就像對一九四〇年六月後受屈辱的法國說話。[27]沙特一邊讀，一邊寫哲學筆記，並把它擴充成為一本書。在他嘗試寄給波娃的多封短信中，一九四〇年七月二十二日所寫的信有一項附筆：「我開始撰寫一部形上學論著。」[28]這日後成為他最偉大的著作——《存在與虛無》。同一天，他收到波娃七封郵遞延誤的信，如釋重負。[29]他的信也開始寄到她那邊了，兩人終於恢復聯繫。接著，沙特便逃跑了。

這不是什麼驚險刺激的逃跑，卻簡單有效。由於只靠一隻眼不斷寫作和閱讀，沙特的眼睛問題令他吃了不少苦頭。[30]有時雙眼痠痛不堪，只能試著閉上眼睛寫作，筆下的字在紙上龍飛鳳舞。但他的眼睛也給他帶來逃跑的出路。[31]他以需要治療眼疾為由，取得醫療通行證到戰俘營外看眼科醫生。令人驚訝的是，他出示通行證，就獲准走出營外，之後再也沒有回去。[32]

沙特的眼睛事實上幾次救他一命。第一次讓他免赴前線作戰，然後讓他免受納粹勞役，現在又給他離開戰俘營的通行證。這方面的恩賜卻要付出長遠代價：外斜視造成一定程度的疲累，也令人難以專注，這可能導致他後來服用刺激性藥物及喝酒提神，帶來毀滅性後果。

但現在他重獲自由了。他回到巴黎，抵達時，既歡喜又迷惘。多個月來，他一天到晚跟其他戰俘一起，驚奇地發現，與同袍團結一致、同心同德地融為一體，令人十分安慰。在營裡沒有人為個人空間爭鬥；他後來寫道，自己的皮膚就是他個人空間的分界。甚至睡覺時也感覺到別人一條臂或一條腿在碰觸自己，這卻不是干擾，因為其他人也是他的一部分。以往他從沒覺得軀體彼此湊近能感到自在，這次的經驗是一種啟示。現在他重返巴黎，只覺得不想馬上回到以往慣去的地方：

我重獲自由的第一晚，在原來居住的城市中成為陌生人，還沒有接觸往日的朋友，我推開一家咖啡館的門。突然間，我面對一種恐懼感——或接近恐懼的感覺。我不能明白大剌剌蹲著的建築物怎麼能隱藏著背後一片荒漠。我迷失了；那寥寥幾個酒客看來比天上的星還要遠。他們每個人占據長凳一大片空間、一整張大理石桌子……如果這些人在稀薄氣體形成的管子裡自得其樂，讓我無法接觸，那是因為我不再有權把手放在他們肩膀或大腿上，或叫他們其中一人「笨蛋」。我重返了中產階級社會。[33]

此後，沙特很少能像身為戰俘時那麼輕鬆愉快。

波娃與沙特重逢，最初曾雀躍一陣子，然後無法遏抑心中惱火，因為沙特針對她為了在戰時生存而做的一切，一一作出批判。他質問她：有沒有買黑市商品？「偶爾買點茶吧，」她回答。那麼那份聲稱不是猶太人或共濟會成員的證書呢？這是不該簽的吧？[34]對波娃來說，這只顯示沙特在戰俘營與世隔絕：他很享受與同袍為永誌不忘的兄弟情發誓，很享受跟他們腿碰腿、肩並肩，但巴黎的生活不一樣，不是他想像那麼「中產階級」，心理上很艱困。波娃的回憶錄寫到這裡，不尋常地批評起沙特。但沙特很快便從善如流。高高興興地享用她從黑市弄回來的燉菜；[35]他也為了在這樣的環境活下去作了調適，甚至在納粹審查下出版他的著作。

另一方面，他堅持回來要「做些事」。他召集了十多個朋友，組成一個新的抵抗運動組織，標榜「社會主義與自由」，並為組織寫了宣言。這個組織大部分時間花在撰寫或討論抗爭宣言和爭議性文章，即使這樣也是危險的。一次他們給嚇壞了：組織成員尚．普勇（Jean Pouillon）丟了一個公事包，裡面裝滿了足以證明他們從事犯罪活動的小冊子，還有組織成員的姓名和住址。[36]他們全都面臨被捕、受迫害以至處死的威脅。幸而發現這個公事包的人把它送到失物招領處。事件背後有兩種對立力量：納粹祕密警察的迫害，以及失物招領處正直的公民傳統，兩者並存，凸顯了法國淪陷期間生活的奇怪一面。

這個組織後來解散了，據沙特寫道，是因為「不知道該怎麼做」。[37]但曾經參與抗爭，對他們的士氣有正面作用，就像其他抵抗運動一樣——甚至是注定必敗或無效的行動。組織成員尚．波朗（Jean Paulhan）的一些微型抵抗行動，就帶來很大鼓舞：他寫了一些拒與敵人合作的小詩，簽上姓名縮寫，留在咖啡館桌子或郵政局櫃檯。[38]其他巴黎市民也有類似動作：譬如國慶日禁止展示國旗，民眾便設法把紅、白、藍三色併到一起，也許披一條彩色圍巾，或穿紅色夾克、帶藍色錢包、穿白色手套。[39]一切行動都是有用的。

梅洛龐蒂也回到巴黎，成立了一個抵抗運動組織，叫「靴子底下」（Sous la botte），後來跟沙特的組織合併。[40]他在一九四〇年底跟蘇珊．貝特．尤利布娃（Suzanne Berthe Jolibois）結婚，誕下一個女兒，取了一個愛國的名字，叫瑪麗安（Marianne），這個淪陷時期出生的嬰兒，象徵未來的希望。梅洛龐蒂在卡諾高中（Lycée Carnot）教書，儘管自己參與抵抗運動，卻勸告學生小心。某天他發現，學生把必須掛上的法國傀儡政府元首貝當（Philippe Pétain）的畫像從牆上拿了下來，便命令他們重新掛上，不是出於與敵人合作的心態，而是為了學生安全著想。[41]日常生活要不斷在屈服與抵抗之間作出平衡，正常活動與不正常現實之間同樣需要調適。

他們甚至可以去度假避開德國人。法國南部的「自由」地區由維琪傀儡政府掌管，波娃和沙特有幾次單車之旅前往當地。他們先把單車送過邊界，然後晚上穿上黑衣，在一個嚮導帶領下穿越森林和田野偷偷走過邊界。[42]他們花了幾週騎著單車穿過普羅旺斯（Provence）的道路，抱著一點希望探訪了一些作家——包括安德烈．紀德和安德烈．馬爾羅（André Malraux），勸誘他們加入抵抗運動。[43]然後他們越過邊界回去，在一嘗局部自由之後，感覺煥然一新；起碼南部有更多食物，儘管們也沒錢買很多。缺乏營養令他們體弱而容易發生意外。沙特一次翻過單車的手把栽了個筋斗，[44]波娃則與另一輛單車相撞，臉部狠狠著地，撞腫了一隻眼睛，還掉了一顆牙。[45]幾星期後回到巴黎，她擠壓下巴一個小瘡，然後一顆堅硬的白色碎片掉了出來。那是她的牙齒，給埋在下顎肌肉裡。

回到巴黎，至為重要的是記住這裡的占領者有多危險，如果你不是他們要直接對付的目標，這是很易忘掉的。沙特曾寫道，那些德國人「在地鐵上讓座給老婦，又撫摸小孩的下巴表示親切」。他又補充，「不要想像法國人向他們顯示決絕的鄙夷態度」——雖然有可能的話他們會試著做些不禮貌小動作，以維持自尊。[46]尚．奎安諾記錄了有時他對街上問路的德國人刻意裝作愛莫能助，或以粗魯態度回答，他平時從不這麼做。[47]梅洛龐蒂提到，他很難違背自小學習的禮貌待人規矩，但出於愛國，也要迫使自己粗魯無禮。[48]對於一位自小受良好教養而自然和藹可親的人來說，這些刻意舉動是很費力的。

猶太人和每個遭懷疑積極參與抵抗運動的人，對於淪陷的真正後果更是覺得恐怖，但他們也可能在太長時間裡漫不經心了。一九四二年五月二十九日新法令規定猶太人要配戴黃色的星星，沙特和波娃的很多猶太朋友都不予理會。[49]他們也違抗禁止猶太人進入餐廳、電影院、圖書館和其他公共設施的法令。隨著新規定接踵而來，有少數人認為這是提示他們，有可能的話就逃命，通常是經西班牙去英國或美國。但其他人還是留下來，似乎可以跟侮辱和威脅共存，直到終於招架不住。

在最不能逆料的時刻，現實交織而成的畫面可能出現可怖的破洞。沙特以筆下慣見的電影感描述了這種情況：

> 你某天打電話給一位朋友，電話在空無一人的公寓響個不停；你按門鈴，他也不會來開門；如果門房把門打開，你會發現兩張椅子在門廳並排放著，椅腳之間有些德國香菸的菸頭。[50]

他又寫道，彷彿市內的人行道突然破開，一頭怪物伸出觸鬚把人拖下去。經常擠滿熟悉臉孔的咖啡館，也變成失蹤人口的指標。據波娃記述，兩個十分迷人的捷克女子是花神咖啡館常客，突然一天不來了，以後也沒有再來。看見她們空著的座位，教人無法抵受：「這正好就是『虛無』。」[51]

像花神這類咖啡館，仍然是巴黎生活的焦點。首先，它們是最佳的取暖地方，肯定比很多人住的簡陋廉價旅館來得好——那裡沒有暖氣，也沒有恰當烹調設施。即使在戰後，美國作家詹姆斯．鮑德溫（James Baldwin）在一九五〇年代有這樣的觀察：「我入住法國旅館的一刻，就體會到法國咖啡館不可或缺。」[52]咖啡館讓大家可以交談、謀劃事情，保持頭腦活躍。咖啡館也肯定支配著波娃和沙特的社交生活，在這裡他們遇上愈來愈多新朋友：包括詩人、劇作家、記者，以及畢卡索（Pablo Picasso）和賈克梅第等藝術家，還有前衛作家像米歇爾．萊里斯（Michel Leiris）、雷蒙．格諾和尚．惹內（Jean Genet）。[53]惹內原是小偷和賣淫者，現在成為有名的作家，某天他在花神咖啡館大步走到沙特面前，說了聲「您好」。戰時很多人際關係就這樣在咖啡館建立起來。

他們也是突如其來地遇上卡繆，但地點是在莎拉．伯恩哈特劇院（Théâtre Sarah-Bernhardt），一九四三年某天，沙特正在採排劇作《群蠅》（*The Flies*）的時候，他前來自我介紹。[54]他和沙特早就彼此有所認識：卡繆曾評論《嘔吐》，沙特也剛在撰文談論卡繆的《異鄉人》。他們馬上建立起不錯的友情。波娃後來說，她和沙特發現卡繆有一個「簡單歡樂的靈魂」[55]，說話經常有趣而帶點猥褻，同時情感澎湃，[56]他會在凌晨兩點坐在下著大雪的街道上，盡情傾吐愛情的煩惱。[57]

卡繆一九四〇年一度獨自暫居巴黎，後來幾次重返阿爾及利亞又再度回來。他的妻子法蘭桑（Francine）還在那裡，因盟軍攻占當地而被困；當時卡繆在里昂，因為肺結核發作接受治療，他畢生飽受這種疾病煎熬。他現在已經完成了三年前開始撰寫的「荒謬三部曲」，作品裡特別談到他身為法裔阿爾及利亞人的錯亂經驗，處身兩個國家之間，卻在不論哪一國裡都沒有圓滿的家的感覺；此外也反映了他早年生活貧困的經驗：卡繆一家人從沒過過寬裕的日子，父親呂西安（Lucien）在第一次世界大戰的第一年過世後，處境更是悽慘。（父親當時被徵召進阿爾及利亞軍團，前赴戰場時穿的是圖畫般色彩怪異的殖民地軍服：紅色褲子搭配鮮藍色背心，在法國北部的灰色泥地上毫不恰當，足以致命。）[58]卡繆生於一九一三年十一月七日，父親過世時還不到一歲。他在阿爾及爾一幢破舊的公寓長大，同住的有哥哥、文盲而失聰並終日哀悼亡夫的母親，還有文盲而粗暴的祖母。

卡繆在靜默而空盪盪的世界成長，並不像中產階級的沙特年輕時懷抱著在文藝上勇闖一番的夢，也不像梅洛龐蒂獲得無條件的愛而滿心歡喜，又或像波娃沉醉在書海和糖果店櫥窗中。[59]他家裡沒有電、沒有自來水、沒有報紙、沒有書、沒有收音機，沒有人來探望，對外界寬廣的「生活世界」毫無概念。但他能突破這個環境，在阿爾及爾一所高中念書，然後成為記者和作家，但童年還是留下了烙印。他二十二歲時所寫的生平第一篇日記說：「在身無分文的處境下過幾年生活，足以養成一整個多愁善感心態。」[60]

卡繆後來人生大部分時間在法國度過，但總是覺得自己是個異鄉人，早年對他來說是一種補償的明亮耀目的地中海陽光，如今不復可見，令他失落不已。[61]太陽幾乎成為他小說的一個角色，尤其在第一部小說《異鄉人》中。故事主人公莫梭（Meursault，這是姓氏，名字不詳）是法裔阿爾及利亞人，他在海灘上跟一個揮刀的「阿拉伯人」發生衝突（姓名不詳）。莫梭當時身上帶著朋友的一把槍，面對海面反射的陽光和閃閃刀光，他心神恍惚之下殺了那個人。他被捕受審，在困惑中告訴法官，他這樣做是因為太陽的關係。[62]顯然他不能好好為自己辯護，他的律師也幫不了什麼忙。法庭上的注意力，於是從實際殺人的行動轉移到莫梭看似毫無悔意的表現；事實上他對任何事都沒有恰當感情反應——包括母親最近亡故。他被定罪，被判在斷頭台上斬首，這種行刑方式跟莫梭所犯的罪一樣冷血而不人道，卻沒有人向法官指出這一點。在小說結尾，莫梭在牢房中等待行刑。他心裡害怕，卻反常地獲得一種安慰：他仰天凝望，迎向「世間一種淡然漠不關心的景況」。[63]

令人不解的是，波娃描述卡繆是個溫暖、有趣而感情豐富的人，他卻能貼切寫出一個內心空白、無動於衷的人，或起碼不是以社會所期待方式表現感情的人。但不難從他的背景找到潛在原因：他父親不明不白的死亡、他自己反覆受致命疾病威脅、整個家庭陷於沉默和割裂之中。可是小說也捕捉了法國戰時的普遍經驗：同樣的，在看似平淡的表面之下，隱藏著萬丈深淵。

在《異鄉人》出版的一九四二年，卡繆又在《薛西弗斯的神話》中進一步把他的概念發展起來。這也是短小的作品，雖然它原可以長一點——要不是他同意把有關卡夫卡的一章刪掉，因為審查機構不能接受關於猶太人的材料。卡繆像沙特和其他很多人一樣，學會了妥協。後來他在一九五五年為英文版所寫的序提到，他能寫成這部著作，很大程度上是因為在法國淪陷之際寫作時發現，「即使在虛無主義的局限內，還是能找到方法超越虛無主義」。[64]

書名顯示這本書跟荷馬的史詩《奧德賽》（*Odyssey*）有關。傲然違逆諸神的薛西弗斯王遭到懲罰，必須晝夜不停把一塊大圓石往山坡上推。每次快到山頂時，石頭又從他手中溜掉滾了下去，他又要從頭竭力把它往上推。卡繆追問：如果揭示在我們眼前的人生，像薛西弗斯的苦差一樣徒勞無功，我們該怎麼回應？[65]

像沙特在《嘔吐》中，卡繆指出我們大部分時間裡看不到人生的根本問題，因為沒有停下來思考。我們起床、通勤、工作、吃飯、工作、通勤、睡覺。當偶爾某處出了亂子，一時失足，像〈姜朵大人的信〉所描述的霎時陷於崩潰，我們便會質疑人生目的何在。在這一刻，我們經驗到「帶著驚奇的困乏」[66]，因為我們碰上了最根本的問題：為什麼我們要活下去？[67]

從某方面來說，這是海德格「存在」問題的變奏。海德格認為當槌子損壞了，存在本質的問題便會浮現；卡繆也認為日常行事遇上這種根本挫敗，會驅使我們追問人生最大的問題。像海德格一樣，卡繆認為答案應該是一項抉擇，而不是一項陳述：我們必須決定究竟放棄還是繼續下去。如果繼續下去，基本立足點必須是接受現實，承認我們所做的事沒有終極意義。卡繆這本書的結局，就是薛西弗斯繼續這項永無休止的任務，接受這項任務的荒謬性；因此：「我們必須想像薛西弗斯是快樂的。」[68]

這裡對卡繆的主要影響來自齊克果而不是海德格，尤其是齊克果一八四三的著作《恐懼與戰慄》。書中齊克果也用一個故事說明何謂「荒謬」，他選擇了一個《聖經》故事：上帝命令亞伯拉罕（亞巴郎）以愛子以撒（依撒格）獻祭，取代以羔羊做祭品。看來出乎上帝意料之外，亞伯拉罕沒有抱怨，而是帶著以撒去祭壇。最後一刻上帝開恩，亞伯拉罕帶著以撒回家。令齊克果驚訝的不是亞伯拉罕的順服或上帝的開恩，而是亞伯拉罕和以撒似乎能夠回復事件發生前的關係。他們曾被迫完全偏離一般人性，偏離父親愛護兒子的人倫規範，可是亞伯拉罕仍然堅信他愛自己的兒子。齊克果認為這個故事顯示了，當人生的缺陷在我們眼前顯現出來，我們若要活下去，就必須作出近乎不可能的騰躍。就像他所寫的，亞伯拉罕「無限量地放棄一切，然後憑著荒謬的力量把一切取回」。[69]這也是卡繆認為他這一代的讀者要做的事，只不過他的處境裡沒有神。我們也可以看到這種處境跟淪陷的法國有關：一切在妥協下屈服，一切都失去了，可是再看之下，不是一切還在嗎？一切失去，只是在「意識」層面上，但沒有了意識又怎麼活下去？卡繆和齊克果的答案，大抵有如英國提振士氣的海報上的格言：保持冷靜，繼續下去。

卡繆的「荒謬三部曲」一紙風行歷久不衰，不過三部曲的第三單元《卡里古拉》今天就較少人認識了。這部戲劇講的是羅馬歷史學家蘇埃托尼烏斯（Suetonius）所寫的一個西元一世紀昏君的故事，經重新創作成為哲學探索的個案，把自由與人生欠缺意義的概念推導至極限。《異鄉人》和《薛西弗斯》一直是暢銷書，對後來一代一代的讀者吸引力未嘗稍減——其實有些讀者需要解決的最難受的事，只不過是市郊生活的無聊而已。我最初閱讀這兩部作品時，就屬於這類讀者，那跟我閱讀沙特的《嘔吐》差不多同一時間，我以同樣的精神閱讀這些著作，雖然我覺得自己較像局促不安的羅岡丹，而不是冷漠而空虛的莫梭。

我當時不曉得，卡繆和沙特之間有重大哲學分歧。不管沙特和波娃怎麼喜歡卡繆這個人，他們卻不能接受卡繆對荒謬提出的願景。他們認為人生不是荒謬的，即使從整個宇宙層面來說也不是，也不能因為認定荒謬而獲益。他們堅信人生充滿真正的意義，儘管那種意義對每個人來說都不一樣。

沙特在一九四三年評論《異鄉人》指出，基本的現象學原則顯示，在我們獲得經驗的一刻，它就已經帶著意義。一首鋼琴奏鳴曲「就是」渴望之情的哀傷表現。如果我看一場足球賽，我是把它「作為」足球賽看待，它不是毫無意義的一幕場景，裡面有人跑來跑去，輪流用下肢對球狀物操控一番。如果我看到的是後面這種情況，那不是在看足球的一個更基本、更真實版本，而是我根本不能恰如其分地看足球。

沙特清楚知道我們有時會看不到事物的意義。如果我對自己球隊的表現很失望，或對世間事物的掌握能力陷入危機，我可能絕望地看著場上的球員，彷彿他們確實漫無目的跑來跑去。《嘔吐》裡有很多這樣的時刻，譬如羅岡丹因一個門把或啤酒杯而困惑起來。但沙特的看法跟卡繆不一樣，這種崩潰情況反映的是病態：那是「意向性」的失效，而不是看見更重大的真理。沙特因此在《異鄉人》的評論中批評，卡繆「聲稱描繪原始經驗，卻偷偷地過濾掉所有具意義的連接關係，這些關係其實也是經驗的一部分」。他認為，卡繆太過受大衛・休謨（David Hume）的影響，認同了「他所宣稱能在經驗中發現的一切，就是各自孤立的印象」。沙特認為人生只有在某處出亂子時，才會看來這樣零零碎碎互不相連。[70]

對沙特來說，個人既不是羅岡丹那樣，只管盯著咖啡館或公園裡的物體，也不是薛西弗斯那樣，一味把大石往山上推——就像《湯姆歷險記》（*The Adventures of Tom Sawyer*）裡湯姆給籬笆髹上白漆時似真實假地自得其樂。個人應該有生存目的、有所作為，並深信那是有意義的。這是一個真正自由的人。

自由是沙特哲學最重大的主題。尤其是，誰都知道，現在正是法國不自由的時刻。沙特這個時期的所有著作，幾乎都以「自由」為中心思想，包括《群蠅》（那是他遇上卡繆時正在彩排的劇作）、《自由之路》小說系列，以及很多散文和演說，而最重要的是他的傑作《存在與虛無》，那是從他往日的筆記發展而來的作品，在一九四三年六月出版。這部六百六十五頁的巨著，主要談的是自由，卻能在受壓迫的國度問世而不引起審查者注目，實在很不尋常，但事實就是這樣。也許書名令他們不擬深究。

書名當然是對海德格的《存在與時間》致意，這兩本書的大小、重量也是相當的。（美國哲學家威廉・白瑞德〔William Barrett〕寫書評時，把沙特這部近七百頁的出版品稱為「一本三百頁的好書的初稿」。）[71]不管怎樣，這本書內容豐富且極具啟發性。它把沙特閱讀胡塞爾、海德格、黑格爾和齊克果的心得揉合起來，透過很多軼事和例子呈現出來，所根據的事實往往跟波娃和奧嘉・柯沙基維茲等人有關。巴黎的戰時氣氛瀰漫全書，有酒吧和咖啡館的微型場景，其他場景還有巴黎的廣場和公園，以至廉價旅館的樓梯。其中的氣氛大多離不開人與人之間的緊張關係、欲望和猜忌。很多主要事件可以成為黑色電影或新浪潮電影的場景。

《存在與虛無》跟《存在與時間》還有其他共通點：都是未完成之作。兩部著作在結尾都提及可能有下集，把全書的論辯完成。海德格承諾會推導出最終結論：「存在」的意義在於時間。沙特承諾為存在主義倫理提供一個基礎。兩個承諾都沒有兌現。《存在與虛無》詳細審視人類的自由，很精確地從一個簡單觀點鋪展開來。沙特辯稱，自由令我們恐懼，可是我們不能逃避自由，因為我們「就是」自由。

為了說明這點，他首先把所有存在物分為兩類。一類是「為己存有」（l'être pour-soi，又譯「自為」），界定它的唯一特質，就是自由。這就是我們人類，這是人類意識所在。另一類是「在己存有」（l'être en-soi，又譯「自在」），這是人類以外的所有東西，像石頭、小刀、子彈、汽車、樹木的根。（沙特沒有怎麼提到其他動物，但從海綿到黑猩猩，牠們看來大部分也屬這一類。）這類東西不需要作抉擇：只要維持本來固有的樣子就行了。

對沙特來說，「為己存有」和「在己存有」之別，跟「物質」（matter）與「反物質」（anti-matter）的二元對立不一樣。海德格談到「此在」，還是把它當作一種存在物，但對沙特來說，「為己存在」根本不是存在物。[72]馬賽爾令人印象深刻地把沙特的「虛無」形容為各種存在物之間的「氣泡」。[73]「為己存有」就是一種「虛無」，是世界中像真空似的一個洞。然而，它是活躍而具體的虛無——是上場踢足球的虛無。

「具體的虛無」，這個概念聽起來很古怪，但沙特用巴黎咖啡館的一個故事來說明它。他說，試想像我跟朋友皮耳相約四點在某咖啡館見面。我遲到十五分鐘，焦急地張望四周。皮耳還在這裡嗎？我覺察很多其他東西：顧客、桌子、鏡子和燈，還有咖啡館煙霧瀰漫的氣氛、陶器碰撞聲，以及一片呢呢喃喃的雜音。但皮耳不在這裡。這些其他東西形成一個場景，有力而清晰地反襯出：皮耳不在。[74]我們可以想像花神咖啡館那些失蹤的捷克女顧客：她們不在這裡，比起她們慣常在此的存在，更能喚起注意，更引人注目。

沙特也舉了另一個比較輕鬆簡單的例子：我往錢包裡看，看見有一千三百法郎。這看來是正面的事。但如果我原來期待有一千五百法郎，那麼從錢包往我的內心直逼過來的，就是二百法郎的不存在。[75]也可以用一個很好的笑話來說明，改編自恩斯特．劉別謙（Ernst Lubitsch）電影《異國鴛鴦》（*Ninotchka*）中一個老笑話（我未能追查到改編者，謹此致歉）：沙特走進一家咖啡館，服務生問他點些什麼。沙特回答：「我要一杯咖啡加糖，不加奶油。」服務生跑開了，然後回來道歉：「對不起，沙特先生，我們奶油用光了，不加牛奶可以嗎？」[76]這個笑話的笑點在於，不加奶油和不加牛奶是不同的兩個特定否定句，一如奶油和牛奶是不同的兩個特定詞語。

「具體的虛無」不錯是個奇怪的概念，但沙特嘗試抓住的，是胡塞爾的「意向性」的結構，它把意識界定為一種非物質的「關於」某物的情態。我的意識具體由我擁有，但它不是實在的存在物：它是「無物」，只是伸向或指向事物的一種趨向。如果當我看著自己，似乎看到一團東西，那是由各種特質、個人特徵、傾向、局限、往日創傷等等聚合凝固起來，把「我」固定為一種身分，這就是錯誤的看法，它忘記了，所有這些元素湊合起來都不能界定我。這是把笛卡兒的「我思，故我在」反轉過來，沙特辯稱，我們可說：「我空無一物，因此我是自由的。」[77]

毫不稀奇的是，這種極端的自由令人焦慮。要想像自己是自由的，就已經夠難了，但沙特更進一步辯稱，「我」名副其實的除了決定做什麼以外，真的空無一物、一無所有。要體會我的自由有多大，就是躍進海德格和齊克果所說的「憂懼」（德文是*Angst*，法文是*angoisse*）。這不是對哪一個特定事物的恐懼，而是對自我及自我存在的一種普遍不安。沙特借用齊克果眩暈的比喻：我從懸崖往下望，感到眩暈，產生一種噁心感覺，身處這種情況，我可能被迫之下令人費解地一躍而下。自由愈多，憂懼也愈大。[78]

理論上，如果有人穩穩地把我綁在懸崖邊，我的眩暈可能消失，因為知道這樣就掉不下去，就可以放鬆了。如果我們對人生裡的憂懼能用類似技倆來應付，一切就變得輕易得多，但這是不可能的：不管我作怎樣的抉擇，都不能像繩子那樣把我穩穩綁住。沙特舉例，一個上癮的賭徒很久以前決意永遠不再讓賭癮牽著走，但當他發覺附近就有賭場，受到誘惑，就要重新再下定決心了。他不能回到原來立定的決心。[79]我可能選擇遵循人生某些一般性方向，但無法迫使自己緊密依循，永不偏離。

為了克服這個難題，很多人嘗試把長遠的抉擇轉化為現實世界中的某種限制。沙特以鬧鐘為例：鬧鐘一響起來，我就馬上起床，像別無選擇，只能聽命，不會讓自己自由地考慮一下，究竟要不要起床。[80]一些電腦軟體的新功能也有類似作用，可以阻止你在無法自制之下看貓狗的短片，讓你繼續專心工作。你可以設定瀏覽特定網址的時間限制，或設定根本無法上網；這種軟體最流行的一款名叫「自由」（Freedom），凸顯了其中的矛盾。

所有這些工具之所以能起作用，就因為假裝我們不是自由的。我們清楚知道，其實可以重新設定鬧鐘，或把軟體關閉，但我們會刻意安排，讓自己不能隨意這樣做。如果我們不倚賴這種技倆，就要每刻都面對自由的龐大運作範圍，人生會變得異常困難。因此大部分人一天裡會用各種微妙方法約束自己。沙特舉例說：「我今晚跟皮耳有個約會。我一定不要忘了回覆西蒙。我不應再在克洛德面前掩飾真相。」這些句子暗示我們的行動自由受到制約，但沙特認為這是對選擇所做的「規劃」。用他變化多端的表達方式來說：「很多欄杆圍繞著憂懼」。[81]

為了顯示這種刻意調適的作法怎樣深深交織到日常生活的脈絡中，沙特用一位藝高人膽大的巴黎餐廳服務生比喻，描述他怎樣在桌子之間穿梭來去，而保持手中托盤的平衡：「讓它經常平衡不穩，甚至失去平衡，卻憑著手和臂輕輕的動作，一再讓平衡恢復過來。」這位服務生既是一個人，就像我們一樣屬於「為己存有」，但他移動起來，卻像經過精心設計的一種機制，在演繹預定的角色或遊戲。那是什麼遊戲呢？「我們不用觀察多久就能解釋這一切：他把咖啡館服務生的角色體現出來」。[82]他很有效地做起這種動作來，就像吉爾伯特・基思・切斯特頓（G. K. Chesterton）《布朗神父（Father Brown）探案全集》〈奇怪的腳步聲〉（The Queer Feet）那個故事裡，闖入紳士俱樂部那個小偷能夠神不知鬼不覺，就因為他在俱樂部會員面前裝作服務生，在服務生面前則裝作俱樂部會員。一位扮演服務生的服務生，動作自然流暢漂亮，效果就像《嘔吐》中那首繁音拍子歌曲中一連串的音符：看來是絕對「必然」的。[83]他嘗試化身一件藝品，名為「服務生」，而事實上，他像我們一樣，是一個自由、會犯錯、處於偶然關係中的人。他定型為服務生而否定自己的自由，就墜入沙特所謂的「自欺」（bad faith / mauvaise foi）。但這不是什麼異常的事，大部分人大部分時間都處於自欺狀態，因為這樣人生才能活得下去。

大部分自欺是無傷大雅的，但它有陰暗的後果。在一九三八年所寫的短篇故事〈一位領袖的童年〉中，沙特審視了呂西安這個角色，他為了能「算得上一個人物」而以反猶的姿態給自己塑造一種身分，當人家提到「呂西安無法忍受猶太人」，他就沾沾自喜。[84]他因而產生一種錯覺，以為這就是處世待人的方式了。在這個例子裡，自欺從「無」變成「有」。沙特在《猶太人問題的反思》（*Reflexions sur la question juive*）中進一步發展這種想法。這本書一九四四年開始撰寫，一九四六年出版，書中沒有辯稱所有反猶太人的作法都是自欺之舉（這是很難確認的論點），但他使用自欺這個概念，把兩方面的情況連結起來：一方面是對自由的恐懼，另一方面是責備和妖魔化別人的傾向，從來沒有人這樣恰切地把兩者連接起來。

沙特談到的一種普遍自欺情況，就是自以為自己被動地受到各種我們不能控制的因素所左右，包括種族、階級、職業、歷史、國家、家庭、遺傳、兒時經驗、周遭事件甚至潛意識。[85]沙特不是說這些因素不重要，他特別承認階級和種族對人生有重大影響（波娃稍後也把性別列為重大影響因素）。他也並不表示，那些得天獨厚的人有權指使貧困和被踐踏的人「對自己負責」。這是對沙特觀點的扭曲誤讀，因為他在任何情況下，總是同情受壓迫的一方。但對我們每個人來說（也就是對「我」來說），要做到不自欺，就表示不要為自己找藉口。我們不能說（引用沙特一九四五年演說的另一個例子）：「我從來沒有一段刻骨銘心的愛情或友情，是因為從來沒有遇上一位值得我這樣付出的男性或女性；我從來沒寫過一部好書，是因為沒有空這樣做。」[86]我們會說這樣的話，而且經常在說，但要知道，這就是自欺了。

這一切並不表示，我在一個完全開放的環境下或在真空中作抉擇。我總是在某種預設的

「處境」中，必須因應有所行動。我若要有意義地行動，實際上就需要這些「處境」，這就是沙特所說的「現實性」。[87]沒有了它，我的自由就在空中漂浮，是一種不能令人滿意的自由：像一個跳高選手漂亮地一躍，卻發現原來自己在失重狀態下漂浮，這一跳完全算不上什麼。自由並不表示全無限制地行動，也肯定不是隨機地行動。我們往往誤解了那些實際上讓我們能夠自由的因素——包括整體環境、意義、現實性、處境、人生一般方向，以為它們界定、規限我們，剝奪了我們的自由。事實卻是，只有當這些因素全都具備，我們才有真正的自由。

沙特把他的論點推導到極限，斷言即使戰爭、監禁或面臨死亡，也不能奪去我們生存於世的自由。這都是構成我的「處境」的因素，這可能是極端的、令人無法抵受的處境，但它在我身上的作用，仍然不過是提供一種大環境，我要因應決定下一步做什麼。如果我快要死亡，我可以決定如何面對死亡。[88]沙特在這一點上活用了古代斯多噶學派的概念，也就是說，我或許不能選擇什麼事發生在我身上，我卻可以選擇，從精神上如何對待這些事。但斯多噶學派的實踐者在遇上可怕的事時，以消極的、不以為意的態度面對；沙特則認為我們應該保持一腔熱誠，對發生在我們身上的事，就看能做什麼而積極投入。我們不應該期待自由是容易實踐的，事實上它比至為險惡艱困的事並不容易多少。

自由如何困難，正好是沙特《群蠅》一劇的主題，而卡繆就是在此劇彩排時向沙特自我介紹。這部一九四三年六月三日公演的劇作，是沙特第一部真正的戲劇（如果他在戰俘營中為同袍所寫的小喜劇不算數的話）。他後來形容這部戲劇的主題是「有關自由，有關我的絕對自由，我作為一個人的自由，尤其是有關德國占領下法國人的自由」。[89]再一次的，這一切沒有引起審查者來找麻煩。這次可能是因為劇作以古典時期做背景，有助避過審查，這也是當時其他作家愛用的障眼法。評論家沒有怎麼談到它的政治訊息，但雅克．貝蘭（Jacques Berland）在《夜巴黎》（*Paris-Soir*）的評論中抱怨，沙特看來太像散文家而不像個劇作家。[90]

卡繆取材自古希臘的薛西弗斯，沙特劇中所用的寓言則來自艾斯奇勒斯（Aeschylus）《奧瑞斯特斯》（*Oresteia*）一劇的主角奧瑞斯特（Orestes）：他回到老家阿戈斯（Argos），發現母親柯萊特杜（Clytemnestra）與姘夫伊及斯撒斯（Aegisthus）合謀殺害他的父王阿格曼儂（Agamemnon），然後伊及斯撒斯成為獨裁者統治著受壓迫的國民。在沙特的版本中，民眾在屈辱下變得麻木，根本無法反抗。一群像瘟疫般湧進城裡的蒼蠅，代表了民眾意志消沉，羞恥不堪。

但奧瑞斯特以英雄身分出現。就像在原作中，他殺死了伊及斯撒斯，經過一番內心掙扎後也殺死了自己的母親。他成功為父親復仇，並解放了阿戈斯，但他做了可怕的事，必須背負著罪疚，取代了國民原來背負的恥辱。奧瑞斯特在群蠅追逼下從城中出走，這些蒼蠅現在又變成古典世界裡復仇女神（Furies）的化身。天神宙斯（Zeus）現身，願意出手把復仇女神趕走，但沙特版本的奧瑞斯特拒絕接受他幫忙。作為一位存在主義英雄，他對抗獨裁，肩負個人責任，但為了不要喪失自由，他寧可獨力應付。

顯而易見，劇情與一九四三年法國的處境近似。沙特的觀眾應該能看出，他們大部分人所作的妥協帶來萎靡不振的效果，也該看得出在獨裁下生活的恥辱。至於罪疚的因素，每個人都知道參與抵抗運動會給朋友和家人帶來風險，這表示任何反抗都帶來實在的道德負擔。沙特這部劇作儘管沒有引起審查者注意，但無疑隱含著撥亂反正的訊息。它也持續對其他國家、其他時代起著長遠而發人深省的作用。

波娃現在也在她的著作中探索類似的主題。她寫了這輩子唯一的劇作，但要到戰後才公演，結果惡評如潮。《白吃飯的嘴吧》（*Useless Mouths*）一劇的背景是中古時代被圍困的一個法蘭德斯人（Flemish）城市；統治者原擬犧牲城中的婦女和兒童，以保留糧食和戰鬥力，後來卻體會到，更佳戰略是全民同心同德抗敵。這是個沉重的故事，惡評並不令人意外，不過其實沙特的劇作也沒有細膩多少。戰後波娃出版的「抗爭小說」《他人的血》（*The Blood of Others*）就好得多了。它談到反抗行動之必要，以及置他人於險境的罪疚感，對兩者孰輕孰重衡量一番。

波娃這段時間裡也寫了一篇散文，題為〈皮瑞斯與西奈亞斯〉（Pyrrhus and Cineas），把勇武行動的原則從戰爭帶到個人範疇。故事來自另一古典文獻——蒲魯塔克（Plutarch）的《希臘羅馬英豪列傳》（*Parallel Lives*）。希臘將領皮瑞斯一直忙著作戰，取得一連幾場重大的勝利，並知道還有更多戰事接踵而來。參謀西奈亞斯問他，他贏得了所有戰爭並控制全世界後，將打算怎麼做。皮瑞斯回答，那他就會休息了。然後西奈亞斯回應：何不現在就休息？[91]

這聽起來是合理建議，但波娃的文章卻叫我們三思。對她來說，一個停下來只管沉思的人不是好楷模，比不上一個繼續幹下去的人。她問道：為什麼我們總認為，智慧在於無所作為，超脫一切？如果一個小孩說：「我對所有事都毫不關心」，這顯示他並不是一個有智慧的小孩，反而是個麻煩、抑鬱的孩子。同樣，從世界抽身而出的成年人，也很快就會覺得枯燥。即使是情侶，如果躲避在二人世界裡太久，也會對彼此失去興趣。[92]我們不是在飽足和歇息中茁壯成長。人類的存在，要領在於「超越」、突破，而不在於「內省」或消極地躲在自己內心休歇。這表示不斷行動，直到無事可做的一天；只要你一息尚存，這天恐怕不會來到。對波娃和沙特來說，這是戰時學懂的大道理：人生的藝術在於把事情做妥。

一個相關但不同的訊息可見於卡繆的「抗爭小說」《鼠疫》（*The Plague*），也是戰後一九四七年才出版。故事背景是爆發鼠疫的阿爾及利亞城鎮奧蘭（Oran）；病菌肆虐暗喻法國淪陷和隨之而來的慘況。隨著強制實施隔離以及幽閉恐怖症和恐懼與日俱增，城裡每個人的反應都不一樣。有人在恐慌之下外逃；有人趁火打劫撈取個人利益。還有人與疾病對抗，成果各不相同。故事主角貝納．李厄（Bernard Rieux）醫生，腳踏實地醫治病人，並實施隔離把感染減到最少，儘管這種作法看來很殘忍。李厄醫生沒有被錯覺蒙蔽，他不認為假以時日大家總能克服致命的傳染病。就像在卡繆其他小說裡，向命運屈服的元素也在這裡可見，這是波娃和沙特的著作裡從來不會出現的。李厄醫生著眼於傷害的控制，並憑著策略取得勝利——儘管只是局部的、暫時的勝利。

跟沙特和波娃比較起來，卡繆的小說向我們呈現的英雄主義和決斷行動，是刻意地低調的。現實情況只容許這樣做，看起來像是消極認命，實際上卻是更真實的覺察到，怎樣才能達成像解放自己國家這一類艱困任務。

到了一九四四年初夏，隨著聯軍逼近巴黎，大家知道和平快要來臨了。高漲中的情緒也是令人難受的，像波娃所說，它就像麻痺之後恢復感覺，出現一種刺痛感。[93]納粹撤退時會做些什麼，也引起不少恐懼。生活還是艱困的，要找尋食物果腹就前所未見的困難。但轟炸和砲火的微弱聲音，還是帶來了希望。

聲音愈來愈近，突然間，八月中炎熱的一天，德國人都跑掉了。巴黎市民最初不確定發生了什麼，尤其是仍然聽到城中有零星駁火聲音。八月二十三日星期三，沙特和波娃步行到抵抗運動報紙《戰鬥報》（*Combat*）的辦事處跟報社文學編輯卡繆見面，當時卡繆想委託兩人撰寫一篇談論解放的文章。他們要走過塞納河才能到達報館，過橋時聽到槍聲急忙逃命。但三色國旗在家家戶戶的窗子上飄揚了。次日英國廣播公司宣布巴黎正式解放。

教堂鐘聲次日晚上響個不停。在街上走著，波娃加入一群圍著篝火跳舞的人。突然有人說看見一輛德國坦克車，所有人頓時四散，然後又小心翼翼回來。就在這種緊張刺激的情緒下，和平降臨法國。次日解放遊行在香榭麗舍大道和凱旋門登場，領頭的是從流亡自由法國返國的領袖戴高樂（Charles de Gaulle）。波娃加入遊行行列，沙特在陽台上觀看。後來波娃寫道：「世界和未來，又交回我們手中。」[94]

迎向未來的第一項行動，就是對過去的事來個了結。[95]通敵者開始遭到秋後算帳，最初是迅速施以嚴酷懲罰，接著是一連串的正式審判，也有些人最後被判死刑。這裡，波娃和沙特的想法也跟卡繆不一樣。經過最初的猶豫後，卡繆堅定反對死刑。他說，國家透過司法裁決冷酷地把人處死的作法一定是錯的，不管罪行有多嚴重。前法西斯雜誌編輯羅勃．布哈斯雅克（Robert Brasillach）一九四五年初受審前，卡繆就簽署了一份請願書，籲請一旦定罪免其一死。[96]沙特沒有參與，因為當時他不在巴黎，但波娃尖銳地拒絕簽署請願，她認為從這刻開始必須作出困難的決定，以表揚那些因對抗納粹而喪命的人，同時確保未來有一個新的開始。[97]

但波娃十分好奇地出席了布哈斯雅克的審判，那在一九四五年一月十九日舉行，巴黎遍地厚厚的積雪。[98]當法庭稍經商議後判處死刑，波娃對布哈斯雅克的平靜反應留下深刻印象。可是她沒有改變主意，仍然認為判決是對的。不管怎樣，請願沒有帶來不同結果，槍決在一九四五年二月六日進行。

從這時起，每當這類議題浮現，波娃和沙特總是跟卡繆站在對立面。在參與《戰鬥報》編務等勇武有效的抵抗運動之後，卡繆現在劃出清晰界線：他反對死刑、酷刑和其他國家惡行，立場就這麼簡單。波娃和沙特對這類作法也不十分支持，但他們傾向於訴諸複雜的政治現實，以及目的與手段的盤算。他們會追問，國家對個人的傷害會不會在一些情況下是正確的：譬如事關重大，或為了眾人未來福祉而需要作出決斷行動？卡繆則不斷重申他的核心原則：沒有酷刑，沒有死刑——不能接受由國家判定的這些刑罰。波娃和沙特相信，他們的觀點更精深、更現實。

如果要問，為什麼這兩位內心善良的哲學家突然變得那麼嚴酷，他們也許回答，因為戰爭令他們發生了深刻改變。戰爭向他們顯示，個人對人類的責任，比看起來複雜。沙特後來說：「戰爭把我的人生分割為兩部分。」[99]他已經丟棄了《存在與虛無》中一些個人主義的自由概念，改而發展一種更受馬克思主義影響的觀點，認定人生有它的目的和社會意義。他始終沒有寫成存在主義倫理的下集，這是原因之一：他在這個課題上的觀點已大幅改變。他寫的很多草稿在他過世後出版，題為《倫理學筆記本》（*Notebooks for an Ethics*），他無法把這些想法納入一個框架之下。[100]

梅洛龐蒂也因為戰爭而轉趨極端，他仍然竭力試著不要那麼和善待人。在面對德國人時養成了粗暴待人的習慣後，他大大超越了波娃和沙特，毫不妥協地撰文吹捧蘇聯式共產主義。他在一九四五年〈戰爭發生過了〉（The War Has Taken Place）一文中寫道，戰爭已把過著純粹私人生活的可能性排除了。「我們處身世界中，與世界相混，因世情而妥協。」[101]沒有人能超越世界上的事，每個人都有一雙「骯髒的手」。一時之間，「骯髒的手」成為存在主義圈子的口頭禪。它帶著一個命令：著手做事，作出點事來！

因此，法國的戰爭終於結束後，沙特一群人就像賽狗的灰狗，從打開的閘門衝向跑道前方。沙特寫了一系列文章辯稱，作家有責任積極投身貢獻社會；這些文章一九四七年在報刊發表，一九四八年彙集成書，題為《何謂文學？》（*What Is Literature?*）他說，作家在世界上具備實在的權力，必須不負所託。[102]他倡議一種「投入參與的文學」（littérature engagée），具政治意義的文學。波娃記得當時這種任務如何緊急：當她讀到令她內心激盪的事件，就馬上思考，誓要「一定回答這個問題」，然後匆匆撰文發表。[103]波娃、沙特、梅洛龐蒂和其他朋友迅速寫了那麼多著作，因此在一九四五年合力出版一份新的文化雜誌《摩登時代》。沙特是主筆，大部分人相信，所有社論都是他寫的，事實上梅洛龐蒂比任何人投入的都多，寫了很多不署名的文章。[104]雜誌名稱取自卓別林一九三六年引起狂熱的電影《摩登時代》（*Modern Times*），講的是工業化和對工人的剝削，[105]電影上映時沙特和波娃十分欣賞，連續看了兩次。[106]他們的文學生產速度比得上卓別林在電影中所諷刺的工業生產速率。在未來幾十年裡，這本雜誌一直在推動法國以至其他地方的知識界展開辯論，到今天仍在出版。沙特論「投入參與的文學」，最初一系列文章就在這份雜誌刊出，確定了雜誌未來的方向。

存在主義小說和戲劇繼續湧現。波娃的《他人的血》在一九四五年九月出版。沙特出版了《自由之路》系列小說頭兩冊，都是多年前寫成的，故事背景在一九三八年，主角馬修・德拉賀（Mathieu Delarue）對自由的觀點，從「只管做想做的」這種幼稚想法，進展到更深刻的定義——面對歷史對你的要求。一九四九年出版的第三冊名為《心靈之死》（*La mort dans l'âme*，又譯《痛心疾首》），馬修勇敢地在法國淪陷之際保衛鄉間的一個鐘樓。他現在更有意義地運用自己的自由了，但他最終戰敗，面臨生命走向盡頭。預計出版的第四冊，原打算講他最終還是存活下來，並透過與伙伴同心同德的抵抗行動，獲得了真正的自由。[107]可惜，就像沙特其他計畫的偉大結局，一般是永遠無法完成。很多年後也只有一些片段存留下來。就像《存在與虛無》的倫理問題懸而未解，《自由之路》的自由問題也沒有最終答案。兩個情況都是因為，沙特已失去了興趣：他不斷改變哲學上和政治上的想法。

在所有這些一九四〇年代的小說、故事和散文裡，主要氣氛不是戰後的精疲力竭，而是刺激興奮的心情。世界支離破碎，但也正因為這樣，幾乎對世界做任何事都是可能的。結果就是興奮和恐懼情緒揉合起來，這是戰後首波存在主義的特色。

這種混雜的心情同樣在遠離巴黎的地方出現。研究海德格的美國學者格倫・葛雷（J. Glenn Gray）在一九五九年對戰爭經驗的研究中，追憶戰爭結束之際與研究團隊在義大利鄉間展開調查。一天晚上他在途中停下，以彆腳的義大利話跟一位在小屋外吸菸斗的老先生聊了幾句。這次偶遇令葛雷傷感起來，因為傳統世界以及自古以來那種平靜感，看來快要永久消失。可是與失落的預感同時出現的，是興奮而滿懷希望的意識。葛雷那一晚想到了，不管接下來發生什麼，有一點是可以肯定的：他在大學念書時接觸的那些哲學家，在戰後已不能再給大家提供什麼。眼前是新的現實，需要新的哲學家。[108]

新的哲學家就在這裡。

存在主義令人驚奇而且瘋狂的一年就這樣來臨了，我們在第一幕中瞄過一下的那些瘋狂實驗登場了。沙特一九四五年十月令人興奮莫明的演說在一片混亂中結束，成為了大新聞。對他的哲學議論紛紛，傳遍整個巴黎以至其他地方。馬賽爾在一九四六年寫道：「幾乎每天都有人問我，存在主義是什麼。」他還說：「通常是社會上的淑女會問這種問題，可是明天問這問題的，可能是我的打雜女傭或地鐵收票員。「每個追求時尚的人都想認識那是什麼，每個體制中的機構都因它而苦惱，幾乎每個記者都利用它混飯吃。」[109]

沙特的朋友鮑希斯．維昂一九四七年的小說《泡沫人生》（*L'écume des jours*，又譯《歲月的泡沫》、《流年的飛沫》）用諷刺影射筆調描述了當時的狂熱。這部超現實而戲謔的傳奇小說有一個配角叫尚梭．派特（Jean-Sol Partre），是個有名的哲學家。他發表演說時，會騎在象背上，坐在王座上，陪伴在側的是他的配偶莫娃伯爵夫人（Countess de Mauvoir）。一種非比尋常的光芒從他纖瘦的身體往外四射。聽眾的狂喜歡呼聲淹沒了他說的話，最後由於人數眾多把會堂擠爆了，剩下破瓦頹垣；看見大家這樣熱情，派特高興極了。波娃很欣賞維昂這部諷刺之作，誇讚這部作品包含著「無盡溫婉」。[110]

吹小喇叭的維昂，振臂高呼把歡樂帶進存在主義圈子。他住在巴黎左岸的聖哲曼德佩修道院地區。在淪陷快將結束時，他就掀起新風尚，在私人公寓主辦爵士樂派對，參加者是躲避宵禁的年輕人，名為「沙蘇族」（zazous）——他們避開宵禁的辦法就是等到次日白天才回家。戰爭結束後，維昂在新的平民俱樂部演出，也在裡面的酒吧調製古怪的雞尾酒。他隨著自己的情緒一揮而就寫作有趣、煽情或超現實的小說，後來又寫了一部聖哲曼德佩修道院地區「手冊」，裡面有地圖，以及區內可找到的異國情調「穴居族」，有他們的素描和文字描述。[111]

在酒吧和夜總會裡，哲學家與爵士樂明星手臂交纏徹夜熱舞狂歡。梅洛龐蒂尤其受左岸地區的常客歡迎，因為他開朗的性情和調情的魅力是眾所周知的。據維昂觀察，他是「唯一會請女孩到舞池跳舞的哲學家」。[112]梅洛龐蒂和茱麗葉．葛瑞科在舞池翩翩起舞時，他會順應她的請求，教她一點兒哲學。[113]

當沙特和波娃能夠擺脫新來的閒雜人等以及前來獵取新聞的記者，他們也會跳舞。他們喜愛爵士樂。沙特為葛瑞科的〈白色大衣街〉（La rue des Blancs-Manteaux）寫歌詞，這是她最成功的歌曲之一。她的另一首歌〈存在主義者的馬賽曲〉（Marseillaise existentialiste），歌詞由梅洛龐蒂、維昂和安─瑪麗．卡薩莉共同撰寫，敘述一個娓娓道來卻令人唏噓的故事，其中的可憐傢伙，或窮得連花神咖啡館也不願意讓他賒帳，或讀了梅洛龐蒂的著作後仍然太過自由，或是儘管讀過沙特還是重蹈覆轍陷入災難。[114]

一九四〇年代後期的存在主義文化對外界來說巴黎色彩很濃厚，但它的其中一種驅動力，是對所有美國事物的喜愛或著迷。巴黎仍然擠滿了美國人，包括戰後留下的軍人和新來的訪客。巴黎沒有多少年輕人能抗拒美國服飾、美國電影和美國音樂的誘惑。所有這些美國事物先前被占領者禁絕，更增添了它們的吸引力，而「沙蘇族」更是解放前好幾個月就開始祕密地在美國爵士音樂之下大跳熱舞了。葛瑞科的一個故事概括了美國音樂對這一代人如何重要。她在一九四三年被德國祕密警察逮捕，關在牢房裡，又出乎意料獲得釋放。她走了八英里路回家，穿著薄薄的棉質裙子走過寒冷的街道，一邊走一邊肆無忌憚地高唱美國歌曲〈彩虹深處〉（Over the Rainbow）。115

戰後為了配合爵士樂、藍調和繁音拍子，民眾都刻意追捧美式服裝，在跳蚤市場很易找到，彩格襯衫和夾克尤其受歡迎。如果二十一世紀的時光機能把你帶回上世紀戰爭剛結束後的巴黎爵士樂俱樂部，你不會見到周遭盡是存在主義的黑色服裝，倒是可能見到一大群人一身伐木工人裝束，以為誤闖他們的民俗舞會了。要一睹這種盛況，就只要看看雅克．貝克（Jacques Becker）一九四九年的電影《七月的約會》（*Rendezvous de juillet*），裡面有一幕洛里昂夜總會的盛大跳舞場景：克洛德．路德的樂團擠在狹小的台上演奏，穿彩格襯衫的一大群人在舞池狂放地跳舞，穿黑色高領毛衣的存在主義者稍後才到場。很少人知道，後來美國人穿黑色高領毛衣成風，是回敬法國人對美國時尚的喜愛。

在此同時，巴黎群眾一窩蜂湧去看美國犯罪片，又在沿著塞納河的舊書攤買美國小說來看。表現硬漢本色的作家最受歡迎，像詹姆斯・凱恩（James M. Cain）、達許・漢密特（Dashiel Hammett）和霍瑞斯・麥考伊（Horace McCoy）；麥考伊那部大蕭條時期充滿絕望情緒的小說《孤注一擲》（*They Shoot Horses, Don't They?*），一九四六年由伽利瑪出版社刊行法文版。[116]卡繆在《異鄉人》模仿美式黑色小說的風格。沙特和波娃也愛讀這類小說。他們也喜愛非主流寫實風格的美國作家，像海明威（Ernest Hemingway）、福克納（William Faulkner）、史坦貝克（John Steinbeck）和約翰・多斯・帕索斯，沙特還認為帕索斯是當代最偉大的作家。[117]很多美國作品由法國出版社翻為法文，「譯自美國原版」成為了書籍封面最流行的語句。可是看似翻譯而來的書不一定真的如此。一本名為《我唾棄你的墳墓》（*I Spit on Your Grave*）的小說，聲稱佛農・薩利文（Vernon Sullivan）著，鮑希斯・維昂譯，實際上是維昂自己寫的。這是意識大膽的小說，講的是一個殘暴、煽情的故事：一個黑人男子殺死兩個白人女子，為他的兄弟遭私刑處死報復，但他被警方追捕，最後被射殺身亡。維昂憑這部小說賺了點錢，但次年惹上了麻煩：蒙帕納斯地區一個男子勒斃女友後自殺，在床邊丟下這本小說，並把小說中描述勒死動作的一段文字用墨水圈了起來，唯恐別人看不見案件與小說情節的共通點。[118]

五年來終於可以重返巴黎遊覽的美國人，重新愛上了這個城市，就像一九二〇年代一樣。他們坐在花神咖啡館和雙叟咖啡館，又放膽走進地窖裡的夜總會。他們聆聽有關存在主義和存在主義者的對話，回到美國後在朋友面前談論一番。紐約文化圈的人開始追捧真的存在主義者，包括沙特、波娃和卡繆，一個接一個，他們都獲邀遠渡大西洋前往美國訪問和演講，他們也都接納了。

第一個訪美的是沙特，在一九四五年一月中成行。在卡繆建議下，他加入一個受邀赴美的法國新聞界訪問團，代表《戰鬥報》和《費加洛報》（*Le Figaro*）出訪（沙特就是因為這次美國行，而沒有出席布哈斯雅克的審訊）。他遊覽了兩個月，跟無數的人會面，行程中邂逅的多洛瑞・瓦內堤（Dolorès Vanetti），更成為長期的戀人。他的彆腳英語令他無法像平常一樣自由交談，但他小心觀察，還寫筆記，回國後撰文記述。他聚焦於社會問題，譬如美國工人如何適應工廠急速機械化。當時很少人能預料新科技設備、消費主義和自動化生產方式會成為到處可見的現代生活潮流，他們只認為那只是美式生活的一面；在很多歐洲人心目中，這使得美國更具魅力，卻也更叫人擔憂。我們能跟這麼多的科技並存嗎？這些科技對人有什麼影響？沙特觀察之下深感奇怪：儘管美國工人成為了卓別林式機械化工業生產的一環，被老闆驅使愈來愈快的從事生產，他們還是看來很愉快。整個美國就像一台機器，沙特懷疑這能否持續下去。[119]

沙特在一九四〇年代後期再度訪美，跟別人溝通時比以前自在了，雖然他的英語能力依然有限。到了一九四八年第三度訪美，萊昂內爾・阿貝爾（Lionel Abel）在《黨派評論》（*Partisan Review*）的晚間聚會遇見沙特，對他幾乎不懂英語而能夠口若懸河，讚嘆不已；沙特能說的不多，但他嘴巴就老是在動。[120]

卡繆在一九四六年三月至五月之間也到美國走了一趟。他比沙特更熱中於到處遊覽，他意識到自己的陌生人身分，不斷碰上小麻煩，要設法瞭解當地人如何辦事，自己又如何應對。[121]他的不安感，讓他成為文化差異的出色觀察者，譬如他看到：

> 早上喝的果汁、風行全國的威士忌和汽水……反猶心態和對動物的喜愛——這方面的喜愛包羅廣泛，從紐約布朗克斯動物園（Bronx Zoo）的大猩猩到自然歷史博物館的單細胞動物；此外殯儀館能把死亡和死者各種事宜迅速搞定（「安息吧，其他的事我們搞定」）；還可以凌晨三點去光顧理髮店……[122]

他印象特別深刻的，是時報廣場（Times Square）廣告看板上一個巨型美國大兵從一根駱駝牌香菸噴出真的煙霧。唯一令他覺得熟悉自在的地方，是紐約包厘街（Bowery）一帶，這個破落地區有廉價酒吧和殘舊的旅館，像二樓一樣高的高架鐵路穿越其間，下面陷入大片陰影中。「一位歐洲人會說：『終於找到現實世界了。』」[123]像沙特一樣，卡繆看到的工人，既吸引他的目光，也令他抗拒。最重要的是，卡繆不明白，為什麼美國人看來沒有半點憂懼之情，對世間一切都沒有悲劇情懷。

波娃一九四七年訪美。她跟沙特不一樣，英語能說也能讀；而像卡繆一樣，她對各種古怪器具和發明很是驚訝。她在日記中記下千奇百怪的現象，譬如在旅館裡傳送信件，是在每層樓的電梯旁裝設一條垂直小管道，把信封丟下去，它就半飄半跌地掉到底層一個箱子裡。她第一次看見白色信封這樣往下掉，還以為是幻覺。她到報攤嘗試從機器買郵票，卻被那些硬幣搞得頭昏眼花。[124]但她交了很多朋友，在紐約混熟之後，展開全國演講之旅，也順道到各地的爵士樂俱樂部和電影院，看了一些「驚悚片」和「老喜劇片」。[125]在芝加哥她遇上了倪爾森．愛格林，他是個硬漢小說家，專門寫吸毒者和娼妓等美國生活的醜惡一面。他們展開了一段戀情，兩人的關係維持了三年，但只能相隔一段長時間才在美國或法國碰面。

波娃對美國的感覺，就是今天常見的那種既被它吸引又對它提防的心態。她受到了誘惑：美國「十分富足，有無盡的視野，是令人驚奇的神奇幻燈機，把各種奇景呈現眼前」。[126]它是世界的未來，或起碼是未來的一種可能模式。另一種吸引波娃的模式來自蘇聯。但這一刻美國無疑更強大：它更具信心，更富有，而且它有原子彈。

美國生活的另一個側面毫無疑問令沙特、波娃和卡繆覺得可怕：種族的不平等，這不光出現在南方。沙特第一次訪美後，在《費加洛報》撰文談到，「不能觸摸」、「不能看見」的黑人，恍如街上的幽靈，他們永遠不會跟你有眼神接觸，彷彿他們眼前沒有任何人，你也要當作沒有看見他們。[127]其後一次美國行觸動沙特的靈感，他寫了一部有關美國種族主義的戲劇——《可敬的娼妓》（*The Respectful Prostitute*），以真實事件為根據：兩個黑人男子被控強姦兩個白人妓女，儘管證據不足，仍然被定罪處死。波娃也因所見的黑人遭遇而震驚，事實上她沒有看到什麼遭遇，因為白人和黑人各自生活在不同的世界，不相往來。她獨自在紐約市哈林黑人區遊逛，不理會當地白人焦慮地警告她這樣很危險。[128]其他訪美的法國人，也看不慣很多美國白人見怪不怪的種族分離傾向。當葛瑞科在一九三九年和爵士樂手邁爾士．戴維斯（Miles Davis）展開一段戀情而去紐約探望他，他就警告葛瑞科，他們不能像在巴黎那樣一起到處公開亮相，因為人家會把她叫做「黑人的妓女」，她的事業會毀於一旦。[129]

反過來，很多美國黑人戰後在巴黎欣然發現，他們獲得個人應有的基本尊重，而且不光受尊重，還往往成為偶像，因為法國年輕人喜愛美國黑人音樂和文化。有些美國黑人決定留下來，有少數還被存在主義吸引，在這種有關自由的哲學中，發現很多他們認同的觀點。

一個好例子是李察．賴特（Richard Wright），他憑著一九四〇年的《土生子》（*Native Son*）和一九四五年的《黑孩子》（*Black Boy*）等小說在美國成名。還在紐約時就遇上沙特和卡繆，他和他的妻子跟波娃更成為好朋友，波娃一九四七年訪美就曾住在他們家中。賴特當年在日記寫道：「看看那些法國男生女生的思考和寫作方式吧，當今世上絕無僅有。他們敏銳地感受到人類的景況。」[130]反過來，他的法國訪客喜愛他講述一個黑人在美國長大的那種粗獷的半自傳式描述。卡繆安排他的著作在伽利瑪出版社翻譯出版，沙特委託他為《摩登時代》撰文。賴特經過一翻折騰取得前往法國的簽證，馬上成為熱愛法國的人。[131]就像美國人一些生活細節令法國人驚嘆，巴黎的種種特色也令懷特讚嘆不已，譬如他發現：「門把在門的中央！」[132]他在巴黎小住幾次後，最後定居於此。

儘管歐洲人對美國生活方式不乏迷惑不解的地方，他們卻很享受自己受到熱情接待：

美國當時（以至今天）仍然十分樂意接受新的想法，也十分歡迎具潛力的明日之星。當年沙特刊於《時代雜誌》的照片，配上圖說驚嘆「女士們如痴如醉」[133]，波娃也同時在《紐約客》（*New Yorker*）雜誌被譽為「史上最漂亮的存在主義者」。[134]有關存在主義的文章在報紙和文化雜誌湧現，包括《紐約郵報》（*New York Post*）、《紐約客》、《哈潑時尚》（*Harper's Bazaar*）和《黨派評論》等，都是知識分子最愛讀的刊物，裡面刊登了有關沙特、波娃和卡繆的文章，還有他們著作的英譯摘錄。[135]流亡美國的法國哲學家尚・華爾（Jean Wahl）一九四五年十月為《新共和》（*New Republic*）雜誌寫了〈存在主義序論〉（Existentialism: a Preface）一文。[136]除了入門簡介和序論，還有輕鬆的諷刺。《紐約時報雜誌》（*New York Times Magazine*）一九四八年重刊了一篇原刊於英國《旁觀者》（*Spectator*）週報的嘲諷存在主義的文章。這篇由保羅・詹寧斯（Paul F. Jennings）執筆的文章題為〈物體的物體性〉（Thingness of Things）。它勾勒了一種稱為「對抗主義」（resistentialism）的哲學，倡議者是皮耳—馬利・溫特（Pierre-Marie Ventre），宗旨在於瞭解為什麼世間事物總是跟人作對，令人飽受挫折，譬如叫人踏著它就摔了一跤，或丟失後不讓我們找到。溫特的口號是「物體跟我們作對」（Les choses sont contre nous）。[137]

存在主義者的一種傾向，卻令美國知識分子十分擔憂，那就是他們對美國文化抱持低俗品味：他們喜愛爵士樂和藍調，對美國南方各州令人齒冷的謀殺事件很感興趣，他們也喜愛那些有關職業凶手和精神變態者的粗製濫造作品。即使他們愛讀的較高層次美國小說，口味也令人質疑，因為有文化修養的美國人，對他們本身的現代小說家也不十分欣賞，反倒對法國現代小說家普魯斯特（Marcel Proust）那種精雕細琢而天馬行空的筆調還多一點賞識（這卻是沙特厭惡的）。存在主義早期普及者威廉．白瑞德在《黨派評論》寫道，沙特的小說，正是「一種殘酷提示，表明我們若把史坦貝克和多斯．帕索斯視為偉大小說家，實在無法令人泰然接受」[138]；他認為，這些小說家的著作，儘是「陳腐、無意義的對話，角色進進出出，到處是酒吧和舞廳」，全都是不良影響。在該雜誌同一期，評論家杜沛（F. W. Dupee）作出結論稱，法國人對福克納的欣賞，與其說是對美國文學的讚許，倒不如說是顯露了「法國品味和理性的危機」。[139]

美國人和法國人對存在主義的觀感也出現分歧。對一九四〇年代的法國人來說，存在主義是新穎、如爵士樂般、性感而大膽的思潮。對美國人來說，它喚的聯想是齷齪的咖啡館和幽暗的巴黎街道，它代表了老歐洲。因此，儘管法國新聞界把存在主義者描繪為叛逆青年，擁抱令人譁然的性生活，美國人眼中的存在主義者則往往是蒼白的悲觀者，就像齊克果，終日被恐懼、絕望和焦慮困擾。這種形象深入民心。即使到了今天，尤其在英語世界，「存在主義」一詞仍然令人想起一個「黑色」人物，凝望著咖啡杯杯底，抑鬱不已，焦慮不堪，面前放著一本殘破的《存在與虛無》，卻提不起勁翻開看看。[140]早期只有寥寥幾個作家挑戰這種想法，李察．賴特是其中一人，他首次跟存在主義者碰面後，寫信給朋友葛楚．史坦說，他不明白為什麼美國人堅持認為存在主義是陰鬱的哲學，對他來說這種哲學代表樂觀與自由。[141]

當時的美國讀者如果要自己作出判斷，而又不懂法文，就只有很少原著可以參考。沙特和波娃的著作，只有少數零星片段翻成英文，這並不包括《嘔吐》，那最初是由洛伊德・亞歷山大（Lloyd Alexander）翻譯為《安東・羅岡丹的日記》（*The Diary of Antoine Roquentin*），一九四九年出版，也不包括《存在與虛無》，那是由赫塞爾・巴恩斯（Hazel Barnes）翻為英文，一九五六年才問世。

如果要獲得法國存在主義的精確資訊那麼不容易，要瞭解掀起這波思潮的德國思想家就更難了。在嘗試改善這種不平衡狀況的少數哲學家中，海德格昔日的學生兼戀人鄂蘭是其中一人，她後來定居美國，為猶太難民組織工作。她在一九四六年寫了兩篇文章，分別在《國家》（*Nation*）和《黨派評論》兩份雜誌發表。第一篇題為〈法國存在主義〉（French Existentialism），澄清了有關沙特等人的一些迷思。另一篇〈何謂存在的哲學？〉（What is Existenz Philosophy?），嘗試探索存在主義在德國的根源，概述了雅斯培和海德格的一些想法。[142]

但這這個時刻很難告訴別人，最漂亮的存在主義者波娃和令人如痴如醉的沙特，想法其實源自德國人。在法國也很少人願意承認這項事實。而海德格更不是一般的德國人。如果這位來自梅斯基希的魔術師，能夠用魔術把自己的過去抹掉，也許所有人都會好過一點。

第八幕

衰頹破敗

海德格哲學變調，朋友跑掉，與沙特見面情勢不妙

沒有人願意活在一九四五年的德國。戰爭倖存者、落單的士兵和戰亂中流離失所的人，在城市和鄉村到處流浪。[1]難民組織竭力幫助民眾重返家園，占領軍隊試著在基本設施蕩然無存的情況下維持秩序。埋藏著屍體的瓦礫散發著異味。民眾四出找尋食物，自劃耕地種菜，在戶外生火做菜。死於戰火的人不計其數，還有一千四百到一千五百萬德國人由於家園遭轟炸或破壞變得無家可歸。[2]英格蘭詩人史蒂芬・史本德（Stephen Spender）戰後往返德國，走進科隆等地的破瓦頹垣中，只覺所見的人像沙漠遊牧民族走過荒城廢墟。在此同時，德國民眾在占領軍監管下，開始清理各處的石塊和磚頭，一群群的「瓦礫堆婦

女」（Trümmerfrauen）尤其賣力。

流落難民營的人，往往等很久才曉得能到那裡。失蹤的德國士兵仍然很多，有些慢慢找到了回家的路，徒步長途跋涉跨越國境返回祖國。同樣步行回國的，還有一千二百多萬從波蘭、捷克和其他中歐、東歐國家被逐的德裔人士，在路上推著裝滿他們家當的小型運貨車或手推車。[3]歐洲各地踏上返國歸途的人，多得令人吃驚。我一位朋友的祖父，當時就從丹麥一個戰俘營步行回到匈牙利。[4]

艾德葛・萊茲（Edgar Reitz）一九八四年推出的電影系列《故鄉》（*Heimat*），其中一幕場景裡，一個年輕男子一路從土耳其走回德國萊茵河地區老家，其實不是想像中那麼不可思議。很多人戰後多年仍然流落家鄉千里之外的地方，親人也不知道他們的下落。

一九四五年下落不明的人，包括了海德格的兩個兒子喬治和赫曼。兩人都是東面戰線的士兵，當時身在俄羅斯的戰俘營。他們的父母只能在茫無所知中等待，不曉得他們是否仍然生還。

海德格自從一九三四年辭去弗萊堡大學校長職位後，一直保持沉默。他因心臟問題在一戰中沒有被徵召負擔活躍任務，在二戰中大部分時間也一樣免役。他在弗萊堡大學任教，一有空就躲到他在托德瑙堡的小屋。他覺得自己遭到誤解，受到不公平對待。[5]一九四一年前去探望他的朋友馬克斯・柯默瑞爾（Max Kommerell）形容他曬得一身棕色，眼神有點迷惘，「臉上掛著有點兒古怪的微妙笑容」。[6]

當盟軍在一九四四年年尾逼近，納粹命令全體德國人動員，包括之前免役的人。當時五十五歲的海德格，被派到靠近亞爾薩斯的地區挖掘戰壕，阻擋法軍前進。這只維持了幾週，海德格在此同時小心翼翼把他的手稿藏到較安全的地方，以防敵軍攻入時毀損。部分手稿存放在梅斯基希他弟弟任職那家銀行的保管庫，[7]其餘的貯存到附近城鎮比廷根（Bietingen）一家教堂的大樓。[8]一九四五年四月，他寫信給妻子提到一個計畫，考慮把好幾冊著作放進一個祕密洞穴，然後把洞口封住，洞穴所在地記在一份藏寶地圖上，只讓幾個人知道。[9]沒有證據顯示海德格實行了這個計畫，我們只知道他不斷把手稿四處遷移。他的防範措施是非理性的：弗萊堡在空襲中損毀嚴重，托德瑙堡這個小地方也不安全，不能安穩地存放大量物品。他可能也擔心有些文件成為他的罪證。

海德格只隨身攜帶小量手稿，包括最近研究賀德林的著作，他十分著迷地閱讀這位多瑙河地區大詩人的作品。賀德林一七七〇年生於勞芬（Lauffen），一輩子受精神病纏擾。他的夢幻風格詩作很多都以本地風景做背景，也往喚喚起理想化的古希臘圖景——正是這兩者的結合令海德格為之著迷。另一位對海德格同樣有重大影響的詩人，是心神更為紊亂的格奧爾格．特拉克爾（Georg Trakl），這位奧地利詩人罹患精神分裂症，還染有毒癮，一九一四年才二十七歲就英年早逝。在他的怪異詩作裡，到處都是獵人、年輕女子和月光下穿越寧靜森林的古怪藍色野獸。海德格沉迷於這兩位詩人，一般來說他所探討的是，詩的語言怎樣召喚「存在」，在世界上給它開闢容身之所。[10]

一九四五年三月，盟軍抵達弗萊堡，海德格出走。他為哲學系的師生在維登斯坦（Wildenstein）找到了避難所，那是高踞峭壁上俯瞰多瑙河的一個壯麗古堡，靠近博伊龍（Beuron），離梅斯基希不遠。[11]（它也靠近西格馬林根〔Sigmaringen〕的古堡，德國人讓維琪傀儡政府人員逃離法國後暫居於此，過著像文學名著《十日談》〔*Decameron*〕所講的古怪避難生活。）維登斯坦古堡的主人是薩克森—邁寧根邦國（Sachsen-Meiningen）的王子和公主，公主曾是海德格的戀人。這就是為什麼海德格的妻子沒有陪同前去，她留在弗萊堡，打理海德格在市郊札林根的房子。這幢房子在盟軍到達當地後被徵用，一度要與別人分享，包括來自西里西亞（Silesia）的一個難民和一個法國軍官的家庭。

在此同時，包括約十位教授和三十個學生的那群大學逃難者（大部分為女性）已經騎單車越過黑森林，海德格其後騎著兒子的單車從後趕上。他跟王子和公主住在附近一間山林小屋，這兩位王室成員平日就住在這裡，其他逃難者則棲身於像童話世界的古堡。從一九四五年五月到六月，即使法軍到達這個地區後，這群哲學家一直幫忙從附近田野收集牧草，晚上則講課或彈鋼琴，娛樂一番。六月底，他們在山林小屋舉辦告別派對，海德格給大家講論賀德林的詩。度過了愉快的幾個月後，這群快樂的逃難者回到弗萊堡，明顯可見臉色紅潤，身體健康。但海德格回到弗萊堡發現家裡擠滿陌生人，全城在法國管治下。海德格被全面禁止講課，因為他的仇敵告發他是可疑納粹同情者。

一九四五年春天，待在多瑙河地區的海德格埋首撰寫幾部新的著作，包括日期注明一九四五年五月八日的一篇哲學對話錄，這是德國正式投降的日子。文章標題是〈俄羅斯戰俘營青年與前輩夜話〉，對話者是營中兩個德國戰俘，他們剛完成當天的勞役從樹林回來。

青年跟前輩說：「我們今天早上踏著步操到工作地點的時候，在大片森林的沙沙作響聲中，一種治療力量突然一湧而至。」他想知道這底是什麼？前輩回答，這或許來自大片森林裡的一種「無窮盡」之物。接下來，像兩個海德格在對話：

青年：你是不是說，那大片空間恢宏無比，帶來自由的力量？

前輩：我不光指大片空間如何恢宏，也指大片空間讓我們豁出去。

青年：森林恢宏之力盪向不知多遠，又盪回來，周而復始。[12]

他們接著嘗試界定這種治療力量，試著瞭解它怎麼帶來自由，擺脫前輩口中所謂「這片土地及惶惑的民眾正陷入的衰敗景況」。

「衰敗」（Verwüstung）是這段對話的關鍵詞。它所指的不光是最近的事件，還包括多個世紀以來蠶蝕我們這片大地的破壞力，使地上一切盡成荒漠（Wüste，這個詞語跟Verwüstung在詞源上相關）。[13]侵蝕最嚴重的，正是被譽為工人天堂的一個地方（顯然是指蘇聯），以及它那個只管無情地盤算、盲目地追求科技進步的對手——它「一切在監控下、在規劃下、在掌握中，但求有用」（這顯然就是美國了）。[14]像當時的沙特和其他歐洲人，海德格很自然把美國與科技和工業化生產聯想起來。青年在對話結尾說，與其徒勞地嘗試「克服」這種普遍而龐大的破壞力，唯一該做的事其實是等待。[15]因此他們以不變應萬變——成為德國版《等待果陀》（*Waiting For Godot*）的兩個主角，在剩山殘水中苦苦等待。

這是典型的海德格風格，對資本主義、共產主義和他瞧不起的國家呢呢喃喃議論一番——這顯然是漢斯．尤納斯所說的「『血和著泥』的觀點」。但它也包含著動人的美麗圖景。還有，你不要忘了海德格仍然失蹤的兒子，在東方某國不知所終。這段文字也有力地描述了德國的衰敗，以及一片衰敗中德國人的心態：混雜著創傷後的焦慮、虛空、怨恨、苦澀和審慎期待。

一九四五年夏天海德格在弗萊堡繼續過著懸而未決的生活。接著他在十一月展開一趟祕密行程，要從梅斯基希和康斯坦茨湖（或稱博登湖〔Bodensee〕）附近的鄉間地方，把藏起的手稿取回來。他幸得弗瑞德力．德．托瓦涅奇助一臂之力，這位熱愛哲學的法國年輕人主動前去拜訪結交。當時德國平民未獲批准之下不得出行，托瓦涅奇找來一位司機，還偽造官方證件以便遭檢查時掩人耳目。海德格坐在汽車後座，帶著一個空背包。他們在狂風大雨、烏雲閃電中半夜出發。

汽車走了才二十公里左右，其中一個車頭燈閃了幾下，燈泡就燒掉了。他們繼續上路，不管大雨滂沱下在漆黑樹木之間看路行進怎麼困難。然後他們在一片漆黑中，隱約見到一個法軍檢查站，掛著三色法國旗，一行人要停下解釋。警衛仔細檢查他們的證件，指出他們的車尾燈也燒掉了，接著便揮手讓他們離去。他們小心翼翼前進。先後兩次，海德格在途中不知何處的地方叫司機在一幢房子前停下；兩次他都帶著背包走進屋裡，然後把背包裝滿文件，微笑著走出來。

第二個車頭燈也閃起來了。托瓦涅奇試著用電筒照著看路前行，卻不是很管用。汽車走偏了撞到路堤。司機檢查損壞情況，發現一個輪胎破了。司機換上備胎時，他們全都下車，可是備胎不合用。海德格看著竟然興致勃勃，因為他最愛的一個哲學新課題就是科技。他沒有幫忙，卻幸災樂禍地搖著一根指頭說：「科技。」顯然十分得意洋洋。不知怎地司機把輪子搞定了，繼續朝最後目的地比廷根進發。

現在是早上了，海德格到朋友家借宿一宵。飽受煎熬的托瓦涅奇搭便車回到弗萊堡，安排另一輛車前來。他抵達時發覺海德格的妻子一雙怒目直盯著他，像在說：「你把我的丈夫怎麼樣了？」最後她才體會到，他在自己丈夫身旁幫了大忙。海德格後來回憶這件事，為了對托瓦涅奇熱心幫忙表示謝意，送給他自己所翻譯的索福克里斯《安蒂岡妮》合唱部分的刻印本，那就是談到人類如何怪異的一段文字。他在贈書上寫著：「為我們的康斯坦茨之旅留念」。[16]

海德格的好心情維持不了多久，因為他只能靜候「去納粹化委員會」和大學的裁決。他要等上四年才能通過審查重返教席，最後在一九四九年三月當局宣布他是「同道人」（Mitläufer），一九五〇年重執教鞭。那前途未卜的五年十分難熬，頭一年還在擔心兩個失蹤兒子的安危。一九四六年初他精神崩潰，二月被送往巴登韋勒（Badenweiler）巴登之家（Haus Baden）精神病院療養。[17]一度看來海德格恐怕要跟他心中的英雄賀德林和特拉克爾遭遇同一命運了。還好精神病醫師對他的哲學和思考風格有所認識，對症下藥，他病情漸有起色。[18]三月傳來好消息，得知兩個兒子身在俄羅斯仍然活著，也對病情大有幫助。[19]不過兩個兒子的回家之路十分漫長：病倒的赫曼一九四七年獲釋，但大兒子喬治到了一九四九年還沒有回家。[20]

海德格一九四九年春天離開精神病院，在托德瑙堡的小屋逐漸康復。一九四六年六月至一九四七年十月在那裡見過他的記者史蒂芬·許曼斯基（Stefan Schimanski）描述他如何靜默而孤獨，並指出儘管當時是夏天，卻看見海德格穿上笨重的滑雪靴。他看來什麼都不想要，只想獨自一人寫作。許曼斯基第二次前往拜訪時，海德格已有半年沒回去弗萊堡了。「他的生活狀況十分原始，身邊沒有什麼書，他與世界的唯一聯繫就是一疊稿紙。」[21]

即使在戰前，海德格的哲學思考就已經改變了，他不再談到決斷、「步向死亡的存在」以及其他緊貼「此在」的個人要求，轉而談到我們需要專心致志、虛心接納、靜心等待、全心開放，這都是戰俘對話錄的主題。這方面的轉變，稱為海德格的「轉向」，不要以為這是詞義所暗示的，一下子把方向改變過來，那其實是慢慢重新調整，像一個人身處田野逐漸察覺背後微風吹拂著麥田，而轉過身來傾聽。

在轉向之際，海德格愈來愈多著眼於語言、賀德林和古希臘哲人，以及詩歌在思考中的角色。他又注意到「造作」（Machenschaft）或「科技」（Technik）方興未艾，對這方面的歷史發展作出省思。他認為由此可見現代對「存在」的態度，與較老的傳統形成對比。所謂「造作」，是指世間所有事情都變得像機械般：這是工廠自動化、環境利用、現代管理和現代戰爭的特有態度。我們抱著這種態度，無情地迫使地球滿足我們的要求，而不是像傳統農人或工匠，耐心地源源不絕慢慢取用。我們以欺壓姿態強迫萬物提供資源，最粗暴的例子就是現代採礦法，土地如繳械般被迫交出煤或原油。而且，我們很少馬上利用這樣取得的東西，而是把它轉化為一種抽象能源，貯存到發電機或倉庫中。在一九四〇和一九五〇年代，甚至物質本身也受到同樣壓迫，譬如透過原子科技產生能源，貯存在電力站。

或許有人反駁，農夫耕作同樣要土地繳出莊稼，然後把莊稼貯存起來。[22]可是海德格認為這兩種人類活動截然不同。他一九四〇年代後期起草的演說稿〈技術的探問〉（The Question Concerning Technology）辯稱，農夫「播下種子，順應種子的成長生命力，看著它成長增多」。[23]起碼可以說，這是傳統農夫所做的。現在我們看到的是，現代農業機械急促發展，為了帶來更大生產力，掀起前所未有的挑戰。它不是讓自然的能量經歷播種、培育和收成的過程，而是把它解放、轉化，然後以另一種形式貯存起來，再散發開去。海德格用軍事操作做比喻：「一切在待命，隨時可供使用，事實上就是在待命狀態中等待召喚，要能一再滿足所需。」[24]

這就像怪物把情勢扭轉過來，在海德格看來，人類變得像一頭怪物，變成可怕的東西，希臘文叫做 deinos（「恐龍」〔dinosaur〕在詞源上就跟這個詞語有關，原是指「可怕的蜥蜴」）。索福克里斯劇作的合唱部分，談到人類獨有的怪異與可怕特質，用的就是這個詞語。

這種程序甚至對「意向性」的基本結構造成威脅。意向性是人類意識向外接觸意識對象時的運作方式。[25]海德格說，當某物處於「待命」或「待用資源」狀態，就喪失了作為恰當意識對象的能力。[26]它不能再跟我們區別開來，不能在我們面前站穩。現象學本身，因而受到人類占用地球資源那種具挑戰性與毀滅性的作法所威脅。這可能帶來終極災難。如果我們任由這樣下去，安於「無對象可言的狀態」，那麼我們也會失去自身的結構，也會被吞噬到「待用資源」的存在模式：我們會吞噬自己。海德格指出，「人力資源」這個術語，正是這種危機的最佳注腳。[27]

對海德格來說，科技的各種威脅，像機器趨於失控狀態、原子彈爆炸、輻射洩漏、傳染病肆虐、化學汙染，比起戰後的社會狀況更令人擔憂。進一步來說，科技其實對現實構成存有學上的威脅，對人類本身構成威脅。我們懼怕災難，但災難可能已經逼近。可是我們還有希望——海德格的目光投向賀德林：

要是說危險在增大
救贖力量何嘗不然？[28]

如果我們能恰當地對科技多加注意，或者說，如果我們能透過科技而體會到我們本身或我們的存在是怎麼一回事，我們對人類在世界中的「歸屬」問題，就能洞悉真相。[29]從這裡我們可以向前探索出路；而對海德格來說，所謂「向前」，其實表示回頭返回歷史的起源，找出久被遺忘的重獲新生的源頭。

海德格其後多年繼續這方面的探索。上述大部分想法，在〈技術的探問〉一文完整版中融會貫通，一九五三在慕尼黑一次演講中發表，聽眾包括維爾納・海森堡（Werner Heisenberg），這位原子物理學家肯定曉得，物質能量在待命中帶來的挑戰是什麼一回事。[30]在此同時，海德格也重新整理一九三〇年代展開的寫作，部分著作對人類在世界上所扮演的角色，提供更正面的願景，其中包括〈藝術作品的本源〉（The Origin of the Work of Art），修訂版發表於他一九五〇年出版的《林中路》（*Holzwege*）。這裡他借用中世紀德國神祕主義者愛柯哈特大師（Meister Eckhart）的一個概念——Gelassenheit，可翻譯為「順其自然」。「順其自然」成為海德格後期思想的最重要概念之一，代表對待事物的一種放手隨它去的方式。它聽起來直接簡單。「有什麼看來更容易呢？」海德格問道：「就讓某存物保留著它本來存在的樣子？」[31]可是這實際上一點也不容易，因為這並不表示漠不關心掉頭跑開，讓世界自生自滅，而是我們必須面向事物。至於對待事物的方式，關鍵在於不要對它們造成「挑戰」；取而代之，要讓每個存在物「在它本來就如此的狀態中靜定下來」。

這不是現代科技所做的事，可是其他一些人類活動具備這種特質，最顯著的就是藝術。海德格所說的藝術，是某種形式的詩，他認為這是人類活動的極致，但他所說的是廣義的「詩」，遠遠不止於由文字構成的詩，他把這個概念追溯到希臘文詞根 poïesis，意謂打造或雕琢，他又一次引用賀德林：「如詩地，人類生存於世。」[32]詩是存在的一種形式。

詩人和藝術家「讓事物順其自然」，但他們也讓事物呈現它們的本質。他們提供助力，讓事物順利進入「無遮蔽」（Unverborgenheit）的敞開狀態，海德格用這個詞語來表達希臘文 aletheia 的意思——通常翻譯為「真相」。這是更深層的真相，不光是陳述與現實的對應。在簡單的對應中，我們一邊說「那隻貓在墊子上」，一邊指向墊子上的那隻貓，這就行了。可是，海德格認為，在我們能作出這個動作前，那隻貓和那張墊子必須「從遮蔽狀態中顯露出來」。它們必須讓自己脫離障蔽。

讓事物脫離障蔽，是人類要做的事：這是人類在世上獨特的貢獻。我們是一片「敞開的空間」（Lichtung，字面意義為「林中空地」），是樹林一片敞開的、明亮的空地，可讓存在物怯生生地踏進來，就像一隻鹿從樹叢中走出來。[33]甚至可想像存在物走進這空間跳起舞來，像樹蔭中的一隻小鳥在矮樹叢之間一小片敞開的空地躍動起來。若把這片空地等同於人類意識，未免過於簡化，但這大體就是海德格要表達的概念。我們透過對事物的意識，幫助它們現身在光線下，而我們是「如詩地」意識到它們，這表示我們懷著敬意地注視，容許事物顯現它們的本來面貌，而不是把它們扭曲以順從我們的意志。

海德格在這裡沒有使用「意識」一詞，因為就像他早期的著作一樣，他嘗試讓我們在極端不一樣的方式下對自我作出思考。我們不要把自己的意識想像成一個空空如也的洞穴，也不要把它看作裝滿了萬物形相的容器。我們甚至不是像布倫塔諾早期的現象學，把意識想像為「關於」某物而向它射過去的意向性之箭。取而代之，海德格把我們引向黑森林深處，請我們想像陽光透進來的一道縫隙。我們身在林中，但我們找出稍微敞開的一個地點，讓其他物體能片刻間沐浴在陽光之下。如果我們不這麼做，所有存在物便停留在灌木叢中，甚至對它本身來說也是隱蔽的（或者換個隱喻用另一種說法：甚至令存在物不能從殼裡走出來，因為外面無立足之地）。

天文學家卡爾．沙根（Carl Sagan）在他一九八〇年代的電視系列節目《宇宙》（*Cosmos*）中，開頭就說，儘管人類與星體由同樣的物質構成，人類卻是有意識的，因此是「宇宙認知自己的一種方式」。[34]梅洛龐蒂也有近似說法，他引述他最喜愛的畫家塞尚（Cézanne）：「風景在我裡面對自己進行思考，我就是它的意識」。[35]海德格認為人類對世界的貢獻就是這樣。我們不是由玄之又玄的精神所構成的，我們是「存在」的一部分，但我們也帶來本身獨有的一些東西。我們沒有帶來很多東西，就是一小片敞開的空間，或許像海德格小時習慣坐在上面做家庭作業的凳子，還有旁邊的小徑。世界上有一個奇蹟透過我們發生。

我學生時代閱讀海德格而著迷的，就是這類想法，而印象最深刻的是「轉向」後的海德格，儘管這種想法很難掌握。《存在與時間》中槌子等裝備具實際質感，那就很不錯了，卻還沒有海德格後期哲學這種更深刻而令人迷惑的美感。後期的海德格就是在寫某種形式的詩，儘管他仍然像哲學家一樣堅持，這不是一種文學技倆，「事物就是如此」。今天我重讀海德格，半個的我在說：「多荒謬！」，而另外半個的我，卻又重新被迷倒了。

海德格後期的著作儘管很美，卻也有惹人煩惱的地方，因為他對於人之所以為人的看法，變得愈來愈神祕。[36]如果把人看作敞開的空間或一片空地，或「讓事物順其自然」的手段，又或如詩的世間存在物，那麼我們好像不是著眼於任何可辨認的「個人」。我們先前碰上的那個「此在」，變得愈來愈不像一個人。它如今是森林的一種面貌，把自己想像為植物學或地質學的一種組成形式，或風景中的一片空間，這不錯令人十分著迷，可是這樣的一個「此在」，仍然是那個能製作書架的實在具體的人嗎？當同時代的沙特變得更關注人類如何投入世界、如何行動等問題，海德格卻幾乎完全脫離了這類問題。自由、抉擇和焦慮不再在他身上扮演什麼角色。人類本身變得難以辨認，尤其令人不安的是，提出這種想法的這位哲學家，還沒有令人信服地，跟犯下世紀最大罪行的那群人劃清界線。

此外，即使最熱切的海德格追隨者也一定暗自覺得，有時候他根本不曉得自己在說什麼。〈藝術作品的本源〉中經常被引用的一段，談到一雙鞋子。為了闡釋他所說的藝術就是「詩」，他認定梵谷（Vincent Van Gogh）一幅畫所表現的是農婦的鞋子。他天花亂墜地描述這幅畫如何像詩一樣「帶出了」什麼意念：鞋子主人每天穿著它踏著犁過的土地，田裡的莊稼熟了，到了冬天土地又回歸沉寂，他還提到婦女對飢餓的恐懼和分娩忍受痛苦的回憶。[37]藝術評論家梅爾・薩皮洛（Meyer Schapiro）在一九六八年的研究中指出，這雙鞋子可能根本不是農人的，而是梵谷自己的。到了一九九四年，薩皮洛的研究更找到證據顯示，這雙適合在都市環境穿著的鞋子，可能是梵谷買回來的二手貨，原是乾淨的，因為在泥地上走了一大段路才變得那麼糟。在研究的結論裡，他還引述海德格親手寫的筆記，承認「我們不能肯定這雙鞋子站在什麼地方，也不能肯定是誰的鞋子」。也許這無關宏旨，但看來很清楚的是，海德格在沒有什麼證據支持下，對這幅畫做了太多解讀，他的解說還包含對農民生活高度浪漫化的想像。[38]

這最終可能是個人問題：海德格對梵谷這幅畫的想法你也許認同，也許不認同。我個人並不認同，可是同一篇論文中其他一些說法卻令我感動。我始終十分喜愛他對一座遠古希臘神廟的描述，像是從筆端把天與地都帶出來了：

這座建築物矗立在那裡，在岩石地上。它這樣矗立著凸顯了岩石的奧祕——笨拙卻自然地支撐著。在風暴吹襲之下，這座建築物屹立不搖，它矗立在那裡，首先就暴露了風暴的暴力。再看石材的亮光和光澤，雖然它有賴太陽的恩賜才能亮起來，不過卻是它首先給我們帶來白天的光芒、天空的寬廣和黑夜的漆黑。神廟堅穩高聳直立，使得空氣中不可見的空間變得隱然可見。[39]

我早有心理準備，可能有人認為這段文字十分枯燥甚或可厭。但海德格在這裡表達的概念，認定人類的建築結構甚至可以令空氣不一樣的呈現出來，讓我自從讀過這段文字後，對建築和藝術的觀感一直受著它的影響。

如果有人認為，這段文字對我的影響可能在文學而非哲學方面，我也會欣然同意，不過我必須說明，這不是海德格的原意。他並不期望讀者把他的著作看成美學經驗，或看後像剛參觀過藝術館，說：「我喜歡這座神廟，卻認為那雙鞋子不怎麼樣。」海德格的著作該把我們帶到一種思想境界，就像年輕的雅斯培所說的：「一種不一樣的思考，這種思考在認知過程中提醒我，喚醒我，把我帶回自身，讓我轉化過來。」[40]此外，由於海德格把所有語言看作像詩一樣，甚至視之為「存在的寓所」，如果為了一段文字該看作是詩還是哲學而疑慮起來，他會認為根本就不是哲學家之所為。[41]

閱讀海德格後期著作，要把平日的批判式思維「放寬」一下。很多人認為，藝術家要求我們這樣做還可，哲學家要我們這樣做絕不能接受。為了欣賞華格納的歌劇系列《指環》（*Ring*）或普魯斯特的小說，我們要暫時調適自己才能進入創作者的世界，否則就根本談不上欣賞了。那麼同樣的道理，是否也該適用於海德格的後期著作呢？你要知道，他的後期著作不是人人都能欣賞的，我這裡所引錄的已是較易接受的了。

更大的困難可能在於，你讀完他的著作從那個世界走出來，能不能找回原來的自我。海德格本人也覺得，很難從他自己的哲學宇宙中抽身而出。高達美提到，曾見過海德格一直把自己封閉起來，看來不愉快，完全不能溝通，直到對方「走進他預先設定的思考方式」。[42]在這種情況下，對話的基礎受到嚴重限制。但高達美也指出，在正式講課結束後，大家品嘗著當地的美酒之際，海德格就變得比較輕鬆了。

好些以前追隨海德格的仰慕者現在離他而去，他以往與納粹的關係以及他後期哲學的性質，都令人敬而遠之。鄂蘭一九四九年從美國寫信給雅斯培，形容海德格在「轉向」後所講的尼采哲學，是「相當糟糕」的「胡言亂語」。對於海德格躲在托德瑙堡卻對現代文明說三道四，她也很不以為然，因為他讓自己遠離潛在批評者，人家懶得為了訓斥他而爬過一座山。她說：「沒有人會攀過一千二百公尺去表示憤慨。」[43]

可是卻有人真的這麼做。其中一人是海德格往日的學生赫伯特．馬庫色（Herbert Marcuse），他以前是海德格哲學的熱切信徒，現在是馬克思主義者。馬庫色一九四七年四月前去探望海德格，要求他對以往的納粹聯繫提出解釋和道歉，但兩手空空而回。他在八月再寫信問海德格，為什麼那麼多人等著他說一兩句話表態，他仍然不願意表明唾棄納粹的意識形態。「你真的想自己在思想史上這樣被人記住嗎？」[44]他問道。但海德格拒絕屈從。他在一九四八年一月二十日寫信感謝馬庫色寄給他包裹——據信那是當時很需要的物資，信中補充，他只把包裹裡的物品分發給「既不是國家社會主義黨黨員也跟該黨沒有絲毫瓜葛的昔日學生」。他然後回答馬庫色的問題說：「你的來信正好讓我看到，對於一九三三年以後沒有來過德國的人來說，要跟他們對話是多麼困難。」他解釋，他不想作出否定納粹的簡單聲明，因為很多真正納粹支持者在一九四五年爭先恐後做這種事，宣稱他們「在最為深惡痛絕的情況下」改變了信念，但事實上口是心非。[45]海德格不想跟著這群人發聲。

在少數對海德格這種反應表示同情理解的人中，解構主義大師雅克·德希達（Jacques Derrida）是其中的佼佼者。在一九八八年一次演講中，他反問那些對海德格保持沉默有所質疑的人，如果海德格提出了簡單聲明，譬如說「奧斯威辛集中營是絕對可怖的，是我從根本上譴責的。」這樣的宣言看似滿足了一般期待，海德格在這問題上的檔案從此可以關閉，不會再有什麼值得討論和疑惑。但德希達認為，這樣我們就不會徹底思考這個問題，也不會再問，海德格拒絕表態對於瞭解他的哲學隱含什麼意味，我們就會在這方面「從責任中被打發掉」。[46]其實海德格保持緘默，有如給我們「一項指令，去思考他自己沒有思考的事」，對德希達來說，這樣收穫更大。

馬庫色不願接受這種複雜的辯解，海德格也無意說服他。海德格寫給馬庫色的最後一封信，還看似刻意挑起矛盾，把猶太大屠殺跟戰後德國人被逐出蘇聯集團東歐地區相提並論，這種比較在當時的德國人之間十分流行，卻也正好刺中馬庫色對共產主義的同情心理。[47]馬庫色感到十分厭惡，在覆信中針鋒相對，指稱海德格竟能提出這種論點，只能說他「根本不在人與人之間可能對話的範圍內」。[48]馬庫色認為，如果海德格不能對話、不能作理性思考，他也看不見有什麼辦法能試著與他對話、思考，只能不再跟他說話。

海德格的哲學「轉向」，也招來老朋友雅斯培的批判，他們兩人已好久沒有聯絡了。雅斯培夫婦戰爭期間在海德堡小心翼翼挺過去了，雅斯培沒有教書也沒有出版。他只是驚險地倖免於難，後來發現，他們夫婦倆的名字出現在擬在一九四五年四月移送集中營的名單中；[49]美軍三月占領海德堡，佮好來得及救他們一命。夫婦倆暫時繼續住在海德堡，一九四八年終於作出遲來的結論，認為在德國難以安心，決定移居瑞士。[50]

一九四五年，弗萊堡大學「去納粹化」機構向雅斯培徵求意見，探討應否讓海德格恢復大學教席。雅斯培在十二月提交了一份典型地深思熟慮而平衡的報告，結論是海德格是一個至為重要的哲學家，大學應該給他提供從事研究的所有資源，但暫時還不應該讓他回到教學崗位。雅斯培寫道：「海德格的思考模式，在我看來是根本上不自由、獨斷而拒絕與人溝通的，目前對學生來說有很大的破壞性影響。」[51]

在草擬這份報告之際，雅斯培與海德格恢復了戰前就已斷絕的聯繫。然後在一九四九年，雅斯培不避尷尬給海德格寄上自己在一九四六年出版的著作《罪的問題》（*Die Schuldfrage*；英譯本書名為 *The Question of German Guilt*〔德國的罪疚問題〕）。該書的論述背景，是戰勝國對德國等軸心國的領袖所進行的紐倫堡審判，書中討論了德國人應該怎麼樣面對過去這段歷史而邁向未來。對雅斯培來說，各種審判和「去納粹化」審查的結果，都比不上德國人本身調整心態那麼重要。首先德國人要對他們造成的災難全面承認責任，而不是像很多人所做的，只管逃避或找藉口。雅斯培說，每個德國人都必須問：「我在哪方面有罪責？」[52]他認為，即使違抗納粹或嘗試協助受害者的德國人，也要共同承擔深刻意義上或所謂「形上學」方面的罪責，因為「當事情發生時我在那裡，我存活下來而有人被殺，我從自己內心的聲音知道：我仍然生存就背負著罪責」。[53]

雅斯培所說的「內心聲音」，使人想起海德格「此在」的真誠聲音從內心發出呼喚，要求自己負起應有責任。但海德格看來拒絕面對這種責任，他的聲音停留在自己內心。他已經跟馬庫色講過，不想像其他人那樣隨便說些開脫的話，然後依然故我。雅斯培也認為簡單而虛偽的開脫話是沒用的，可是他不能接受海德格的沉默。他認為應說的話不是行禮如儀表示不認同納粹，而是要真正溝通。雅斯培認為德國人經過十二年躲避和沉默，已忘了怎樣溝通，必須重新學習。[54]

雅斯培的要求對海德格起不了作用。對海德格來說，溝通在語言各種功能中排在很後的位置。他回信給雅斯培，對《罪的問題》一書不予置評，但禮尚往來地寄給雅斯培他的一些新近著作。[55]雅斯培對這種作法很是抗拒。他特別針對海德格自鳴得意把語言描述為「存在的寓所」，回覆他說：「我很氣惱，因為在我看來所有語言都是一道橋——人與人之間的一道橋，不是庇蔭所或房子。」海德格在一九五〇年四月寫的另一封信留下更壞印象，裡面充斥著各種怪異想法，說要等待某些將會接管或占據人們的事物的「將臨」（advent），所謂的「將臨」或「成己」（appropriation, Ereignis），是海德格哲學「轉向」後的概念。[56]這次雅斯培保持緘默不回應了。最後他在一九五二所寫的信說，海德格的新寫作風格使他想起那些長久以來愚弄人的神祕主義荒謬說法。他說，這是「純粹的夢囈」。[57]他在一九五〇年就曾寫信把海德格稱為「作夢的孩子」，那是寬宏大量地解讀海德格的偏失。[58]但現在他明顯覺得，這該是海德格醒來的時候了。

雅斯培秉持固有信念，畢生相信語言溝通的力量，而且身體力行，主持普及電台演說，並執筆談論當前的時政話題，盡可能接觸最多讀者。但海德格也向專家以外的聽眾發表演講，尤其在被禁教學之際，這是他唯一對外表達意見的管道。一九五〇年三月，他向黑森林北部的畢勒霍合（Bühlerhöhe）療養院住客和當地人發表了兩次演說，那是駐院醫生傑哈德·史楚曼（Gerhard Stroomann）安排的週三晚間系列講座。史楚曼是海德格的朋友，他後來以滿腔熱誠的海德格式口吻寫道，講座是成功的，但問答環節的情況難以逆料：「當討論開始，便要面對重大責任和終極危機。這是沒有經過演練的。你要抓緊不要離題……即使只是提出問題。」[59]

海德格繼續嘗試對外表達意見。他發表了科技論的早期版本，對象竟然是不萊梅俱樂部（Bremen Club）的會員，大部分是以漢薩同盟名城不萊梅為基地的商人和航運鉅子。這一系列講座，組織者是海德格當地友人海因里希·維甘德·佩慈特，講座看來反應不錯。也許海德格覺得對一般民眾比起對哲學家講話來得容易，因為哲學家會質疑他們認為說不通的論點，而不會讓它淹沒在一片喧鬧中。

因此，在海德格堅拒溝通的這段時間，他的影響力反而有增無減。到了一九五三年在慕尼黑發表科技論經精心修改的版本時，佩慈特注意到聽眾儘管不無迷惑，卻在講座結尾「熱烈歡呼，像風暴從一千人的喉頭迸發而出，拒絕停止」。[60]（他沒有考慮到，觀可能因為講座終於結束了而喝采。）

即使到了今天，十分重視與人溝通的雅斯培，讀者群也遠不及海德格那麼廣泛。受海德格影響的人，涵蓋建築師、社會理論家、評論家、心理學家、藝術家、製片家、環保人士以及無數學生和熱心追隨著（包括後來的解構主義者和後結構主義者，他們以海德格後期的哲學為出發點）。在一九四〇年代後期成為局外人然後重返圈內之後，海德格從此在歐洲大陸的大學哲學研究中無處不在。一九五五年在傅爾布萊特（Fulbright）國際教育交流計畫之下到海德堡研習哲學的凱爾文·史拉格（Calvin O. Schrag）看到有很多當代哲學家的課程而獨缺海德格，大惑不解。後來他的疑惑煙消雲散，他寫道：「我很快知道了，所有課程都跟海德格有關。」[61]

說到底，雅斯培和海德格，誰才是更佳的溝通者？

在他們嘗試互相理解而失敗後，海德格和雅斯培再也沒有見面。他們也沒有作出最終分手的決定，一切自然地發生。[62]有一次，海德格聽說雅斯培一九五〇年出行將途經弗萊堡，便問他火車到站的時間，要到月台見他一面，起碼握握手，雅斯培沒有回答。[63]

他們後來恢復偶爾的正式書信往還。當雅斯培在一九五三年七十大壽，海德格寫信道賀。[64]雅斯培的回信帶著緬懷往事的情懷，他記起一九二〇年代和一九三〇年代早期兩人之間的對話，還記得海德格的嗓音和他的姿勢。可是他補充，如果他們現在相遇，他不曉得該說什麼。他告訴海德格，後悔過往沒有以更堅強的態度面對他——沒有迫使他對自己有恰當交代；要不然，「我就可以牢牢抓住你——儘管這樣說吧；我就會毫不留情質問你，令你注意自己的所作所為。」[65]

六年半後，海德格過他自己的七十大壽，雅斯培也給他送上祝福。在這封簡短信函的結尾，他提到自己約十八歲時在費德堡（Feldberg）度寒假，那是離海德格所在森林地區不遠的滑雪勝地。他並不是像海德格那麼強壯的滑雪客，體格纖弱，只能在靠近旅館的地方活動，滑雪也不能滑得太快，可是那天下午所見的壯麗山景，仍然讓他讚嘆不已，他發現自己「陶醉於日落之際的一場雪暴中」，凝視著山上變幻的光線和色彩。信的下款還是往日的親切稱謂——「你的雅斯培」。[66]雅斯培的滑雪故事把自己描述為小心翼翼的人，猶豫而多疑，覺察到遠景的吸引力，卻不大願意到太遠的地方冒險。他暗示，海德格比較大膽，卻可能是在錯誤的路徑上，可能陷於險況或走得太遠，再也喚不回來。

雅斯培說得謙遜。事實上，在他們兩人中，他在精神上橫跨寬廣的文化和時代，加以綜合比較，而海德格則從來不喜歡離開他位處森林的家太遠。

另一位昔日朋友也離海德格而去，他就是在一九二九年的達佛斯會議上模仿嘲笑卡西勒的那位年輕人列維納斯。

他在戰前就移居法國並入籍成為公民。他曾在前線作戰，法國淪陷後被俘虜，囚禁在專為猶太戰俘而設的十一B戰俘營，在靠近馬德堡（Magdeburg）的法靈博斯特（Fallingbostel）。接下來是悲慘的五年，他和其他營中戰俘只憑稀淡如水的湯和削下的菜皮餬口，每天要在森林砍柴，幹得精疲力竭。那裡的警衛還奚落他們，說隨時把他們送到集中營處死。[67]事實上，成為戰俘倒是救了列維納斯一命，給予他一定程度的正式保護，那是一般猶太平民所沒有的，雖然他的妻子和女兒也能在朋友幫助下，躲進法國一所修道院而存活下來。[68]而在列維納斯的祖國立陶宛，他家裡其他人全都遇害。立陶宛在一九四一年被德國占領後，列維納斯所有親戚都跟其他猶太人一起被囚禁在他們所在城市考那斯（Kaunas）的猶太人街。納粹某天早上集合了一大群人，包括列維納斯的父母和兩個兄弟，把他們帶到郊外，在機關槍掃射下把他們殺害。[69]

列維納斯在戰俘營像沙特一樣寫了很多著作。他能取得稿紙和書籍，讀了普魯斯特、黑格爾、盧梭（Jean-Jacques Rousseau）和狄德羅（Denis Diderot）等人的著作。[70]他寫筆記，由此發展出他首部主要哲學著作——一九四七年出版的《從存在到存在者》（*Existence and Existents*）。[71]書中發展了他早期提出的所謂「有」的概念，這是指失眠或精疲力竭時隱約浮現的那種無形、無特徵、非人的「存在」。這把海德格的「存在」呈現為可怕的折磨，而不是在敬畏中期待它降臨的恩賜。列維納斯對於海德格所說的存有學上的差異（指存在者與「存在」本身之間的差異），尤其覺得可怖。[72]列維納斯認為，如果你把個別存在者都抽掉，剩下純粹的「存在」，那就是可怖而非人的東西。他表明，正因為如此，雖然他的省思最初來自海德格哲學的啟迪，但如今「在一種深刻需要的支配下，要擺脫那種哲學的纏擾」。[73]

列維納斯從「存在」的迷霧轉身而去，往反方向跑——走向個人的、活躍的、人性化的事物。在他一九六一年出版的最有名著作《全體與無限》，把「自我」與「他者」的關係列為整套哲學的基礎，它的中心地位，堪與「存在」在海德格哲學中的地位相比。

列維納斯指出，他思想上的這種轉向，源自戰俘營中一次經驗。像其他戰俘一樣，他在勞役中受到警衛毫不尊重的對待，彷彿他們是不值得以同理心對待的非人物體。可是每晚他們踏著步操回到鐵絲網圍著的營地時，那個工作團隊會受到一隻不知怎地跑進營中的流浪狗歡迎。那隻狗看見他們便會吠起來，高興地搖著尾巴，就像一般的狗一樣。透過這隻狗的親切眼神，他們每天提醒自己，受到另一存在物的肯定是怎麼一回事——這是一個生命體授予另一生命體基本認同。[74]

對這種經驗的省思，把列維納斯引向一種以倫理學為基礎的哲學，與海德格哲學以存有學為基礎大異其趣。他從猶太神學家馬丁．布伯（Martin Buber）的論著發展出他的概念。布伯一九二三年的著作《我與你》（*I and Thou*），把我與非人化的「他」或「他們」的關係，跟我與「你」的直接人性化接觸區別開來。列維納斯進一步認為：當我跟「你」相遇，我們通常是彼此碰面，透過你的臉孔，你這另一個人，能對我提出倫理上的要求。[75]這跟海德格的「共在」很不一樣——那暗示一群人一字排開，肩並肩團結一致站著，也許像一個統一的國家或國族。對列維納斯來說，我和你是名副其實地面對面，每次面對單一個別的人，而這是溝通與倫理期待的關係。我們並不融合起來，我們彼此作出反應。你不是被引入我個人人生的真實戲劇中，扮演某個角色，而是你往我的目光內望，卻仍然維持「他者」身分，你仍然是你。[76]

這種關係比自我，比意識，甚至比「存在」都更根本，它也引進一種無可避免的倫理責任。自從胡塞爾以來，現象學家和存在主義者都嘗試把存在的意義引申到包含我們的社會生活和關係。列維納斯更進一步：他把哲學完全反轉過來，把這些關係變成我們存在的根基，而不是它的延伸。

這種調整那麼根本，列維納斯就像在他之前的海德格，要把他使用的語言加以扭曲，以避免落入舊式思考的窠臼中。他的著作變得愈來愈迂迴曲折，但其中的中心思想，則總是把對「他者」的倫理關係置於優先地位。到了他年紀較大時，他的孫子拿他這個最有名的概念來開玩笑。當幾個孫子在餐桌上爭奪最大份的食物，有人就會說，取得最大分量那人，由於顯然沒有把其他人的要求置於優先地位，因此「沒有實踐祖父的哲學」。[77]

要跟列維納斯開玩笑是需要勇氣的。隨著年紀愈來愈大，他成為一個令人畏懼的人物。他在會議或課堂上碰上的任何「他者」，要是問起愚蠢的問題或看來誤解了他，都會遭厲聲斥責。[78]起碼在這方面，他跟昔日的導師海德格還是有共通的地方。

其他思想家也在戰時作出倫理上的根本轉向，最極端的是韋伊，她實際嘗試在生活中把他人的倫理要求置於首位。在一九三二到德國走了一趟回到法國後，她在一家工廠裡工作，要親身體驗這種工作低貶人性的本質。[79]當法國在一九四〇年淪陷，她的家庭不理她的反對逃到馬賽，再逃到美國和英國。即使在流亡生活中，韋伊也作出不尋常的犧牲。如果世界上有人不能在床上睡覺，她也會奉陪而睡在地上；有人缺乏食物，她也幾乎完全不吃。她在日記裡忽發奇想，會不會有一天研發出一種人類的葉綠素，讓人光靠陽光就可以維生。[80]

經過幾年自願忍飢挨餓，韋伊因營養不足併發的肺結核而病倒。她在一九四三年八月二日因心臟衰竭在英國米德賽克斯醫院（Middlesex Hospital）與世長辭。在人生這段最後的日子裡，她寫作了大量有關倫理和社會的哲學研究，探討人類互相依存的本質和限度。她的絕筆之作《扎根：人類責任宣言緒論》（*The Need for Roots*）其中一個論點辯稱，我們所有人都沒有所謂權利，但彼此之間卻有近乎無限的責任和義務。[81]不管她的致死原因是什麼（有人認為可能涉及神經性厭食症），沒有人能否認，她徹底投入實踐了她的哲學。在本書談及的所有人物中，韋伊的一生肯定是艾瑞斯．梅鐸「活在其中」的哲學最深刻、最具挑戰性的實踐。事實上，梅鐸成為了韋伊思想的仰慕者，並因此從早期對沙特存在主義的興趣，轉而擁抱一種建基於「善」（the Good）的偏重倫理的哲學。

在此同時，基督教存在主義者馬賽爾仍像他自一九三〇年代以來一直努力的，辯稱倫理學在哲學中壓倒其他一切，他認為我們對他人的責任如此重大，足以在哲學中被定位為超越經驗的「奧祕」。[82]他採納這樣的立場，部分原因也因為戰時經驗：在第一次世界大戰中他參與紅十字會資訊服務，肩負吃力不討好的任務，負責回覆親人有關失蹤士兵的諮詢。[83]不管接收到什麼消息，他都如實傳達，通常那都不是好消息。馬賽爾後來表示，他的任務使他永遠對所有的好戰言論都不為所動，使他察覺到人生中還有一些「未知」力量。[84]

這些極端的倫理思想家，都在本書所講的主要故事的邊緣，其實他們之間有顯著共通點，他們都有宗教信仰。他們也賦予「神祕」這個概念特殊的角色，那是一個不可知、不能盤算、無法明白的概念，尤其當它涉及我們彼此間的關係。海德格跟他們不一樣，因為他否定了從小被灌輸的宗教觀念，也對倫理學沒有真正興趣——可能因為他對人本身沒有真正興趣。可是在他的後期著作裡，每一頁都暗示對一種無法形容、不能把握的事物的直接經驗。海德格也是神祕主義者。

這種神祕主義傳統，可追溯到齊克果的「信心的跳躍」。它的靈感很大程度也來自十九世紀另一位著眼於「不可能」觀念的傑出神祕主義者杜斯妥也夫斯基（Fyodor Dostoyevsky），以及更早的神學觀念。然而孕育它的土壤，還包括二十世紀前半長時間的創傷。自一九一四年以來，尤其自一九三九年以來，歐洲和其他地區的人開始體會到，我們不能完全瞭解或信賴自己，我們對自己所做的事沒有藉口或解釋，可是我們必須把自己的存在和關係建立在一些穩固基礎上，否則就無法生存。

即使無神論的沙特，也很希望能找到對價值觀作出思考的新方式。他在《嘔吐》裡曾貶抑傳統倫理，他又認為，中產階級那一類人雖然自認是好心腸的人文主義者，但如果像列維納斯所說，他人的臉孔呼召自己在倫理上作出回應，這類人卻「從來不讓自己受別人臉孔的意義所影響」。[85]在《存在與虛無》中，他進一步表示，平穩的、舊式的倫理原則僅建基於包容之上，涵蓋不夠廣泛。「包容」不能應付他人對我們提出的全部倫理要求。他認為，只是能夠退一步，對他人忍讓，是不足夠的。[86]我們必須學習彼此付出更多。現在他往前邁進一大步：我們必須更深地「投入」我們共享的世界。

年輕法國作家托瓦涅奇陪伴海德格把他的手稿找回來之後，接下來很熱中於介紹海德格和沙特認識。他給海德格提供由法國人尚．波弗勒（Jean Beaufret）所寫的一系列有關沙特存在主義的文章。後來海德格在他來訪時談到這些文章，對於沙特同時是哲學家、現象學家、戲劇家、小說家、散文家和新聞工作者，很是驚嘆。[87]海德格妻子在旁問道：「這種存在主義到底是什麼？」

托瓦涅奇下次探訪海德格，給他帶來一本《存在與虛無》。海德格把這本沉甸甸的書拿在手裡把弄一番，接著說他目前沒有什麼時間閱讀——這從來是很好用的藉口。[88]然後在托瓦涅奇快要告別的時候，海德格拿出了他珍而重之的一樣小東西——用絲質般的紙張包裹著、放在桌子抽屜裡的一張尼采的照片。[89]他妻子對托瓦涅奇輕聲說：「這東西他不會拿給每個人看。」

托瓦涅奇一點也沒有因此而受到鼓舞，不過，他不輕易放棄讓海德格和沙特碰面的機會，不管是私下見面，還是公開進行辯論也是好的。他也嘗試引起卡繆的興趣，可是卡繆完全不想跟海德格有絲毫聯繫。[90]沙特有點心動，卻也跟海德格一樣，總是跟托瓦涅奇說這時太忙了。沙特倒是邀請托瓦涅奇在《摩登時代》寫寫他和海德格見面的情景，他也不負所託。[91]

在此同時，海德格還是騰出時間讀了《存在與虛無》。他告訴來訪的托瓦涅奇說，很欣賞沙特心理上的敏銳觸覺以及他「對具體事物的感覺」。[92]起碼托瓦涅奇在應沙特邀請所寫的文章裡是這麼說，由於文章刊登在《摩登時代》，這可能是為了討編輯高興。海德格也禮貌地寫了一封信請他轉交沙特，其中提到：「你的著作凸顯出對我的哲學的一種即時領悟，是我以前不曾碰見的。」這句評語有點模稜兩可：到底是說沙特的領悟很了不起，還是太差勁了？[93]

在其他人面前，海德格的反應就比較直率了。當美國學者赫伯特、德雷弗斯（Hubert Dreyfus）看見海德格桌子上有一本《存在與虛無》而談了起來，海德格衝口而出說：「我哪有時間翻閱這種『垃圾』！」[94]他開始寫作一篇長文談到對沙特的看法，最初是寫給波弗勒的一封信，抨擊人文主義版本的存在主義，那是沙特在〈存在主義是一種人文主義〉演說中提出而深受好評的觀點，其中歌頌自由與個人行動。海德格不想跟這種哲學扯上絲毫關係。這篇文章後來在一九四七年發表，題為〈論人文主義書簡〉（Letter on Humanism），裡面多處喚起「林中空地」和「順其自然」等概念，這篇文章是海德格堅決反人文主義的新思考風格的代表作之一，沙特沒有對文章作出回應。[95]

海德格之前寫給沙特的信邀請對方前來托德瑙堡：「我們可以在我家的小屋裡一起投入哲學思考，又可以去黑森林滑雪。」[96]據托瓦涅奇說，海德格對沙特在《存在與虛無》中所描寫的滑雪情景印象深刻；[97]那出現在接近全書結尾的地方，可見海德格翻閱他所謂的「垃圾」，也翻到了很後面的地方。想像一下沙特和海德格一起滑雪（也許還有比沙特更擅長運動的波娃），是多美妙的一回事：從山坡一飆而下，臉頰泛紅，口中的話隨風飄蕩，海德格毫無疑問滑得很快，沒有人追得上，很是威風。他就喜歡這樣，馬克斯·穆勒回憶跟他一起滑雪，就有這樣的描述：「我們滑雪的時候他多次取笑我，因為我在左繞右轉，他卻直線猛衝而下。」[98]

可是滑雪之旅始終沒有實現。沙特總是很忙，他的日記填滿了約會。而且這是一九四五年，當時叫一個法國人到黑森林去跟有納粹背景的前弗萊堡大學校長滑雪，畢竟有點尷尬。

一九四八年初，沙特和波娃有一次德國之行，是為了沙特一九四三年所寫歌頌自由的劇作《群蠅》在柏林演出而前赴當地。[99]在原來版本中，這部戲劇用古希臘《奧瑞斯特斯》的故事作為寓言，以古喻今談到談到法國淪陷的處境。尤爾根·費靈（Jürgen Fehling）在柏林賀貝爾劇院（Hebbel Theatre）演出的版本，則暗喻德國戰後的處境，為了清楚帶出寓意，台上的陰鬱布景明顯可見那座神廟像個地堡。劇中暗喻，德國現在也因為自己的羞恥而癱瘓。沙特的劇作是呼籲法國人擺脫過去，為未來作出有建設性的行動；也許這個訊息可以重新詮釋而用於德國的處境。

沙特肯定認為這樣。一年前，他為了在德國的法國管治區一次規模較小的演出而寫了一篇文章，提到德國人跟幾年前的法國人一樣有類似難題：

我認為，對德國人來說悔恨是無濟於事的。我不是說，他們應該把以前的錯誤一筆從記憶抹掉。不！可是有一點我倒是肯定的，他們不能僅憑著悔過而贏得世人的寬恕。他們若要贏得寬恕，就必須以自由為宗旨，憑著實幹，徹底而真誠地投身建設未來，以堅定意志建設這個未來，盡可能讓更多帶著善良意圖的人躋身他們中間。也許這部戲劇不能引領他們踏進未來，卻可以鼓勵他們朝這個方向邁進。[100]

不是所有德國人都贊同這種分析，劇作掀起的辯論引起很多人注意，因而全場滿座。波娃聽說有人花五百馬克買一張戲票，那是當地平均月薪的兩倍多。更有一個人拿出兩隻鵝來購票，在食物短缺的情況下這是不菲的代價。最初波娃對於這次德國之行有點焦慮，因為曾在巴黎長期面對德國占領者帶來的恐懼，可是當她看見德國的衰敗景況——不管是「衰敗」這個詞語在海德格筆下的意思還是一般意義，心意便改變過來。那時正是嚴冬，氣溫多個星期低至攝氏零下十八度，但很多柏林人外出沒有外套，波娃還看見很多人上街推著小手推車，一邊走一邊收集找到的有用物資。[101]他們那麼喜歡到劇院去，其中一個原因是去取暖，儘管有時這表示要在漫天風雪中走很長的路，所穿的鞋子又不保暖。[102]柏林僅能維持最基本運作，蘇聯、美國、英國和法國管治區令它尷尬地四分五裂，幾個月後，美、英、法就聯合組成西柏林管治區。它跟沙特在一九三三和三四年所見的柏林肯定面目全非。沙特在公開露面之間的空閒時間，走到以前住過的房子，那幢房子還在，卻破敗不堪。[103]

沙特出席的主要活動，是二月四日在賀貝爾劇院的一場辯論。沙特用法語講話，現場翻為德語，基督教徒和馬克思主義信徒異口同聲認為這部劇作向德國人傳遞了錯誤訊息，沙特則提出辯解。批評者說，這部戲劇有關自由的存在主義哲學，對一九四三年的法國人來說是恰當的，可是現在就叫德國人往前走還不是時候。紐倫堡審判才剛結束，有些曾在戰爭中犯罪作惡的人仍然逍遙法外。一位辯論者警告，很多人或許會借用這部戲劇為自己辯護，對以往發生的罪惡否認罪責，逃過法網。[104]

沙特最初用德語參與辯論，後來作出回應還是要靠翻譯。他辯稱，存在主義的自由從來不是讓人用作任何事的藉口：它恰好跟這種作法是對立的。存在主義中沒有任何藉口，隨著自由而來的是完全的責任。

沙特的簡短講話，促使基督教作家葛特・圖伊尼森（Gert Theunissen）轉而對他的自由概念作更一般性的批判。圖伊尼森說，所謂「存在先於本質」的說法明顯是錯的。人類確實有一種本質，是上帝賦予的，人類的責任就是把這種本質活出來。據辯論的紀錄，這一番評語引來「全場高聲讚許，狂歡之聲夾雜著口哨」。接下來是阿爾方斯·史泰寧格（Alfons Steininger）從共產主義觀點提出批評，他是蘇聯文化研究協會的會長。他說，沙特的劇作恐怕被挪用來「鼓動群眾大而化之，陷入虛無主義和悲觀主義」，這是共產主義者狠批存在主義常用的陳腔濫調。一般來說，這次辯論就是停留在這樣的層次。沙特已不是頭一遭或最後一次，夾在這兩群反對者中間，而兩者並無絲毫共通點，除了同樣痛恨他。

當然，他們也不無道理。存在主義本身不給人提供藉口，並不表示不能遭人挪用為藉口。不需要什麼詭辯本領，也能把《群蠅》曲解為選擇性遺忘的說詞。而如果說一九四三年的法國跟一九四八年的德國有什麼相似，可能也不過是戰後世界各地的普遍感覺：那是對剛過去的歷史的恐懼，加上對混雜著希望的未來的憂慮。

不過，《群蠅》在其他方面也能引起一九四八年的柏林人的共鳴，那跟當時的艱苦境況有更大關係。布景的荒涼景色跟場外柏林的實況十分相似，劇中那群蒼蠅也可能勾起不快回憶：在一九四五年那個酷熱而可怕的夏天，德國各城市據報因為瓦礫堆裡的腐屍惹來成群的綠色飛蟲橫行肆虐。[105]

尤其是柏林是一個被占據的城市，它不光籠罩在焦慮與渴望之下，還有盤踞著的各懷鬼胎的外國勢力，對蘇聯的恐懼尤其迫切。在沙特和波娃結束這次訪問離去幾個月後，蘇聯占領軍突然發動襲擊，切斷柏林西邊所有補給。一九四八年三月蘇軍封鎖鐵路，六月封鎖公路，要透過斷絕供給令柏林就範，就像戰時德軍圍困列寧格勒一樣。

西方盟國以大膽補救方式回應，他們從空中提供城內所需一切，包括食物、煤、藥物。在超過一年的時間裡，所有必需品都由空中補給，這項行動稱為「柏林空運」。在某個階段，一天二十四小時每分鐘都有飛機降落柏林。一九四九年五月終於與蘇聯達成協議，封鎖放寬了，但真到九月底還要依賴飛機給補。當時柏林還沒有圍牆，那是在一九六一年才架設起來的。但它無疑是個分裂的城市，未來四十年都要在長期的政治緊急狀態下存活。也許劇中阿戈斯城陰魂不散、深陷困境的狀況，最終能引起柏林人的共鳴。

沙特和波娃克服了應否前往德國的猶豫，但仍然沒有跡象顯示他們有意前去探望海德格。沙特直到一九五三年才終於與海德格見面，但結果不如人意。

這次兩人得以會面，是因為沙特前去弗萊堡大學演講。那裡的學生很興奮，擠滿整個會堂，可是，隨著沙特在長長三小時裡以艱澀的法語喋喋不休，學生的熱烈反應沉寂下來。[106]沙特應該也能感覺到，演講結束之際台下的附和反應已變得冷淡。在這種情況下，沙特其後一番跋涉到海德格位於市郊札林根的主要住宅去探望他，事前就肯定已經啟動了自衛機制。這次沙特沒有去托德瑙堡，也沒有去滑雪。

兩人用德語交談，沙特的德語能力勉強能應付。雙方事後都沒有對談話情況留下第一手描述，但海德格後來有跟佩慈特提到，沙特也有跟波娃談及，而她們兩人都有做筆記。[107] 據兩人的紀錄，這次對話很快變得亂糟糟。海德格提到馬賽爾最近的劇作《弗洛雷斯坦的尺度》（*La dimension Florestan*），不指名道姓地拿一個哲學家開玩笑，說他躲在偏遠地區的小屋裡，偶爾丟出一些令人無法理解的說法。有人告訴海德格有這麼一部作品，雖然他自己沒看過或聽過它的內容，卻毫無困難認出這是影射他，心裡不高興。

沙特發揮身為法國人的外交職責，為馬賽爾所做的事道歉。[108] 沙特這種作法顯示他很寬宏大量，因為他自己也遭馬賽爾批評過好幾次，首先是在一九四三年對《存在與虛無》的書評中；然後馬賽爾在一九四六年的〈存在與人類自由〉（Existence and Human Freedom）一文中，又狠批沙特的無神論以及他的哲學沒有觸及倫理。馬賽爾在文中還特別批評，沙特不能接受主要來自上帝的「恩典」，也不能接納來自別人的恩惠。但這次會面中沙特倒是懂得向別人施恩，他願意為了馬賽爾的諷刺之作，而正面面對海德格的批評。[109]

海德格為了這樁尷尬小事宣洩不滿情緒，使得對話一開始就不太對盤，接著卻是沙特沉溺於他最愛的話題。他迫切地談到政治參與：他認為作家和思想家有責任參與他們所處時代的政治。這個話題至少對海德格來說多少有點尷尬，他也不想在這方面聽沙特的觀點。沙特後來告訴他的祕書尚．柯（Jean Cau），當他提起這個話題，海德格以「帶著無盡憐憫」的眼光望著他。[110]

事實上，海德格當時可能是透過他的表情在說：「我們一定要談這個話題嗎？」不管他的感覺怎麼樣，結果就是浪費了更多時間，而這番對話原可以比現在看來有趣得多。我們不曉得這次對話有沒有談到自由、存在、人文主義、憂懼、屬己性等話題，即使有，也沒有留下絲毫紀錄。他們在各說各話。

弗萊堡這個二十年來讓沙特在他的著中魂牽夢縈的「現象學之城」，結果讓他失望而回。不管怎樣，沙特的思想現在跟海德格已愈走愈遠了。沙特離去時心情壞透了，他甚至遷怒於這次演講的組織者。當他上了火車，發覺他們體貼地在他的車廂小客房裡放了一束玫瑰，這也許是對來訪名人的基本禮貌，但沙特覺得十分可笑。「很多束玫瑰！手臂都攬不住！」他後來寫信這樣跟尚．柯說，這肯定有點誇大。他等到火車離開車站，便把玫瑰丟到窗外。[111]

沙特回去後，對波娃驚奇地表示海德格怎樣深受景仰：「四千名學生和教授日以繼夜在鑽研海德格，光想一下就夠厲害！」[112]從這個時候起，他不屑地把海德格稱為「山中老叟」。[113]沙特在一九四〇年法國淪陷後抓住《存在與時間》作唯一慰藉，這種日子早已一去不返。但沙特不是唯一不堪回首的人。對所有人來說，戰爭改變了一切。

第九幕
探索人生

存在主義用在真實的人身上

某天，大體在一九四八年柏林之行前後的一段時間裡，波娃手裡拿著鋼筆，眼睛凝望著紙張，在旁的雕刻家賈克梅第說：「看妳多麼古怪！」她回答：「因為我要寫作，卻不曉得寫什麼。」賈克梅第發揮自己的慧根回答別人的問題，說道：「寫什麼都好。」[1]

波娃果然不管那是什麼，寫了起來。她的朋友米歇爾·萊里斯（Michel Leiris）所寫的實驗性自傳，她最近才讀過，也帶來靈感：她由此獲得啟發，嘗試從記憶展開一種自由寫作，主題是她作為一個女孩的成長歷程。她跟沙特討論這個寫作概念，沙特鼓勵她往更深層探討。結果就是波娃的女性主義不朽之作《第二性》，這本書要是談到起源，卻是跟賈克梅第、萊里斯和沙特這三位男士有關。

最初的寫作概念也許是審慎的，還需要來自男性的鼓勵，但這個寫作計畫很快在各方面發展出革命性觀點：它顛覆了人類存在的本質問題，也鼓勵讀者顛覆自身的存在。它也是「應用存在主義」一種充滿自信的實驗。波娃利用哲學來處理兩個重大課題：其一是人類歷史——重新詮釋為父權制度的歷史，其二是一位女性自出生以至老死的個人歷史。這兩個歷史故事彼此相關，但書中分開兩部分交代。為了充實全書的內容，波娃把自身經驗和她所認識的其他女性的經驗揉合起來，並加入歷史、社會學、生物學和心理學的廣泛研究。[2]

她寫得很快。個別篇章和早期版本在一九四八年先後刊於《摩登時代》雜誌，完整的書次年刊行，馬上引起各界震驚。[3]這位思想自由的女性存在主義者，實踐開放式性愛關係，既無子女，心中也沒有神，外界早就認定她是一個麻煩人物。現在她這本書還充斥著女性性經驗的描述，有一章更大談女同性戀。甚至在她的朋友之間也引起反彈。其中一種最保守的反應來自卡繆。波娃在她的回憶錄提到，卡繆「用幾個臭脾氣的句子，指責我把法國男人描述為可笑的傢伙」。[4]如果男人看了這本書感到不自在，女人看後卻往往重新思考自己的人生。這本書在一九五三年就翻譯為英文，比沙特的《存在與虛無》早了三年，更比海德格的《存在與時間》早了九年。自此它在英國和美國的影響力，比在法國更加厲害。它可說是存在主義影響力最大的著作。

這本書背後的主要概念就是，女性在成長過程中，身分上所呈現的差異，比一般人體會的大，甚至比女性本身所體會的大。有一些差異是明顯而實際的。譬如法國女性才剛爭取到政治投票權（隨著一九四四年從淪陷解放），但仍然缺少很多基本權利，譬如已婚女性到了一九六五年才開始可以開立個人銀行戶頭。而法律上的差異對待，反映了更深層的、涉及存在景況的差異。[5]女性的一些日常經驗，在人生很早的階段就跟男性朝不同方向發展。很少人會想到這是發展而來的差異，大家假定這種差異是女性特質的「自然」表現。可是在波娃看來，所謂女性特質其實是一個「迷思」（myth）——這個術語取材自人類學家克勞德．李維史陀，還可以追溯到尼采——尼采透過所謂「譜系」式觀察，從文化和道德挖掘出各種謬誤。在波娃的用法中，所謂「迷思」，有點像胡塞爾現象學所說的，是在現象之上積累起來的有如硬殼的東西，我們要把它刮掉，才能觸及「事物本身」。

《第二性》全書的第一部分，對迷思和現實進行了寬廣的歷史性檢視；第二部分則敘述一個典型女性的一生，以印證波娃所說的，「一個人不是生而成為女性，而是演變成女性」。[6]

波娃說，最初的影響年幼時就開始。我們教導男孩要勇敢，卻期待女孩比較軟弱，她們會哭。[7]男孩女孩聽同樣的童話故事，但在故事裡男性是英雄、王子或戰士，女性則被囚禁在塔樓裡，受了咒語而沉睡，或被綁在石頭上等待別人拯救。[8]女孩在聽這些故事的同時，又注意到自己的母親大部分時間留在家裡，像被囚禁的公主，而父親則往外闖，像戰士去打仗。女孩由此體會到自己扮演的是哪種角色。[9]

稍微長大一點，女孩又學習在行為上要謙恭有禮。男孩會跑動、攀爬、攫取物體、抓住東西、揮拳，他們名副其實的抓住現實世界，跟它角力。女孩穿漂亮衣服，不敢跑動以免弄髒。長大一點，就會穿高跟鞋、緊身胸衣和裙子；她們留長指甲，擔心弄斷。她們做起事來，也要在無數細節上學習謹而慎之，以免損及弱小的身軀。[10]艾莉斯・馬利雍・楊（Iris Marion Young）一九八〇年發表的〈像女孩那樣丟球〉（Throwing Like a Girl）一文，把波娃的分析應用於更具體的細節，女孩習慣了認為自己「被放置於空間中」，而不是透過自己的行動界定或構築周邊的空間。[11]

青少年時期自覺意識提升，[12]一些女孩傾向於自我傷害，有問題的男孩則愛跟人打架。[13]性徵現在發展起來，但小男孩早已察覺陽具是重要的東西，女孩的性器官則幾乎沒有人提及，彷彿並不存在。[14]女性早期的性經驗可能尷尬、痛苦或飽受威脅，由此可能帶來更多自我質疑和焦慮。然後對懷孕的恐懼湧現（波娃寫作本書遠在避孕藥丸發明之前）。[15]波娃指稱，即使年輕女性能享受性愛，女性的性愛歡愉可能更難控制，更令人困擾。[16]對大部分女性來說，性愛通常跟婚姻聯繫在一起，隨之而來的是單調重複的家務和孤立的勞動，生存在世沒有絲毫成就，沒有真正的「行動」。[17]

到了這個階段，所有這些因素合起來讓女性在更廣大的世界裡無法建立權威或自主行動。對女性來說，世界並不像海德格所說的是「一套工具」。反之，世界「被命運支配，凡事都是神祕而反覆無常的」。[18]波娃相信，因為這個緣故，女性很少在藝術和文學上取得偉大成就。不過波娃認為吳爾芙是一個例外；吳爾芙在一九二八年的作品《自己的房間》（*A Room of One's Own*）中也體會到，假如莎士比亞有一位才華像他一樣的姊妹，她勢必面臨災難。在波娃眼中，女性處境的每一種因素，合起來令她陷入平庸，不是因為女性先天上不如人，而是因為她們一路以來學習要內斂、被動、自疑，急於討好別人。波娃發覺大部分女性作家人令人失望，因為她們不能掌握人類景況；她們沒有把人類景況作為自己的一部分而貫徹實現出來。[19]她們覺得很難為宇宙負上責任：一位女性怎麼可能，像沙特在《存在與虛無》中所宣稱，「我把世界的重擔放在自己身上」？[20]

在波娃看來，女性面臨的最大掣肘，來自後天養成的習慣，把自己看作「他者」，而不是超越於一切經驗的認知主體。她這種想法，來自戰時閱讀的黑格爾哲學，其中分析對立的意識為了爭取控制權而角力，一方是「主人」而另一方是「奴隸」。主人的一方，很自然的從自己的觀點來看萬事萬物。然而奇怪的是，奴隸也是從主人的觀點來看一切，像把自己跟主人綑綁起來，嘗試從對方的觀點來看世界——這是一種由「異化」（alienation）而產生的觀點。女性甚至採取男性觀點來看女性自身，讓自己成為男性認知中的客體，而男性本身則是主體。這種扭曲的結構最終會崩潰，因為奴隸會醒悟，體會到自己把角色反過來了，瞭解到整體男女關係建立在自己的艱苦勞動之上。女性於是起而反抗，最後獲得完整的自我意識。[21]

波娃發現黑格爾這種對人類關係的看法，把它視作著眼點或觀點上的漫長鬥爭，很有啟發意義，多年來與沙特一起討論。沙特也自一九三〇年代以來就對「主奴」辯證很有興趣，在《存在與虛無》中把它用作一個主要主題。沙特對「異化」觀點所展開的鬥爭，舉了好些生動的例子，這裡我們先把波娃擱下，看看沙特在這個話題上怎麼說。

在第一個例子裡，沙特請我們想像在公園散步。如果我單獨一人，公園就圍繞著我的觀點很舒服地鋪展開來：我看見的每樣東西都是「對我」呈現的。可是接下來我注意到有一個人跨過草坪往我這邊走來。這就突然引起宇宙上的移位。我意識到那人也把他那個宇宙繞著他自己組織起來。像沙特所說，草坪的青綠色向著那人呈現，也向著我呈現；於是我這個宇宙的一部分，就往他那個方向流失。我自身的一部分也隨之流失，因為我是他那個世界中的一個對象，一如他是我這個世界的一個對象。我不再是一個純粹的、此外一無所有的感知者；我有一個可見的外在形相，而我知道這是他能看見的。[22]

沙特另一個例子包含情勢的逆轉。這次他要我們想像在巴黎一家旅館的走廊上，往別人房間的鑰匙孔望進去，也許是因為妒忌、淫欲或好奇心。我完全沉迷於正在看的東西，整個人給吸引了過去。然後我聽到走廊上有腳步聲——有人正走過來！整個情勢便改變過來。我不是迷失於房間裡所看的事物，我現在意識到自己是個偷窺者，對於正在走廊上走過來的第三者來說，我就是以這種身分出現在他眼中。我從鑰匙孔往內看的那個樣子，成為了「被看見的一個樣子」。我把自己灌注進所察看事物的那種「超越性」，現在被另一個人的「超越性」所超越。那個第三者具有一種能力，把我認定為特定的一種對象，把特定的特性加在我身上，而不是讓我一人自由地存在。我要作出對抗，辦法是對那個人看待我的方式施加控制，比方說，我或許會造作一番，假裝蹲下來繫鞋帶，讓對方不要把我視作齷齪的偷窺者。[23]

這種觀點上的對抗，在沙特的小說、傳記和哲學著作中反覆出現。在他的新聞寫作中，他也曾回憶一九四〇年後被視為戰敗者一員，那種感受如何令人不快。[24]在一九四四年，他針對這種感覺寫了《密室》（*Huis clos*）一劇。劇中描述三個人困在一個房間：一個被指怯懦的逃兵、一個生性殘忍的女同性戀者，以及一個嫁給闊佬的賣弄風情的女子。每個人都多少對另外一人懷著判斷之心看待，每個人也渴望能逃避他人欠缺同情的目光。可是沒有一個人成功，因為他們其實是剛死的鬼魂，身在地獄。這部戲劇的最後一句話——「他人就是地獄」[25]，經常被引用也常被誤解。沙特後來解釋，這句話不是說他人帶有地獄的特質，而是說當我們「死後」，就在別人的目光中凝固起來，不能再對他們的詮釋作絲毫對抗。我們生前仍能做一些事調整給別人的印象，死後這種自由便消失，我們被埋葬在別人的記憶和感覺中。[26]

沙特把活著的人的人際關係看作認知主體之間的角力，使他對性愛作出奇怪的描述。以《存在與虛無》對性愛的討論來說，沙特眼中的戀愛，是觀點上的史詩式掙扎，也因而是為自由而掙扎。[27]如果我愛你，我不是想直接控制你的思想，而是希望你愛我、對我心存欲望，從而自由地對我放棄你的自由。而且，我希望你在看我時，不是看作其他人一樣，是個偶然存在於世或有瑕疵的人，而是你世界中一個「必然」人物。也就是說，你不是冷冰冰地評估我的錯誤或令人討厭的習慣，而是歡迎我大大小小的每項特質，彷彿我必然是這個樣子的。回到《嘔吐》裡的那種說法，我就是希望自己對你來說有如那首爵士樂曲。沙特體會到，這種情況不大可能維持久遠。它也有它的交換條件：你也想從我身上獲得同樣的無條件愛慕。就像艾瑞斯．梅鐸令人印象深刻地提到，沙特把愛轉化為「一個密室中兩個施催眠術的人互相角力」。[28]

沙特對愛和其他人際關係的分析，起碼有部分想法來自波娃擷取自黑格爾哲學的概念。他們兩人都曾審視「主奴」辯證的隱含意味；沙特構想出那些令人驚嘆的古怪例子，波娃則把這種想法變成《第二性》這部巨著的堅實基礎。她對這種關係的研讀和領悟比沙特複雜。作為起步的一個重點，波娃指出，把愛或其他任何關係，只視作兩個地位對等的參與者在交手，其實忽略了一項關鍵事實：真實的人際關係包含著身分與角色的差異。沙特忽略了男性與女性的不同存在景況。在《第二性》中，波娃用黑格爾有關「異化」的概念加以匡正。

波娃指出，女性事實上是男性的「另一面」，可是男性卻不是女性的「另一面」，又或不是同樣情況下的另一面。兩性都傾向於以男性作為具界定作用的一方，是所有透視點的中心。我們的語言也強化了這種想法，以「男人」（man）來指所有的人，並以男性代名詞「他」（he）來兼指兩性，在法文和英文都是這樣。女性不斷試著把自己呈現為男性心目中那種形象。女性不是往外察看世界，不是以世界向她們呈現的方式為準（像從鑰匙孔往房間內望的人）；反之，她們秉持的觀點，是把自己當作他人眼中察看的對象（像意識到走廊上腳步聲的同一個人）。波娃認為，這就是為什麼女性花那麼多時間在鏡子前面。[29]這也是為什麼男性和女性都默認女性比較偏重感官感覺，較易挑動色情心態以及比較性感。理論上，對一位異性戀的女性來說，男性該是比較性感的一方，為了吸引對方的目光而在她面前炫耀一番。可是女性卻把自己看作吸引力的對象，而男性則是對她顯露欲望的一方。[30]

換句話說，女性一生中很多時間活在沙特所說的「自欺」之中，假裝自己是被觀看的對象。她們就像服務生在桌子間來回穿梭扮演服務生；她們把自己等同於這種「內在」形象，而不是讓自己作為「超越性」的意識，作為為自己而活的自由人。服務生只是工作時自欺，女性卻整天在自欺，而且是更大程度的自欺。這是令人精疲力竭的，因為在所有時間裡，女性的主觀意願原是像一切主觀意願自然地企求的，要認定自己是宇宙的中心，因此每一位女性內心都在掙扎。波娃因此認為，女性如何作為一位女性的問題，是最突出的存在主義難題。[31]

原來只是波娃回憶錄的一個片段，現在卻在史詩規模上發展成為「異化」的研究個案：這種現象學探究，不光涉及女性經驗，還涉及兒時經驗、身分體現、個人能力、行動、自由、責任與「在世存有」。《第二性》是多年閱讀和思考的結果，也受到與沙特對談的啟發，但它不是像有人一度認為的，只是沙特哲學的附庸。不錯，波娃在一九七二年曾引起一位女性訪問者的震驚反應，就因為她堅稱她所寫的《第二性》，主要影響來自《存在與虛無》。[32]但七年後她在另一次訪問中矢口表示，她對黑格爾哲學他者與異化觀點的演繹，與沙特毫無關係：「那種看法是我自己想出來的！絕非來自沙特！」[33]

不管塑造這種概念是誰的功勞，波娃的《第二性》，對於人生中的自由與限制如何達致平衡，比起沙特有更微妙的體會。書中顯示，選擇、影響與習慣如何在人生中積累起來，形成一種難以突破的結構。沙特也認為，我們的行動長期以來形成一種模式，成為個人存在的「基本規劃」。[34]但波娃的分析凸顯了這種模式跟一些更寬廣處境的關聯，包括來自性別和歷史的處境。她全面認定了突破這些處境的困難——儘管她從來不懷疑我們在根本的存在中還是自由的。她強調女性能夠改變她們的人生，因此值得寫這本書，讓她們對這方面的事實能夠醒覺。

《第二性》理應被確立為現代文化作出重大重新評估的典範，波娃的貢獻，可比肩達爾文（Charles Darwin）重新確立人類與其他動物的關係、馬克思（Karl Marx）重新確立文化上層建築與經濟的關係，以及佛洛伊德（Sigmund Freud）重新確立意識與潛意識的關係。波娃重新評估人類生命，顯示我們深刻受到性別支配，她進而重新確立男性和女性的關係。像以上其他突破性貢獻，《第二性》同樣把迷思揭示出來，它的論辯同樣具爭議性，也在具體內容上受到批評——這是所有重大立論都無可避免的遭遇。可是波娃這部著作從來沒有被提升到殿堂地位。

這是否也因為性別歧視？抑或存在主義的術語構成了障礙？英文讀者事實上沒有機會看到那些術語，它都在一九五三年首個譯本中被刪掉了，負責翻譯的動物學教授霍華德．派許利（Howard M. Parshley）主要是在出版商慫恿下這麼做。到了後來編輯才勸告他少動剪刀，因為編輯讀過原書後有所體會：「我現在相信，這是史上談及性別問題的少數最偉大著作之一。」還不光是刪削的問題，派許利把波娃的「自為」（pour-soi）譯作「她的真實本性」，這正好把存在主義的意思反過來了（它不談本性）。派許利又把該書二部分的標題「活出的經驗」（'L'expérience vécue）翻譯為「今日婦女生活」，就像托利爾·莫伊（Toril Moi）指出，聽起來像婦女雜誌的標題。[35]使得情況更混淆而進一步貶低本書的是，一九六〇至七〇年代的英文平裝版，往往在封面用上朦朦朧朧的裸女圖像，看來像是軟性色情讀物，波娃的小說也受到同樣對待。奇怪的是，這從來不會發生在沙特著作的封面。《存在與虛無》從來沒有一個版本在封面顯示一個肌肉男穿上服務生圍裙。沙特的譯者赫塞爾·巴恩斯也沒有簡化他的術語——雖然她在回憶錄中提到，身為一個書評家認為她實在應該簡化一下。[36]

如果性別歧視與存在主義術語不是問題所在，《第二性》被知識界忽視的另一個原因，可能在於它採取個案研究方式：那是具體生活方式的存在主義研究。在哲學裡，就像在其他很多範疇裡，應用研究往往被貶低為嚴肅著作的附庸。

但那正是存在主義的處事方式：它總是關切真實的、個別的人生。如果依循正當作法，所有存在主義都是應用存在主義。

沙特像波娃一樣，對於存在主義如何應用到個別人生很感興趣，這把他引向傳記寫作。

波娃追蹤一個典型女性自出生以至長大成人的歷程，沙特對一系列人物做同樣的事（他們全是男性）：波特萊爾、馬拉美、惹內、福樓拜和他本人，此外還有一些較短著作的記述對象。在《嘔吐》中，沙特讓羅岡丹放棄了寫作傳記的計畫，因為不想把傳統式敘事強加諸個人身上，可是沙特的傳記沒有什麼傳統規範。他放棄了標準的順時記敘方式，取而代之，他凸顯人生歷程中一些鮮明突出的狀況和關鍵時刻——那是一個人在某些處境下所作的抉擇，因此而改變一切。在這些節骨眼上，我們抓住從存在轉化為本質的一刻。

最重要的這些時刻通常發生在童年。沙特的傳記全都聚焦於對象的早年生活；他本身的回憶錄《沙特的詞語》講的全是童年。他對童年的興趣與佛洛伊德有關。佛洛伊德也寫以心理為重心的傳記，剖析人生的戲劇，往往追溯到一種「原初場景」（primal scene）。沙特同樣愛發掘原初場景，但跟佛洛伊德不一樣，那通常跟性愛無涉。沙特認為，性愛經驗的能量，其實來自人類存在景況的更基本經驗。沙特要找出的那種經驗，反映出一個孩子從具挑戰性的處境下取得控制，而把處境按著自己意志扭轉過來。換句話說，他從自由的角度詮釋他的對象。這種作法在他為作家惹內所寫的傳記中尤其清晰可見，這在一九五二年出版，在《第二性》三年之後，明顯可見波娃這部著作的影響。

沙特戰時在花神咖啡館碰上惹內之後，便興致勃勃地追蹤著他的事業，在此期間，惹內在出版色情的、詩意的小說和回憶錄，根據的是個人在輔育院、監獄和曾當小偷和賣淫者的經歷。他最具挑撥性的著作是《葬儀》（*Funeral Rites*），寫的是一個在法國淪陷後期為德國而戰的法國青少年——儘管當時德國正節節敗退（或可說正因為如此他才站在德國一邊）。惹內傾向於同情任何失敗者或被蔑視的人；[37]在一九四四年這就是德國人和通敵者，不是戰勝的抗戰者。惹內進而支持叛國者、暴力的革命者、德國極左翼組織紅軍派（Baader-Meinhof Gang）、黑人民族主義暨社會主義組織黑豹黨（Black Panthers），以及幾乎所有的社會邊緣分子。[38]他也支持一九六〇年代的學生激進分子，卻向美國小說家威廉・布洛斯（William Burroughs）指出：「如果他們勝利了，我就會反過來把矛頭指向他們。」[39]

沙特喜愛惹內的矛盾，以及他把現實詩化的方式。當出版人伽利瑪邀請他為惹內一本作品集寫序，他欣然接受。[40]可是沙特這篇序文長達七百頁。伽利瑪沒有在盛怒下把那疊手稿砸向沙特的頭，卻同意另給他出一本書，書名反映那個轉化的主題——《聖惹內》（*Saint Genet*）。這是很棒的決定；這部著作既是哲學論文，也是傳記。沙特採用了馬克思主義分析，但主要用惹內的人生來證明他的理論——「光是自由就可以說明一個人人生的全部」。[41]

沙特這麼做，尤其是把惹內詮釋為作家，惹內透過寫作自己的人生，而控制著人生的偶然性。沙特問道：惹內從哪裡獲得把人生轉化為藝術的能力？是否他人生中有一個特定時刻，讓他從一個由未婚母親所遺棄的遭蔑視、遭暴虐而在孤兒院長大的小孩，轉化成為詩人。

沙特發現了這樣的一刻，事件發生在惹內十歲時，當時他住在領養家庭。一般人期待這樣一個孩子謙卑而感恩，但惹內拒絕順服，透過偷竊那個家庭和鄰居的小東西表現他的叛逆。某天，當他伸手到一個抽屜偷東西，家中有人走進來喊道：「你是個小偷！」[42]據沙特詮釋，此刻惹內在他人的目光中凝固下來，變成被掛上可鄙標籤的被物化的對象。可是他沒有感到羞愧，他倒是接受了這個標籤，用他對自己的肯定，把標籤的意義改變過來。你叫我作小偷？很好，我就作個小偷！[43]

他採取他人的物化標籤，取代了他沒有自我意識的自我，惹內由此進行了波娃在女性身上觀察到的那種心理扭曲。波娃相信這在女性身上形成整個人生的掣肘，令她們猶豫而充滿自我懷疑。[44]但在沙特眼中，惹內以違抗態度如此操作，把它的結果扭轉過來：它不是讓自己給壓抑下來，他的異化給予他逃亡之路。從這一刻開始，他賦予自己的局外人身分就是小偷、無業遊民、同性戀者和賣淫者。他透過把它反轉過來，掌控了所受壓抑，他的著作就是從這種扭轉取得能量。惹內經驗中令他最受貶抑的元素——排泄物、體液、體臭、坐牢、暴虐的性愛，變成了讓他昇華的元素。[45]惹內的著作把糞便變成鮮花，把牢房變成聖殿，把深具謀殺衝動的囚犯變成極溫柔的對象。這就是為什麼沙特把他稱為聖人：一個聖人把苦難變成聖潔，惹內把壓迫轉化為自由。[46]

沙特從直覺想出這一切，其實他在想著自己，起碼跟想著惹內一樣的多。他本身的中產階級童年，跟惹內的童年沒有多少共通點，可是他也經歷過黑暗日子。當他一家人遷居拉羅歇爾，當時十二歲的沙特不但要應付威嚇他的後父，在環境惡劣的學校裡還被其他男孩毆打，彷彿是個賤民，又因貌醜而遭恥笑。在這種可憐景況中，沙特決定採取一種帶有儀式作用的姿態，按照他的想像，這樣別人的暴力就會被他吸收，成為他自己的一部分，他可以反過來藉此對抗敵人。他從母親的錢包偷取零錢，用來買糕點給欺侮他的人。[47]這看來是很有趣的一種暴力對抗方式（也許要看那些糕點是什麼模樣）。但對沙特來說這是有如魔術的行動。它是一種轉化：他的欺侮者從他身上取走東西，現在他反過來把一些東西送給他們。透過像惹內那樣的偷竊和施予行動，他用自己的定義重新界定那個處境，就像創造了一件藝術品。他後來告訴波娃，自此之後他就「不再是個受迫害的人」。[48]有趣的是，沙特後來一輩子都在內心驅使下愛向他人施予。

像惹內一樣，沙特也有一種更強的辦法可以控制周遭的處境，那就是埋首於寫作。對兩人來說，作為作家，就表示給世界的偶然性賦予藝術的「必然」特質，像《嘔吐》中的爵士歌手，把存在的混沌變成美麗的必然性。沙特的所有傳記都緊貼這個主題。在一九四七年的波特萊爾研究中，他向我們揭示，這位年輕詩人在學校受欺凌，卻把他的悲慘遭遇轉化為文學。[49]同樣的事也發生在《沙特的詞語》中；沙特在一九五三年《聖惹內》出版後，便著手撰寫這部自傳的草稿。[50]他後來在訪問中說，驅動他寫這本書的問題是：「一個人怎麼會變成寫作的人，怎麼會想談到想像的事物？」[51]他在《沙特的詞語》中嘗試找出，什麼令一個像他這樣的小孩，墜入「文學神經症中」而不能自拔。[52]

事實上，他在寫《沙特的詞語》時就開始擔憂：在他的分析之下，自由和自決成為作家最圓滿地享有的存在模式，這是否有意識形態上的謬誤。一個人是否應該光透過藝術而掌控自己的存在？這是不是自我沉溺？也許個人的精力應該用在其他地方——譬如跟勞動階級並肩為革命邁步向前。在寫作《沙特的詞語》之際，他讓全書充塞著自嘲的反諷意味，這本書因此成為到這階段為止沙特最具娛樂性的作品。然後沙特宣布，書中的宣言代表他「告別文學」。

但所謂告別文學，並不是像天才詩人韓波（Arthur Rimbaud）那樣，真的停筆不再寫作。沙特實際上是愈寫愈多，愈寫愈瘋狂，他只是放棄了嘗試修飾稿子，也不再小心翼翼塑造他的想法。《沙特的詞語》就是沙特告別細心寫作和潤色——這方面的工夫對他來說愈來愈困難，因為他的視力在轉壞。他說起來像是出於善意的放棄，從讀者的角度來看卻彷彿是宣戰。

沙特下一階段的傳記寫作，把他帶往他心目中這種體裁的最高境界，這卻恐怕是不可能完成的任務。在《家族白痴》（*The Family Idiot*）這部洋洋灑灑幾大冊的福樓拜傳記中，沙特的優先考量，仍然在於什麼事情令人一個人成為作家。但這次取徑不一樣。沙特把福樓拜的寫作方式追溯到他在中產階級家庭中的兒時經歷：家人把他看作「白痴」，因為他愛長時間凝望著空無一物的空間，又或作白日夢，或看來什麼都不做。[53]把他標籤為白痴（這是中產階級把人排除在外的典型作法），因而把他與正常社會切割開來。沙特把年幼的福樓拜比作家畜——部分融入人類文化，部分又分割開來，總是因此而感到遺憾。[54]

福樓拜尤其缺乏家庭的愛，因此無法形成完整人格。他無疑是被遺棄了，沙特說，他給丟進「從自身一湧而出的苦澀況味中；他就像蘑菇，是基層生物，被動，受束縛，源源不斷地滲出悽苦」。[55]他被棄置在像蘑菇田的靈魂一角，使得他對自己的意識、對自我與他人的界限都混淆不清。他覺得自己是「多餘的」，不知道自己在世界上扮演什麼角色。由此產生的，是「無休止的質疑」，以及對意識經驗邊緣的事物特別著迷。[56]當沙特在訪問中被問及，為什麼要寫福樓拜，他就指出是因為那些邊緣事物：「每當我接觸他，我就在邊界上，在夢的柵欄上。」[57]

這項寫作計畫也把沙特的寫作帶到邊界，推往意義的邊緣。他交錯運用黑格爾哲學和馬克思主義來詮釋福樓拜的人生，十分強調社會和經濟因素，同時引進佛洛伊德式潛意識概念。他經常用「活著者」（*le vécu*）這個用語，波娃等人也用這種說法，但對沙特來說這幾乎相當於「意識」。它指稱一種特殊認知範疇：在這種認知之下，像福樓拜這樣一位作家，儘管對自我沒法完全看得通透，卻仍然能夠明白自己；沙特認為也可以說，這是「意識玩弄把戲透過善忘而確立自我」。[58]這個概念很吸引人，卻很難理解。也許最佳的解釋，就是說沙特透過《家族白痴》嘗試顯示，一個作家不用有完整意識，也可以成為作家。

沙特掙扎著把這個龐大計畫付諸實行。他在一九五四年開始撰稿，繼而精疲力竭，長時間把手稿擱置下來，然後又再捲起衣袖，很快的完成了三冊，在一九七一和七二年出版。合起來多達驚人的二千八百頁，或比一般期待中最長的傳記多了約二千頁。即使這樣，全書還沒有完成：只寫到福樓拜創作《包法利夫人》（*Madame Bovary*）的階段，計畫中還要出第四冊，卻始終沒有成事。這部著作因此不能令人滿意，但更大的問題是，既有的三冊幾乎教人完全無法閱讀。[59]

然而起碼有一個人欣賞這部著作，那就是波娃。像沙特所有著作一樣，她在草稿階段就已經讀過一遍，後來她還再讀過好幾次。她在回憶錄寫道：

> 我不曉得讀過《家族白痴》多少遍了，連續閱讀那些長長的單元，還跟沙特討論。一九七一年夏天在羅馬我又從頭到尾讀了一遍，多個小時不停閱讀。沙特沒有另一本書能令人讀起來那麼愉快。[60]

我也希望能看到波娃看到的精采之處。我確實曾嘗試這樣做——我從沒有在開始讀一本書時那麼渴望自己會喜歡它，但這個願望落空了。對於譯者卡羅・柯斯曼（Carol Cosman）花了十三年細心地把整本書翻為英文，我只能目瞪口呆對她的成就驚嘆不已。[61]我對沙特就沒那麼欣賞了，他顯然早就決定，在這個寫作計畫下不能作絲毫修訂或潤色，不能試著寫得更清晰。

本書也有靈光一閃的時刻。偶爾有閃光在宇宙的混沌中乍現，卻始終無法激起生機，除非你不畏艱辛不斷恍如在沼澤中跋涉前行，否則也無法瞥見那些閃光。

其中一道閃光，就是書中談到凝望眼神的力量。沙特記起某個場合裡一群人談到一隻狗。還記得列維納斯所描述的戰俘營那隻狗吧，牠會高興地盯著營內的人。沙特這裡所講的卻是，當有人往下望著那隻狗，牠就曉得有人在注意牠，卻不明白是為了什麼，牠變得激動而混亂，於是站了起來，向看牠的人走過去，停下來，發出哀鳴，然後吠起來。像沙特所寫的，牠看來「費力地在感覺著那奇異的互動神祕作用——那就是人與動物之間的關係」。[62]沙特很少承認其他動物對自己有一種意識。到現在為止，隱含在他哲學裡的一個觀點，就是把人以外的其他動物都視作「在己存有」，跟樹木和水泥塊一樣。現在看來他的觀點改變了。動物也許並不具備完整意識——但可能人類也一樣，也可能正因為這樣，沙特才會談到把我們帶到夢的邊緣。

沙特對所研究人物的潛意識或半意識感到興趣，早在寫作福樓拜傳記之前就已如此。在《存在與虛無》接近結尾處，他探討了一種想法：我們的人生可能繞著我們的規劃而組織起來，可是我們不完全理解那種出於我們自身的規劃。他號召大家推動一種新的存在主義心理分析學，以自由和活在世間的人類為基礎。[63]他從來不接受佛洛伊德分析所稱，我們的心理是分層次的，從潛意識往上構建，像一塊果仁蜜餅或地質沉積結構；他也不同意性愛的基本作用。但他愈來愈有興趣瞭解人生更難參透的範疇，以及我們那些神祕的動機。他尤其感興趣的是，佛洛伊德也像他一樣，一路下來想法發生轉變，不斷修正自己的概念。還有一點也像他一樣，佛洛伊德的想法同樣建基於宏大架構，沙特對此十分尊重，當然，尤其重要的是，佛洛伊德也是一位作家。

在一九五八年，沙特有機會更仔細探索佛洛伊德的一生，當時導演約翰・休斯頓（John Huston）委託他撰寫佛洛伊德傳記電影的劇本。沙特接過這項工作，部分原因是他需要錢：他要設法支付一筆龐大稅款。可是接受了工作後，他以慣見的精力投入工作，寫出的劇本可拍成七小時的電影。[64]

休斯頓不想拍一部七小時的電影，他邀請沙特到他愛爾蘭的家，一起合力把劇本縮短。沙特證實是個難應付的客人，以快速的法語不停說話，休斯頓幾乎無法趕上。有時候他離開了房間，仍聽到沙特在說個不停，似乎沒留意聽者已經跑開了。事實上，沙特也同樣對主人的行為感到迷惑。[65]他寫信跟波娃說：「在討論中間他突然消失無蹤。如果能在午飯或晚飯前再見到他，那就非常幸運。」[66]

沙特很聽話地刪減了一些場景，可是在撰寫新的版本時，他無法抗拒增添一些新場景或延長一些原有場景。他交給休斯頓的劇本不僅不能再拍一部七小時的電影，而是要拍八小時。休斯頓於是開除了沙特，找了兩個經常合作的劇本作家寫成一部很合乎傳統要求的電影，趕及在一九六二年上映，由蒙哥馬利克利夫（Montgomery Clift）飾演佛洛伊德。片中沒有注明沙特的參與，看來是沙特自己要求不具名。好久之後，沙特的劇本以多個版本刊行，因此如果有興趣的話，你可以鑽研不同版本的差異，思考一下沙特對文學傳記所作的另一項非凡貢獻。

福樓拜、波特萊爾、馬拉美和佛洛伊德不可能對沙特的詮釋作出回應，惹內卻可以。他正面、負面的反應兼而有之。沙特很愛講一個故事：惹內最初把手稿丟進壁爐，然後在火舌燒到手稿之前把它拉了出來；[67]不過這個故事真假莫辨。惹內曾向尚・考克多（Jean Cocteau）表示，他被塑造成一個「雕像」似的，令他感到不安。[68]沙特也一定注意到，對一個拒絕接受別人詮釋的人撰寫詮釋研究，其實帶有反諷意味。讓自行迷思化的惹內成為別人筆下的一個作家，尤其十分尷尬：惹內慣於自己執筆，對於自己被別人脫掉藝術外衣，他會感到「厭惡」。

另一方面，惹內因此成為引人注目的對象，他也享受那種受吹捧的感覺；而他原就喜愛沙特，也是正面因素。在表示「厭惡」之後，他又對同一位訪問者說：「花時間跟一位明白一切、凡事一笑置之而非妄下判斷的人一起，是很令人享受的。……他是極敏銳的人。十到十五年前我見過他幾次臉紅了起來。一位臉紅的沙特是很可愛的。」[69]

沙特和惹內之間一項主要分歧在於惹內的同性戀傾向。按照沙特的詮釋，這是惹內被標籤為「賤民」的創造性反應之一，那就給自己賦予局外人身分，或凸顯對性的自由選擇。可是對惹內來說，同性戀是既定事實，像一個人有綠色或棕色眼睛一樣。他跟沙特辯論這一點，但沙特堅定不移。在《聖惹內》中他甚至放肆地評論說，對於惹內那種本質性看法，「我們在這點上不能追隨他」。[70]

許多人今天所認同的，是惹內的而非沙特的想法：不管有些什麼其他影響因素，有些人生下來就是同性戀的，或起碼有很強的同性戀傾向。[71]沙特似乎覺得，如果我們不能完全地選擇性傾向，那就不是自由的。可是，用他自己的話來回應：「我們在這點上不能追隨他」——起碼我不能。[72]為什麼性傾向不能像其他大部分與生俱來的特質一樣，譬如身材高矮，又或個性外向或內向、愛冒險抑或害怕風險、富同情心或自我中心？這些傾向起碼部分是天生的，而根據沙特哲學的說法，它們不會令我們變得不自由。它們只是成為我們處境的一部分——而存在主義這種哲學所談的，正是處境中的自由。

波娃看待人生中這些微妙交錯關係，看來比沙特敏銳。《第二性》幾乎是全書專注於複雜的交互關係，其中包括自由選擇、生物特徵和社會文化因素，在它們的交互作用下，個人才得以塑造出來，並在人生路上逐漸固定成型。波娃一九四七年的簡短論著《模稜兩可的倫理學》（*Ethics of Ambiguity*）探討了這方面的問題。她辯稱，個人軀體上的局限與自由的行使，這兩者的關係根本不是一個有待解決的「難題」。人類的景況本來就是這樣：在最深層就是模稜兩可的。我們的任務是學習管控自身存在的流動性和不確定性，不是把它們消除。

波娃又急著補充，她不相信我們要因此放棄而重新墜入薛西弗斯那種消極態度——溫順地認定宇宙的無常與命運。模稜兩可的人類景況，表示不畏艱辛地試著掌控世間事物。我們要同時做兩樣幾乎不可能的事：明白自己受到環境限制，卻又繼續規劃自己的人生，假定自己真的在掌控著。在波娃看來，存在主義是讓我們最好地實踐這種人生的哲學，因為它深入探索自由和偶然性。它承認人生中極端而大得驚人的自由，同時也承認其他哲學家往往忽略的具體影響，包括人類歷史、我們的身體、社會關係和環境。[73]

波娃在《模稜兩可的倫理學》中簡略地勾勒出這些概念，這是我讀過其中一篇最有趣的對人類景況的描述，顯示各種近乎不可能的狀況怪異地混合起來。她在這裡把《第二性》的第一層基礎鋪設起來，也鋪展出她整個的小說式人生願景。可是令人失望的是，她後來否定了《模稜兩可的倫理學》的部分內容，因為它跟馬克思主義的社會理論不協調。她溫順地表示：「我還以為可以獨立於社會背景界定一種道德觀，可是我錯了」。[74]也許我們在這點上不必追隨她。

第十幕

跳舞的哲學家

梅洛龐蒂的一章

在波娃的社交圈子中，有一位思想家跟她一樣，對人類存在景況抱持模稜兩可的看法，那就是她的老朋友梅洛龐蒂。他們都十九歲時，梅洛龐蒂曾令波娃感到惱怒，因為他總愛從不同角度來看同一件事，波娃則一定要做堅決、即時的判斷。[1]兩人後來都改變了。波娃仍然愛堅持己見，但變得更能包容矛盾和複雜關係。梅洛龐蒂在戰時被迫採取有違本性的不妥協態度，他教條化地吹捧蘇聯，戰後幾年仍然這樣，然後戲劇性地改變立場。當他的思想把他引往新方向，他的觀點往往隨之改變。可是他內心深處始終是個現象學家，總是試著盡可能仔細而精確地描述經驗。他這方面的作法十分有趣，值得在本書撥出短短一章談論一下。

我們曾談過他的早年生活，他度過了快樂的童年。然後他展開了傳統學術生涯，波娃和沙特則成為了媒體追訪的明星。沒有攝影師或美國的粉絲會在巴黎左岸追蹤梅洛龐蒂，也沒有記者追問他的性生活——這一點殊為可惜，否則他們會發掘出一些有趣故事。在此同時，他靜靜地變成這個圈子中最革命性的思想家，這從他一九四五年出版的傑作《知覺現象學》就清楚看得出來。他成為了現代哲學以至認知心理學等相關範疇深具影響力的人物。他對人生的看法，《知覺現象學》接近結尾的一段簡短評語就是最佳概括：

> 我是一種心理和歷史結構。隨著我的存在而來的，還有一種存在方式，或一種風格。我的所有行動和思想都跟這種結構有關，即使一位哲學家的思想，也不過是把他如何掌握世界的方式表達出來而已，這就是他的一切。然而我卻是自由的，不是撇除背後的動機不論，而是正因為那些動機我才自由。我擁有別具意義的人生，擁有別具特色的性情和歷史，並不對我投入世界構成限制，那反倒是我跟世界溝通的管道。[2]

這值得一讀再讀。梅洛龐蒂說，對個人造成局限的存在景況，也是讓我們跟世界聯繫的條件，它為我們的行動和知覺提供一個運作範疇，它塑造了我們。沙特也承認這種相對條件確實必要，但要他接受這個事實卻畢竟是痛苦的：沙特渴望一切不受絲毫羈絆、窒礙、限制或阻滯。海德格也承認存在景況的局限，但他透過把存在神話化而尋求一種神性的超脫。梅洛龐蒂則平靜地體會到，我們要透過妥協才能存在於世，這根本不是什麼問題。應對之道，就是不要跟這種景況對抗，或太過誇大它的意義，我們只要察覺並確實明白這種妥協如何運作。

梅洛龐蒂的個人生涯，也可以作為這種妥協藝術的個案研究，他在心理學和哲學這兩門往往被視為對立的學問之間取得穩當平衡。他致力讓兩者結合而相得益彰。他一九三八年的博士論文是行為心理學研究，但他在一九四五年成為里昂大學（University of Lyons）哲學教授。在一九四九年，他繼承皮亞傑（Jean Piaget）成為索邦學院心理學暨教育學教授，再在一九五二年成為法蘭西學院（Collège de France）哲學系系主任。在不斷轉變角色的過程中，他讓心理學研究深刻地哲學化，又讓他的哲學建基於心理學和神經學的個案研究，包括腦部受傷和其他創傷的效應。他尤其深受完形心理學（gestalt psychology）影響，這個學派主張經驗整體向我們呈現，而不是零散地被吸收。

這一切令梅洛龐蒂深感興趣的，不是存在主義所談的憂懼和屬己，而是較簡單的一些問題，可是他的研究結果殊不簡單。我們在咖啡館拿起一個杯子，或在周遭一片喧鬧聲中啜著雞尾酒，究竟是怎麼一回事？用筆寫字或走過一道門，又代表什麼意思？這些動作大部分人輕而易舉一天到晚都在做，卻是幾乎不可能全面描述或理解的。存在真正神祕的一面是在這裡。

在《知覺現象學》中，梅洛龐蒂從胡塞爾的一個概念起步：我們必須從現象的經驗展開哲學思考。但梅洛龐蒂加入了一個明顯要素：我們的經驗透過身體而獲得，這個軀體具備知覺和感應力，並經常在運作。即使我們在想一樣不在眼前的東西，我們的意識也會構建出有顏色、形狀、味道、氣味、聲音和觸感的想像物。在抽象思維中，我們同樣倚賴有形的隱喻或圖像——譬如我們說意念如何「重大」，或討論如何「熱烈」。[3]即使在最哲學的時刻，我們仍然仰賴感官。

但梅洛龐蒂也像胡塞爾和完形心理學家一樣指出，我們很少接受「原始」的感官經驗。現象向我們呈現時，就經過詮釋，獲賦予意義，在期待下被塑造，經驗由此被我們掌握，它還要建基於先前的經驗，以及這些經驗發生的一般背景。我們看見桌子上一團色彩繽紛的東西，就能直接感知是一袋糖果，而不是形狀、顏色和光影的結集，有待解讀和辨認。我看見運動場上跑來跑去的一組人就看得出是足球隊。正因為這樣，我們才有視覺上的錯覺：我們把一個圖像看作期待中的形狀，再看清楚才曉得給迷惑了。這也是為什麼用於人格測驗的羅夏克墨漬（Rorschach blot）看起來是某種事物的圖畫，而不是毫無意義的圖案。

當然我們要學習如何對世界作出詮釋和預期，這發生在童年早期，因此梅洛龐蒂認為，兒童心理學是哲學的一個基本環節。這是極為了不起的洞見。除了盧梭，梅洛龐蒂之前的哲學家很少嚴肅看待童年問題；在大部分哲學家眼中，所有人類經驗都來自具備完整意識、理性和語言能力的成年人——這個人彷彿從天上掉到世界上（也許像傳說鸛鳥送子）。童年在波娃的《第二性》和沙特所寫的傳記中扮演重大角色。沙特在他的福樓拜傳記說：「我們所有人不斷討論的，就是我們當年以至今天是怎樣一個孩子。」[4]但沙特在純粹的哲學論著中，沒有像梅洛龐蒂這樣給予童年優先地位。

對梅洛龐蒂來說，如果不把人格的一部分設想為從嬰兒成長而來，就不能明白我們的經驗。我們之所以墜入視覺錯覺陷阱，是因為我們曾經學習把世界看成各種各樣的形狀，看成與我們自身興趣相關的物體或事物。最初的知覺向我們呈現，是緊隨著觀察世界之初主動往外探索的實驗，我們的知覺一直跟這方面的經驗有關。我們學習辨認一袋糖果，同時也體會把糖果吃進嘴裡是多美妙的一回事。積累了幾年人生經驗後，視覺上看見糖果、蠢蠢欲動想拿取糖果、預期吃下糖果而分泌唾液、恐被喊停而焦急挫敗、撕開糖果包裝喜形於色、糖果的亮麗色彩顯現眼前——這全都成為整體經驗的一部分。當波娃童稚之心泛起，「要啃嚼開花的杏樹，在日落中吃一口彩虹形成的牛軋糖」，那是因為在她從小至今一直成長的心智中，食欲和其他經驗在聯覺（synaesthetic）中混融起來。知覺都是這樣的，所有感官一起發生作用。我們「看到」一塊玻璃如何脆弱易碎，如何平滑，也「看到」羊毛毯子如何柔軟。梅洛龐蒂寫道：「一隻鳥兒剛飛走後樹枝在搖動，我們就能感知樹枝具備柔韌性和彈性。」[5]

在此同時，知覺跟我們在世界中的動作聯繫起來：為了瞭解事物，我們觸摸它、抓住它，跟它互動。要知道一幅布的質感，我們憑著一種經過練習的動作，把布捏在指間磨擦一番。我們的眼睛也不停在移動，很少定睛看任何事物。同時，除非像沙特那樣一隻眼喪失了視力，我們透過雙眼的立體視覺判斷距離。兩隻眼睛一起運作，測定角度，可是我們並不「看見」這方面的計算。我們看見的是外在物體，或物體本身。我們很少停下來思索，這種視覺上的本領，部分是由於我們的目光在轉移，並由於我們主動注意事物或探索事物。[6]

所謂「本體感覺」的奇特知覺往往伴隨著我們的一般知覺：本體感覺告訴我們，此刻我們是否雙腿交叉，又或頭是否側向一邊。自己的身體跟其他物體不一樣，身體與我密不可分。[7]梅洛龐蒂說，如果我坐下來做編織，我可能要找編結針，但我用不著找自己的手和手指。[8]如果我把手臂靠在桌子上，「我從來不用思索，跟自己說，手臂在菸灰缸旁邊，像我說菸灰缸在電話旁邊那樣」。[9]我們的本體感覺非常敏銳而複雜：

如果我站在桌子前，雙手靠在它上面，只有我的雙手在這經驗中是突出的，我的整個身體跟在雙手後面，像彗星的尾巴。我並不察覺到我的肩膀或腰部，整體知覺就包含在我對雙手的知覺上；我觀察整體的姿勢時，著眼點全在於雙手怎樣靠在桌子上。如果我站著，手中握著菸斗，要決定我的手在什麼位置，不是透過推論，譬如它跟我的下臂形成什麼角度，以及我的下臂跟我的上臂、我的上臂跟我的軀幹、我的軀幹跟地面形成什麼關係。我對菸斗在哪裡有絕對認知，由此我知道我的手和身體在哪裡。[10]

本體感覺也可以是自我的延伸。如果我在開車，憑著延伸的感覺，我知道車子占怎樣的空間，多寬的空間可讓它通過，用不著每次走出去量一下。車子感覺上就像我的一部分，而不是以輪子和踏板操控的一台外在的機器。我的衣服和我攜帶的東西全變成我的一部分：「不需要任何明確計算，一位女士能讓帽子上的羽毛跟可能碰毀它的物體保持安全距離；她感覺到羽毛在哪裡，就像我們感覺到我們的手在哪裡。」[11]

在正常處境下，我們把這一切令人驚嘆的情況視作理所當然，可是如果出了亂子，日常經驗的這種運作，就暴露在我們眼前。梅洛龐蒂在這方面探索了很多個案，主要發生在約翰・史奈德（Johann Schneider）身上：他在一次腦部創傷後，不能感覺到四肢處於什麼位置，如果你把手放在他手臂上，他也不曉得何處被觸摸。[12]其他研究也探討了截肢者不安的「幻覺」經驗：雖然腿或臂給截除了，仍然感到那些地方刺痛或疼痛，又或殘留著腿或臂依然健在的基本感覺。較晚近發展的一種療法，刻意引入其他知覺的干擾，從而像魔術般消除這種幻覺：當截肢者在「移動」已被截除而僅存在於幻覺中的腿或臂，如果讓他看著另一邊真的腿或臂的鏡中影像，有時就可以消除幻覺。[13]歐利佛・薩克斯在《藉以站立的一條腿》中，描述他在一次創傷後腿部本體知覺紊亂，他嘗試用另一種簡單療法：利用播放影像的眼鏡和假的橡膠手臂，營造他有第三條臂的幻覺，又或他被房間另一邊的物體包覆著，從而消除原有的幻覺。[14]腿傷當然一點不好玩，但這些實驗很有趣，也助幫助薩克斯恢復了正常本體感覺，重新獲得整個運作正常的軀體，令他如釋重負。[15]這就像重獲完整的自我，之前被迫接受一個局部抽象的「我」——或有如笛卡兒哲學中的我。以梅洛龐蒂所說方式而體現的自我，內容豐富得多。

對梅洛龐蒂來說，人生經驗的另一要素，是社會性的存在：我們不能在沒有其他人的景況下成長，又或不能長久這樣活著，年幼時尤其如此。因此，質疑他人是否存在的唯我論是非常可笑的：如果我們不是經由他人的存在所塑造，根本就不能提出這樣的質疑。笛卡兒應該說的是（儘管他沒說）：「我思，故『他』在」。我們跟別人一起玩耍而一同成長，大家把各種事物指出來，互相交流，學習理解別人的感情和動作；這樣才能掌握認知能力，才能反思，並把經驗順利整合。梅洛龐蒂尤其感興趣的是嬰兒如何模仿身邊的人。他說，如果你跟一個十五個月大的嬰兒鬧著玩，假裝咬他的手指，他的反應就是同樣做咬人的動作，像鏡子在反映你的動作。[16]（梅洛龐蒂可能曾在自己女兒身上這麼做，他寫作《知覺現象學》時女兒大概就是這個年紀。）

一般來說，梅洛龐蒂認為，如果要好好理解人類經驗，就必須揚棄哲學長久以來的習慣：傳統哲學的起步點是一個孤獨的自我，彷彿一出生就是一個成年人，並且像處身膠囊中與世隔絕，然後試著重新與世界建立聯繫，把身邊各種元素加到自己之上，像給洋娃娃穿衣服。[17]梅洛龐蒂提出截然不同的觀點：我們一旦在出生過程中從母體滑進人世，就緊密而整體地沉浸在世界中，從出生到老死，一直沉浸其中。雖然我們也可以培養一種人生藝術，在沉思或做白日夢之際，偶爾局部超脫這個世界。

梅洛龐蒂認為，意識絕不是從存在割裂開來的「虛無」，像沙特在《存在與虛無》所主張的。他甚至不會像海德格那樣，把意識看作「林中空地」。他用自己的隱喻來描述意識，提出一個漂亮說法：意識就像世界的「皺褶」，就像有人弄皺一幅布，形成小小一個的巢或洞。這種狀態維持一陣子，又再攤開變得平順。[18]

這把具意識的自我，看作恍如布匹的世界瞬間形成皺褶，聽起來帶有點誘惑甚至色情意味。我仍然能有隱私，有一個可以退隱的空間。但我是這個如布料般交織而成的世界的一部分，我在這個世界上的每時每刻，就是從它衍生出來的。

梅洛龐蒂後來匆促地在筆記寫道：「從這裡出發，構建一個哲學概念。」[19]因為《知覺現象學》只是研究的開端。他其後還有很多著作，包括一部未完成著作，後來編成《可見與不可見》（*The Visible and the Invisible*）一書出版。這裡他重複了皺褶的比喻，但他也試用一個新的圖像。

他試著把意識看作一種「交錯」（chiasm 或 chiasmus）狀態，「交錯」一詞的原文來自希臘字母 chi（χ，相當於拉丁字母 X），它用來標示一種交纏狀況。在生物學，它用來指稱兩條神經線或韌帶的交錯。在語言裡它是一種修辭法，兩個對立的片語用同樣的字但是意思反轉過來，像美國總統約翰．甘迺迪（John F. Kennedy）所說：「不要問國家能為你做些什麼，而要問你能為國家做些什麼。」又或好萊塢影星梅．蕙絲（Mae West）所說：「問題不是那些男人在我人生中如何，而是我的那些男人的人生如何。」這個交錯的形象令人想起雙手互握，或編織法中毛線繞回去扣住自己。像梅洛龐蒂所說：「這一握握住了。」[20]對他來說，這完美地說明了意識怎樣跟世界聯繫起來：互相纏結，交叉編結在一起。也就是說，我看見世間事物，但我也被看見，因為我是以世界的質料構成的。當我用手觸摸物體，物體也觸摸我的手。如果不是這樣，我根本就不能看見或觸摸任何東西。我從來不是從世界以外的一個安全立足點來窺看世界，像一隻貓看著魚缸。我碰上物體，因為我能被他人碰上。梅洛龐蒂寫道：「這就像我們的視覺在能見物的中心形成，又或那些事物跟我們有一種緊密關係，像海與海岸的緊密關係。」[21]

梅洛龐蒂說，這種「能見性」是傳統哲學沒談及的，他稱之為「肉身」（flesh），意義遠超乎物理世界的物質。[22]「肉身」是我們與世界共享的。「這是可見物纏繞於看者之上，或可觸摸之物纏繞於觸摸者之上。」由於我成為了「肉身」，我在觀察事物時有所動作並有所反應，「肉身」令我「用眼睛跟隨著物體本身的動作和輪廓」。[23]

梅洛龐蒂寫作這些論著時，為了確切描述經驗，而把語言表達能力推展到終極邊界，像後期的胡塞爾和海德格一樣，又或像沙特在福樓拜傳記中那樣，我們看著哲學家舉步走得那麼遠，幾乎跟不上來。列維納斯也逼近這樣的極限，最終除了他最耐心的受教者，其他人都無法理解。

然而梅洛龐蒂愈往神祕的方向邁進，就愈是貼近生活的基本動作：拿起杯子喝了起來的動作，或鳥兒飛走後樹枝的反彈，都是令他驚奇的現象。對他來說，透過「解決」問題而把迷惑排除掉其實不是辦法。哲學家的任務，不是把神祕的現象還原為一套整齊的概念，也不是啞口無言在驚奇中凝視著它。哲學家應該實踐現象學原初的指令：為了作出描述而接觸事物本身，嘗試「把平日不用語言表達的，把有時被認為無法形容的，嚴謹地用語言表達出來」。[24]這樣的哲學可視作一種藝術——梅洛龐蒂認為塞尚在繪畫日常物體和景物時就這樣做：抓住世界，賦予它新生命，讓它回復原狀，幾乎毫無改變——除了曾被觀察。就像他在一篇漂亮的文章中談到塞尚：「對這位畫家來說只有一種可能的感情——奇異的感覺；也只有一種抒情方式——讓存在不斷重獲新生。」[25]在另一篇文章中，他這樣談到文藝復興時期作家蒙田：他放進「人類存在核心的，不是令自己滿足的理解，而是對自己感到驚奇的一種意識」。[26]這也可以用來形容梅洛龐蒂本人。

當梅洛龐蒂在一九五二年成為法蘭西學院哲學系系主任，《黎明報》（*L'aurore*）的一個記者利用這次機會揶揄存在主義，因為這種思潮在爵士俱樂部很受歡迎，因而譏諷它是「大腦隨著布基烏基（boogie-woogie）起舞」。[27]說起來梅洛龐蒂卻真的具備舞蹈天分。他不光是巴黎左岸思想家中學術聲譽最高的，也是最會跳舞的；鮑希斯・維昂和茱麗葉・葛瑞科都曾提到他這方面的才華。[28]

梅洛龐蒂的曼妙舞姿，是隨著他的一般舉止及置身友儕間的輕鬆自如態度而自然表現出來的。他也講究衣著，卻不愛俗艷風格；當時因為品質良好而受追捧的英式西裝是他的最愛。他辛勤工作，但每天早上總抽點時間到居處附近聖哲曼德佩修道院一帶的咖啡館喝杯咖啡，通常在上午稍晚時分，因為他不喜歡早起。[29]

他享受夜生活的同時，也是一個顧家的男人。他跟沙特和波娃不同，有規律的家庭生活。他的獨生女瑪麗安後來欣慰地回顧，年幼時父親怎樣為了逗她開心而在她面前嬉戲、大笑和扮鬼臉。她還記得長大後曾在一位老師面前出糗，可見身為哲學家的女兒有時日子也不好過；那次她在口試的某個課題上出錯，老師就跟她說：「你可知道某位梅洛龐蒂曾在這個課題上說過什麼？」哲學從來不是她最愛的科目，可是當她要重考哲學，父親就耐心幫助她，在他的一些著作上簽上「給瑪麗安，我最喜愛的哲學家」。她說，父親看來比其他哲學家更富生命氣息，更多地投入生活，因為哲學和人生對他來說是同一回事。

儘管風趣而愛玩樂，梅洛龐蒂的個性卻有難以捉摸的一面，尤其跟沙特相比，他沒那麼直率而露骨。對於最嚴肅的事他可以沉著面對，一笑置之，這可能令人感到挫折，波娃就有這種感覺，但這也是他吸引人之處。他也察覺到自己的吸引力所在，以懂得調情著稱。有時還不光調情！據沙特在信中向波娃提及的二手八卦消息，他有時喝酒喝多了，就會放肆起來，一晚裡跟幾個女人打情罵俏。沙特指出，她們往往拒絕了他，「不是因為她們不喜歡他，而是他太急躁了」。[30]

雖然他的婚姻一直安穩無事，他卻曾認真的至少跟一個女人發展過婚外情：她是索妮亞．布朗奈爾（Sonia Brownell），後來成為了小說家喬治．歐威爾（George Orwell）的妻子。她和梅洛龐蒂在一九四六年結識，當時她以助理編輯身分，邀請他為西里爾・康諾利（Cyril Connolly）的文化評論雜誌《地平線》（*Horizon*）撰文。他們給對方寫調笑的信，然後大概在一九四七年聖誕節翌日的節禮日展開了一段婚外情，梅洛龐蒂到倫敦跟她一起度過一個星期，但日子過得並不平順。索妮亞情緒化而反覆無常，感情容易突然爆發；她的任性表現最初可能對梅洛龐蒂有吸引力，甚至可能令他想起他很久以前同樣情緒化的女朋友伊莉莎白・勒・況。但從他寫的信可見，他的態度由帶著痛苦的迷惘以至愛慕之心終於冷卻下來。這段感情最後無疾而終：索妮亞後來前往巴黎期望與梅洛龐蒂一聚，卻發現梅洛龐蒂的妻子蘇珊在她下榻的旅館留下措詞禮貌的便條，告知她梅洛龐蒂去了法國南部；不久之後，在一九四九年十月十三日，索妮亞就跟在醫院病床上身患重病的歐威爾結婚。[31]

即使在這段婚外情之前，梅洛龐蒂就曾考慮移居英國，曾請求他的朋友艾耶爾（A. J. Ayer）幫忙他在倫敦大學學院（University College London）覓職。[32]這始終沒有實現。但梅洛龐蒂是喜愛英國的，他能講也能寫良好的英語——儘管他用英文寫了第一封信給索妮亞之後，他們便改用法文通信，因為索妮亞也是法文比較流利。為了練習英文，梅洛龐蒂還試著回答《與己相遇》（*Meet Yourself*）一書的問卷，那是一九三六年出版的一本古怪的自我修養書籍，編者是德國傳統貴族領地洛文斯坦—維泰姆—弗洛登堡（Loewenstein Wertheim-Freudenberg）爵位繼承人李歐波德（Prince Leopold）以及小說家威廉・葛哈迪（William Gerhardie）。[33]這本書正好滿足梅洛龐蒂對心理學的興趣：它的設計是為了「透視」讀者的人格，方法是透過貫串全書的系列問題，端乎讀者的答案引導至不同出路。由於葛哈迪是別具品味的作家，書中的問題有時十分古怪：「米老鼠電影或其他同類卡通動畫會否把你嚇倒？」「你曾否感覺到周遭的世界似乎突然變得不真實或如夢似幻？先不要回答。這種感覺難以描述，十分複雜，但它最特別的是，會帶來一種彷彿喪失自我的怪異感覺。」[34]

事實上，梅洛龐蒂在存在主義者圈子中，幾乎是獨一無二的：他不會受到怪異感覺或焦慮的困擾。這是他和神經質的沙特之間的重要差異。梅洛龐蒂沒有像沙特那樣陷入幻覺，受到街上像龍蝦似的怪物纏擾，他沒有因為栗樹的存在狀態而懼怕，也不會因為想到其他人凝望著他，把他凝固在判斷的目光中而飽受困擾。反之，對他來說，觀看他人及被人觀看，是把我們交織到世界中，給予我們完整人性的方式。沙特也承認這種交織關係，並承認軀體的重要，但這一切畢竟令他焦慮。某種掙扎總是經常出現在沙特的著作中——他要對抗現實性、對抗如流沙般向他淹過來的存在，以及對抗「他者」的權能。梅洛龐蒂沒有什麼掙扎，看來也不怕融入黏滯或迷茫的世間現實。在《可見與不可見》中，他給我們描述了跟沙特截然不同的性愛經驗：一個軀體全全完完與另一軀體相擁，「雙手一點不覺勞累地塑造一個奇異的塑像——它接受了什麼也完全回饋什麼；軀體迷失在世界及世間的目的之外，與另一生命獨一無二、一心一意地漂浮在存在之上，陷入迷戀。」[35]

沙特談到他在一九四一年與梅洛龐蒂對胡塞爾有歧異看法，「我們驚訝地發現，原來我們的衝突有時源於童年遭遇，或可追溯到我們這兩個個體的基本差異」。[36]梅洛龐蒂也在一次訪問中說，他覺得沙特的著作十分怪異，不是由於哲學上的分歧，而是因為「感覺的層次」不一樣，他對《嘔吐》尤其沒有同感。他們的隔閡是由於性情各異，也由於世界向他們呈現的整體方式截然不同。

兩人的哲學目標也不一樣。當沙特談到軀體或其他方面的經驗，他通常是藉此表達一種不同的觀點。他很了不起地描述咖啡館服務生的優雅動作，在不同桌子之間溜過，角度恰到好處地彎腰，用指尖舞動著載滿一杯杯飲料的托盤，但這些描述都只為了說明何謂「自欺」。當梅洛龐蒂談到巧妙而優雅的動作，動作本身就是注視目標，就是要理解的現象。

梅洛龐蒂跟海德格的共通點就更少了，除了彼此都把「在世存有」放在優先地位。海德格擅長觀察特定軀體經驗，譬如槌打釘子，但罕有談及「此在」的軀體有些什麼實質感覺。他一般避開模稜兩可的問題。他聲稱「此在」的存在意義在於時間，卻對這該如何闡釋避而不談。他沒有告訴我們是否有一個孩提時期的「此在」，剛打開了第一片「林中空地」，又是否有一個罹患後期腦退化症的「此在」，密林重新閉合起來。其他動物對他來說不值一提，談不上什麼哲學意義，因為牠們不能構建自己的「世界」，或只有一個很貧乏的世界。[38]研究海德格的學者李察．樸爾特（Richard Polt）曾列出一長串海德格該問而沒有問的問題：「『此在』如何演化？一個胎兒或新生兒何時進入『此在』狀態？大腦處於什麼狀況才能讓『此在』實現？其他動物能否成為『此在』？我們能否用電腦創造人工的『此在』？」[39]海德格迴避了這些模稜兩可的問題，因為他認為這都屬於「存在者層次」，該由心理學、生物學和人類學來探討，不該由目標高遠的哲學來處理。

梅洛龐蒂沒有作出這樣的區別。哲學這門學科的邊緣和陰影正是他最感興趣的，他歡迎「存在者層次」研究的所有貢獻。[40]他的哲學建基於從孩童開始不斷變化的人；他想知道當某種機能喪失後，又或在受到各種創傷後到底發生什麼。透過把知覺、軀體、社會生活和兒童發展放到優先位置，梅洛龐蒂把遠離哲學的其他學科聚合起來，讓它們占據他思想的中心位置。[41]

他一九五三年一月十五日的法蘭西學院就職演說——後來編成《哲學讚詞》（*In Praise of Philosophy*）一書出版，提到哲學家應該最為關切經驗中模稜兩可的狀況，認為哲學家應該透過理性和科學，清晰地思考這種狀況。他說：「哲學家的獨有特徵，就在於同時擁有對證據的渴求以及對模稜兩可的感覺，兩者密不可分」。兩者之間要不斷互動，有來回往復的動作，「不斷從認知引向無知，又從無知引向經驗」。[42]

梅洛龐蒂這裡描述的是另一種X型「交錯」，這次不是發生在意識和世界之間，而是在知識和疑問之間。我們永遠不能從無知到達確知，因為疑問的線索會不斷把我們引回無知。這是我曾聽說的對哲學最引人入勝的描述，也是哲學為什麼值得我們探索的最佳辯說，即使（或正因為）哲學並沒有讓我們完全脫離探索的起點。

第十一幕
這樣的戰士

存在主義者為未來奮戰

梅洛龐蒂在一九五一年一次講課中提到，二十世紀比起之前任何一個世紀，更能令人體會到人生的「偶然性」：人類受歷史事件和其他無法控制的轉變所支配。[1] 這種感覺戰後久久不散。在原子彈投落廣島和長崎後，很多人害怕第三次世界大戰不久後將爆發，這次是發生在美國和蘇聯之間。這兩個超級大國戰時締結的聯盟在戰後幾乎即時告終；雙方決然對立，夾在中間的是戰後變得孱弱、貧窮而自我質疑的西歐。

如果另一次戰爭真的爆發，它可能摧毀人類文明甚至滅絕一切生命。最初只有美國能製造原子彈，但據悉蘇聯的工程師和間諜也正在這方面努力，民眾很快瞭解到輻射和環境破壞的全面危害。沙特在廣島原爆後說，人類已獲得自我滅絕的能力，必須每天重新表明生存下去的決心。[2]卡繆也提到，人類當前的任務，就是在集體自殺和明智運用科技兩者之間作出抉擇——這是「地獄與理性」之間的取捨。一九四五年之後，沒有什麼理由相信人類有能力作出明智抉擇。[3]

此後每次新的核彈測試，都令焦慮層級提升。美國在一九四六年試爆更強的原子彈，波娃從一個電台播報員那裡聽說，這次核試引發連鎖反應，造成物質本身分解，如巨浪襲捲全球。[4]地球上的一切可能在幾小時內灰飛煙滅。如今一種「虛無」出現在人類存在景況的中心。當年稍後有傳聞說，蘇聯密謀在美國主要城市放置滿載輻射塵的手提箱，在定時器控制下爆破，足以殺害數以百萬計的人。沙特一九五六年的《涅可拉索夫》（*Nekrassov*）一劇拿這個故事刺諷一番，當時沒多少人能確定什麼值得相信。輻射由於是看不見的，更是可怖，也很容易使用；宇宙的強大力量可以裝進幾個手提箱。[5]

儘管有人害怕世界末日將臨，也有人同樣戲劇性地期待著全新的開始。就像賀德林的詩所說：「要是說危險在增大／救贖力量何嘗不然？」有些人也許認為，最近這場戰爭造成的翻天覆地變化，不會帶來大災難，倒是會令人類生命徹底轉化，戰爭和其他邪惡將永遠被棄絕。

其中一種理想，期待一個有效的世界政府能化解衝突，推行條約，遏阻大部分戰爭。卡繆也懷抱這種願望。對他來說，廣島原爆的即時教訓，就是人類必須發展「一個真正的國際社會，強國的權力不會凌駕中、小規模的國家之上；終極武器納入人類智力控制之下，而不是由各國的欲望和教條支配」。[6]在一定程度上，聯合國實現了這些目標，但它始終沒有期望中那麼廣泛有效。

其他人則認為美國的處事方式提供了出路。戰後美國在歐洲贏得廣泛感激和好感；美國透過一九四〇年代後期的馬歇爾計畫（The Marshall Plan，又稱歐洲復興計畫）加強了這種觀感，數以十億計的援助金投入深受打擊的歐洲國家，加快復元速度，並讓共產主義局限在蘇聯勢力緊迫的中歐部分地區，美國甚至對俄國人和他們的周邊國家提供金錢援助，但蘇聯確保這些國家拒絕接受。有些西歐國家覺得接受美國的金錢是一種恥辱，卻也承認這種援助確有需要。

在國際主義者和親美人士以外，西歐戰後還有走第三條路的人，把希望放在蘇聯身上。畢竟蘇聯是世界上一個主要國家，嘗試實踐共產主義的遠大理想，期望（在久遠的未來當一切障礙被掃除後）人類能憑著理性管治，永遠消除貧窮、飢餓、不平等、戰爭、剝削、法西斯主義和其他邪惡。這是歷來嘗試改變人類景況最雄心勃勃的壯舉。如果首次嘗試失敗，就可能永不超生，因此要不惜一切捍衛它。

這都是僅七十年前才發生的事，在人生歷程中只是一段短時間，但我們現在已很難充分代入當時景況，很難瞭解這種理想怎麼能觸動西方世界那麼多具智慧與學問的人。今天的普遍共識卻是，共產主義永遠不能在任何可能的世界行得通，無法自始看出它徒勞無功的人都是笨蛋。可是，對於那些曾經歷一九三〇年代的艱苦歲月和第二次世界大戰的人來說，共產主義儘管不大可能實現，卻還是值得擁抱的理想。民眾不是只把它看作夢想——就像你醒來後隱約覺得它是很了不起卻不能實現的一回事，當時的人確實相信它是能達成的目標，儘管實踐之路漫長而艱困，途中還有許多陷阱。

這些陷阱不難瞥見。共產主義有一長串美麗而高遠的目標，也有同樣很長一系列的殘酷現實：勞改營、恫嚇、不義的囚禁、殺戮、饑荒、物資短缺和剝奪個人自由。第一波重大震撼在一九三〇年代出現，當時有消息傳出，蘇聯當局審訊遭貶謫的黨員，他們被控從事破壞或策動陰謀，最後「認罪」而被處死。一九四六年更多消息流出，部分來自蘇共背叛者維克多・克拉夫琴科（Victor Kravchenko）《我選擇了自由》（*I Chose Freedom*）一書。該書在一九四七年翻譯為法文後，支持共產主義的《法國文藝》（*Les lettres françaises*）雜誌指稱這是美國政府虛構的故事。克拉夫琴科的律師控告該雜誌，案件一九四九年初在巴黎開審，證人出庭對蘇聯的生活提出種種臆想，企圖破壞作者的可信性。克拉夫琴科技術上贏了訴訟，但只取得象徵性的一法郎賠償。[7] 次年另一位作者控告《法國文藝》雜誌，他是納粹布亨瓦德集中營倖存者大衛・羅塞（David Rousset），因呼籲對蘇聯勞改營作出調查而被該雜誌攻擊，也贏得了官司。[8] 這兩項訴訟都富爭議性，卻起了重大作用，讓人知道蘇聯不是所聲稱的勞動人民天堂，或起碼目前還不是這樣。

即使到了這個階段，很多人仍然堅持，蘇聯比美國的極端資本主義值得擁護。美國也喪失了部分道德光環，因為對共產主義極度恐慌，美國政府對任何隱約帶有左傾思想的組織都嚴加禁制，並對國民展開監控和侵擾。每個疑似「紅色」分子都面對風險，包括被撤職、列入黑名單，以及被拒簽發護照。在一九五一年，本身是美國人的羅森堡（Rosenberg）夫婦艾瑟爾（Ethel）和朱利厄斯（Julius），因為向蘇聯提供核武機密而被判死刑。一九五三年處決時在美國國內外引起震驚。沙特在《解放報》一篇憤怒文章中開砲猛轟。[9]在美國，鄂蘭寫信跟雅斯培說，她恐怕這種事預示美國將陷入納粹德國般的災難：「美國一定是被一種無法想像的愚昧掌控著，它令我們懼怕，因為我們對此並不陌生。」[10]

如果兩個超級大國都不符理想，也許選擇出路的唯一辦法就是問問自己：哪種理想**更值得追求**。左翼人士認為，即使美國代表了一些美好事物，像爵士樂和自由，它也同時代表了不受控的個人貪婪、經濟殖民主義和勞工剝削。蘇聯則起碼代表一種崇高的可能性，而既然有高遠的目標，什麼道德妥協是不值得付出的呢？

距今七十年前，杜斯妥也夫斯基的小說《卡拉馬助夫兄弟們》（*The Brothers Karamazov*），就以一個簡單問題概括了這種道德兩難處境。卡拉馬助夫兄弟中的伊凡（Ivan）請弟弟阿利歐沙（Alyosha）想像一種情景：他有能力創造一個新世界，讓未來所有人享有完美的和平與快樂，但要達成這個理想，條件是把一個弱小生命迫害至死——譬如一個嬰兒。[11]這是「電車難題」的一個早期而極端的版本，為了期望中能拯救很多人而讓一個人犧牲。伊凡問道，你願意這樣做嗎？阿利歐沙明確地說不。在他看來，沒有哪件事能令加害於一個嬰兒變得合理，一切能說的就到此為止。沒有任何利害權衡足以改變立場，有些事是不能訴諸權衡或用作交換條件的。

在一九四〇年代的巴黎，跟阿利歐沙立場一致的作家就是卡繆。他在〈既非受害人也非行刑者〉（Neither Victims Nor Executioners）一文寫道：「我永遠不會再成為這類人的一分子，不管他們是誰，因為他們甚至願意對謀殺妥協。」[12]不管能換來什麼後果，他都不會接受對暴力的辯解，尤其是國家施行的暴力。他自此堅守這種立場，儘管不斷作出省思。他一九四九年的劇作《正義之士》（*The Just*），像杜斯妥也夫斯基那樣，敘述一群俄羅斯恐怖主義者在辯論，可否在一次政治謀殺行動中禍及無辜旁觀者。[13]卡繆清楚表明這是不能接受的。當獨立抗爭一九五四年十一月在卡繆的母國阿爾及利亞爆發，他也是這麼想：在法國當局施行迫害與行刑的同時，反叛者放置炸彈傷及無辜，卡繆認為雙方都不能為自己辯解。民眾總會有暴力行動，但哲學家和國家官員有責任避免提出辯解的藉口。卡繆的看法引來爭議。一九五七年他在接受諾貝爾文學獎的演講中，被要求解釋他不支持反叛者的理由。他說：「現在有人在阿爾及爾的電車軌道上放炸彈。我的母親可能是電車乘客之一。如果這是公義，我寧可不要公義而要我的母親。」[14]卡繆認為雙方對自身的行動都不可能有客觀辯解，因此自己忠於的事情是唯一依據。

沙特則訓練自己從另一種觀點來看——無論如何，他最終真的這麼做了。在一九四〇年代中期，他仍然堅持阿利歐沙或卡繆的想法。當時親蘇聯的梅洛龐蒂質問沙特，如果他要在殺死三百人和殺死三千人之間作出抉擇，他會怎麼做，這在哲學上又有何差別？沙特回答，這只有數學上的差別，卻沒有哲學上的差異，因為每個人在自己眼中都是一個無盡的宇宙，我們不能把一種無窮盡跟另一無窮盡比較。在兩種情況下，慘痛地喪失生命，都是實際上無法計算的。梅洛龐蒂談到這個故事時，推斷沙特當時是從純粹哲學家的立場說話，而不是採取「政府領袖的觀點」。[15]

後來沙特和波娃都離棄了這種觀點，認為我們可以（甚至應該）以一種合乎道義的方式對生命作出衡量，而阿利歐沙只是逃避責任。他們認為，拒絕作出計算——把一個嬰兒跟數以百萬計未來的嬰兒比較，只是自私或過分審慎。如果這聽起來像荒唐的共產主義夢想者提出的過時論點，我們或可提醒自己，顯然今天的文明國家也有同樣作法，對迫害、囚禁、謀殺和侵擾性監控提出辯解，理由就是為了對不明數量人員的不明未來威脅作出防範。

沙特、波娃和（起碼到目前為止的）梅洛龐蒂，都覺得他們比卡繆剛強而誠實，因為他們看到有時不得不沾汙自己雙手——這是一句他們愛說的老話。當然，血漬來自遠在他方的其他人。但沙特堅持，有需要時他也會犧牲。一九五六年在威尼斯舉行的一個作家會議上，英格蘭詩人史蒂芬·史本德問沙特：如果他在冤枉之下被共產政權迫害並囚禁，他會怎麼做？他會希望朋友動員要求自己獲得釋放嗎，如果這樣的動員會損害共產主義的信譽，危及它的前途？他會否為了更重大的善行而接受命運？沙特想了一下答道，他會拒絕營救運動。史本德不喜歡這樣的答案，他說：「在我看來，唯一的善行，所關切的一定是個人遭不義囚禁這樁事實。」[16]沙特回應，這正是這個戲劇性處境的關鍵所在，也許現代世界裡所謂「對個人的不公義」已不是問題所在。沙特要經過很長時間，才能讓自己從這個令人震驚想法的良心責備中解脫出來，他在一九五〇年代中期無法擺脫困境。

沙特和史本德討論的這種假想情況，近乎小說《正午的黑暗》（*Darkness at Noon*）的處境，作者亞瑟・柯斯勒由前共產黨人變成反共人士，小說英文版在一九四〇年問世，法文版則在一九四六年以《零與無限》（*Le zéro et l'infini*）之名刊行，故事骨幹是一九三八年蘇聯清洗行動中尼可拉・布哈林（Nikolai Bukharin）受審並處死的個案。在柯勒斯小說化的版本中，布哈林對黨忠心耿耿，為了國家利益而自願簽署一份認罪書，承認虛假控罪而被處決。這跟真實事件相比是無法令人信服的詮釋，因為布哈林事實上是在壓迫下認罪。但柯斯勒為知識分子提供了一個值得辯論的故事：個人為了維護共產主義可以去到怎樣的地步？他在〈瑜伽信徒和人民委員〉（The Yogi and the Commissar）一文提出了類似的問題，把願意為了高遠理想而不惜代價的人民委員，跟緊貼眼前現實的瑜伽信徒作出對比。[17]

梅洛龐蒂在贊同「人民委員」立場的早期日子裡，為了回應柯斯勒一文而在《摩登時代》發表了分兩次刊登的攻擊文章，題為〈瑜伽信徒和勞動人民〉（The Yogi and the Proletarian）。他的主要武器是所謂「那又如何」的修辭法：如果說蘇聯模式的目標有失誤，那麼西方的很多胡作非為又如何？資本主義的貪婪、殖民迫害、貧窮問題和種族歧視又如何？西方的暴力氾濫又如何？——它只是比共產主義的同等作法掩飾得好一點而已。[18]柯斯勒沒有理會梅洛龐蒂的回應，他的朋友卡繆則感到憤怒。據波娃說，卡繆一晚在鮑希斯．維昂主持的派對中怒氣沖沖地闖進來，痛罵梅洛龐蒂一頓，然後在暴怒中跑了出去，沙特追趕在後頭。[19]最後事件在互相反擊和怨恨中落幕，沙特和卡繆也因此失和了好一陣子，即便如此之後仍能修好。

沙特、波娃、卡繆和柯斯勒原是好友，經常整晚暢飲而帶著醉意興致高昂地談論政治。一九四六年一晚在一家俄國流亡人士聚集的夜總會裡，大家暢所欲言談到友誼和政治承擔的問題：如果彼此政治立場相左還可以做朋友嗎？卡繆認為可以。柯斯勒卻認為不能：「不可能！不可能！」波娃在伏特加酒影響下訴諸感情而贊同卡繆：「那是可能的；我們此刻的情況就是明證，儘管我們各持己見，大家聚在一起還是那麼歡樂。」[20]這種想法令人暖在心頭，他們開心暢飲至黎明，儘管沙特次日還要準備一次講課，談的是「作家的責任」。他們全都認為這令人十分暢快。拂曉時分，大家懷著興奮心情離去。沙特幾乎沒有睡覺，總算把演講稿寫好。

一九四七年另一次深宵狂歡中，又討論起友誼的問題，這次大家的心情就沒那麼舒暢了。柯斯勒發難而把玻璃杯擲向沙特的頭，其中一個主要原因是他認為（也許確實如此）沙特跟他的妻子瑪曼（Mamaine）調情（柯斯勒本人是眾所皆知肆無忌憚的勾引者，而且毫不誇張可說很具侵略性）。他們在店外糾纏不休，卡繆試著讓柯斯勒平靜下來，把手放在他肩膀上，豈料柯斯勒揮拳以對，卡繆還以顏色。沙特和波娃拉開他們，把卡繆推上他的車，讓柯斯勒和瑪曼留在街上。卡繆回家途中全程哭泣不停，靠在方向盤上，路上搖晃著前進，嚷著說：「他是我的朋友！他竟然打我！」[21]

沙特和波娃最終在一件事上贊同柯斯勒：政治觀點對立的人不能做朋友。「當彼此意見那麼不一樣，」沙特寫道：「又怎麼能一起看電影？」[22]在一九五〇年，柯斯勒向史本德透露，那次事件過後好一陣子他又碰見沙特和波娃，提議一起吃午飯。他們的回應是長長一陣沉默，然後波娃說（據史本德的二手資訊）：「柯斯勒，你知道我們看法不一樣。再聚在一起沒有什麼意思。」她以前臂擺出一個大大的叉，說道：「在任何事情上我們就是這樣的戰士。」

這次是柯斯勒提出反對意見：「對，可是我們肯定還可以做朋友。」

波娃以現象學回應：「作為一位哲學家，你必須知道，我們每個人把一塊方糖看作完全不一樣的東西。彼此看見的方糖那麼不一樣，聚在一起毫無意義。」[23]

這是令人嘆息的情景：方糖在桌子上，哲學家從不同角度去看。方糖對每個人呈現不同樣貌。它這邊有光線照亮，那邊卻沒有。對其中一人來說，它鮮明而閃亮；對另一人來說，它暗淡而沒有光澤。有人認為它給咖啡添加美味；有人認為它代表了歷史上蔗糖貿易剝削奴隸的邪惡。要追問結論是什麼，實在毫無意義。這是對現象學主旨的怪異扭曲。用X來代表政治對立，也可惡地扭曲了梅洛龐蒂所說的一切在「交錯」之下獲得協調。這幾個人的窘況以沉默告終，它令人想起發生在馬賽爾和海德格身上的沉默，馬賽爾的結論是，彼此差異那麼巨大，對話根本不可能。

對於友誼的辯論，實際上是前面所說的另一問題的變奏——為了共產主義我們願意犧牲什麼？對於這兩個問題，都要在抽象價值以及個人的、即時的特定實況之間權衡輕重。你要決定最重要的是什麼：眼前的這個人，還是所作抉擇對未來不明的一群人的可能影響？每個思考者會以不同方式解決這個難題——有時同一人在不同時間也有不同結論。

沙特是他們所有人之中前後立場最不一致的，不管是在蘇聯問題還是友誼問題上，因為他有時期望別人對他忠心不二，儘管彼此政見不同。在一九四七年十月，他就期待老同學阿宏對他表示忠心，卻未能如願，他非常憤怒，跟對方完全斷絕了來往。

那一年對法國來說也是艱困的，也可能因為如此，柯斯勒的爭吵變得那麼激烈。當時法國由中間立場的聯合政府執政，受到左翼共產主義者和右翼法國國民聯盟（Rassemblement du peuple français）夾攻，右翼聯盟黨由戰時法國流亡軍統帥戴高樂領導。沙特覺得戴高樂的政黨幾乎淪為法西斯主義者，沉溺於群眾遊行，並圍繞著領袖鼓吹個人崇拜。可是曾在倫敦為流亡的自由法國效力的阿宏，對戴高樂十分熟識，對他的所作所為更為同情，政治立場遠在沙特右邊。

當年秋天危機擴大，戴高樂支持者的遊行和共產黨的罷工抗議行動（受到蘇聯積極推波助瀾），動搖了中間立場的政府。民眾開始擔憂會爆發內戰甚至革命。也有人對前景感到刺激。在寫給梅洛龐蒂的一封短信中，布朗奈爾提到她剛在倫敦跟一些法國作家吃午飯，他們無法避免匆促地談起了準備在巴黎街頭發動戰鬥，還談到製作汽油炸彈的最佳方法。[24]

在危機飆上高峰之際，阿宏主持一項電台辯論，把沙特列為左派代表，跟一群戴高樂黨人對立起來，這群人在電台節目中猛烈攻擊沙特。阿宏沒有參與辯論，但沙特不滿阿宏讓他們大放厥詞，而沒有嘗試支持老朋友。阿宏後來回應，認為自己身為主持人不能表達立場。沙特卻懷疑真實原因在於阿宏是戴高樂支持者。此後多年兩人沒有交談。[25]

阿宏也許不曉得，在這段時期裡沙特正飽受威脅。他接獲恐嚇信，其中一封在他的畫像上面塗上排泄物。一天晚上他聽聞一群軍官在左岸搜索他，他到朋友家中躲避，好幾天沒有回去他在拿破侖酒吧樓上眾所周知的住址。他因為愛表露政見而屢陷險境，這不是最後一次。[26]

事實上此刻沙特在反對戴高樂黨人的同時，也在批判蘇聯，因此招來兩方面的憤恨。法國共產黨向來不認同存在主義，因為這種哲學堅持個人自由。一九四六年馬克思主義社會學家昂利．列斐伏爾（Henri Lefebvre）曾把存在主義概括為「陰鬱而軟弱的思想雜膾」，以「思想開放」為名引來太多危險。沙特說，人都是自由的，列斐伏爾卻要求解釋：「一個人要是每天早上要在法西斯主義和反法西斯主義之間做抉擇，這代表什麼？」這個人又怎麼會比另一人更好──「那人一次作出永久抉擇，就是要對抗法西斯，可說他根本用不著做什麼抉擇」？[27]列斐伏爾的說法聽起來像很合理，可是你要想想它有什麼隱含意義。你的政黨要求你作出的承諾，就是你從此不用再作考慮，這是沙特不能認同的，起碼此刻是這樣。後來沙特在焦慮之下嘗試化解眼前的兩方面對立：一方面是他支持的革命政治立場，另一方面是基本的存在主義原則。

一九四八年二月他嘗試化解這個難題，而加入一個分離政黨——革命民主同盟（Rassemblement démocratique revolutionnaire），目標是不結盟的社會主義。這個政黨沒有什麼作為，只是把事情弄得更複雜，沙特在一年半後退出了。

一九四八年四月，沙特因為他的新劇惹來更多麻煩，劇名很自然地叫《髒手》（*Dirty Hands*）。劇中談到一個虛構的小國伊利里亞（Illyria），令人想起戰後的匈牙利，該國黨員作出有違理想的道德妥協，嘗試由此達成願望，讓蘇聯前來執掌控制權。[28]共產主義者很不高興。蘇聯文化部長亞歷山大・法捷耶夫（Alexander Fadayev）把沙特稱為「手執鋼筆的鬣狗」[29]，沙特從此不受蘇聯集團國家的歡迎。當時還是大學生的捷克作家伊凡・克里瑪（Ivan Klíma）聽到他的老師攻擊沙特，針對的是他的「腐敗和道德墮落」[30]，使得克里瑪急著要找沙特的著作來看看。

沙特現在四面受敵，政治上混亂不堪，前所未有地過度辛勞，他嘗試協調政見與哲學原則，卻只是使一切壞效果聚合起來。很多壓力是自招的，可是他無意為了讓自己好過一點而沉默下來。波娃也因工作、政治張力和個人危機而精神緊繃：她嘗試決定如何處理她與愛格林天各一方的關係，對方不滿要做屈居沙特之下的第三者，並希望波娃移居美國。[31]精疲力竭的波娃和沙特都倚賴藥物。沙特愈來愈沉溺於他最愛用的科利德蘭（Corydrane），那是興奮劑安非他命（amphetamine）和鎮痛劑的混合物。波娃服用安非他命來對付恐慌症，卻只令情況惡化。她和沙特一九四八年夏天前往北歐旅行時，她產生幻覺，看見鳥兒俯衝而下扯著頭髮把她往天上拉。北方森林的寧靜，對她的幫助比藥物更大。她和沙特在那裡看見美麗的景物：「高山矮林：紫水晶色的泥土上長著細小的樹，紅的像珊瑚而黃的像黃金。」[32] 波娃的生活樂趣逐漸恢復，但沙特未來幾年仍然在精神上飽受折磨。

一九四九年八月二十九日，經過多年竊密和研發，蘇聯試爆了原子彈。從這刻開始，毀滅人類的威脅成為兩國的事。幾個月後，在十月一日，毛澤東宣布中華人民共和國與蘇聯結盟，兩個共產大國與西方形成對立。恐懼心理升高，美國學童接受演習，面對炸彈警告時躲到書桌下面，用手保護著頭。美國政府撥巨款繼續研究，在一九五〇年一月宣布正研發一種威力大得多的武器——氫彈。

這一年韓戰爆發，中國和蘇聯支持北韓，美國則在南韓的一邊。後果看來難以逆料：會用上核武嗎？戰爭會蔓延到歐洲嗎？蘇聯會像德國先前那樣占領法國嗎？這最後一個問題很快在法國人心中浮現，看來有點怪異，因為戰爭在地球另一邊發生，但它令人想起記憶猶新的最近一次淪陷，也令人想到衝突那種令人警惕而無法預測的本質。[33]

卡繆問沙特說，如果蘇聯來襲，他認為什麼會發生在他個人身上；也許「手執鋼筆的鬣狗」最後不會獲勝。沙特反過來問卡繆他會怎麼做。卡繆表示他會像德國占領期間參加抵抗運動。沙特滿腔真誠回應說，他永遠不會跟無產階級對抗。卡繆抓住他的觀點堅稱：「你必須離開。如果留下來，他們不光取你的命，還會奪走你的名譽。他們會把你送到集中營，把你殺死。然後他們會說，你還活著，會用你的名義呼籲民眾屈服、順從和賣國，而民眾會信以為真。」[34]

一次波娃和沙特跟博斯、柯沙基維茲和已遷居巴黎賴特一起吃晚飯，討論起一個相關話題：「怎麼逃跑，逃到哪裡，何時動身？」[35]愛格林寫信表示可幫助他們前去美國，但他們不願意這樣。[36]如果他們要離開法國，也會去一個中立國家。也許，波娃寫道，他們會去巴西，史蒂芬・茨威格（Stefan Zweig）二戰時就到巴西避難。但茨威格無法抵受流亡之苦而在當地自殺。而這次他們要逃避的還是社會主義！怎麼會發生這樣的事？

梅洛龐蒂對於戰爭降臨法國同樣作最壞打算，可是他也不想逃避共產主義者。[37]沙特提到梅洛龐蒂不尋常地心情輕鬆——「帶著孩子氣的神態，事態變得嚴重時他總是這樣」。[38]梅洛龐蒂開玩笑說，如果侵襲到來，他會去紐約當升降機控制員。

梅洛龐蒂比表面看來受到更大困擾，而且不光是個人的憂慮。韓戰醞釀之際，他和沙特在蔚藍海岸（Côte d'Azur）的聖拉斐爾（Saint-Raphaël）度假時相遇。他們很高興見到對方，卻整天在爭論，首先是在海濱漫步之際，然後是在咖啡館的陽台上，接著又在沙特在車站等火車時。他們要在《摩登時代》雜誌對韓戰達成一致編輯立場。但梅洛龐蒂覺得，對於他們不瞭解的處境，不應該提出即時看法。沙特不同意：如果戰爭臨近，怎麼能默不作聲？梅洛龐蒂持悲觀看法：「如果非理性勢力要決定結果，你跟沒法把話聽進去的人能說些什麼？」[39]

彼此意見相左不光在於雜誌的立場，也關於對共產主義的信任何以達到什麼程度。梅洛龐蒂對北韓入侵南韓感到震驚，認為這顯示共產世界跟資本主義世界一樣貪婪，一樣的只是把意識形態用作面紗。[40]他也對愈來愈多曝光的蘇聯勞改營實況感到困擾。對於這個圈子中原來最親共的梅洛龐蒂來說，這代表了觀點的重大轉變。反之，一度對共產主義持謹慎態度的沙特，則愈來愈傾向於對共產國家給予寬大解讀。

韓戰沒有引致蘇聯侵襲法國，但延續至一九五三年的這場戰爭，確實改變了世界政治版圖，而隨著冷戰成型，一種妄想症般的情緒和焦慮蔓延開去。在這些歲月裡，梅洛龐蒂繼續發展他的懷疑精神。可是沙特卻立定了主意，令他轉趨極端的是發生在法國的一件怪事。

一九五二年五月二十八日晚上，警方的路檢攔下法國共產黨領袖雅克．杜克洛（Jacques Duclos）並搜查他的汽車。他們找到一柄左輪手槍、一個收音機和籃子裡的一對鴿子，他們把他逮捕，聲稱那是用來傳信給蘇聯的信鴿。杜克洛回答說鴿子已經死去，不能用作信鴿，那是帶回家給妻子做晚飯的。警方卻說，鴿子仍有體溫而且還沒僵硬，杜克洛可能匆匆把牠們悶死。他們把杜克洛關押起來。

第二天對鴿子進行了驗屍，尋找體內是否藏有微縮膠卷。然後舉行聽證，三位鴿類專家作證，評估鴿子的年齡，估計牠們分別是二十六天和三十五天大。至於確切品種，他們強調無法辨別，「因為已知的鴿類品種數量和品類繁多，還有很多業餘繁殖者曾培育或正在培育的混種，使得辨別十分困難」。專家的結論認為，這些鴿子可能只是到處可見的一般馴養品種，沒有跡象顯示專門繁殖用作信鴿。儘管這樣，杜克洛還是被囚禁了一個月才獲釋。民間發起一項支持他的大型運動，共產主義詩人路易．阿拉貢（Louis Aragon）還寫了一首題為〈鴿子陰謀〉的詩。[41]

這一樁荒謬事件，沙特認為是多年來對法國共產主義者的騷擾和挑釁攀至最高峰。他後來寫道：「經過了十年反覆思考，我到了爆發點。」鴿子陰謀驅使他投身於所支持的政見。他寫道：「用教會的話來說，這是我信仰上的皈依。」[42]

也許用海德格的話來說，這是「轉向」——它要求沙特的思想按照新的優先次序重新安排每個觀點。海德格的轉向令他從決斷轉向「順其自然」；沙特的轉向則令他更加決斷，更投入，更公開，更不妥協。他感覺到自己「要麼寫作，要麼窒息」[43]，他奮筆疾書，寫了長篇論文〈共產主義者與和平〉（The Communists and Peace）的第一部分。他後來說，他一邊寫一邊滿心憤怒，他的血液裡則滿是科利德蘭。他幾乎不眠不休，對蘇聯式國家寫了不知多少頁的辯解和支持論證，一九五二年七月在《摩登時代》發表。幾個月後，他再次過度爆發，對朋友卡繆開砲猛轟。

他跟卡繆的衝突已醞釀好一陣子。他們的思想變得那麼不一樣，衝突幾乎無可避免。卡繆一九五一年出版了長篇論文《反抗者》（*The Rebel*），提出了跟共產主義大異其趣的標榜反抗的政治激進主義。

對馬克思主義者來說，人類命中注定要透過預定歷史進程，最終到達社會主義天堂。過程雖然漫長，但一定會到達終點，結果是完美的。卡繆在兩點上不同意：他不認為歷史會引向單一的必然目的地，也不認為有所謂完美。有人類社會的一天，就繼續有革命。每次一項革命推倒了社會上的腐敗，便創造新的現狀，然後這又發展為病態與不公義。每一代人都有新的責任，要對抗眼前的惡劣情況，這樣的發展永無止境。

並且，對卡繆來說，真正的革命並不意味抵達高居山上的華麗之城的這種令人狂喜的願景。它不過表示目前一些非常真實的情況已到了令人忍無可忍的地步，因而要對它「設限」。[44]就像一個一輩子服從命令的奴隸突然決定不再聽命於人，劃定界線表明「到此為止」。[45]革命是對暴政的駕馭。隨著反叛者不斷對抗新的暴虐統治者，就會創造一種平衡：一種必須不畏辛勞地更新與維護的溫和狀態。

卡繆這種不斷自我調節的革命觀是吸引人的，但別人也正確地把它視為對蘇聯共產主義及其同路人的攻擊。沙特知道有部分攻擊是針對他的，他不能原諒卡繆在這個微妙歷史時刻助長右翼勢力。顯然有必要在《摩登時代》批判卡繆這部著作。沙特對於把老朋友攻擊得體無完膚還是有點猶豫，因此他把這項任務交給年輕同事弗朗西斯·尚頌（Francis

Jeanson），讓他把卡繆批評得一無是處，譴責《對抗者》為資本主義辯護。[46]卡繆以一封長達十七頁的致編輯函自辯，而所謂編輯就是沙特，儘管沒有指名。他指控尚頌誤引他的論點，並補充：「我開始有點厭惡看到自己目前這種狀況……基本上就是從批評家接獲無窮無盡的教誨，而這些批評家從來沒有什麼作為，除了把他們的安樂椅轉往歷史行進的方向。」[47]

他的批評促使沙特執筆回應，提出人身攻擊的激烈言論，即使以沙特最近的標準來說也是過分感情用事。沙特說，這表示他們的友誼完蛋了。當然他會若有所失，尤其是記憶中昔日參與戰時抵抗運動的卡繆。但現在他的朋友成為了反革命分子，再無可能重修舊好。再一次的，沒有什麼可以凌駕於政治。[48]

卡繆始終沒有對沙特的回覆發表回應，儘管他曾草擬一分草稿。[49]同樣的，接下來就只有沉默。事實上也不完全是沉默，因為自從這番有名的爭辯發生之後，湧現不少相關書籍和論文，鉅細靡遺而透徹地分析了這次對抗，把它界定為有關整個時代和文化圈的一場論爭。它往往被神話化成為戲劇：沙特這個「作夢的男孩」追尋一種不可能的幻想，卻遇上報應，碰上一個目光清晰的道德英雄——他是更冷靜、更有智慧且更相貌堂堂的卡繆。

這是一個好故事，但我們可以從更微妙的角度思考：如果我們嘗試體會沙特的動機，追問他的行動為何毫無節制，對瞭解事情該有幫助。多年來受到政治思想上的壓力，被視為腐化的中產階級，沙特經歷了信仰轉變，讓他對世界投以新的日光。他認為放開自己對卡繆的個人感受是一種「責任」。個人感情是自我沉溺，必須超越。就像《存在與時間》時期的海德格，沙特認為重要的是不惜一切決斷行事：抓住必須做的事付諸實行。在阿爾及利亞戰爭期間，卡繆選擇寧可要他的母親而不要公義，但沙特決定，如果他的朋友出賣了勞動階級，選擇他的朋友就是不對的。波娃過往雖然欣賞卡繆的魅力，現在也跟沙特立場一致：《對抗者》是在歷史關鍵時刻故意送給敵人的禮物，絕對不能放過。[50]

卡繆受到爭吵所困擾，這發生在他的艱困時刻。他的個人生活不久後就每況愈下，碰上婚姻難題、寫作的障礙，還有祖國阿爾及利亞的駭人戰爭。他的危機在一九五六年透過中篇小說《墮落》（*The Fall*）表露無遺，故事主人公是「法官兼懺悔者」：一位自我審判的前法官。在阿姆斯特丹一家酒吧，好幾個晚上，這位法官向不具名的一個敘事者敘述他的一生，高潮是一個令人震驚的故事：某天晚上在巴黎，他看見一個女人投河自盡，但未能跳進水中救她。他不能原諒自己。這位法官承認自己的罪過，但另一方面他似乎覺得這給予他一種道德權威，可以指出別人的罪過。就像他對問話者所說——也就是向讀者所說：「我愈是控訴自己，就愈是有權對你作出判斷。」[51]這句話包含濃重的卡繆元素。

沙特和波娃不是像《墮落》的主角那樣的懺悔者，但他們察覺到未來的人會以嚴厲目光向他們回望。沙特在一九五二年寫道：「我們覺得身分不明的後繼者會對我們作出判斷」；他又補充：「我們的時代會被未來的眼睛緊盯不放。」[52]波娃在回憶錄的最後一冊寫道，她一度覺得自己比前代作者更勝一籌，因為從定義上來說，她比他們知道更多歷史。然後她看到明顯的真理：她這一代人他日也會受到未來的標準判斷。[53]她看到她的同代人必然不敵歷史學家湯普森（E. P. Thompson）後來所說的「後世巨大的優越感」。[54]

可是沙特相信，我們仍然要對眼前的景況有所作為。如果你因為害怕出錯而做騎牆派，那就犯了錯。像齊克果說的：

哲學家說人生必須倒過來瞭解，確實一點不錯。可是我們忘了另一個命題：人生必須往前活出來。如果你清楚地思考這個命題，那就愈來愈明顯可見，人生永遠不能真的從時間上來理解，因為沒有特定的一刻，讓我找到必須的止步點，而由此瞭解人生。[55]

這是說永遠不能有靜止沉思的一刻。在沙特看來，政治如同所有其他的事，正確方向總是往前，即使往前的路把你引向回頭的路，即使你走得太快不能完全控制自己。

沙特一九五二年在《摩登時代》的另一行動也令另一位朋友失望：他自行刊出了第一篇的〈共產主義者與和平〉，沒有把它交給共同編輯梅洛龐蒂看看。[56]這是行事態度的失誤，沙特知道會引起反感。他也知道梅洛龐蒂會反對這篇文章或建議改得溫和一點，在當時的激情下，沙特不願意文章的刊登受到拖延。

當時梅洛龐蒂正轉移到較接近卡繆的立場，主要的分別是他曾認同社會主義烏托邦。卡繆從來沒有懷抱這個「夢想」，但梅洛龐蒂曉得作為認同者是怎麼一回事。這使得梅洛龐蒂在放棄這個夢想後成為別具洞見的批評者，可是他沒有因此更有能力拯救他和沙特之間的友誼。

他和沙特的緊張關係從一九五二年至一九五三年初一直在醞釀。一九五三年一月十五日，沙特到法蘭西學院聽梅洛龐蒂的哲學系系主任就職演說。梅洛龐蒂利用這個機會，提醒哲學家對公共事務保持清醒，並對模稜兩可狀況提高警覺。[57]其後，沙特沒有提出傳統的溫厚祝賀。據梅洛龐蒂說，沙特用「冰冷的語氣」說，這個演講相當「有趣」，他並針對法蘭西學院的體制氛圍補充說：「希望你對這一切做些顛覆。」[58]沙特自己拒絕接受所有類似的榮譽，而且堅持到底——甚至十年後拒絕接受諾貝爾獎。他總覺得梅洛龐蒂太過樂意要成為安逸的圈內人。

梅洛龐蒂毫不猶豫就接受了法蘭西學院的職位，現在正因沙特的態度而受傷。他沒有計較，但當年夏天他們的對立在通信中爆發，當時沙特在熱得難受的羅馬度假，後來才知道酷熱可能把自己的腦袋熱昏了。[59]同時，他像慣常一樣太辛勤工作，太擔心人類的未來。沙特開頭對梅洛龐蒂表示，一個不再「投身」政治的人，別人期望他不要批評活躍於政治的人。[60]梅洛龐蒂回答，他說得沒錯。事實上，他自己已決定，不要對當前發生的事急於作出反應。在韓戰後他就提出結論，我們需要更長遠的透視來瞭解歷史。他不再「介入任何事件，彷彿那是道德測試」，他並把那種隨意介入的傾向認定為自欺。[61]這種說法對沙特來說尤其是一種挑釁。梅洛龐蒂仍然對沙特在就職演說後的冷言相待心懷怨恨，揮之不去。

沙特在七月二十九日回覆：「看在上帝的分上，不要像你那樣對我的語氣或面部表情作出解讀，你那種作法是完全歪曲而感情用事的。」[62]對於自己的語氣，他現在相當感人而可信地說：「如果我聽起來冰冷，那是因為我在祝賀別人時總是有點膽怯。我不曉得該怎麼做，我覺察到這一點。這肯定是性格特徵，我得承認。」

這應該讓梅洛龐蒂心情平伏下來了，但沙特的信仍帶有攻擊語氣，而他們之間的分歧有很深的根源。像平常一樣，沙特度假回來後，梅洛龐蒂對發生過的事一笑置之，這卻令沙特更不自在。[63]沙特承認，他自己傾向於對一個問題爭論到底，直到他說服別人或別人說服自己。反之，梅洛龐蒂「在多重透視之下找到安頓之所，看到存在的不同面向」。[64]這多令人惱怒！

事實上，梅洛龐蒂對這樣的爭吵大感困擾。他的女兒記得曾聽到父母為了沙特討論了好幾個小時。[65]此外，他也要決定怎樣繼續在《摩登時代》中參與。長期以來他做了很多實事：寫不署名的社論，確保每期如期出版。但現在沙特是代表人物，沒有人能不跟這位明星保持良好關係而在《摩登時代》混下去。沙特注意到，梅洛龐蒂參加編務會議愈來愈常遲到，又自言自語而不參與討論。沙特要他說出心裡的話，他卻不願意。[66]

到了一九五三年底，《摩登時代》的衝突爆發在即，然後點燃的火花出現了。他們要刊登一篇強烈親蘇聯的文章，梅洛龐蒂寫了一份編者說明放在前面，指出文章的觀點不代表《摩登時代》。沙特在出刊前看到這段文字，沒有告訴梅洛龐蒂就把它刪掉。

當梅洛龐蒂知道了，他和沙特在電話中有一番冗長而緊繃的對話。沙特後來還記得這件事；海洛龐蒂的女兒瑪麗安也記得當時無意中聽到：在電話中講了兩小時後，他父親掛上電話，跟母親說：「好吧，這是結局了。」[67]他可能表示，要結束在《摩登時代》的參與，也同樣可能表示友誼的終結。其後，他和沙特還是偶有交談，而他總是禮貌地說：「我打電話給你。」但沙特指出，他從來沒打過。[68]

梅洛龐蒂與沙特的危機，跟他人生中另一重大打擊同時發生：他母親在一九五三年十二月逝世。梅洛龐蒂自小在沒有父親的家庭長大，又要盡力維護母親的清譽，因而與母親走得很近。沙特後來發覺，梅洛龐蒂的愉快童年對他一生帶來巨大影響；母親是他的快樂之源，她的過世表示人生黃金階段的一種聯繫喪失了。沙特回憶，此後不久，梅洛龐蒂碰上波娃談了起來，「若無其事地，以可憐的愉悅之情掩蓋著他最真誠的一面，他說：『我死了不止一半。』」[69]他跟沙特斷絕友誼，與喪母之痛比起來算不了什麼，但它出現在很壞的時刻，也破壞了他的生活規律，奪去了《摩登時代》帶給他的人生使命感。

友誼的斷絕對沙特的打擊比表面看來的大。他過度反應，指稱梅洛龐蒂參與《摩登時代》從頭到尾都心懷不軌。他認為這位合作伙伴刻意保持低調，在報頭上不具名，是為了避免認同特定觀點。沙特抱怨，梅洛龐蒂跟他一樣掌控全局，卻保持「像空氣一樣輕盈自由」。如果他不喜愛什麼，沙特會頭也不回跑開。梅洛龐蒂一般來說則尋求以「活的調解」解決紛爭，而不是直接行使權力。[70]沙特對梅洛龐蒂的抱怨看來很奇怪，但這是對梅洛龐蒂的典型評語；他那麼和藹可親，卻那麼不可捉摸。

一九五五年梅洛龐蒂在《辯證的探險》（*Adventures of the Dialectic*）一書表明他跟共產主義意識形態最終決裂。書中把對盧卡奇（György Lukács）和其他馬克思主義理論家的批判結合為長長的一章——〈沙特與極端布爾什維克主義〉（Sartre and Ultrabolshevism），其中譴責沙特最近的政治論述缺乏一致性和實用價值。[71]波娃加入戰團，撰文攻擊梅洛龐蒂，指稱他誤解了沙特思想的一些方向。[72]她和梅洛龐蒂往日的友情也煙消雲散。可是儘管沙特和波娃雙雙怒罵，跟共產黨忠心支持者針對梅洛龐蒂這部著作而發洩的真正怒氣比較，就微不足道了。一群共產主義知識分子在一九五五年十一月二十九日組織了一次學生參與的會議，會上所有演說衝著梅洛龐蒂而來，昂利．列斐伏爾等人大肆譴責梅洛龐蒂。這些演說在一九五六年結集成書，書名也針對梅洛龐蒂原書——《反馬克思主義的不當探險：梅洛龐蒂先生的不幸》（*Mésaventures de l'anti-marxisme: les malheurs de M. Merleau-Ponty*）。[73]

這件事過後不久，梅洛龐蒂和沙特發現他們被安排一起參加歐洲文化協會（European Cultural Society）在威尼斯舉行的作家會議，沙特以前曾在這個會議上告訴史本德，他願意為了拯救共產主義國家而忍受不公囚禁。這個會議讓鐵幕兩邊不同陣營的作家聚首一堂，辯論蘇聯最近的變化——當時在赫魯雪夫領導下進入後史達林「解凍」時代；他們也討論作家委身政治的責任，這正是導致梅洛龐蒂和沙特失和的問題。主辦者以為梅洛龐蒂和沙特會高興遇上對方，安排他們在台上並排而坐。沙特看見鄰座的名片時臉色變得蒼白，但總算相安無事：「有人在講話，他在我之後，踮著腳走，當我轉過頭來，他輕輕摸了一下我的肩膀向我微笑。」[74]他們在會議上也有其他輕鬆時刻：沙特記得他們對一位說英語的代表互相交換古怪表情——那人很可能是史本德，他傾向於對「委身的文學」講些不相關的話。[75]可是單單一個共通的微笑不能讓一段友誼重獲新生。

兩個哲學家現在都跟他們在一九四五和一九四六年所秉持的立場走得很遠了，當時他們有共同看法，認同有必要不避汙穢，也認同要為他人的生活而作出「艱難」決定。他們的路徑曾經交疊，然後朝不同方向進發，這是另一種X型狀態。沙特經歷困惑，然後走出來變得極端化，願意為了理想國而冒性命危險。梅洛龐蒂曾深陷共產主義意識形態，然後放棄了它，改而相信人生永遠不能被套進一種理想的框框。就像他所說，他醒悟過來了。他說，當對共產主義的「緬懷」被驅散，「你把幻想放下，一切重新變得有趣而新鮮。」[76]在法蘭西學院的講課中，他也談到哲學家就是眾人沉睡之際獨自清醒的人。[77]

當然，沙特認為自己才是清醒的人。他後來概括兩人的分歧說：「我認為我仍然忠於他一九四五年秉持的思想（那是梅洛龐蒂的共產主義時期），他卻放棄了它。他以為他忠於自己而我背叛了他。」[78]

這不光是對二人分歧的公正描述，也似乎是更早一點的、頗不相同的另一項分歧的迴響：那是一九二〇年代胡塞爾和海德格之間的分歧。他們各自都認為自己正邁向一個新的、更刺激的領域，對方則被拋在後頭，迷失，被誤導而停滯不前。

在這些戲劇性事件發生之際，波娃像慣常一樣不辭勞苦地觀察並反思，寫作筆記。在一九五四年，她把筆記改寫為《達官貴人》（*The Mandarins*）這部史詩式小說，從二戰結束追溯敘述各種事件與感受，包括對原子彈的恐懼以及對蘇聯勞改營和審判的討論，還有政治委身的正反論據，愛情故事與鬥爭。[79]她更改了一些細節，有時使她的朋友看來比實在的更具智慧，更有先見之明，一切聚合成為這個時代和文化圈波瀾壯闊、令人激賞的描述。它贏得了龔固爾文學獎（Prix Goncourt）。憑著銷量增加而多獲的版稅，她在蒙帕納斯墳場附近的維克托．舍爾歇路（rue Victor Schoelcher）買了一個公寓單位。這表示她現在住得離沙特頗遠——沙特仍然跟母親住在拿破侖酒吧樓上。但她經常在聖哲曼德佩修道院地區漫步，也許是喜歡那裡穿過盧森堡公園的青葱路徑，她在那兒跟朋友碰面，也像慣常一樣跟沙特一起工作。

一位新的情人跟她一起住進蒙帕納斯公寓，那是克勞德．朗茲曼。他贏得她的芳心，是因為那種帶著激情的信念，以及對於自己是怎樣的人有強烈意識。波娃寫道，他要界定自己時，「首先會說：我是猶太人」。[80]沙特曾批評這種確切身分陳述，認為是自欺之舉，因為那暗示把自己呈現為固定的自我而不是自由的意識。事實上，沙特和波娃總是墜入同一弱點，喜愛帶有不妥協身分和態度的人。波娃很仰慕地寫道，朗茲曼對於猶太人所受的苦難懷有永久的憤怒。他一次告訴她：「我想殺人，時刻都這樣。」[81]他以行動體現他的感覺，就像波娃一樣。他會純粹因為憤怒而哭泣或嘔吐。相對於沙特在聲譽最高時那種循規蹈矩的表現，這一定很有新鮮感。這也跟過往友人梅洛龐蒂大異其趣——他看來只會隨著壓力水平每次升高，而挖苦地微笑或說更多諷刺話。

在重讀早些時的日記後，沙特在一九五四年左右寫了一則筆記，心平氣和地列出最近發生的爭吵和分歧：跟柯斯勒、阿宏和其他幾個人完全絕交，與卡繆關係惡化，只能簡短聊天並「避免談到重要話題」，此外又與梅洛龐蒂分手。（他還附加一個圖表，顯示其中幾個人怎樣交惡。）[82]他在其他地方提到，失去友誼並不令他困擾：「一樣東西死了——如此而已。」[83]可是幾年之後他為卡繆和梅洛龐蒂寫了很慷慨的訃告。他憶起卡繆時，哀傷地談到他們怎樣一起笑了起來：「他在某方面令人瞥見那個阿爾及利亞不屈不撓的小伙子，很大程度上是個小流氓，十分有趣。」他又補充：「他可能是我最後的一個好朋友。」[84]

至於阿宏，沙特的恨意就延續較久了，也許因為他們在念書時十分親密，可是在政治上變得分歧很大。在一九五五年，阿宏出版了《知識分子的鴉片》（*Opium of the Intellectuals*）一書，直接攻擊沙特和他的盟友，指控他們「對民主的失效無動於衷，卻樂意容忍最壞的罪行，只要犯罪是出於恰當的教條之名」。[85]沙特在一九六八年五月起而報復，當時阿宏反對學生的反抗行動，沙特稱他不適宜教書。[86]

在他們人生晚期，在一九七〇年代一次援助越南難民事件中，沙特和阿宏相遇而握手，攝影師拍到這一鏡頭，對於捕捉到看來是一次重大修好很是雀躍。可是沙特此刻正抱恙，一片茫然，失去了視力，聽覺也所餘無多。也許因為如此，或出於刻意冷落，當阿宏以親暱的老話跟他打招呼，說「你好，我的小伙伴」，沙特沒有同樣回應，而只說「你好」。[87]

有關沙特和阿宏後來流傳一種說法，儘管他們自己都沒提到。一九七六年在貝納昂利．李維（Bernard-Henri Lévy）的一次訪問中，阿宏表示左翼知識分子痛恨他，不是因為他指出了共產主義的真正本質，而是因為他從來不認同他們的信念。李維回應：「那麼你怎麼想？要是這樣，作為沙特好呢，還是阿宏：沙特這個有錯失的勝利者，抑或阿宏這個正確的落敗者？」[88]阿宏沒有提出明確答案。但這個問題給人記下來了，變成簡單而感性的格言：沙特的錯失勝過阿宏的正確。

在一九五〇年代，沙特決意把時間和精力貢獻給所有他認為需要他的社會行動，他令人擔憂地過度勞累。這給他帶來了至為愚蠢而該被　責的想法，譬如當他在一九五四年五月應一個俄羅斯作家組織邀請前往蘇聯訪問，其後發表一系列文章，竟然說蘇聯人民不外遊是因為他們沒有這方面的意欲，或忙於建設共產主義。[89]後來他又表示，在精疲力竭回家以後，他已把寫作任務轉交他的祕書尚．柯。[90]

尚．柯也記得這段日子，沙特對寫作產量不足恐懼起來而驅使自己失控。「沒時間了！」他會大嚷。他逐一放棄了令他最快樂的事：電影、舞台劇、小說。[91]他只想寫作，寫作，寫作。他就是在這時說服了自己，文章的修飾是中產階級的自我沉溺；只有理想是重要的，重新修改或重讀就是罪惡。[92]他寫滿一張張的紙，而傾向用心修改的波娃，就焦慮地在旁看著。[93]沙特大筆一揮寫出他的散文、演講稿、哲學論著；偶爾由尚．柯幫忙，但大部分時間一人在忙。他的傳記作家米歇爾．康塔和米歇爾．希巴卡（Michel Rybalka）計算過，沙特一生平均每天寫作二十頁，這是完成的作品，不是草稿（到了這個階段根本沒有草稿）。[94]在愛爾蘭，導演約翰．休斯頓每天早上吃早餐時驚訝地發現沙特已起床數小時，已為佛洛伊德傳記片寫了新的二十五頁劇本。[95]沙特的傳記作家安妮．柯恩索拉爾（Annie Cohen-Solal）用機房和渦輪的隱喻來描述他自一九四〇年以來的寫作，[96]歐利費爾．維克斯（Olivier Wickers）則寫到他把睡眠當作軍事需要：有如行軍紮營，或有如賽車場半途加油修理。[97]

在此同時，他繼續超量服用科利德蘭。建議用量是每天一至兩顆藥丸，可是沙特用掉了一小瓶。[98]他同時還喝酒喝得很凶，甚至很享受兩者合起來令他頭腦混亂：「我喜愛那些混亂、模糊地發問的意念，它們隨後潰散。」[99]一天結束之際，他往往服用鎮靜劑消除混亂感。他寫作「文學性」的文章時會減少科利德蘭用量，因為那帶來太多「機能」。[100]比方說，在《自由之路》系列寫作一個新的場景時，他發覺馬修這個角色走過每一條街，都衍生一大堆新的隱喻。當他在一個訪問中跟波娃談到這點，她有點發抖（你可以想像）而補充說：「我記得。那很可怕。」[101]那種「致命」的「機能」在一九五一年他遊義大利所寫的筆記就已顯現。他在一九七四年跟波娃提到那些筆記，裡面有二十頁「談到運河小船的濺水聲」。[102]

當然，這也可能只是費盡心血的現象學描述。

他超量寫作，很少是由於虛榮心或金錢需要。他的佛洛伊德傳記片劇本為了賺錢付帳則是例外。大部分時間裡，那是由於他著重承諾，或期待能幫助朋友推廣他們的作品或運動。這種有目的而付出的慷慨，是很易忽略的沙特個人特質。他期望自己每一刻都做點事：即使沒有時間透徹思考也要讓自己投入而動起來。較慎重的人會停下來反思，但沙特認為那是中產級的奢侈。

梅洛龐蒂一次在訪問中提到，有一樁關於沙特的事實很少人知道，也不常在他的著作中可以窺見。那就是「他是個好人」（il est bon）。[103] 他的「好人品質」也是致命錯誤：使他過量工作，而更重要的是，這令他相信，他必須首先把他的存在主義與馬克思主義協調起來。這是不可能而毀滅性的任務：兩者根本上不能兼容。可是沙特認為，這是世界上受壓迫的族群需要他提供的。

多年後，就在沙特過世前不久的一次訪問中，他的年輕助手本尼．李維（Benny Lévy）相當激進地挑戰他，要他說出當他內心那個親蘇聯的辯護者最終消逝，到底消失的是什麼。他問道，誰死了？「一個邪惡的惡棍、一個傻瓜、一個易受騙的人，還是一個根本上好的人？」

沙特溫和地回答：「我會說，那是一個不壞的人。」[104]

不管在較早的一九五〇年代有些什麼好東西值得為蘇聯辯護，在一九五六年十月和十一月就更難能看到什麼了。

史達林死後，所謂蘇聯政策的「解凍」鼓勵匈牙利共產政府的改革者引入一些個人以至政治層面的自由措施。示威者上街要求更多。蘇聯的反應是出兵對付，戰鬥在布達佩斯爆發；反叛者占領了城內的電台，呼籲匈牙利人反抗。雙方看來一度停火，但在十一月一日俄羅斯的坦克車從烏克蘭邊界往布達佩斯緩緩挺進。坦克部隊摧毀有人躲藏的建築，又向火車站和公共廣場開火，並威脅毀掉城內的國會建築。十一月四日星期四中午，占領電台的反叛者投降，播出最後訊息：「我們停止廣播了。歐洲萬歲！匈牙利萬歲！」[105]革命被擊潰。

對西方的共產主義同情者來說，蘇聯勢力的粗暴作為是很大的震驚。很多人撕毀共產黨黨員證，即使留下來的共產信徒也束手無策，思考該怎樣把新情勢融入他們的願景。沙特和波娃是這群人中內心最混亂的。一九五七年一月，他們推出了《摩登時代》特刊，譴責蘇聯的行動，給匈牙利作家很多篇幅發表看法；[106]可是私下他們繼續感到不安，他們對於右翼利用這次侵略事件推銷他們的意識形態感到不悅。

匈牙利起義後不久，沙特開始寫作一部涵蓋廣泛的新作——《辯證理性批判》（*Critique of Dialectical Reason*）。[107]這嘗試在《存在與虛無》的規模上，圍繞新的社會思潮和政治委身理想而打造一套理論。這次強調的不是意識、虛無和自由，而是把一切帶回具體處境，帶回現實世界協調行動的原則。波娃認為這部著作是沙特對一九五六年災難性事件的最終回應。彷彿把馬克思主義跟存在主義融合起來還不夠厲害，更試著把融合的結果跟蘇聯證明自己不值得信賴的處境調和起來。像沙特在一九七五年所說：「《辯證理性批判》一書是對抗共產主義而寫的馬克思主義著作。」[108]它也可看作一部為了對抗未經政治化的舊式存在主義而寫的存在主義著作。

這本書很不好寫。沙特在一九六〇年出版了第一冊——《實踐整體的理論》（*Theory of Practical Ensembles*），光這一冊就接近四十萬字。第二冊則出乎意料之外始終沒有完成。[109]沙特寫了包羅廣泛的筆記，但無法把它塑造成型。這些筆記在他過世後經整理於一九八五年出版。

沙特在放棄寫作第二冊之際，注意力已從蘇聯轉往新的戰場。他對毛澤東領導的中國感到興趣。他也開始把自己看作共產主義以外另一種更激進革命的思想先鋒——這遠遠更能切合存在主義的生活方式。

第十二幕

在最弱勢的人眼中

且看革命者、局外人和真誠人生的追求者

如果很多人各自關切的問題互不相容，又都自稱站在正確的一方，怎麼決定誰是誰非？在〈共產主義者與和平〉最後部分的一個段落中，沙特勾勒了一個大膽的解決方法：每當要對這樣的處境作出決定，最好就是問問：「在最弱勢的人眼中」看來怎樣？又或「遭最不公平對待的人」怎樣看？只要弄清楚這個處境中誰受到最大壓迫或處於最不利地位，就可以認定他們的看法是正確的。他們的觀點可視為真理標準，是確立「人類與社會真實景況」的方式。[1]沙特說，最弱勢的人看來並不真實的事情，就是不真實的。

這個概念異常簡單，也令人耳目一新。它一下子鏟除了處於優勢的人愛玩弄的狡滑虛偽言辭：所有那些信口開河的說辭，譬如說窮人面臨的命運是「活該的」，又或富人積累起不成比例的財富是應得的，又或我們應該承認不平等和苦難在人生中無可避免。對沙特來說，如果窮人和弱勢族群不相信這些論調，那就是錯誤的論調。這跟所謂的「惹內原理」（Genet Principle）相似：處於劣勢的一方總是對的。從這一刻起，沙特就像惹內一樣，樂於讓自己聽從疏離、被踐踏、挫敗和被排擠的人。他嘗試採取局外人的眼光，跟處於優勢的階層對立——即使這個階層包括了他自己。

沒有人會說這是容易做的事，不光因為（像波娃在《第二性》指出）代入別人的觀點會令自己精神緊張，只要有誰試著這樣做都會碰上一大堆邏輯和概念上的問題。隨之而來無可避免出現異議：誰才是這刻最弱勢的人？每次處於劣勢的一方搖身變成優勢的一方，一切就要重新計算，要不斷監察各人的角色，又由誰來監察？

梅洛龐蒂在〈沙特與極端布爾什維克主義〉指出，沙特也沒有堅守自己的原則。面對那些失勢的人在史達林的監獄中乾瞪著眼，沙特竟然長時間視若無睹，還解釋為什麼可以置之不理。[2]可是，談到「瞪眼凝視」這個概念，本來就不期待一致效果。就像在列維納斯或韋伊的倫理哲學裡，他人的凝視目光加諸我們的道德要求，理論上是無限的，這樣一個理想並不會因為無法堅守，而貶損了它的啟發意義。

沙特所說的「在最弱勢的人眼中」，概念上跟列維納斯由「他者」主導的倫理學一樣激進，而比共產主義更激進。共產主義者相信只有共產黨能決定對錯。把道德交由這一大群人的觀點和角度來定奪，只會帶來紊亂，並喪失真正革命的可能性。沙特漠視共產黨的路線，顯示他始終是特立獨行的人。不管他怎麼嘗試，還是不能成為徹徹底底的馬克思主義者。[3]

他的新取向，對不願意加入任何政黨，卻又積極參與新一波自由主義運動的社會活動分子來說，特別具吸引力，尤其是一九五〇和一九六〇年代針對種族主義、性別歧視、社會不公、貧窮問題和殖民主義的抗議運動推行者。沙特用一枝健筆，也就是他最愛用的武器，盡其所能在背後支持這些抗爭。為年輕作家的論著撰寫序文，也讓沙特有機會投入新的論辯，讓他覺得自己的哲學確實取得成就，這是他寄託在蘇聯身上的希望幻滅之後，至今終於重新找回的感覺。

早在一九四八年，他就寫了〈黑色奧斐斯〉（Black Orpheus）一文，原是為利奧波德・桑戈爾（Léopold Senghor）所編的《新世代黑人及馬爾加什詩選》（*Anthology of New Black and Malagasy Poetry*）而寫的序文。文中描述黑人和後殖民時期的作家，往往把壓迫者凝固的、帶著判斷的「目光」反轉過來。也就是說從這個時候開始，白種歐洲人不能再冷漠地評估及掌控世界。取而代之，「這些黑人正望著我們，我們的凝視返回我們自己的眼睛；現在倒過來，黑人的火炬燃亮世界，我們白人的頭顱，只不過是風中搖曳的中式燈籠」。[4]（當時沙特還是會費心修飾他的隱喻。）

在一九五七年，他又推介艾爾貝・蒙米（Albert Memmi）一套兩冊的著作《殖民者畫像》（*Portrait du colonisateur*）和《被殖民者畫像》（*Portrait du colonisé*）。書中分析殖民主義的「迷思」，就像波娃在《第二性》分析女性身分的迷思。[5]此後沙特更為法蘭茲．法農（Frantz Fanon）一九六一年的反殖民主義劃時代之作《大地的不幸者》（*The Wretched of the Earth*），寫了另一篇更有影響力的序文。

法農是個以救世主自居的思想家，也是受存在主義影響的知識分子，在短暫的一生裡探索種族、獨立和革命暴力等問題。他生於法國海外省馬丁尼克（Martinique），混雜非洲和歐洲血統，在里昂念哲學，師從梅洛龐蒂等人，不過他對梅洛龐蒂的平和風格並不熱中。[6]他一九五二年出版的第一本書就充滿激情，一點也不平和，然而它卻深具現象學精神。名為《黑皮膚．白面具》（*Black Skin, White Masks*）的這部著作，探索黑人被丟進白人主控的世界中，扮演著「他者」的「活生生經驗」。[7]

其後法農移居阿爾及利亞，活躍於當地的獨立運動，一九五六年因此被逐出境，他又移居突尼西亞，在當地診斷出罹患白血病。他到蘇聯接受治療，短暫好轉，一九六一年開始寫作《大地的不幸者》時病情又再惡化。他在發燒而體弱的狀況下前去羅馬，在那裡朗茲曼介紹他與波娃和沙特認識。

沙特馬上對法農有好感，樂於為他的新書寫序。他原就喜愛法農的著作，對他這個人更是喜愛。朗茲曼後來提到，他從沒見過沙特像碰上法農那樣對一個人如此著迷。他們四人邊吃午餐邊聊天，然後整個下午、整個晚上一直聊下去，直到凌晨兩點波娃堅持沙特要睡覺了。法農覺得受到冒犯：「我不愛看到有人囤積資源。」結果他跟朗茲曼一直談到次日早上八點。[8]

這刻法農只剩下幾個月性命。在人生最後幾週，他被送到美國接受當時最好的治療，這次旅程（令人驚訝地）由一個中央情報局特工安排，他是法農的朋友歐利・伊塞林（Ollie Iselin）。[9]可是回天乏術，法農一九六一年十二月六日在馬里蘭州貝塞斯達市（Bethesda）逝世，年僅三十六歲。《大地的不幸者》不久後出版，有沙特所寫的序。

波娃記得法農在羅馬曾說：「我們對你們有所索求。」[10]這正是波娃等人愛聽的話。其中有急迫的激情，並且無懼提出要求，更在有需要時指明罪責，這正是朗茲曼吸引波娃的地方。現在沙特也因此而激動了。也許這把他們帶回戰時歲月：當時每樣事情都攸關重要。沙特毫無疑問認同法農的激進論點，這在《大地的不幸者》中，包括反帝國主義革命無可避免涉及暴力，不光因為暴力是有效的，更因為暴力能幫助被殖民者擺脫壓迫的癱瘓力量，並打造一種新的共同身分。法農沒有把暴力光榮化，只是認為它在政治變革中是必要的；他對於印度甘地主張以非暴力抵抗作為一種權力來源不以為然。沙特在他寫的序中，對法農觀點的熱情肯定，甚至超越了原書，把著重點轉移到歌頌暴力本身。沙特看來把受壓迫者的暴力視為尼采式的自我創造行動。像法農一樣，沙特把這種暴力跟殖民主義潛在的殘暴作對比。而就像〈黑色奧斐斯〉，沙特邀請讀者（假定為白人）想像受厭迫者的目光轉而針對他們，揭破他們的中產階級虛偽，把他們顯示為貪婪和自私自利的怪獸。[11]

沙特給《大地的不幸者》所寫的序，反映了他在這些激進歲月中最可憎同時又最可敬的一面。他對暴力的膜拜令人震驚，可是仍有值得敬佩之處，在於他願意以激進態度投入被邊緣化和被厭迫者的困境。事實上，沙特如今那麼習慣採取激進立場，已不再知道溫和是什麼一回事。就像他的朋友歐利維爾．托德（Olivier Todd）所說，沙特的信念改變了，但他的極端取向從來沒變。[12]沙特也認為確實如此。在一九七五年被問及他最糟的失敗是什麼，他回答：「很自然的，由於種種原因我這輩子犯了很多錯誤，有大有小。但這一切的核心問題是，每次我犯錯，都是因為不夠激進。」[13]

激進表示令他人不安，包括了其他激進分子。法農的遺孀尤茜（Josie）就是與沙特對立的其中一人：她不滿沙特在這個時候同時支持猶太復國主義，認為沙特因此成為大部分阿爾及利亞人的敵人。[14]沙特同時支持這兩方對立力量，顯露了慷慨的胸懷。可是這也顯示他所謂「最弱勢」包含另一項矛盾。在歷史上多於一群人可以同時被認為「最弱勢」，如果他們的主張不能兼容那該怎辦？沙特對暴力的表揚包含更壞的矛盾：不管暴力的動機或背景如何，誰會比那些遭受暴力攻擊的受害人更弱勢？

沙特也察覺到他對暴力的認同背後，有一種怪異的個人衝動。他把它追溯到童年時遭欺凌的經驗，以及自己決定把欺凌者的攻擊吸收成為自己的一部分。在一九七四年跟波娃談到此事時，他說從未忘記在拉羅歇爾念書時所體驗的暴力。他甚至認為在它的影響下，他傾向於讓友誼處於不安狀態：「從那時開始，我從來沒有跟朋友維持溫和的關係。」[15]別人也會懷疑，這導致他在一切事情上趨於偏激。

談到反殖民主義的暴力，也就是針對白人的暴力，沙特所屬的族群毫無疑問是面對暴力的一方，這卻使得沙特更是讚揚這種暴力。把觀點反轉過來，看著自己受到別人的義憤衝擊，也可以帶來滿足感。波娃同樣慶幸世界各地的法國殖民地傳來起而反抗的消息，對一九五〇年代中南半島的反殖民抗爭感到興奮。[16]當然，這是政治信念的問題，但波娃的反應看來出於內心深處而不是理智反應。對於自己國家才十年前遭到占領和壓迫的人來說，這是一種複雜的感情狀態。事實上，當阿爾及利亞戰爭在一九五四年爆發，波娃察覺自己在公眾地方見到法國軍服，就感到困擾，感覺跟看見德國軍服一樣強烈，分別只是如今她也肩負罪疚。「我是法國人，」她會跟自己說，同時覺得她彷彿對一種畸形狀態承認罪責。[17]

從一九五四到一九六二年，阿爾及利亞為自決而抗爭，帶來可怕的苦難，令人深受打擊。流血衝突也蔓延到巴黎，鼓吹獨立的示威者在市內心臟地帶遭殺戮。法國在阿爾及利亞迫害和處決平民，引起廣泛恐慌。卡繆不願看到自己的母親被抗爭無辜殃及，但也反對當局的暴虐。沙特和波娃則一心一意支持阿爾及利亞解放運動，積極參與宣傳，協助受迫害的阿爾及利亞人，為他們所寫的書或關於他們的書，撰寫雄辯滔滔的序跋。沙特為昂利・阿勒（Henri Alleg）《問題在此》（*The Question*）一書所寫的序說：「每個人在每時每刻，都能發現自己同時是受害人和行刑者」，這是暗地裡駁斥卡繆稍早的文章〈既非受害人也非行刑者〉。[18]沙特和波娃要不是早就跟卡繆失和，此刻也會因為阿爾及利亞的問題而跟他鬧翻。

有人或許會指責，沙特和波娃站在安全的旁觀位置上對暴力喝采，但他們其實絕不安全。就像在一九四七年，沙特接到死亡恐嚇。一九六〇年十月，一萬個法國老兵舉行反獨立遊行，高呼各種口號，其中包括「射殺沙特！」當他簽署一份不合法的請願信，促請法國軍隊拒絕服從他們不認同的命令，他面臨檢控及判囚，可是總統戴高樂據稱否定了這種可能性，他說：「你不會把伏爾泰（Voltaire）收監。」[19]最後，在一九六二年一月七日，有人認真回應慫恿謀殺沙特的號召。在拿破侖路四十二號，就是沙特和母親同住的地點，有人把一個炸彈放在他們公寓單位樓上。爆炸對兩層都造成損壞，把房間的門摧毀，尚幸沒有人受傷。[20]卡繆擔心身在阿爾及利亞的母親的安危，現在卻是沙特的母親面對危險。沙特搬到哈斯派大道（boulevard Raspail）二二二號一個新公寓單位，在附近給母親租了另一個單位。沙特現在住得較接近波娃，稍微遠離了往日眾所皆知他常出沒的聖哲曼德佩修道院地區，別人沒那麼容易找到他。

沙特沒有因為遭到攻擊而停止宣傳運動：他和波娃繼續在示威活動中講話，撰寫文章，並支持被控從事恐怖襲擊的人，為他們作證。據朗茲曼說，他們會在半夜起床，情急拚命打電話，為將被處死的阿爾及利亞人尋求緩刑。[21]在一九六四年，沙特拒絕接受諾貝爾文學獎，表示不想自己的獨立性受到限制，他同時感到遺憾的是，諾貝爾委員會傾向於只把獎項頒給西方作家或反共產主義的流亡者，而忽視來自發展中國家的革命作家。[22]

事實上在得悉獲獎後，沙特曾在內心詢問「最弱勢」的人，就像海德格一九三四年獲得前去柏林工作的機會，而向托德瑙堡一位「農民」鄰居尋求忠告。海德格那次的結果，是鄰居靜默地搖了搖頭。在沙特內心，最弱勢的人給予同樣權威性的回應：搖頭說不。不過海德格的拒絕是他個人的退隱，脫離世俗的紛繁事務。沙特則是對受到不公平對待的人，回應他們的要求；他因此前所未有地與他人的人生更緊密相連。

遠在沙特之前，其他人就曾談到「凝視」在種族主義中的作用。在一九〇三年，杜博伊斯（W.E.B. Du Bois）在《黑人的靈魂》（*The Souls of Black Folk*）一書曾思索黑人的「雙重意識」（double-consciousness），這是指「總是從他人的眼光來看自己，而用來量度自己靈魂的尺，來自以鄙夷和憐憫眼光冷眼旁觀的世界」。[23]後來一些美國黑人作家也探討了黑格爾所講的那種爭奪觀點控制權的爭鬥。在一九五三年，詹姆斯．鮑德溫記述他探訪瑞士一個村莊，那裡的人從沒見過黑人，他們張口結舌地盯著他看。他反思，在理論上，他應該像早期白人探險家在非洲村落中，感覺到對方的凝視目光，是對自己那種令人驚奇的特質表示讚賞。像那些探險家，他比當地人去過更多地方，更通達世故。可是他無法產生這樣的感覺；反之，他覺得受羞辱，感到不安。[24]

作為黑人同性戀者，鮑德溫在美國多年來遭受雙重邊緣化，那裡的種族隔閡是社會常態，同性戀則是非法的。（率先在一九六二年把同性戀非刑事化的地方政府是伊利諾州）。鮑德溫多年來以法國為家，跟同樣來自美國的小說家賴特在一起，賴特早就在巴黎好好安頓下來。

在一九四〇年代發現了存在主義者並跟他們交往後，賴特對法國愈加喜愛，並變得更像個存在主義者。他在一九五二年完成了存在主義小說《局外人》（*The Outsider*），主角柯洛斯．達蒙（Cross Damon）是個苦惱不堪的人，因為跟一個在地鐵撞車意外中死亡的人混淆了身分，而逃亡展開新生活。一般白人無法辨別不同的黑人，達蒙利用他們這種弱點，逃避引致未成年少女懷孕的控罪。然後他陷入更壞的困境，為了隱瞞身分而犯下謀殺罪。他也跟共產主義者扯上關係，就像賴特本人一樣。賦予自己新身分後，達蒙感受到很大的自由，但也面對眼花繚亂的責任，要決定人生的意義。故事結尾很糟，達蒙因為所犯的罪被抓到並且被殺；他臨終之際，說自己所做的一切全為了自由，並為了找尋個人的價值。「我們跟看起來那個樣子不一樣，……可能更差，可能更好，但肯定不一樣。……對自己來說我是個陌生人。」[25]

賴特把沙特和卡繆的哲學應用到美國黑人的經驗，寫成一部有趣的書，可是也有一些弱點，其實可透過編輯的幫忙把其中的概念更有力表達出來。不過，賴特碰上的編輯和代理人，寧可讓全書擺脫任何概念，就像波娃《第二性》英文譯本的遭遇一樣。出版界從賴特這樣一個作家期望簡單而原始的東西，而不是《嘔吐》或《異鄉人》那種智性演繹。賴特不情願地修改了這部作品，把哲學內容減輕。[26]當他正進行這項痛苦的任務時，收到寄來的一部新小說——拉爾夫．艾里森（Ralph Ellison）的《隱形人》（*Invisible Man*）。它講的也是一個疏離的黑人，敘述他從隱形走向真誠的人生歷程。《隱形人》筆觸比賴特的小說輕快，也沒有包含法國哲學。它更暢銷，贏得了美國國家圖書獎（National Book Award）。

賴特慷慨地寫信給艾里森，讚揚他的著作並邀請他去巴黎。艾里森卻粗魯地回應：「我對於這種事變得有點煩厭了，美國黑人到別的地方幾個星期，回來就堅稱那裡是天堂。」[27] 他認為賴特移居外國傷害了自己：他追求現實生活中的自由，卻損害了寫作上的自由。[28] 賴特經常面對這樣的評語；他的編輯艾德華．艾斯威爾（Edward Aswell）也認為，他贏得了個人的和平，卻失去了文學的衝勁。[29] 即使鮑德溫也寫道：「李察最終能夠在巴黎生活，就像他假如是白人而住在美國一樣。這看來是值得追求的事，我卻不免懷疑。」[30]

我倒是對另一問題納悶：為什麼賴特在巴黎生活惹來那麼多譴責？鮑德溫自己也住在巴黎，而艾里森在《隱形人》取得成功後，利用稱為「羅馬大獎」（Prix de Rome）的法國國家藝術獎學金去義大利訪問兩年——雖然他對美國若有所失，最後也回國了。白人作家也經常移居外國，卻沒有人說他們因此喪失寫作能力。賴特信奉的自由，其實對他至為重要，讓他獲得全新觀點：「如果我要發展，就要自由生活。」[31] 這看來是合理的說法。真正招來反對聲音的，我懷疑，不是賴特移居法國，而是他寫的是法國的思想。

賴特此後再沒有寫小說（艾里森也沒有）。他卻寫作遊歷和報導的書，值得注意的是《膚色的帷幕》（*The Color Curtain*），內容關於一九五五年四月有名的開發中國家萬隆會議（Bandung Conference）；還有一九五七年的《白種人，仔細聽！》（*White Man, Lis-*

ten!），專門講述亞洲、非洲和西印度群島的西化人士——那些「孤獨的局外人，岌岌可危地生存在有如懸崖般的各種文化的邊緣」。[32]他對不適應存在景況的人所懷抱的同情心未嘗稍減，只是轉移到非小說著作。[33]

一九五六年九月十九日，賴特在索邦學院舉行的第一屆黑人作家及藝術家國際會議演講。[34]在多位講者中只有他提醒大家，在辯論中幾乎完全沒有女性。他指出，這個會議的主題跟波娃在《第二性》中探索的話題十分接近：權力鬥爭、異化目光、自我意識和壓迫性迷思的構建。女性主義者和反種族主義者也在存在主義理念下有共同的行動承諾，都抱持著「有所作為」的信念，認為要讓現狀通過理性考驗，而不是照單全收。[35]

在此同時《第二性》對世界各地的婦女產生愈來愈大的影響。一九八九年電視節目暨同名書籍《波娃的女兒》（*Daughters of de Beauvoir*）問世，作者尋訪一九五〇至一九七〇年代讀過波娃《第二性》而人生改變過來的女性。譬如安吉・佩格（Angie Pegg）原是艾賽克斯一個小鎮的家庭主婦，她在書店隨手撿起《第二性》，回家一直讀到凌晨四點。她先讀了家務如何讓女性跟世界隔絕的一章，再回頭讀其他各章。在這刻之前，佩格認為自己的生活方式有問題，而自己是唯一覺得跟生活斷絕聯繫的人；波娃讓她知道這不是問題所在，並向她顯示為何她有這種感覺。這又是閱讀改變人生的另一個例子，像沙特或列維納斯閱讀胡塞爾著作一樣。到了早上，佩格決定要改變自己的人生方向。她放下了拖把和抹布，去大學念哲學。[36]

除了《第二性》，很多女性從波娃的四冊自傳獲得啟迪。這系列自傳最早的是一九五八年的《端方淑女》，一直到一九七二年出版最後一冊《清算已畢》（*All Said and Done*）。在澳洲長大的瑪格莉特·華特斯（Margaret Walters）對這些書中滿有信心的語氣和內容很感振奮。書中講的是一位尋求自由而如願以償的女性的史詩式故事。[37]活在傳統婚姻中的女性，尤其對波娃與沙特和其他愛人的開放式關係著迷。後來成為知名女性主義者的凱特·米莉特（Kate Millett）記得她曾這樣想：「她在巴黎過著這樣的生活。她代表了勇敢、獨立的精神。她明顯地體現了我在這個無名小鎮亟欲成就的事。」她也敬佩波娃和沙特共同在政治上的投入：「他們兩人都代表一種冒險歷程：試著過一種倫理生活，嘗試活出激進的倫理政治，這不光是左翼人士的聖經，在處境式倫理中你要經常有所發明，這是冒險歷程。」[38]

波娃引領女性在這幾十年裡作出徹底的人生轉變，可是無可避免，也有人覺得被牽引到太遠的地方了。受訪者喬伊絲·歌德費洛（Joyce Goodfellow）敘述她放棄了婚姻，捨棄了一份穩定但沉悶的工作。她最後是一位完全自由的女性，但也是個單親母親，多年在貧窮和孤獨中掙扎。「你所讀的確實會影響你的人生。」她諷刺地說。[39]

你所讀的確實會影響你的人生：當存在主義在一九五〇和一九六〇年代傳遍世界，它比任何現代哲學更徹底的證明了這一點。它的啟迪作用，遍及女性主義、同性戀平權，以至破除階級障礙，還有反種族主義和反殖民主義的鬥爭；它也提供助力，在基本層面上改變了我們的存在景況。在此同時，很多人受到啟發，奮勇向前尋求更多個人自由。沙特呼籲創造一種新的存在主義精神療法（psychotherapy），這在一九五〇年代實現了，治療師試著把病人看作因生存意義和選擇問題而掙扎的個體，而不僅僅是一組病徵。瑞士心理分析學家梅達德·博斯（Medard Boss）和路德維希·賓斯旺格（Ludwig Binswanger）根據海德格的概念研發出所謂「此在分析」（Daseinanalysis）。後來沙特的思想變得在美國和英國更具影響力。羅洛·梅（Rollo May）和艾爾文·雅隆（Irvin Yalom）在明顯的存在主義框架下工作，類似的概念也引導著「反精神醫學」（anti-psychiatry）學者連恩（R. D. Laing）等人，還有維克多·弗蘭克（Viktor Frankl）等「意義治療」（logotherapy）精神病學家；弗蘭克根據納粹集中營中的經驗提出結論，認為人類對意義的需要，幾乎像食物和睡眠一樣，是生存所必需的。[40]

這些運動的動力來自年輕人，特別在美國年輕人之間，有一種追求人生意義和自我實現的普遍欲望。戰後很多人力求過安樂的生活，體會到擁有一份穩定工作，並在市郊有一幢房子享受綠色環境和新鮮空氣，自有它本身的價值。儘管有些退役軍人難以適應，但很多也只想享受世界美好事物而已。他們的孩子在這些優越環境下長大，然而到了青少年時期，卻想知道除了給草坪割草和跟鄰居揮手招呼，人生是否有更多意義。對於冷戰期間美國但求安樂與妄想症並存的那種捉襟見肘的政治秩序，他們決定起而反抗。當他們讀了沙林傑（J.D.

Salinger）一九五一年的小說《麥田捕手》（*The Catcher in the Rye*），便立定決心，要像小說主角霍爾頓・考爾菲德（Holden Caulfield）一樣，他們最不想要的，就是虛偽。

接下來十多年，文學、戲劇和電影都充塞著可稱為「屬己性戲劇」的作品。其中有「垮世代」（Beat Generation）的作家，他們在躁動或癖好中打滾，也有展現世代叛逆的電影，像一九五五年的《養子不教誰之過》（*Rebel Without a Cause*），或法國一九六〇年由尚盧・高達（Jean-Luc Godard）執導的《斷了氣》（*À bout de souffle*）。作品有時坦承它的存在主義傾向，儘管也許出於反諷。馬賽爾・卡爾內（Marcel Carné）一九五八年的電影《作弊者》（*Les tricheurs*）是一個寓言故事，描述兩個年輕的巴黎左岸虛無主義者，他們時髦而投入多角戀，卻沒有發覺彼此深深墜入愛河，應該選擇中產階級的傳統婚姻才對。在一九五七年的《甜姐兒》（*Funny Face*）中，奧黛麗赫本（Audrey Hepburn）所飾演的角色走進巴黎一家夜總會尋找一位哲學家，卻被現場的音樂吸引，跳起狂野的存在主義舞步；可是她最終還是安穩地出嫁了，嫁給由佛雷・亞斯坦（Fred Astaire）飾演的年長男子。

其他電影和小說則秉持較不妥協的態度，拒絕在老方法下安頓下來。一部小規模傑作是斯隆・威爾遜（Sloan Wilson）一九五五年的小說《穿灰色法蘭絨套裝的人》（*The Man in the Grey Flannel Suit*）。小說主角是個退役軍人，掙扎著適應市郊的生活環境和企業的工作——整天在做毫無意義的工作。最後他脫身而去，放棄安穩生活，尋找更真誠的生活方式。[41]書名成為了警句，後來拍成電影（名為《一襲灰衣萬縷情》），由葛利葛萊・畢克（Gregory Peck）主演，更是家喻戶曉。斯隆後來回憶，公司主管開始改穿運動服上班（然而是款式一樣的），不再穿灰色西裝了，只為了證明，他們跟其他遵奉習俗的人不一樣，是自由而具屬己性的人。

喬治．歐威爾一九四九年的小說《一九八四》（*Nineteen Eighty-Four*），則在從俗文化與技術控制之間，勾勒出至關重要的連結。其他作者也抓住這個題材，包括了大衛．卡普（David Karp）罕為人知的作品《一》（*One*）。這部一九五三年的小說，背景是一個要求全體國民心理一致的社會。主角因為國家偵察出他有個人主義跡象而被捕，儘管那種傾向微不足道，他本人也沒有察覺。他要接受柔性但強有力的再教育，採用的不是衝突性程序，而只是具鎮靜作用的藥物控制，卻正因為如此，更令人覺得可怖。

其他戲劇也把兩方面的恐懼聯繫起來：一方面是對技術的恐懼，另一方面是人類可能被還原為螞蟻般的生物，沒有能力也毫無價值。在前面有關海德格的一章，我提到我最喜愛的其中一部電影《聯合縮小軍》，這部一九五七年的電影，同時包含了技術恐懼和存在主義內容。開頭主角暴露於海面上一團輻射性落塵，回家後開始縮小，喪失了體積和尊嚴，最後變得像一顆塵垢。他無法制止這樣的變化，儘管他用盡能掌握的一切工具和器材而生存下來；他最終成為草叢裡的微小人物，往外觀看著其大無比的宇宙。其他一九五〇年代的電影同樣把海德格的兩大恐懼聯繫起來——屬己性的喪失和技術的可怕；其中像一九五六年的《變形邪魔》（*The Invasion of the Body Snatchers*）這類作品，更多被看作冷戰中反共產主義的象徵。在《哥吉拉》（*Godzilla*）和《放射能X》（*Them!*）等電影中（均為一九五四年），烏賊、水蛭、蠍子、螃蟹、輻射蟻和其他惡夢中的生物，從一個被摧殘、被侵害的地球一湧而出。[42]在這個背景下閱讀海德格的演講稿〈技術的探問〉特別有趣，因為裡面談到人性中「有如怪獸」和「恐怖」的特質，以及地球被侵害，資源被耗盡；值得注意的是，這份演講稿印行出版跟《哥吉拉》的問世正好是同一年。

與新小說同時出現的，還有一種新的非小說，來自新生族群——扮演存在主義者反叛者角色的社會學家、心理學家或哲學家。領頭的是大衛·黎士曼（David Riesman）一九五〇年研究現代人疏離的著作《寂寞的群眾》（*The Lonely Crowd*）。一九五六年湧現的同類著作有厄文·高夫曼（Erving Goffman）的《日常生活中的自我呈現》（*The Presentation of Self in Everyday Life*）、威廉·懷特（William Whyte）的《組織人》（*Organization Man*）和保羅·古德曼（Paul Goodman）的《在荒謬中成長》（*Growing Up Absurd*）。最戲劇性的存在主義非小說作品稍後寫成，來自老一代人鄂蘭。她一九六三年的著作《平凡的邪惡：艾希曼耶路撒冷大審紀實》（*Eichmann in Jerusalem*），最初是在《紐約客》雜誌發表的文章，後來擴大成書，是關於阿道夫·艾希曼這個猶太大屠殺策劃者在耶路撒冷的大審。[43]鄂蘭出席了審判，觀察到他奇異地毫無反應，把他詮釋為穿灰色套裝的終極人物。對她來說，他是一個沒有內心的官僚，像奴隸般深受海德格所說的「常人」支配，喪失了所有人類的個體性和責任，她把這種現象標誌為「惡的平庸性」。她的詮釋和書中其他內容都富爭議性，但它令當時處於道德恐懼中的讀者著迷，所畏懼的不是極端信念，而恰好相反，是不求甚解、不假思索的遵奉習俗。部分出於對鄂蘭這部著作的反應，斯坦利．米爾格倫（Stanley Milgram）和菲利普．津巴多（Phillip Zimbardo）等研究人員發展出完善的實驗，探索群眾服從命令會到達怎樣的地步。結果是令人警惕的：如果一個有充分權威的人下達命令，幾乎每個人看來都願意對他人施加迫害。

並非所有有關欠缺屬己性的論辯都那麼用心思考。唯一被明白指認為存在主義主要美國作家的小說家諾曼．梅勒，一九五七年的文章〈白種黑人〉（The White Negro）著墨於一個他稱讚的人物：

> 那位美國存在主義者——那位趕時髦的人，那人知道，如果我們的集體景況就是生活在原子戰爭的即時死亡威脅下——這是國家成為集中營而相對迅速地死亡，或是所有創造力和反叛本能被扼殺，在徹底遵奉習俗之下相對緩慢地死亡。……由青少年時期以至早衰，一直活在死亡陰影之下，如果這是二十世紀人類的命運，那為什麼唯一讓人生撐得下去的答案，就是接受死亡的條件，活在死亡的即時險況下，讓自己跟社會割裂，無根地生存，走上未經探索的歷程，服從自我發出的反叛指令。簡言之，不管人生有沒有罪，我要做的決定，總是鼓動內心那個精神病患者。[44]

梅勒顯然真的鼓動內心的精神病患者。他在一九六〇年宣布要以「存在主義者黨」候選人名義競選紐約市長，卻被迫放棄，因為在啟動競選運動的派對中，他醉醺醺之下刺傷了自己的妻子艾黛（Adele）。他在一九六九年再度參選市長，但不再是存在主義者身分。他對哲學理論的掌握看來始終是膚淺的。哲學理解沒比他好多少的英國作家柯林．威爾森曾問他說，存在主義對他來說有什麼意義，他據說揮一揮手說：「啊，就是視乎處境順其自然去幹。」[45]他的傳記作者瑪麗．迪邦（Mary V. Dearborn）暗示，他對存在主義的認識，不是如他訛稱來自當時尚未譯成英文的《存在與虛無》，而是來自百老匯演出的沙特劇作《密室》，加上匆匆讀了威廉．白瑞德的通俗指南《非理性的人》（*Irrational Man*）——這是較早時曾為《黨派評論》雜誌撰文介紹沙特的哲學教授。[46]

白瑞德寫的是一本好書，也很具影響力；接下來另一本暢銷書是一九五六年瓦爾特．考夫曼（Walter Kaufmann）一九五六年所編的《存在主義：從杜斯妥也夫斯基到沙特》（*Existentialism from Dostoevsky to Sartre*）。這是原典摘錄選集，包含齊克果、杜斯妥也夫斯基（杜斯妥也夫斯基）、尼采、雅斯培、海德格、沙特和卡繆等思想家，加上卡夫卡的「寓言」以及編者引言；書中把存在主義界定為擁有「極為熱烈的個人主義」的作家「對傳統哲學的一連串反叛」。[47]考夫曼和白瑞德的書都是暢銷書，也引起了對原典的興趣，而原典現在也終於有譯本了。波娃的《第二性》英文版一九五三年問世。《薛西弗斯的神話》在一九五五年加入卡繆其他小說譯本的行列。一九五六年接著來的是巨著《存在與虛無》，由赫塞爾・巴恩斯翻譯，表現出沙特最為體大思精的一面。[48]巴恩斯其後的著作，又把存在主義跟禪宗佛教等其他哲學傳統比較，那是當時流行的話題。[49]她又在一九六一年主持電視系列《自我相遇：存在主義研習》（*Self-Encounter: a study in existentialism*），透過存在主義戲劇片段的微型演出，解釋其中的哲學概念。[50]這是很棒的想法；不過據巴恩斯在回憶錄中指出，這系列電視節目跟一樁慘劇聯繫起來：在其中一幕戲劇中，一位扮演醫生的演員反思死亡的主題；拍攝後次日，這位演員看見一隻小貓困在電話線桿上，便爬上去救牠，卻碰到帶電的電線，觸電身亡。

存在主義如今在美國風行一時，而在大西洋另一邊，英國的態度則較為審慎。英、美的專業哲學家都因為邏輯實證主義（logical positivism）鼓吹者魯道夫・卡納普（**Rudolf Carnap**）的抨擊，而長期以來對存在主義有所抗拒。這位移民美國的德裔哲學家在一九三二年曾寫過一篇論文，取笑海德格「無之無化」（*das Nichts nichtet*）一類用語。[51]他的攻擊在「英美」和「歐陸」哲學之間劃下一道界線，這樣的劃分至今仍然存在。非專業哲學讀者卻對此毫不在意，覺得存在主義很有啟發性；但在英國，這種思潮仍然有其他文化障礙要克服。就像第一位在英國把存在主義普及化的哲學家艾瑞斯・梅鐸指出，英國人習以為常的概念所來自那個世界，「民眾玩板球，做蛋糕，做簡單的決定，回憶童年，看馬戲團」[52]，而存在主義者來自那個世界，民眾干犯重大罪惡，墜入熱戀，加入共產黨。可是，隨著一九五〇年代開展，英國的年輕人發覺罪惡和政治其實可以比蛋糕更有趣。[53]

梅鐸鼓勵他們。她一九四五年在布魯塞爾的聯合國善後救濟總署（UNRRA）難民組織工作時，首次遇上沙特，馬上感到十分興奮。[54]她聽沙特在當地演講，請他在《存在與虛無》一書上簽名，她寫信跟一位朋友說：「自從我很年輕時發現了濟慈、雪萊（Shelley）和柯立芝（Coleridge）等人以後，記憶中再沒有這樣的興奮。」[55]其後她幾乎完全放棄了存在主義，但在當初這段日子裡下了很多工夫推廣它。她舉行座談，在一九五三年寫了第一本有關沙特的英文書，在她的首部小說《網之下》（*Under the Net*）加入了存在主義巧思，她甚至身體力行投入自由性愛，沉浸於雙性戀中。

梅鐸在牛津大學的學術生涯，加上她的貴族腔調（她經常以牛津腔把「哲學」和「文學」等詞掛在嘴邊）讓她的吸引力打了折扣，因為當時傳統英國社會結構正從下面被「憤怒青年」（Angry Young Men）摧毀，這些年輕人都帶著厚顏無恥的態度和地區性口音。裝腔作勢的巴黎人很難跟他們競爭，直到一位很不一樣的英格蘭存在主義者一九五六年在這樣的景況中破繭而出，帶來存在主義奇蹟的一年。

他是柯林．威爾森，來自英國中部地區的萊斯特（Leicester），沒上過大學。他的作品名為《局外人》（*The Outsider*），刻意向卡繆的《異鄉人》致敬。它帶領讀者經歷狂放之旅，與現代文學中疏離的陌生人或「局外人」相遇，從杜斯妥也夫斯基、赫伯特．喬治．威爾斯、湯瑪斯．愛德華．勞倫斯（T.E. Lawrence），以及其他一大群特殊人物，像內心複雜的舞者瓦斯拉夫．尼金斯基（Vaslav Nijinsky），以至沙特筆下的羅岡丹和卡繆筆下的莫梭。他取材隨性，語調大膽，概念宏大，對傳統學術界的衝擊無可置疑，在英國圖書市場刮起風暴。

對這一切推波助瀾的是，威爾森是宣傳者夢寐以求的人物。他還不到二十五歲，樣貌出眾，濃密的頭髮下垂到眼眉，下顎厚實，嘴唇噘起，穿上存在主義者那種厚厚的高領毛衣。他的背景是不堪回首的，雖然他很早逃離了萊斯特，與一九五〇年代倫敦的詩人和披頭族混在一起。一九五四年夏天身無分文的他在倫敦的漢普斯特德荒野公園（Hampstead Heath）露宿，在小帳篷和兩個睡袋棲身，每天騎單車到大英博物館，把背包放在衣帽間，然後到閱讀室寫小說。那年冬天，他在倫敦南部新十字區（New Cross）租了一個小房間，在聖誕日孤獨一人閱讀卡繆的《異鄉人》。小說主角莫梭在生活中就是「吸菸，做愛，在太陽下懶洋洋躺著」[56]，令他十分感動。他決定寫一本書描述現代生活的「局外人」，就看所有那些年輕人怎樣在哲學和藝術的邊緣沉思，尋找人生意義，從荒謬中找到意義。[57]當博物館重開，威爾森借閱了一大堆書，在充沛靈感下很快把書寫好。他找到了出版商維克多．格蘭茨（Victor Gollancz），還受邀吃午飯，慶祝這次交易，威爾森後來回憶，當時格蘭茨跟他說：「我認為你可能是個天才。」威爾森十分高興，說：「我多年前就取得這個結論了，但聽到它獲得確認實在高興。」[58]

出版商更喜歡聽到他在漢普斯特德荒野公園露宿的故事，十分樂意推廣故事中那個令人難以抗拒的形象：一位年輕英俊的流浪者晚上在樹下睡覺，白天在博物館莊嚴的拱頂下寫作。新聞記者大肆宣揚，威爾森睡在野地時完成了這本書，事實上他當時安居於諾丁丘（Notting Hill）的公寓中，可是沒有人更正。[59]該書初版五千本幾小時內就賣光。[60]書評人熱烈讚揚。《龐奇》（*Punch*）雜誌刊出一篇遊戲文章，談到「怎樣憑著我們讀過的書以及尚未寫作的書的一些常用引文」，路易斯·卡羅（Lewis Carroll）《愛麗絲夢遊仙境》中的愛麗絲過滑進鏡子世界，從『局外人』變成『局內人』；而她正這麼做的時候，「『存在主義』變成『不存在主義』，以嗡嗡大師的話來說，就是『多』變得『多多』。」[61]

然後反撲出現。一個通訊記者在《泰晤士報文學增刊》（*Times Literary Supplement*）撰文指出，威爾森書中的引文，有八十六處大錯，二百零三處小錯。[62]然後《每日郵報》（*Daily Mail*）找到威爾森個人日記的片段，包括他聲稱「我是這個世紀主要的文學天才。」[63]英國民眾可以全心接納瞬間崛起的知識分子，但期待對方謙恭有禮。接下來的事談不上什麼啟發意義，這個局外人只令人想到他不光采的另一面。體制內的批評家把威爾森打回原形。他逃到國內一個平靜的地方。

《局外人》確實是一本古怪的書，對原典的閱讀匆促而片面。可是它也擁有敏銳感覺和說服力，對很多讀者有深刻影響，尤其那些像威爾森那樣缺乏正規教育卻聰敏的人，他們具有新世代的信心，急於探索文化概念，勇於質疑世界。它是一本為局外人而寫的有關局外人的書。我的父親就是這樣的一個讀者，他當時是英國中部一個青年，跟威爾森同年出生，也跟他一樣滿是好奇心和樂觀看法。他告訴我，《局外人》是英國戰後灰暗時期裡不多見的亮光。

威爾森鼓勵讀者以個人心態閱讀他的著作。他把自己的思想稱為「新存在主義」，賦予它一種肯定人生甚至令人狂喜的衍生意義。他在自傳揭示，自己青少年時期曾走向自殺邊緣，然而臨崖勒馬。在選擇活下去的一刻，他有一種無法抗拒的經驗：「我瞥見現實世界奇異的、異常豐富的一面，延伸至遠遠的地平線。」[64]他嘗試在著作中傳達人生這種純粹的生存價值，認為舊式存在主義者犯了錯，把人生看得太憂鬱。在後來的著作裡，人生種種可能性的願景，把他引向一系列話題，它們的共通點主要就在於從理智上來說都無甚可取：謀殺、超自然事物、性愛。這對於他的名譽沒有助益，卻給他帶來讀者。他也寫恐怖小說和科幻小說，然而最吸引人的小說始終是他一九六一年的自傳《蘇活區漂泊記》（*Adrift in Soho*），敘述一個天真無邪的青年跟倫敦的浪蕩族混在一起，他們帶他去派對，跟他說：「我懶得告訴你每個人的名字。就把每個男人叫做老兄，每個女人叫寶貝好了。」[65]

威爾森得享高壽，著作甚豐，他始終沒有放棄寫作，即使出版商像評論家一樣，對他不再認同。他變成一個憤怒老人，怒罵每個敢於質疑他的人，其中包括了漢弗萊．卡彭特（Humphrey Carpenter）——他為了寫作一本有關當代憤怒青年的書而探訪威爾森。威爾森後來對較同情他的訪問者布拉德．史普俊（Brad Spurgeon）表示，當他跟卡彭特談到現象學時，對方在沙發上睡著了。這看來是不可能的；怎麼會有人在討論現象學時睡著了呢？[66]

威爾森的故事有警惕意義。如果你把年輕人自負而缺乏社交技巧撇除不論，剩下來看到的是一種潛在困境：只要當人抱著滿腔熱情要把自己喜愛的想法表達出來，難免心情興奮而過於匆促。憑著他的膽量、像齊克果的彆扭表現，以及「極為熱烈的個人主義」，威爾森也許是最能體現一九五〇年代後期存在主義的反叛精神的人。

在《局外人》的神話爆破後，梅鐸是少數對威爾森表示同情的批評者之一。她也認為威爾森是個傻子，但她在《曼徹斯特衛報》（*Manchester Guardian*）寫道，威爾森儘管「魯莽」，還是勝於體制的哲學家那種學究式的枯燥。[67] 她自己寫作時，也總是言辭與概念一湧而出。她在一九六一年發表一項「反枯燥」宣言，呼籲作家放棄當時所謂漂亮文章流行的「小迷思、小玩意和小擺飾」，回歸真正的作家任務，那就是探索在一個複雜的世界裡，在人生的豐富「密度」中，我們怎樣能保持自由，好好過活。[68]

即使存在主義者走得太遠，寫得太多，修飾太少，誇誇其談，或在其他方面令自己蒙羞，必須指出的是，他們跟人生的「密度」保持接觸，他們提出重要的問題。每一天都請給我這些東西，漂亮的小擺飾就請留在壁爐台上吧。

到了一九六〇年代，大學教授開始察覺一種轉變。在科羅拉多學院（Colorado College）教哲學的海德格學者格倫・葛雷，一九六五年五月在《哈潑雜誌》（*Harper's Magazine*）發表〈校園裡的救贖：存在主義為何吸引學生〉一文指出，近日的學生對於每個勇於反叛、忠於屬己性的哲學家都前所未有地著迷，譬如為了思想自由而死的蘇格拉底。他們喜愛存在主義者，尤其喜愛沙特有關「自欺」的概念。「我們對自己的假裝感到厭倦」，一位學生這樣慨嘆。然而最好的這類學生也最易退學，他們消失無蹤，追求更有意義的出路。這令葛雷憂心，尤其當他碰上一個傑出的年輕男學生，拒絕任何申請入讀研究院的幫助，寧可漂泊過活，葛雷最後聽到的消息，是他在國內流浪，隨便幹些粗活。[69]

葛雷毫無疑問能夠理解那種追求自由、追求某種「實在」的衝動：他在戰時造訪一個義大利鄉村時就預言，老派哲學家在戰後的世界不能再提供什麼，一切必須重新發明。可是，當差不多一個世代之後民眾把這個概念付諸實踐，他還來不及慶賀，就被對未來的憂慮所困擾。

葛雷是最早的其中一人，指出普及化的存在主義怎樣注入壯大中的反傳統運動。存在主義為未來的社會轉變提供了分析的術語和轉化的能量。帶來這些轉變的，有激進的學生、浪蕩的嬉皮、逃避越戰徵兵的人，以及那些沉溺於以藥物擴大精神領域、以性愛做實驗的追求全方位自由的人。一種宏大而滿懷希望的理想主義瀰漫在這些人的生活中；梅鐸可能會說，這些人並不「枯燥」。不管他們有沒有把卡繆、波娃和沙特的著作塞自己口袋，他們採納了沙特兩方面的承諾：追求個人自由，投身政治行動。當一九六八年五月占領索邦學院的學生示威者向沙特歡呼（也得承認其中有少數人放肆地喝倒采），他們就是在認定這種思潮。

一九六〇年代的學生示威、罷工、占領行動、談情說愛的集會和其他私人集會，共同構築起一個歷史時刻，讓人可以指著它說，存在主義發揮了作用。解放來臨，存在主義可以退場了。事實上，新的哲學家已經登場，對抗存在主義的個人化思考。新的小說家也推翻存在主義的美學。阿蘭・霍格里耶（Alain Robbe-Grillet）一九六四年的宣言《為新小說辯》（*Pour un nouveau roman*），對於沙特和卡繆的作品包含太多「人」的元素不以為然。[70]米歇爾・傅柯（Michel Foucault）在一九六六年預言，「人」作為一種相對新近的發明，可能不久後被「抹掉」——「就像海邊的沙上所畫的一個人臉」；[71]這個圖像也令人想起克勞德・李維史陀呼籲要建立新的研究法「把人溶解掉」。[72]後來，在二十與二十一世紀之交，後現代主義者尚・布希亞（Jean Baudrillard）把沙特的哲學貶斥為史上的奇聞怪談，就像一九五〇年代的經典電影，它們那些舊式心理戲劇和白描式人物「絕妙地表現出（陳腐不堪的）後浪漫主義時期的主體性垂死掙扎」。布希亞說，沒有人再需要這種「存在主義裝束」，「今天有還有誰關切自由、自欺和屬己性？」[73]

可是，還是有人關切這些問題，尤其在自由和屬己性受威脅的地方，譬如在一九六八年及之後的捷克。當巴黎學生把沙特看作可敬的歷史陳跡，年輕的捷克和斯洛伐克人，卻把沙特的著作當作剛問世的新著。「布拉格之春」就發生在這個時刻，當時亞歷山大・杜布切克（Alexander Dubček）的政府嘗試轉向更自由開放的共產主義。就像十二年前的匈牙利，蘇聯的坦克車和軍隊讓這個實驗胎死腹中。這次事件令沙特和波娃決意否定蘇聯模式，轉而讚揚像毛澤東和波布（Pol Pot）等人。

坦克車駛進之後，沙特兩齣最具挑撥性的戲劇繼續在布拉格上演，那是《髒手》和《群蠅》，主旨都是反獨裁的。[74]在布拉格演出的《群蠅》，對沙特這個有關自由和行動主義的寓言，作出令人震驚的全新演繹。一九四三年在戰時法國創作的這個故事，一九四八年在德國找到新的觀眾，現在對剛遭受侵略的捷克國民來說，看來也有莫大關聯。

「這是過時的嗎？」捷克小說家米蘭・昆德拉（Milan Kundera）一九六八年談到沙特：「我在法國聽過他。」昆德拉接著指出，沙特在布拉格能提供的，遠多於阿蘭・霍格里耶等人——這一類作家只把文學和思想視作遊戲。[75]另一位異議者——劇作家瓦茨拉夫・哈維爾（Václav Havel）注意到，作家的言論在捷克仍然具有重量和價值：在這裡它們是以人的生命來量度的，而在西方它們卻沒有這樣的內涵，因為得來太過容易。[76]菲利普・羅斯（Philip Roth）前往布拉格後觀察到，在西方「一切都可行，什麼也無關緊要」，而在捷克「什麼都不可行，一切關乎重要」。[77]沙特的存在主義正是指出了什麼關乎重要：這種哲學呼籲讀者作出抉擇，彷彿他們所做的事關係到人類整個未來。

對一些捷克和斯洛伐克人來說，帶有這種道德重量的哲學，不光是沙特的存在主義，還有現象學。捷克的現象學傳統可追溯到該國首位現代總統馬薩里克，他是布倫塔諾的學生，也是他遺稿的守護者。胡塞爾本人來自摩拉維亞，他的好幾位同事也跟捷克有關聯。到了一九六〇和一九七〇年代，現象學在捷克的突出意義主要可見於一位胡塞爾門徒身上，他就是楊・帕托什卡。

像很多其他人一樣，帕托什卡一九二九年在巴黎聽了胡塞爾的演說而發現了他的哲學之後，便完全被吸引過去。他在一九三三年轉到弗萊堡求學——正好是沙特前往柏林的同一年，他成為了胡塞爾圈子裡最受愛戴的人之一，他後來也受業於海德格門下。胡塞爾甚至把原初由馬薩里克送給他的一個桌上誦經台轉交帕托什卡，就像帕托什卡所說的，讓他覺得自己獲指定為這個傳統的繼承人。[78]他回到布拉格後，盡其所能讓那裡的大學成為現象學研究中心。

當共產黨在一九四八年上台執政，帕托什卡愈來愈頻繁地受到當局騷擾，因為他的哲學跟馬克思思想對立。在一九七二年，他被迫放棄在大學任教，取而代之在家中舉辦私人研討會，精讀原典。他的學生往往花一整晚研讀《存在與時間》幾行的內容。[79]他也在布拉格的劇院向演員和作家授課，其中包括哈維爾。[80]哈維爾還記得，帕托什卡會為一組人把文本生動地演繹出來，鼓勵他們尋求「事物的意義」，洞燭「自我及自己在世界中的處境」。他提出自己的一個概念，就是所謂「被動搖者的團結」，這是說每個人若在人生中遭遇歷史劇變，把他從不假思索的「日常性」中震盪出來，這就會成為一種維繫力，把各人團結起來。這種團結力量可以成為反叛行動的基礎。帕托什卡的現象學包含危險的政治涵義。[81]

事實上，也可以說帕托什卡只是把潛伏在現象學裡的顛覆性趨勢揭示出來而已。胡塞爾號召我們回歸「事物本身」，就是號召大家不要理會馬克思思想等意識形態，要批判性地倚賴自我，透過「懸擱」放下一切教條。這種反教條精神甚至可以追溯到年輕的布倫塔諾，他拒絕接受教宗無謬說，受到懲罰失去教席。帕托什卡基於同樣原因拒絕接受共產黨無誤論。布倫塔諾把懷疑而拒絕認同的精神傳給胡塞爾，胡塞爾把它傳給帕托什卡，帕托什卡現在把它傳給哈維爾和其他很多人。

更直接的是，帕托什卡自己成為了社會活動分子。在一九七六年差不多七十歲時，在衰弱的健康狀況下，他連同哈維爾等人簽署了有名的政治反抗宣言「七七憲章」。[82]它也幾乎可叫做「哲學家憲章」：未來十三年裡，它的主要代表幾乎有三分之一（三十八人中有十二人）都是哲學家或前哲學學生，很多人曾受業於帕托什卡。[83]

捷克當局馬上對簽署者展開迫害。在一九七七年一月到三月之間，他們定期把帕托什卡帶進魯濟涅監獄（Ruzyně Prison）問話。[84]儘管盤問沒有採用暴力，卻令人筋疲力盡：它延續一整天，沒有顧慮到帕托什卡本來就體弱，刻意讓他精疲力竭。哈維爾一次在囚犯等候室看見他，他接受盤問前要坐在那裡，這種作法別有用心，目的是增加焦慮感。帕托什卡看來並不憂心，還跟哈維爾講哲學。[85]

同一天，哈維爾在問話後遭監禁。帕托什卡雖然獲釋，但往後幾個月再三被召去問話。在這段時期快終結時，他寫了一份「政治信仰聲明」，其中提到，「我們要讓民眾在每時每刻都有尊嚴地行事為人，不會受驚或受威脅，能夠講真話。」它聽起來十分簡單，這是一貫的主張：號召大家按著事情本來面貌去談論它，不加絲毫修飾。[86]

三月初某天早上，帕托什卡接受了一次特別長的問話，長達十一小時。他最近再次激怒了統治當局，跟來訪的荷蘭外交部長馬克斯・范・德史托爾（Max van der Stoel）接觸，尋求他支持「七七憲章」。一天之後，帕托什卡終於崩潰了。他被送到醫院，一九七七年三月十三日在醫院過世。[87]

葬禮在布拉格的布雷諾夫公墓（Břevnov Cemetery）舉行，有數以千計的人參加。當局沒有阻止儀式進行，但用盡方法干擾它。伊凡・克里瑪當時在場，還記得當局派出摩托車隊在附近的賽車道猛轉引擎，又派直升機在上空盤旋，刻意令墳場上致詞的聲音無法聽聞。在場的警官背對墳墓，其他人則招搖地拍攝人群中的臉孔。[88]

接著葬禮而來的，是現象學歷史中屢見不鮮的另一次文獻偷運歷險行動。一群帕托什卡的前學生和同事，由克勞斯・內倫（Klaus Nellen）和伊凡・朱瓦堤克（Ivan Chvatík）領導，加上波蘭哲學家克里斯多夫・米可斯基（Krzysztof Micha ski），安排西方學者和外交家接力偷運他的遺稿出國，每次來往布拉格就帶走一些。一點一滴的，文件副本帶到了維也納的人文科學研究所（Institute for the Human Sciences），而原件則藏在布拉格某處。帕托什卡的遺稿至今仍保存在這兩個城市的研究機構。[89]跟維也納機構有聯繫的學者保羅・呂格爾（Paul Ricoeur）對這份遺產作出這樣的概括：「加諸這個人身上的無情迫害，證明了在人民極端落魄之下，對主體性的哲學辯護，成為民眾對抗獨裁者的唯一出路。」[90]

哈維爾一九七八年有名的文章〈無權力者的權力〉（The Power of the Powerless），就包含這個核心概念。哈維爾在這篇紀念帕托什卡的文章中寫道，在一個高壓統治的國家裡，人民在微妙方式下成為共犯。他舉了一個例子：一個菜販從公司總部接獲一個標誌，上面有公式化的訊息：「世界勞動人民大團結！」期望中他要把這個標誌放到窗上，他這麼做了，儘管他對標語的訊息不屑一顧，因為他知道如果不這麼做就會帶來諸多不便。一位顧客看見了標誌也不會有意識地想它一下；她在自己的辦公室裡就看過了。可是，這是否表示那個標誌就是沒有意義和無害的呢？哈維爾說，不！每個標誌都在世界上發揮作用，思想的獨立性和個人責任靜悄悄地被蠶食。那些標誌實際上可說來自海德格所說的「常人」，常人也有助標誌訊息不斷傳播。舉國之內，甚至在最高級人員的辦公室裡，民眾同時受制度所害，又成為延續制度的幫兇，在此同時卻告訴自己這一切都不要緊。這是自欺加上「惡的平庸性」的巨大結構，一直達到權力頂層。每個人都「牽涉其中而受到掣肘」。[91]

對哈維爾來說，這就是異議者必須突破的地方，由此打破這種模式。哈維爾說，反叛者要求回歸「此處和此刻」，回到胡塞爾所謂「事物本身」。[92]他進行「懸擱」，把虛偽言辭擱置一旁，每個人重新看到眼前的事物。最終結果是「存在主義革命」：民眾與「人類秩序」的關係經過重整，回到真實的事物經驗。[93]

一九八九年革命發生了。哈維爾掌權，成為捷克首位後共產主義時期的總統。他在這個崗位上不能讓所有人滿足，而革命也沒有他期望的那麼具現象學或存在主義精神。起碼，很少人再從這角度來看了。但一次顛覆行動肯定是發生了。叫人直接經驗現實的現象學指令，比起沙特更明顯的激進主義，也許有更長遠的影響。也許現象學較諸存在主義，是更實在的激進思潮。最初的現象學反叛者布倫塔諾，對自己帶來的長遠影響應該感到自豪。

第十三幕

嘗過了現象學之後

他們紛紛離去

前進，總是前進！這是存在主義者的吶喊，可是海德格早就指出，沒有人會永無止境地前進。在《存在與時間》裡，他把「此在」描述為在「步向死亡的存在」中抓住屬己性，也就是確認死亡和局限。海德格還指出，「存在」並不是處於永恆不變的層面上，而是出現在時間和歷史中。因此，在宇宙層面和個人人生，一切都是具時間性而且有限的。

這樣一個概念，把「存在」本身或人類的存在看作有預設的失效日期，對沙特來說非常尷尬。他在原則上接納它，可是他在性格上絕對抗拒受到絲毫束縛，遑論受到死亡束縛。他在《存在與虛無》寫道，死亡是從外而來的暴行，摧毀人生的規劃。我們不能為死亡做準備，不能讓死亡成為人生的一部分，不能決斷地對待它，也不能吸納馴化它。它不是我的一種可能性，而是「我再也沒有任何可能性的可能性」。[1]波娃的小說《人皆有一死》（*All Men Are Mortal*）指出，長生不死是令人難以忍受的，但她也把死亡看作外來侵害者。[2]她一九六四年的回憶錄《寧靜而死》敘述母親臨終臥病在床，顯示死亡如何「從陌生而非人化的另一境域」降臨母親身上。對波娃來說，我們不能跟死亡有絲毫瓜葛，只能跟生命有關係。[3]

英國哲學家李察・吳爾漢（Richard Wollheim）用另一種方式看待這一切。他說，死亡之所以是我們的最大敵人，不光因為它剝奪了我們將來可做的所有事和可經驗的所有歡樂，它更永久奪走了我們經驗萬事萬物的能力。它讓我們不能再成為海德格所說的讓事物呈現的「林中空地」。因此吳爾漢認為，「它從我們奪走了現象學，而當我們嘗過了現象學之後，就會對它產生一種無法割捨的渴望」。[4]對世界有了經驗，有了意向性，我們就希望它永久延續，因為「我們之所以是我們」，就因為對世界有所經驗。

可惜，這就是我們獲得的待遇。我們得嘗一嘗現象學，正因為有一天它會從我們身上消失。我們騰出了「空地」，森林又重新覆蓋它。唯一的安慰，就是曾看到光線在樹葉間穿透的美態，曾經擁有，而非一無所有。

在我們這家閃閃發亮、叮噹作響、吵吵鬧鬧的存在主義咖啡館中曾現身的一些最令人喜愛的人物，也是最早離去的。

維昂在一九五九年六月二十三日心臟病突發身亡，年僅三十九歲。當時他正在電影院預覽一部據他的小說《我唾棄你的墳墓》拍成的電影。他不喜歡這部電影，正從座位上發出反對之聲，就倒下來了，送醫途中不治。

才六個多月後，在一九六〇年一月四日，卡繆在一次撞車意外中身亡，當時是坐在出版人米歇爾．伽利瑪（Michel Gallimard）駕駛的車上。汽車先後撞向兩棵樹，車身繞著樹幹扭曲，大部分金屬散落在樹的一旁，引擎則掉落另一旁，卡繆從後座車窗被拋出。不遠處泥地上找到一個公事包，裡面有卡繆的日記和《第一人》（*The First Man*）的手稿，這是他未完成的自傳式小說，敘述他在阿爾及利亞的童年。[5]

波娃在沙特的公寓裡，接到朗茲曼打來的電話，得悉卡繆的噩耗。她放下電話筒，震顫著，告訴自己不要沮喪。她跟自己說：放開，你現在跟卡繆也不再親近了。然後她從沙特寓所的窗望出去，看見太陽在聖哲曼德佩修道院那邊落下，她無法好好哭一場，也無法讓感覺變好。她立定主意，她哀悼的不是剛過世的四十六歲的卡繆，而是戰時那個年輕的自由戰士——那個她失去已久的朋友。[6]沙特的感覺也一樣：對他們來說，真正的卡繆是抵抗運動和《異鄉人》那個卡繆，不是後來的卡繆。他們從來沒有原諒他在政治觀點上的偏失，但沙特在《法蘭西觀察家報》（*France-Observateur*）寫了一篇慷慨的訃告。他概括卡繆的為人，稱他是法國「載道文人」（*les moralistes*）這個偉大傳統的傳人，這個無法翻譯的詞語同時包含兩方面涵義：既是英語所說的道德家（moralist），也是人類行為和性格的好奇觀察者。沙特說，卡繆秉持「堅定不移的人文主義——嚴密而純粹的、樸素而感性的，向這個時代的事件發動一場無把握的戰鬥」。[7]當波娃在同一年接受史杜茲・特克爾（Studs Terkel）為一個美國電台所做的訪問，她作出結論說，卡繆是一個倫理上而非政治上的思想家，但她承認，年輕人可以同時在這兩種思想取向上學習。[8]

這年還有另一樁來得不是時候的死亡。賴特一九六〇年十一月二十八日在巴黎心臟病突發身亡，得年五十二歲。他的一些朋友和他的女兒，懷疑他可能被中央情報局（CIA）暗殺：有人看見一個神祕女子在他最後倒下之前不久，從他的房間走出來。事實上美國政府多年來持續侵擾阻撓他。賴特自從一九五七年一次阿米巴痢疾發作後肝臟有後遺症，健康一直欠佳。[9]他服用鉍化合物也雪上加霜，這原是一種另類治療，卻導致金屬中毒。[10]

雖然賴特近年已很少寫小說，他還繼續寫散文和論戰文章，也培養出對日本徘句的愛好。他的晚期作品中有一系列美麗的小詩，描寫桃樹、蝸牛、春雨、暴風雲和雨後濕透變小的雞，還有描寫一顆細小的綠色蒼耳子，夾在一個黑人小孩的鬈髮上。[11]

一年之後，在一九六一年五月三日，五十三歲的梅洛龐蒂，儘管看起來一如既往身材苗條而體態健康，卻心臟病突發猝逝。他在聖米歇爾大道（boulevard Saint-Michel）自家的公寓裡跟朋友相聚。他們聊了一會，然後梅洛龐蒂讓他們自行在客廳談天，自己到書房完成次日講授笛卡兒哲學的筆記。他再也沒有回到朋友身邊。[12]

同樣的，沙特也為這位已失和的朋友寫訃告，刊登在《摩登時代》的特刊。這篇訃告也是用心而慷慨的，談到他們兩人之間的友誼和歧異，提供了很多原始資料。沙特提到不久前才跟梅洛龐蒂不期而遇，當時沙特在巴黎高等師範學院演講，對於梅洛龐蒂前來聽講很是感動，希望雙方以後保持聯繫。沙特卻被反應過慢所累（他說，自己因為感冒而軟弱無力），梅洛龐蒂因此有點愕然；「他半句沒提到自己感到失望，但一瞬間隱約瞥見他臉上掛著愁容。」沙特仍然樂觀：「『一切如常，』他告訴自己：『一切將重新開始。』」[13]幾天之後，他得悉梅洛龐蒂與世長辭。

梅洛龐蒂安葬在拉雪茲神父公墓（Père-Lachaise Cemetery）的家族墓地，跟他母親和二〇一〇年過世的妻子蘇珊在一起。這個墓園跟沙特和波娃下葬的蒙帕納斯公墓，在巴黎各處一方。梅洛龐蒂的墳墓在墓園最寧靜、人跡最少的其中一角，由樹木環繞。

另一位哲學家雅斯培原預期年輕時就死於心臟病，多年來卻大難不死。他在結婚時就提醒妻子葛楚，不期待他們能一起活多久，也許一兩年而已。[14]事實上，他活到八十六歲，在一九六九年二月二十六日辭世，那天正好是葛楚的生日。海德格傳給葛楚簡短的電報：「懷念早年歲月，謹致敬意與同情。」她同一天回覆：「同樣的心懷早年歲月，謝謝。」[15]她活到一九七四年。

也許紀念雅斯培過世的最佳方式，是重溫一次他在廣播中談及自己的一生，那是一九六六至六七年一系列節目的一部分。他談到在北海度過童年，特別提到與父母在弗里西亞群島（Friesian Islands）度假。一天晚上在諾德奈島（Norderney Island），父親挽著他的手走到水邊。雅斯培描述：「潮水往外退，我們的路徑跨過清新乾淨的沙，令人讚嘆，我怎麼也忘不了，總是可以走遠一點，再遠一點，水位那麼低，我們踏進水裡，上面有水母和海星——我給迷住了。」自此大海總是讓他想到人生的範疇，沒有哪一樣事物是堅定或完整的，一切在無休止運作中。「那一切堅實的、井然有序的，像擁有一個家、一個庇蔭之所，絕對必要！可是事實上還有另一面：海洋的無窮盡——這讓我們獲得解放。」雅斯培繼續說，這就是哲學對他的意義。這表示超越穩固而靜止的，迎向更大的海洋景觀，其中一切都在運行，「哪裡都沒有陸地」。因此，哲學對他來說，總是表示「不一樣的思維」。[16]

另一位哲學家馬賽爾，也曾把人生描述為超越平常的無休止旅程，在雅斯培過世後七個月，他也在一九七三年十月八日溘然長逝。就像雅斯培一樣，對他來說人類本質上是流浪者。我們永遠不能擁有什麼，永遠不能真的安頓在某個地方——即使畢生住在同一處。他其中一部散文集叫《旅途之人》（*Homo viator*），表明人類總是在旅途中。

鄂蘭在一九七五年十二月四日心臟病突發猝逝，得年六十九歲，留下手稿之多可媲美沙特，她的朋友瑪麗．麥凱瑟（Mary McCarthy）把它編成《心智生命》（*The Life of the*

Mind）一書出版。鄂蘭始終沒解開有關海德格的謎團。有時她譴責這位舊日戀人和導師，有時又致力重振他的聲譽或協助其他人瞭解他。她造訪歐洲時跟他見過幾次面，嘗試幫助海德格夫婦在美國出售《存在與時間》的手稿而募款，卻無功而還。[17]海德格著作的元素，一直在鄂蘭的哲學占有中心地位。

她在一九六九年寫了一篇文章，兩年後在《紐約書評》（*New York Review of Books*）雜誌刊登，題為〈八十歲的海德格〉（Martin Heidegger at Eighty）。文中提醒新一代的讀者，海德格一九二〇年代在馬堡那個「大霧的洞」中呼召大家思考，令人十分振奮；可是她也質疑，為什麼海德格在一九三三年之後不能恰當地思考。她對自己這個問題沒有答案。就像雅斯培一度輕輕放過海德格，把他稱為「作夢的男孩」，鄂蘭也過度寬容地對海德格的評價作結：把他比諸古希臘哲學家泰利斯（Thales），是個超然物外的天才，因為忙於看天上的星星而看不到前面的險況，因而墜入井中。[18]

海德格比鄂蘭大十七歲，卻比她晚五個月過世，在一九七六年五月二十六日在睡夢中辭世，享年八十六歲。

逾四十年來，他緊抱一個信念，認為世界虧待了他。他始終沒有回應追隨者的期望，沒有確鑿無疑地譴責納粹。他的作為似乎顯示，他沒察覺到別人需要聽到什麼，可是據他的朋友佩慈特指出，海德格清楚知道別人期待什麼，卻更是覺得自己受到誤解。[19]

他沒有讓怨氣妨礙他的工作，他晚年繼續沿著如山路般的思想軌跡求索。他盡可能把時間花在托德瑙堡，在那裡迎接來訪的仰慕者，有時是較具批判性的訪客。其中一位訪客是猶太詩人暨集中營倖存者保羅．策蘭（Paul Celan），他在一九六七短暫從精神病院獲釋，前往弗萊堡朗讀他的作品，場地正是往日親納粹的海德格發表校長就職演說的禮堂。

海德格讚賞策蘭的作品，嘗試讓他覺得自己在弗萊堡受到歡迎。他甚至請求一位書商朋友走遍市內所有書店，確保他們把策蘭的書放在櫥窗，讓他走過時能夠看到。[20]這是一個感人的故事，特別因為這是我找到唯一有文獻記載的海德格所做的一件美事。海德格出席了朗讀會，次日又帶策蘭到托德瑙堡的小屋，讓他在訪客簿上簽名，他以這次來訪為主題，寫了一首措詞謹慎、謎樣的詩，就叫〈托德瑙堡〉。[21]

海德格喜歡接待訪客，但他從來不是「旅途之人」。他鄙視大眾化的旅遊，認為那是現代「沙漠般」的存在方式的一種病徵，一味追求新鮮感。[22]可是他晚年卻愛到法國南部普羅旺斯度假。他對於應否到希臘一遊掙扎良久，那明顯是個出遊目的地，因為他長期以來沉醉於希臘的神廟和岩石崖岸，還有古哲赫拉克利特和巴門尼德，以及劇作家索福克里斯。但這正是他焦慮的原因：關乎太大的得失。在一九五五年，他打算與朋友艾哈特．凱斯特納（Erhard Kästner）結伴同遊希臘，火車票和船票都訂好了，最後卻臨陣退縮。五年後兩人再規劃另一次行程，海德格再度臨行變卦。他寫信警告凱斯特納，類似的情況可能繼續發生。「我讓自己沒看見希臘這個國家而思考有關它的一些事。……必須集中精神思考還是在家最好。」[23]

最後他還是去了。他在一九六二年參加一次愛琴海之旅，除了妻子以外，同行的還有朋友路德維希・赫爾姆肯（Ludwig Helmken），是一位律師和中間偏右的政界人物，他的往事多少跟海德格一樣尷尬，曾在一九三七年加入納粹黨。這次行程從威尼斯出發，沿亞德里亞海而下，遊覽奧林匹亞（Olympia）、邁錫尼（Mycenae）、赫拉克良（Heraklion）、羅得島（Rhodes）、提洛島（Delos）、雅典和德爾斐（Delphi），然後回到義大利。

最初，海德格所懼怕的事發生了：希臘沒有一樣事情讓他滿意。他在筆記寫道，奧林匹亞成為一大堆「為美國遊客而設的飯店」。它的風景未能讓「大地、海洋和天空中的希臘元素釋放出來」。[24]克里特（Crete）和羅德島稍微好一點。他不願跟一群度假者閒蕩，寧可留在船上閱讀赫拉克利特。他第一眼瞥煙霧瀰漫的雅典就感到厭惡，雖然某天大清早在成群遊客帶著相機跑去之前，一位朋友開車帶他到雅典衛城令他很是愜意。[25]

其後，在飯店吃過午餐和欣賞過民俗舞蹈後，他們前去蘇尼翁角（Cape Sounion）的海神廟（Temple of Poseidon），海德格才終於找到了他要看的希臘。白得發亮的廢墟堅穩矗立在陸岬上；岬上暴露的石頭把神廟拉拔到天上。海德格提到「大地就憑這個姿勢暗示神性隱然逼近」，然後他觀察到，儘管希臘人是了不起的航海家，他們卻「懂得怎樣占據並劃分這個世界，把蠻族抵擋在外」。[26]即使身處大海包圍下，海德格的思想仍自然地轉向包圍、圍攏和環抱這一類意念。他從來不會像胡塞爾那樣，從貿易和開放性方面想到希臘。他也繼續因為其他遊客可憎地按動相機，而對現代世界的侵擾感到不耐煩。[27]

閱讀海德格這次行程的紀錄，我們可以瞥見當世界不切合他的預設觀念，他怎樣作出反應。他聽起來滿腔牢騷，選擇性地面對他準備看的事物。當希臘不合乎預期，他就更鑽進私人觀點裡寫他要寫的；當眼前事物符合他的觀點，他便小心翼翼表示認同。他對於應否出行感到焦慮是對的：行程不能把他最好的一面帶出來。

後來還有驚奇而美麗的另一刻。當船駛離杜布羅夫尼克（Dubrovnik）的海灣返回義大利，日落之際一群海豚游過來在船的四周玩耍。海德格著迷了。他記起在慕尼黑的古典珍品陳列館見過一個杯子，據信為陶瓶畫師埃克塞基亞斯（Exekias）約西元前五三〇年的作品，杯子外邊描繪酒神（Dionysus）在船上航行，船上繞著葡萄藤，而海豚就在海中跳躍。[28] 海德格趕忙去找筆記本，但當他寫到這個景象時，筆下出現的，還是慣常那種表達包圍之意的言辭。他的結論是，就像這個杯子在創造所劃定的「界限中休止下來」，「西方和現代文明的誕生地也一樣，島嶼般的本質讓它穩然棲息下來，維繫著集體思維」。即使是海豚，也要集合到一個家園裡。

我們從來不會在海德格的著作中找到雅斯培的開放海洋，也不會碰上馬賽爾的無休止旅客，或「偶然遇上的陌生人」。當《明鏡週刊》（*Der Spiegel*）一位訪問者在一九六六年問海德格，如果有一天人類離開地球移居別的星球，他對這種可能性有什麼想法——「人類的棲身地可沒寫明必須在這裡吧？」海德格感到震驚，回答說：「起碼據我所見，按照我們的經驗和歷史，我體會到一切攸關重要的東西、一切偉大的東西，都源於一項事實，那就是人類有一個家，並扎根於一個傳統。」[29]

對海德格來說，一切哲學思考，都是有關回到家裡，而最大的返家旅程，就是步向死亡。在他生命將盡之際跟神學教授本哈德．維爾特（Bernhard Welte）的對話中，他提到儘管自己久離教會，死後還是盼望能葬在梅斯基希的教堂墓地。他和維爾特都認為，死亡首先意味著回到家鄉的土壤。[30]

海德格得償所願，安葬在梅斯基希市郊的天主教墓園。他的墳墓是世俗化的，墓碑上以一顆小星取代十字架，他的妻子一九九二年過世後也合葬在此。在他們左右兩邊還有家族另外兩個墳墓，都有十字架。三個墳墓中，海德格夫婦那個比較大，怪異地令人聯想到耶穌釘十字架的情景。

我前往憑弔那天，剛有人在三個墳墓上種上黃百合，還有一小堆小卵石在海德格夫婦的墓石上。在他們的墳墓和海德格父母的墳墓之間，有一個快樂的小天使石像豎立在泥土上——那是一個作夢的小孩，闔上雙眼，交叉著雙腿。

海德格墓旁另一個墳墓是弟弟弗利茲的，他在戰時出力保護海德格的手稿，一直以來並和海德格妻子合力幫忙海德格做文書和其他支援工作。

弗利茲能實踐的一件事，他哥哥只能在哲學中探討：他留在自己家園，一輩子住在梅斯基希，並在同一家銀行工作。他也一直信奉家族的宗教。他在當地人眼中是一個活躍而幽默的人，儘管有口吃的毛病，卻是梅斯基希年度「狂歡節」（Fastnacht）從不缺席的明星，這個節慶在大齋期（Lent）前舉行，大家在演說中，以當地方言大玩文字遊戲搞笑一番。[31]

他的幽默，有時透過對他哥哥所作的評語表現出來，譬如他拿「此─此─此在」（Da-da-dasein）開玩笑，一方面嘲弄哥哥的哲學術語，一方面拿自己的口吃自嘲。他從來沒聲稱自己懂得哲學，又總愛說他哥哥的著作要等到二十一世紀才有人看得懂，到時候「美國人早已在月球上開設了大型超級市場」。不管怎樣，他盡心盡力替哥哥的著作打字，對一位用起打字機來不自在的哲學家來說幫了大忙。（海德格覺得打字破壞了寫作：「它從一個人奪走了他的手的一種基本身分。」[32]）一邊打字，弗利茲會委婉提出修改建議。為什麼不用短一點的句子？每個句子不是應該表達單一的清晰概念嗎？[33]沒有任何紀錄顯示他哥哥有什麼回應。

弗利茲一九八〇年六月二十六日過世，他的一生沒有怎麼受到頌揚，到近年才有所改變，主要因為傳記作家有興趣把他當作他哥哥的另一面來看待——他如何跟哥哥不一樣，沒有成為二十世紀最傑出而最令人怨恨的哲學家。

另一方面，到了一九七〇年代，沙特的身體機能持續長期走下坡，令人沮喪，也影響到他的工作能力。他的手稿中有未注明日期的一頁（可能寫於美國在一九六九年七月登陸月球之後，因為開頭是「月亮」兩個字），其中記載了一樁令人憂心的事實，他已經五個月沒寫作了。他列出了他仍然想完成的寫作計畫：福樓拜傳記、畫家丁托列多（Tintoretto）生平論述、《辯證理性的批判》。但他提不起勁寫作，並害怕以後不能再寫作。對沙特來說，沒有寫作就像沒有生活。他寫道：「多年來，我沒有完成任何著作。我不曉得為什麼。對，我知道：因為科利德蘭。」[34]

長期對科利德蘭和酒類上癮，確實惹來麻煩，但他寫作停頓下來，也因為多年來視力只仰賴一隻眼睛，如今另一隻好的眼睛也快失明了。他仍然能看電視，一邊聽對白一邊看到移動的陰影。[35]他在一九七六年看了一個長長的電視節目，主題十分有趣，就是他本人。這個節目名為《沙特自述》（*Sartre par lui-même*），以幾年前拍攝的訪問做骨幹，在播出這年加插了額外一個由米歇爾．康塔所做的訪問。[36]沙特告訴康塔，他不能寫作，生存的理由已從他身上給奪走，可是他拒絕感到哀傷。[37]

其他的健康問題也接踵而來，包括中風、記憶衰退、齒患。[38]有時他看似完全喪失心神。在一次迷失之際，波娃問他在想什麼。他回答：「沒有。我不在這裡。」[39]他總是把意識描述為虛無，事實上他的腦袋卻時刻裝滿了字詞和意念。他每天從腦袋裡「推出」著作，彷彿裝滿了要卸下。如今，儘管腦子裡仍然充滿要說的話，卻沒有力氣說出來了。照顧他的人開始暗地裡希望他迅速而輕鬆地離開人世，就如他的朋友歐利維爾．托德所說的，像卡繆那樣。如此慢慢潰敗，叫人看下去太難堪了，「沙特，寶貝小子，不要讓我們這樣！」托德寫道。[40]可是沙特奮戰到底，這個公眾眼中的巨人，扛起他的是個頑固的小伙子。

在他人生最後幾個月，他的伴侶、情人和弟子接力照顧他，包括波娃、他的年輕伴侶愛蕾特·艾爾肯—沙特（Arlette Elkaïm-Sartre——沙特認她為養女，給她法律上的權利），以及他長期的情人蜜雪兒·維昂（Michelle Vian）。他也有一位新的年輕祕書兼助理本尼·李維。李維在寫作上幫助他，可能對他產生了過度影響——起碼有些人這樣想。這個助手抱持堅定的看法，曾是毛澤東崇拜者，如今成為共產主義反對者，對自己的猶太人身分充滿激情。他不是在文書助理崗位上抹掉自己身分的那種人。

李維和沙特之間的一系列對話，在沙特生前最後幾個星期裡，出現在《新觀察家》（*Le nouvel observateur*）雜誌，後來獨立成書出版，名為《此刻的希望》（*L'espoir maintenant*）。其中的沙特不尋常地表達了多方面的悔意，包括人生較早階段擁護蘇聯和毛澤東的立場、一九四六年論反猶太主義的著作（李維認為其中觀點有誤），以及較早時對暴力的著迷。[41]這個新的沙特，看來對宗教信仰多了點善意，儘管仍然是不信教的人。他承認自己在政治方面作白日夢。他聽起來愧疚而洩氣。一些接近他的人認為《此刻的希望》沒有顯示真正的思想轉變，所顯示的是只一個人的衰弱，疾病和能力的喪失令他遭受傷害。在訪問中，李維也許預料會有人提出這種質疑，他問沙特，他倆的關係有沒有影響到沙特的思想。沙特沒有否認受到影響，但他表示，如今他只能跟別人合力工作，否則就根本不能工作。最初他認為這是不幸景況中較小的不幸，總比不工作好，如今他卻持正面看法，認為這是「兩個人創造的思想」。[42]

沙特慣於在寫作上跟波娃有緊密伙伴關係，現在波娃最大聲認定，李維對沙特有過度影響。[43]阿宏也提到，《此刻的希望》中的想法那麼合理，他也會贊同，言下之意，這顯然不是真正的沙特。[44]

沙特人生的最後一幕始終是個謎。他讚揚和平關係和非暴力取向，看來說的是明智而令人信服的話，可是這個新的、平凡的沙特，彷彿有些個人特質失掉了。《此刻的希望》也許可以提醒我們，沙特較早的言行包含更刺激（並令人震驚）的元素：失誤、魯莽而有欠敏感、好戰、寫作狂，不一而足。然而如果我們這樣看，也就像沙特和波娃怎樣看卡繆：追念他往日的性情，而把他的新取向看作錯誤。也許沙特知道自己步向衰頹，因而對世界的看法轉趨溫和。

不管怎樣，如果說有些什麼可以印證波娃的想法——把人生看作自由和偶然性之間不可化解、模稜兩可的戲劇，該就是沙特人生最後這些日子。如果我們追蹤他的衰敗過程，就會看見一個迸發活力、口若懸河的人物，逐漸變成自身的幽靈，先後被奪走的，有他的視覺、大部分聽覺、他的菸斗、他的寫作能力、他對世界的投入，最後還有——像吳爾漢或許會說的，他的現象學。這一切都不在他掌控之下。可是他始終沒有讓自己凝固成為雕像般：他持續改變自己的思想，直到最後一刻。

一九八〇年三月十九日，他獨自留在家中幾小時（這並不常見），突然不支倒下，掙扎著呼吸。他被送到醫院，苦撐了近一個月。即使最後臥病在床，他還是被記者追蹤，有人扮成護士試著走進病房，有攝影師在對面建築的屋頂上用長鏡頭從窗外偷拍。[45]在四月十四日，由於腎衰竭和壞疽，他陷入昏迷，次日告別人世。

波娃瀕臨崩潰，但她智性上的誠實，讓她無法改變畢生的信念，只能接受死亡就是終結：它侵入人生，令人憎惡，既不是人生的一部分，也沒有應許接下來還有什麼。她寫道：「他的死亡把我們分開。我的死亡不會讓我們重聚。事實就是這樣。我倆的人生能長久保持和諧，這就夠難能可貴了。」[46]

自從一九二九年從巴黎高等師範學院畢業後，沙特和阿宏達成一項協定：誰活得較久，就要在校友雜誌上為對方寫訃告。[47]結果阿宏活得較久，卻沒有寫訃告。他在《快訊》（*L'express*）雜誌上撰文談到沙特，解釋為什麼沒兌現承諾：時間隔得太久了，他認為承諾已經失效。他又在一次訪問中說，雖然沙特在卡繆和梅洛龐蒂過世時為他們寫了「感人的文章」，他懷疑如果自己比沙特早走，沙特會否為他做同樣的事。[48]我們不清楚為什麼他這麼想。不錯，他和沙特的關係比沙特和其他人的關係失和得更厲害，主要因為他們的政治觀點有更大的分歧。但沙特說話總是十分慷慨，而且撇開其他不論，我相信沙特必會找到阿宏值得讚賞之處，在訃告中說出來。

其實阿宏幾乎早於沙特過世，他在一九七七年心臟病突發，儘管存活下來，卻始終沒完全康復。一九八三年十月十七日再次病發，當時他剛為朋友貝川・德尤旺尼（Bertrand de Jouvenel）在法庭作證完畢，這位記者被控戰時同情納粹黨，而阿宏作證辯稱控罪無中生有，並且脫離歷史現實，沒考慮到淪陷期間法國人生活的複雜景況。他離開法庭之際就倒下身亡。[49]

波娃在沙特過世後多活了六年，幾乎是一小時不差的足足六年。

在這些歲月裡，她繼續領導《摩登時代》編輯委員會，就在她家中開會。她閱讀來稿、寫信、幫助年輕作家，包括很多女性主義者。[50]其中美國的凱特・米莉特每年到她巴黎的公寓探望她，提到她家裡到處是書和朋友的照片（包括「沙特、惹內、卡繆和所有人」），還有「那些有趣的一九五〇年代的沙發和絲絨墊子，她買回來並加以裝飾的那個年頭，該是風行一時的」。米莉特又提到，波娃有別於常人的，是一種絕對正直的個性，還有「不大可能的一種特質——道德的權威」。[51]

就像沙特認了愛蕾特做養女，波娃也認了他的伴侶塞維・雷邦・波娃（Sylvie Le Bon Beauvoir）做養子暨繼承人。她就由這位養子、朗茲曼和其他人一起照顧。波娃受到肝硬化折磨，這跟她多年來喝酒喝得很凶有關。[52]由此引起的併發症讓她要在一九八六年三月二十日住院治療；其後幾個星期從手術康復過來之際，又因為肺充血而掙扎，她在四月十四日陷入昏迷而不治。

她安葬在蒙帕納斯公墓，就在沙特墓旁。也像沙特一樣，遺體先放進一個小棺木，外面有一個大棺木，這樣其後可送去火化。數以千計的人觀看靈車在街上駛過，上面高高堆滿了花，像沙特當年的情景一樣。這次舉殯的規模沒沙特的大，但大群追悼者仍足以堵住墓園入口。警衛把大門關上，恐防太多人進入；有人爬過欄杆和牆。[53]在墓園內，朗茲曼在墓旁朗讀了波娃第三冊自傳《環境的力量》（*Force of Circumstance*）書末的一段，對死亡、生命和人生得失作出反思。她寫道：

我相信，我曾讀過的書裡面的那些愁緒、我看過的所有地方、我積累的所有知識，都不復存在。所有音樂、所有繪畫、所有文化、那很多的地方：突然一無所有。它們不產生蜂蜜，那些東西不再為任何人供給營養。頂多，如果我的書有人閱讀，讀者會想：她沒看過的東西可真不多！可是那些事物獨特的總和、我曾活在其中的經驗，以及它包含的所有秩序與無序——京劇、韋爾瓦（Huelva）競技場、巴西巴伊亞的康東布偏教（candomblé）、瓦德（El-Oued）的沙丘、瓦班西亞大道（Wabansia Avenue）、普羅旺斯的黎明、希臘的梯林斯（Tiryns）、卡斯楚對五十萬古巴人演說、雲海之上硫磺色的天空、紫色的冬青樹、列寧格勒白色的夜晚、法國解放一刻的鐘聲、比雷埃夫斯港（Piraeus）的橘色月亮、從沙漠升起的紅日、托爾切洛島（Torcello）、羅馬，所有這些我談過的事物，還有其他沒談到的事物，不會再在任何地方重新活起來。[54]

她寫這段總結文字時，是一九六三年三月該書正要收筆之際，往後她還要再活二十三年。波娃熱中於做這些過早的告別反思。這種思緒也出現在她一九七〇年的著作《老年》（*Old Age*），還有一九七二年出版的確是最後一冊的自傳——《清算已畢》。

可是這些沾上愈來愈多愁思的著作，也顯示出她對人生發出驚嘆的傑出才華。在《老年》中，她寫到望著自己一幅畫像，當時是一九二九年，她在香榭麗舍大道上，戴上「其中一頂鐘形女帽，還有捲起的衣領」，驚覺一些原來看似自然的事如今那麼陌生。[55] 在《清算已畢》中，她描述一天下午小睡醒來，感覺到一種「童心的驚訝——我為何是這樣一個人？」每一個個體的細節都不一定如此：為什麼那特定的精子會遇上那特定的卵子？為什麼她生下來是女性？很多事情原來都可能不一樣：「我或許沒遇上沙特；任何各種情況都可能發生。」[56]

波娃又補充，一個傳記作家對某人能發現的任何一項資訊，跟那人真實人生豐盛的錯綜狀況相比，相對於其中的關係網和經驗中數之不盡的元素，都顯得微不足道。而且，經驗中每個元素視乎透視點而有不同意義：一項簡單的陳述，譬如「我在巴黎出生」，對每個巴黎人都有不同意義，視乎個人的背景和確切處境。有一種共享的現實，編織進透視點形成的複雜網絡中。波娃說，沒有人能參透這種奧祕。[57]

我們談到的主要人物中，最長壽的是列維納斯，他在一九九五年十二月二十五日過世，是他九十歲生日前三週。他的一生跨越現代現象學大部分歷史，從他在一九二八年最初發現了胡塞爾，到他本人後來的生涯——在這個階段他把哲學帶引到極晦澀的境地，即使他的追隨者也難以理解。他在繼續對倫理學下工夫，探討與「他者」關係的同時，對猶太學術傳統和《聖經》的解讀變得愈來愈有興趣。

列維納斯的思想影響了本尼・李維，可能因此令《此刻的希望》充塞著似是列維納斯的概念。如果真的這樣，這又是列維納斯和沙特之間另一次引人入勝的側面接觸。他們彼此幾乎全不認識，思想往往極不相同，可是他們的哲學之路在重要環節上相交。幾乎半個世紀前，沙特在巴黎煤氣燈酒吧那一番有關杏子雞尾酒的對話後，買了列維納斯的書。然後，在一九三〇年代中期，他們都寫了十分相近的著作，談到「嘔吐」與存在。如今透過李維，他們的思想又出乎意料地湊近，也許雙方都沒有體認到或反思此一事實。

英格蘭的「新存在主義者」柯林・威爾森一直活到二〇一三年十二月五日，他也一直那麼憤怒，卻也仍然抓住國際上很多忠心讀者的心，他們都曾因他的著作而感到刺激或獲得啟迪。他在世界上留下的遺產算是不壞了。

他活得比另外兩位出色的存在主義宣揚者長久；她們是二〇〇八年三月十八日過世的沙特著作譯者巴恩斯，以及率先讓英語讀者一嘗存在主義滋味的艾瑞斯・梅鐸。

梅鐸在一九九九年二月八日過世，跟阿茲海默症搏鬥了好幾年；她最後一部小說《傑克森的困境》（*Jackson's Dilemma*）顯示症狀正在浮現。她寫這部小說時，決定放棄寫作另一哲學著作。原已投入六年心力的這部著作名為《海德格：追尋存有》（*Heidegger: the Pursuit of Being*），有打字稿和手稿存留下來，是不相連的一些章節，只有小部分在她過世後出版。[58]

海德格對梅鐸來說是一個謎，正如對其他很多人一樣。難怪梅鐸對這位哲學家的為人感到好奇；她的很多小說，內容都圍繞著具魅力而有時帶有危險的大師式人物。更重要的是，梅鐸對沙特失去興趣後，海德格的哲學仍然長期引起她的注意。特別吸引她的，是海德格把意識比擬為林中空地，她覺得這是很美的意境（我也是這樣）。[59]

《傑克森的困境》的其中一位角色貝內特（Benet），也是在寫一本有關海德格的書，像梅鐸一樣，他也因這個寫作計畫而掙扎。他猜想，難處是否在於他無法決定自己實在對海德格有什麼想法。海德格有些方面吸引他，有些方面令他抗拒：像納粹主義、對賀德林的挪用，並無情地「把哲學詩化，不惜委棄真理、善、自由、愛、個體，以及哲學家應該解釋和捍衛的一切」。他質疑自己是否「被海德格危險的某一面迷住，那在他自己、在貝內特這個人的靈魂裡，藏得那麼深，以致他無法檢視它或甚至移走它」。[60]當他想著海德格時，實際在想的是什麼？後來，再次閱讀他對海德格所做的筆記之後，他說：「我很渺小，我不明白。」[61]

我向來是梅鐸的仰慕者，之前卻總是對《傑克森的困境》避而不讀，以為因為病徵在其中浮現，讀來令人徒然傷感。現在讀起來，卻驚訝地認出了，它所描述的，正是我對海德格的感覺。事實上，我覺得全書很感人，很有啟發性。在這最後一部小說中，梅鐸讓我們瞥見在怎樣的狀況下，一個個體的意識（或一個「此在」）正在喪失一致性和連貫性，卻仍維繫著一種能力和一種強烈欲望，把所獲的經驗以文字表達出來，達到了人類能力的極限。這種與現象學相關的欲望，是沙特、波娃、梅洛龐蒂和本書中每一個人共有的，甚至包括海德格本人。

在《傑克森的困境》最後一幕，書名中那個角色傑克森——也就是貝內特的僕人，坐在一座橋旁邊長滿草的河岸上，看著一隻蜘蛛在一根根草之間結網。他就像跟貝內特連成一體，跟他一樣，被一種萬物流逝的感覺淹沒。他說，有時感覺到什麼在流轉，又或氣息和記憶在流失。他是否只是誤解了正在發生的事？這是夢境嗎？「在必然性的末端，我來到了一個沒盡頭的地方。」[62]

他站起來，就在這刻，他感到了一些什麼——那是蜘蛛在他的手上走著。他幫助蜘蛛回到網上，接著走到橋上，到了河的彼岸。

落幕

無法參透的世間萬象

細看萬象紛呈的世界

知名的存在主義者和現象學家紛紛離世。自從年輕的梅鐸在一九四五年發現了沙特而驚嘆「記憶中再沒有這樣的興奮」，幾個世代的人已經長大成人。存在主義逐漸失去了原來的刺激感。我們仍然可以在一些黑白影像中找到懷舊的浪漫回憶：咖啡桌旁吸菸的沙特、裹著頭巾的波娃、翻起衣領在沉思的卡繆。可是他們不可能像往日一樣，帶來一種無懼險惡的原始氣息。

另一方面，存在主義的思想和心態，已深深植根在現代文化中，我們不大會認為這些文化元素就是存在主義。起碼對較富裕國家的民眾來說，當眼前沒有更迫切的需要造成干擾，他們就會談到焦慮、屬己性和承擔責任的恐懼。他們擔心被「自欺」所誤，儘管他們用的不一定是這個詞語。他們感到被過度的消費選擇弄得手足無措，感到從來沒有這樣無法控制大局。對更「真實」生活方式的一種模糊的渴望，促使一些人投入非一般的活動，譬如報名參加週末靜修營，放下智慧型手機，就像小孩子的玩具被拿走了，抽出兩天時間，讓自己在郊野風景中漫步，與他人和被遺忘的自我重建關係。

這種模糊的渴望，目標就是屬己性。這個主題也在現代娛樂世界風靡一時，就像在一九五〇年代一樣。存在主義的焦慮以及對技術世界的焦慮，前所未有地緊密相連，在電影中可見一斑，例如雷利．史考特（Ridley Scott）執導的《銀翼殺手》（*Blade Runner*）、華卓斯基（Wachowski）兄弟執導的《駭客任務》（*Matrix*）、彼得．威爾（Peter Weir）的《楚門的世界》（*The Truman Show*）、米歇爾．岡瑞（Michel Gondry）的《王牌冤家》（*Eternal Sunshine of the Spotless Mind*）和艾力克斯．嘉蘭（Alex Garland）的《人造意識》（*Ex Machina*）。有些電影的主角，在意義和抉擇之間掙扎，較近乎傳統存在主義的人物類型，譬如山姆．曼德斯（Sam Mendes）的《美國心玫瑰情》（*American Beauty*）、柯恩（Coen）兄弟的《正經好人》（*A Serious Man*）、史蒂芬．奈特（Steven Knight）的《失控》（*Locke*），還有伍迪．艾倫（Woody Allen）的所有電影，包括了《愛情失控點》（*Irrational Man*），片名取自威廉．白瑞德的同名著作。大衛．歐．羅素（David O. Russell）二〇〇四年的《心靈偵探社》（*I Heart Huckabees*），描述敵對的存在主義偵探，因悲觀與樂觀的不同人生願景而展開爭鬥。[1]跟這類電影不太一樣的，又有泰倫・馬力克（Terrence Malick）令人驚喜的海德格風味電影；這位導演轉往電影圈發展前，曾在研究院從事海德格的研究，也曾翻譯過他的著作。所有這些電影風格多樣，卻有共同的主題，探討的是人類的身分、目的和自由。[2]

這些主題中，自由可能是二十一世紀初的一大謎題。在上個世紀，我在成長過程中天真地認為，追求自由這個朦朧的願望，在我這輩子裡會看到它持續更廣泛地實現，不論是個人還是政治的自由。在某些方面確實如此。可是另一方面，在無人能預料的情況下，自由的基本概念在極端處境下受到侵害和質疑，以致我們現在對一連串的問題沒有一致答案：自由到底是什麼？我們為什麼需要自由？社會能容許多少自由？自由在多大程度上代表了踰越規範的權利？為了換取舒適和方便，我們願意對不在我們掌控範圍內的商業機構放棄多少自由？自由不再是理所當然的。

自由的諸多不確定因素，構成了人類根本存在的不確定性。科學書籍和雜誌的訊息向我們疲勞轟炸，聲稱我們已失去掌控能力：我們能做的只是一大堆非理性反應，充其量就是統計學上可預測的反應；所謂有意識的、有掌控能力的個體，不過是幻象。[3]我們被告知，當我們決定坐下來，伸手拿一杯水，投票，或在「電車難題」中選擇救些什麼人，實際上不是真的作出抉擇，只是依循趨勢或聯想作出反應，理性和意志根本無用武之地。

如果像這種解說所聲稱，人類真的被生物特質和環境支配，無法控制而機械化地受到愚弄，我們倒是會沾沾自喜。儘管我們抱怨對此感到困擾，實際上卻可能由此獲得某種重新肯定——因為這種想法讓我們擺脫險境。它拯救了我們，使我們免於存在的焦慮，那是隨著我們自認具備自由意志，對自己行為負責而來的焦慮；沙特把這種情況稱為自欺。最近的研究更顯示，那些受到慫恿而自認不自由的人，行為上傾向於不那麼講求道德，也就是把不自由作為道德廢弛的藉口。[4]

因此，我們是否真的要認定人生是不自由的，認定我們的存在並沒有人文基礎，並據此塑造我們的未來？也許我們不曉得，我們其實多麼需要存在主義者！

談到這裡，我必須補充，我並不認為存在主義者為現代世界提供了魔術般的簡單解困之道。不論把他們看作普通人還是哲學家，他們都無可救藥地犯過錯。他們各人的主要思想，都包含一些令人不安的想法。一方面因為他們是複雜而飽受困擾的人，就像我們大部分人一樣。同時也因為他們的思想和生活扎根於一個黑暗的、道德妥協的世紀。他們那個時代的政治動盪和狂放思維，在他們身上留下了烙印，一如二十一世紀的紛擾在我們身上留下烙印。

可是仍然有一個理由，叫我們回頭再看存在主義者。那就在於他們提醒了我們，人類存在景況是艱困的，眾人的行為往往是可怕的；但他們同時表明我們的可能性有多大。他們不斷重複自由和存在的問題，這是我們輕易忘記的。我們可以朝著存在主義者指示的方向探索，而不必把他們當作模範人物甚或模範思想家。他們是有趣的思想家，因此更值得我們用心瞭解他們。

我在三十年前發現存在主義者是有趣的，今天依然覺得他們有趣，原因卻不一樣。回頭再看他們，是重新尋索方向而獲得啟迪的一種經驗，像在哈哈鏡看到一些熟識的臉孔。一些以前幾乎沒看到的特質現在顯著可見了，一些原來覺得漂亮的特質卻變得有點怪誕了。寫作這本書的過程中不斷帶來驚奇，特別是兩位巨匠——海德格和沙特。

當我二十歲出頭時最初閱讀海德格，我被這位梅斯基希魔術師迷住了。他對於世間竟有所謂存在而非一無所有的原始驚奇，他觀看風景和建築的態度，他把人類意識看作有如林中空地讓「存在」現身其中的想法，對我看待世界的整個方式造成了影響。

重讀海德格，我感到同樣的吸引力在牽動著我。可是即使我能重新溜進他那個世界，置身林中幽徑和教堂鐘聲之中，我發覺自己在掙扎著，渴望著自由，這跟他的親納粹傾向可說完全無涉，從另一個角度看也可說完全有關。他那個植物性的世界帶著死寂氣息。如今我想要的，是雅斯培所說的開放海洋，或馬賽爾所說的旅客絡繹於途的公路，有人在互動、對話。海德格曾經提到：「思考就是把自己局限在單一的思緒中。」[5]可是如今我覺得，思考應該恰好相反：它應該兼容並蓄，多種多樣。我覺得人生十分珍貴，不應該把大部分多元選擇排除在外，不應局限於鄂蘭所描述的那種海德格思考方式：只管往深處鑽並老是停留在深處。

我也想起了鄂蘭和沙特的觀察，認為在海德格身上怪異地找不到一種「人格」。[6]他的人生和著作總是欠缺了一些什麼。梅鐸認為他欠缺的就是「善」，因此他的哲學缺乏一個倫理核心或人文精神。事實上，你永遠不能把梅洛龐蒂對沙特的評語挪用於海德格：「他是個好人。」他所欠缺的，在幾種意義上可謂之人文元素。海德格把自己放在人文哲學的對立面，他本身的行為也沒有什麼人文意味。他對所有人生細節和個體性不屑一顧，對自己本身更是如此。因此本書所有哲學家之中，唯獨海德格不看重傳記，這恐怕不是出於偶然。他早年一系列講課談論亞里斯多德，開頭就說：「他出生於某個時代，幹了些事，然後過世。」[7]彷彿這就是對個人的一生需要知道的一切。他也堅稱自己一生無甚足觀：這種觀點（如果是真實的話）對他來說也免了很多麻煩。結果就是，儘管海德格把家園神話化，如果用梅鐸提出的「活在其中的哲學」這個概念來衡量，他的哲學是叫人無法像家園般活在其中的。海德格的著作令人讀起來十分興奮，可是最終來說，我無法活在他這種哲學之中。

另一位巨匠沙特，卻以另一種方式給我帶來驚奇。他所寫的《嘔吐》最初讓我被哲學吸引住了。我知道他在我所講的故事中會是個顯著角色，然而令我驚奇的是，我變得那麼敬佩他，甚至喜歡他。

當然，他是很古怪的人。他沉溺於自我，對人要求很高，脾氣暴躁。他沉迷性愛卻不享受性愛，放棄友誼而毫不懊悔。他放縱自己，沉迷於黏稠性和黏滯性的想像，又沉迷於忖度他人的判斷目光如何投放在自己身上；他似乎不擔心一些讀者可能無法認同這些怪癖。他為一些十惡不赦的政權辯護，又崇拜暴力。他堅稱「為文學而文學」是中產階級的奢侈，作家必須委身投入世事，而修改自己的著作是浪費時間；所有這些都是我不同意的。我對沙特不同意的地方可多了。

可是我們還要看人格的問題，而沙特是充滿人格特質的。他處處展現他的活力、氣質、胸襟和樂於溝通的性情。所有這些特質，在德國歷史學家姚阿辛．菲斯特（Joachim Fest）所講的一起軼事中顯露無遺。菲斯特一九四〇年代後期在柏林的一次派對上遇上沙特。他描述當時約有三十人對沙特的哲學提出質疑，沙特卻牽動著眾人的目光。沙特作出回應，大談爵士樂、電影和帕索斯的小說。一個目睹這一切的人說，沙特令他想起一個南美洲農民在現象學森林裡左砍右劈，讓色彩繽紛的鸚鵡振翅往四方八面高飛。菲斯特說：「他所說的一切，在我看來顯然言之有物，然而又是雜亂的，有時甚至亂作一團，他卻總能觸及我們的時代意識，令所有人留下深刻印象。如果要概括我的反應，我透過沙特領會到，一定程度的雜亂可以令人相當著迷。」[8]

這也是沙特令我著迷的地方。海德格從來沒有遠離他的家園。沙特卻總是往前開拓，總是對事物發展出新的（往往也是怪異的）反應，或能夠把新的元素跟老舊概念調和起來。海德格鄭重叮囑我們必須思考，可是沙特是實際在思考。海德格有他的重大「轉向」，沙特卻轉向，轉向，再轉向。沙特曾指出，他總是站在自己對立面來思考，他追隨胡塞爾的現象學指令，每一刻都探索看來最困難的課題。[9]

這一切體現在他的人生和著作中。他選定了支持的目標，便勇往直前，置個人安危於不顧。他很看重承諾，儘管有不明智的、具負面作用的承諾，也有同等數量有價值的承諾，例如對法國政府在阿爾及利亞濫權的抗爭運動。不管怎麼費勁，他從來不能成功地依循黨派立場辦事。沙特一九六八年的一句評語，也許最好地概括了他的政治風格：「如果有人重讀我所有的著作，就會發現我沒有重大轉變，我總是一個無政府主義者。」[10]他是無政府主義者，因為他從來不讓腦袋停下來。而且，再次引用梅洛龐蒂，「他是個好人」，或至少他要做個好人。有一種力量驅使他這樣做。

我對他的極端無神論也讚嘆不已，那跟海德格的無神論很不一樣。海德格放棄了宗教，只是為了追求更強烈的神祕主義。沙特是深刻的無神論者，是深入骨髓的人文主義者。他甚至超越了尼采，勇敢地並有主見地活下去，儘管他確信死後一無所有，而且沒有任何來自神的補償可以彌補在世的一切。對他來說，我們擁有的就是這一生，要竭盡所能不枉此生。

在他和波娃的一段對話紀錄中，他跟波娃說：「在我看來，哲學界仍然欠缺一個偉大的無神論者，欠缺真正的無神論哲學。這是今後大家努力的方向。」波娃回答：「簡單地說，你要構建人的哲學。」[11]

然後波娃問沙特，這段對話他要加什麼最後按語，他就提到，整體上來說，他們兩人一生中都沒有怎麼理會神。波娃認同他所說的，然後他說：「可是我們就一直這樣在生活；我們感到自己關切這個世界，嘗試審察它、理解它。」[12]前後長達七十年，大部分時間裡他們明智地、富有新意地實踐這個理想，這種成就多麼值得慶幸！

海德格對世界的關切，在二十一世紀值得讀者注意的，就是他對科技和環境兩方面的洞見。他一九五三年的演講〈技術的探問〉，指出科技不光是聰明器具的創製，它更顯示了人類存在的一些根本問題。因此我們要透過哲學方式而非技術方式來思考科技問題。如果只管問機器能做些什麼，怎樣最好地管理機器，或應該用它來做些什麼，那就不能瞭解我們的人生。他說，科技的本質，「並非科技問題」。[13]要恰當地探索這個問題，就要提出深刻得多的疑問：我們怎樣幹活？我們怎樣占用地球？我們相對於「存在」到底是什麼？

當然，海德格當時想到的只是打字機、膠卷放映機、舊式大型汽車和綜合收割機。很少存在主義者（或其他任何人）能預見電腦技術在我們生活中的角色，儘管德國作家弗里德里希·海涅曼（Friedrich Heinemann）一九五四年的著作《存在主義與現代的困境》（*Existentialism and the Modern Predicament*）就曾警告，即將來臨的「極速計算機器」會掀起一個「真正的存在景況問題」，那就是人類怎麼仍能維持自由。[14]

海涅曼說的正確不過。後來研究海德格的哲學家，特別是休伯特·德萊弗斯（Hubert Dreyfus）提到，網際網路是最能顯示技術是什麼一回事的技術創新。它的無限聯繫，導致整個世界變得可儲存、可取用，可是在此同時，它也使隱私和深度思考從世間被剔除。所有事物，尤其是人類自己，成為了一種資源，這是海德格曾提出警告的。[15]我們變成資源後，被交付別人手中，不光交到個別具體的人手中，更落在所謂「常人」手中；這個非人化的「常人」，我們跟他素未謀面，不知他身在何方。德萊弗斯是在二〇〇一年談到這種情況，自當時迄今，網際網路變得更具侵入性，更是無處不在，我們很難找到一個角度來徹底思考它：它是我們整天在呼吸的環境。我們肯定應該思考的是，我們在網上生活中是怎樣的存在物或要成為怎樣的存在物，而我們具備的、又或想要的是怎樣的一種「存在」。

也許幸運地，至今我們的電腦科技也往往在提醒我們，有些什麼是它不能做的，或至少目前還不能做的。電腦系統面對人類現實世界的豐富質感，它的探索能力表現差勁：它面對的是構成大部分人類經驗的一個複雜網絡，其中包括我們的知覺、活動、互動和期望；譬如當你走進一家咖啡館，四周張望在找你的朋友皮耳，就構成了這樣的一種複雜經驗。電腦甚至不怎麼能分辨一個視覺影像中哪部分是前景。換句話說，像德萊弗斯和其他人早就體認到的，電腦是差勁的現象學家。

這些任務對人類來說是容易的，因為我們自幼便涵泳於知覺和概念的複雜結構中。我們成長過程中沉浸在生活與種種關係形成的「無法參透的世間萬象」——這個概念來自佛斯特（E.M. Forster）一九〇九年具先見之明的科幻故事〈機器休止〉（The Machine Stops）。故事講述未來的人類住在地球表面以下隔絕的繭囊中。他們絕少面對面接觸，而是透過一種遙距視訊電話系統溝通。在澳洲一個繭囊裡的一個女人，可以跟她身在歐洲的兒子通話：他們在手持的一塊平板上看到對方的影像。但兒子抱怨：「我在平板上看到一些像你的東西，可是看不到你。我透過電話聽到一些像你的聲音，可是聽不到你。」那個幻影不能取代真實的「他者」。佛斯特在評語中說：「那無法參透的世間萬象，據備受質疑的哲學家指出，其實是人類互動的真正本質，然而那部機器置若罔聞。」[16]

經驗和溝通構成的「世間萬象」，正是我們的存在的深層奧祕：它使我們成為有意識、具形體而活著於世間的人。這也是現象學家和存在主義者花最多工夫研究的主題。他們要探索和捕捉「我們活出的經驗」，拒絕盲從種種觀念，像傳統哲學、心理學、馬克思主義、黑格爾哲學、結構主義，或其他任何主義或學科，拒絕讓我們的生活流失於這類解釋之中。

在這些思想家之中，最直接探索這種「世間萬象」的是梅洛龐蒂，我原來沒期望他有什麼很戲劇性的想法。然而他在《知覺現象學》中，卻盡其所能，對我們的經驗構建起最完整的描述，讓我們瞥見人類到底是什麼，人類怎樣從一刻到另一刻活下去：譬如一個戴著高帽的女子進入房間時怎樣低下身子閃避，又或一個男人站在窗前看著一根樹枝在鳥兒飛走後怎樣在振動著。梅洛龐蒂可說在這群思想家中留下了最久遠的知識遺產，尤其不可不提他對「具身認知」（embodied cognition）這門現代學科的直接影響，這種研究把意識看作一種整體的社會感知現象，而不是一系列抽象概念和過程。[17]梅洛龐蒂賦予哲學一個新方向，把一些原本在周邊的研究，包括對身體、知覺、童年、社會性的研究，集合起來放到現實生活的中心位置。如果我要在這個故事中選出一位英雄，那就是梅洛龐蒂，這位把事物還以本來面貌的快樂哲學家。

梅洛龐蒂在本能上體認到人類經驗的模稜兩可和複雜性，波娃在這方面跟他有共同看法。除了女性主義論著和小說，波娃在哲學著作中也同樣致力探究，代表自由和限制的兩種力量，怎樣在自我意識慢慢形成之際在人生中發揮作用。

這個主題引導著《第二性》和《模稜兩可的倫理學》，也貫串她多冊的自傳，其中她描述了她自己、沙特和數之不盡的朋友和同事，談到他們怎樣思考、行動、爭吵、結交、分手、發脾氣、展現激情，怎樣對世界作出回應。波娃的回憶錄使她成為二十世紀其中一位最偉大的知識分子言行記述者，也是其中一位最努力的現象學家。在她一頁一頁的著作中，可以窺見她總是在觀察自己的經驗，表達對活著的驚奇，對他人投以注視目光，飽覽她碰上的萬事萬物。

當我最初閱讀沙特和海德格，我並不認為哲學家的個性或生平細節是重要的，因為這是當時哲學界的正統信念，也因為我當時太年輕，沒有多大歷史感。我沉醉於概念，沒有考慮到它們跟事件、跟概念發明者人生的種種奇特資料，到底有什麼關係。結論是不用管人生，概念才是重點。

三十年之後，我獲得了相反的結論。概念是有趣的，但人物更是有趣得多。這就是為什麼，在所有存在主義著作中，我讀起來最不會厭倦的，就是波娃的自傳，它展現了人類的複雜性和世界變幻不定的本質。它給我們帶來存在主義咖啡館中的一切狂熱和活力，再加上「雲海之上硫磺色的天空、紫色的冬青樹、列寧格勒白色的夜晚、法國解放一刻的鐘聲、比雷埃夫斯港的橘色月亮、從沙漠升起的紅日」，以及所有其他精緻閃爍的生活萬象。世間萬象盡在於此，端看我們是否有幸能夠經驗它。

登場人物一覽

他們是誰？看這裡！

（按原文姓氏字母次序排列）

倪爾森・愛格林（Nelson Algren, 1909–1981）：《金臂人》（*The Man with the Golden Arm*）等美國犯罪小說的作者；波娃一九四七至一九五〇年間的情人（大多數時間是遠距離戀愛）。

漢娜・鄂蘭（Hannah Arendt, 1906–1975）：德國哲學家暨政治理論家，一九三三年後逃離德國定居美國；原先是海德格的學生，之後是情人；《平凡的邪惡：艾希曼耶路撒冷大審紀實》等書的作者。

雷蒙・阿宏（Raymond Aron, 1905–1983）：法國哲學家、社會學家暨政治新聞工作者；沙特的同學；一九三〇年代初在德國求學，把現象學的相關訊息告知朋友。

詹姆斯・鮑德溫（James Baldwin, 1924–1987）：美國小說家，並撰寫探索種族與性別議題的文章；一九四八年移居巴黎，此後大部分時間在法國度過。

赫塞爾・巴恩斯（Hazel Barnes, 1915–2008）：美國翻譯家及哲學論著作者，沙特《存在與虛無》英譯本（1956）的譯者。

威廉・白瑞德（William Barrett, 1913–1992）：把存在主義思想普及化的美國作家；《非理性的人》（1958）作者。

尚・波弗勒（Jean Beaufret, 1907–1982）：法國哲學家，曾與海德格通信並曾訪問他，把德國存在主義哲學普及化；他提出的問題促使海德格撰寫〈論人文主義書簡〉（1947）。

西蒙・波娃（Simone de Beauvoir, 1908–1986）：法國存在主義主要哲學家、小說家、女性主義者、劇作家、散文家、回憶錄作家和政治運動家。

雅克・洛宏・博斯（Jacques-Laurent Bost, 1916–1990）：法國新聞工作者；沙特的學生，《摩登時代》雜誌共同創辦人之一；與奧嘉・柯沙基維茲結婚，曾與波娃相戀。

克雷蒙斯・布倫塔諾（Franz Clemens Brentano, 1838–1917）：德國哲學家，曾是神職人員；研習心理學，率先探索「意向性」，這種理論後來成為現象學的基石。胡塞爾一八八四至八六年在維也納受業於他門下；他分析亞里斯多德如何使用「存在」一詞的博士論文啟發了海德格。

索妮亞・布朗奈爾（Sonia Brownell，婚後改姓歐威爾〔Orwell〕，1918–1980）：英格蘭新聞工作者，《地平線》雜誌助理編輯；曾與梅洛龐蒂有婚外情，後與小說家喬治・歐威爾結婚。

阿爾貝・卡繆（Albert Camus, 1913–1960）：在阿爾及利亞出生的法國小說家、散文家、短篇小說作家、劇作家和社會活動家。

恩斯特・卡西勒（Ernst Cassirer, 1874–1945）：德國哲學家暨思想史史學家，專精科學思想、康德和啟蒙運動的研究；一九二九年在瑞士達佛斯的會議上與海德格辯論。

尚・柯（Jean Cau, 1925–1993）：法國作家及新聞工作者；自一九四七年起擔任沙特的助理。

安—瑪麗・卡薩莉（Anne-Marie Cazalis, 1920–1988）：法國作家及演員；一九四〇年代末至一九五〇年代是巴黎聖哲曼德佩修道院地區的「存在主義文藝女神」之一。

費歐多爾・杜斯妥也夫斯基（Fyodor Dostoevsky, 1821–1881）：俄羅斯小說家，一般認為他是存在主義先驅。

休伯特・德萊弗斯（Hubert Dreyfus, 1929–）：美國哲學家，加州大學柏克萊校區（University of California, Berkeley）教授；研究海德格的專家，也論及科技和網際網路。

雅克・杜克洛（Jacques Duclos, 1896–1975）：一九五〇至五三年間法國共產黨的代理總書記；一九五二年被懷疑密謀以信鴿傳遞訊息而被捕。這起「信鴿陰謀」事件促使沙特的政治立場趨於極端化。

拉爾夫・艾里森（Ralph Ellison, 1914–1994）：美國作家，小說《隱形人》（1952）作者。

法蘭茲・法農（Frantz Fanon, 1925–1961）：生於法國海外省馬丁尼克的哲學家暨政治理論家；後殖民地及反殖民地政治著作的作者，主要著作有《大地的不幸者》（1961），沙特為該書作序。

歐伊根·芬克（Eugen Fink, 1905–1975）：胡塞爾在弗萊堡的同事及主要助理之一，後來在魯汶參與胡塞爾檔案館的工作。

漢斯·高達美（Hans-Georg Gadamer, 1900–2002）：德國哲學家，以詮釋學（hermeneutics）的研究最為著稱，曾短暫在弗萊堡受業於胡塞爾和海德格門下，並曾記錄兩人的軼事。

尚·惹內（Jean Genet, 1910–1986）：法國詩人、小說家暨自傳作家，曾是小偷、無業遊民及賣淫者；沙特主要著作《聖惹內》（1952）的主人公，該書原是為惹內著作所寫的序。

亞柏多·賈克梅第（Alberto Giacometti, 1901–1966）：義大利裔瑞士藝術家，以雕塑聞名；沙特和波娃的朋友，曾為沙特等人繪畫素描。

格倫·葛雷（J. Glenn Gray, 1913–1977）：美國哲學家，科羅拉多學院教授，海德格著作翻譯者；社會學研究論著《武士》（*The Warriors*）的作者，探討男性在戰爭中的角色。

茱麗葉·葛瑞科（Juliette Gréco, 1927–）：法國歌手暨演員；巴黎聖哲曼德佩修道院地區的「存在主義文藝女神」之一，梅洛龐蒂、沙特等人的朋友。

瓦茨拉夫·哈維爾（Václav Havel, 1936–2011）：捷克劇作家及異議分子；追隨帕托什卡研習現象學；一九八九至二〇〇三年間擔任捷克斯洛伐克及其後捷克共和國的總統。

黑格爾（G.W.F. Hegel, 1770–1831）：德國哲學家，大部分存在主義者受到他的《精神現象學》和辯證法理論影響。

愛弗利德・海德格（Elfride Heidegger，婚前姓氏為佩特里〔Petri〕，1893–1992）：馬丁・海德格的妻子；托德瑙堡鄉村小屋是她購買並設計的。

弗利茲・海德格（Fritz Heidegger, 1894–1980）：馬丁・海德格的弟弟，在梅斯基希銀行任職；為他哥哥的手稿打字，並嘗試勸告哥哥把句子寫得短一點。

馬丁・海德格（Martin Heidegger, 1889–1976）：德國哲學家，胡塞爾的門生；《存在與時間》及其他很多具影響力著作的作者。

弗里德里希・賀德林（Friedrich Hölderlin, 1770–1843）：海德格所仰慕並曾研究的德國詩人。

埃德蒙特・胡塞爾（Edmund Husserl, 1859–1938）：在捷克摩拉維亞德語區出生的哲學家；現象學開創者；海德格是他的弟子，但後來對他感到失望。

瑪爾維納・胡塞爾（Malvine Husserl，婚前姓氏為施泰因史耐德〔Steinschneider〕，1860–1950）：哲學家胡塞爾的妻子，亦出生於摩拉維亞；在一九三八年參與協調胡塞爾遺稿及文獻的搶救行動。

葛楚・雅斯培（Gertrud Jaspers，婚前姓氏為梅爾〔Mayer〕，1879–1974）：哲學家雅斯培的妻子，對丈夫的研究與寫作提供很多幫助。

卡爾・雅斯培（Karl Jaspers, 1883–1969）：德國存在主義哲學家、心理學家暨政治思想家，一直在海德堡大學任教，至一九四八年與妻子移居瑞士；鄂蘭的朋友，也跟海德格保持斷斷續續的朋友關係。

弗朗西斯・尚頌（Francis Jeanson, 1922–2009）：法國左翼哲學家，《摩登時代》雜誌的共同編輯；他一九五二年對卡繆《反抗者》一書所寫的批判性書評，觸發了卡繆和沙特之間的失和。

漢斯・尤納斯（Hans Jonas, 1903–1993）：德國哲學家，長居美國；曾是海德格的學生，著作涵蓋科技、環境保護主義等主題。

瓦爾特・考夫曼（Walter Kaufmann, 1921–1980）：德裔美國哲學家及哲學著作譯者，出生於弗萊堡；所編的《存在主義：從杜斯妥也夫斯基到沙特》（1956）廣受歡迎。

索倫・齊克果（Søren Kierkegaard, 1813–1855）：丹麥哲學家，存在主義思想先驅，特立獨行且有強烈宗教傾向，對後來的存在主義者影響深遠。

亞瑟・柯斯勒（Arthur Koestler, 1905–1983）：匈牙利小說家、回憶錄作者及散文家；沙特等人的朋友，後因政治問題而失和。

奧嘉・柯沙基維茲（Olga Kosakiewicz, 1915–1983）：演員，波娃的女門生，沙特的情人；與雅克・洛宏・博斯結婚。

汪達・柯沙基維茲（Wanda Kosakiewicz, 1917–1989）：演員，奧嘉的姊妹，沙特的情人。

維克多・克拉夫琴科（Victor Kravchenko, 1905–1966）：投奔美國的蘇聯變節者，《我選擇了自由》（1946）的作者，一九四九年該書在法國導致備受矚目的官司和爭議。

路德維希・朗德格雷貝（Ludwig Landgrebe, 1902–1991）：奧地利現象學家，在弗萊堡曾是胡塞爾的同事和助理，後來在魯汶參與胡塞爾檔案館的工作。

克勞德・朗茲曼（Claude Lanzmann, 1925–）：法國製片家，以長達九小時的納粹大屠殺紀錄片《浩劫》最廣為人知；波娃的情人，在一九五二至五九年間與她同居。

伊莉莎白・勒・況（Elisabeth Le Coin or Lacoin，1907–1929）：波娃的兒時朋友；曾短暫與梅洛龐蒂訂婚，二十一歲疑似因腦炎早逝。

昂利・列斐伏爾（Henri Lefebvre, 1901–1991）：法國馬克思主義理論家，對日常生活的社會學研究有興趣；最初對存在主義持批判觀點，後轉趨認同。

米歇爾・萊里斯（Michel Leiris, 1901–1990）：法國作家、民族誌學者及回憶錄作家；沙特和波娃的朋友；他的自傳風格對波娃撰寫《第二性》有所啟迪。

伊曼紐爾・列維納斯（Emmanuel Levinas, 1906–1995）：立陶宛猶太裔哲學家，長居法國；受業於胡塞爾和海德格，發展出很不一樣的存在主義哲學，以倫理學為基礎，凸顯與「他者」的關係。他的一本早期短篇著作是沙特一九三三年最初接觸現象學的啟蒙讀物。

克勞德・李維史陀（Claude Lévi-Strauss, 1908–2009）：法國結構主義人類學家；梅洛龐蒂的朋友，對現象學和存在主義有異議。

本尼・李維（Benny Lévy, 1945–2003）：哲學家和社會活動家；沙特的助理，與沙特合著備受爭議的系列訪問錄《此刻的希望》（1980）。

卡爾・勒夫特（Karl Löwith, 1897–1973）：德國哲學家暨思想史史學家，受業於海德格，並撰寫這段求學經驗的回憶錄。

盧卡奇（György Lukács, 1885–1971）：匈牙利馬克思主義者，經常對存在主義作出批判。

諾曼・梅勒（Norman Mailer, 1923–2007）：美國小說家，爭議性人物，曾打算以「存在主義黨」候選人名義參選紐約市長，但選戰開始前因刺傷自己的妻子而當屆並未參選。

加布里爾・馬賽爾（Gabriel Marcel, 1889–1973）：法國劇作家暨存在主義哲學家，有基督教背景。

赫伯特・馬庫色（Herbert Marcuse, 1898–1979）：哲學家暨社會理論家，與法蘭克福學派有關聯；曾是海德格的學生，二戰後對這位往日的老師提出嚴厲批評。

托馬斯・馬薩里克（Tomáš Masaryk, 1850–1937）：一九一八年起曾任四屆的捷克總統；胡塞爾年輕時的朋友，在維也納師從布倫塔諾，後來在布拉格參與協調胡塞爾手稿的搶救行動。

艾爾貝・蒙米（Albert Memmi, 1920–）：突尼亞西猶太裔小說家、散文家和後殖民社會理論家；《殖民者與被殖民者》（1957）的作者，沙特為這部一套兩冊的著作寫序。

莫里斯・梅洛龐蒂（Maurice Merleau-Ponty, 1908–1961）：法國現象學家暨散文家，專門研究知覺、身體與知覺的關係、童年發展以及個人與他人的關係；《知覺現象學》等著作的作者，在個人生涯不同階段曾撰寫論戰文章支持或反對共產主義。

馬克斯・穆勒（Max Müller, 1906–1994）：天主教背景的德國哲學家，曾在弗萊堡師從海德格，其後在當地成為教授；他曾記載一九三七年的一起軼事：當時他險遭納粹政權迫害，海德格卻未能保護他。

艾瑞斯・梅鐸（Iris Murdoch, 1919–1999）：愛爾蘭裔英國哲學家暨小說家，最早介紹沙特和存在主義哲學的英語作家之一，後來卻離棄了這種哲學，然而她晚年還在撰寫一部研究海德格的著作。

弗里德里希・尼采（Friedrich Nietzsche, 1844–1900）：德國哲學家暨古典語文學家，提出雛型的存在主義思想，並以發人深省的警句著稱，對後來的存在主義者頗有影響。

保羅・尼贊（Paul Nizan, 1905–1940）：法國馬克思主義小說家暨哲學家，沙特兒時的朋友；德國入侵法國之際在戰場陣亡。

楊・帕托什卡（Jan Pato ka, 1907–1977）：捷克現象學家暨政治理論家，曾受業於胡塞爾，把他的學說在布拉格廣為傳播，哈維爾也曾受他教誨；捷克異議者《七七憲章》的主要簽署人之一，他最後被政權迫害至死。

尚・波朗（Jean Paulhan, 1884–1968）：法國作家暨評論家，二戰期間在巴黎一帶公眾地方到處留下鼓吹拒與占領者合作的小詩。一九四五年參與創辦《摩登時代》雜誌，以長期擔任《新法國評論》（*Nouvelle revue française*）雜誌的主持人而廣為人知。

海因里希・維甘德・佩慈特（Heinrich Wiegand Petzet, 1909–1997）：德國作家，航運鉅子的

兒子，海德格的朋友，一九八三年對二人的友誼寫了詳細的回憶錄，名為《與海德格的交往和談話》（*Encounters and Dialogues with Martin Heidegger*）。

尚保羅．沙特（Jean-Paul Sartre, 1905–1980）：法國存在主義主要哲學家、小說家、傳記作家、劇作家、散文家、回憶錄作家暨政治運動家。

史蒂芬．史本德（Stephen Spender, 1909–1995）：英格蘭社會主義詩人暨日記作家；戰後在歐洲廣泛遊歷，在政治委身方面對沙特提出異議。

艾蒂特．許坦（Edith Stein, 1891–1942）：在波蘭弗羅茨瓦夫出生的哲學家；曾任胡塞爾的助理，後來辭職專注於同理心現象學研究，繼而從猶太教改信天主教，成為加爾默羅隱修會修女；在奧斯威辛集中營遇害。

歐利維爾．托德（Olivier Todd, 1929–）：法國傳記作家、回憶錄作家暨新聞工作者，沙特的朋友，卡繆傳記的作家。

弗瑞德力．德．托瓦涅奇（Frédéric de Towarnicki, 1920–2008）：出生於奧地利的法文翻譯家暨新聞工作者，一九四〇年代多次探訪海德格，並撰寫了對話紀錄。

赫曼．雷歐．范布雷達（Herman Leo Van Breda, 1911–1974）：方濟會修道士暨哲學家，一九三八年在弗萊堡自告奮勇擔任胡塞爾手稿及文獻搶救行動統籌者，其後在魯汶成立胡塞爾檔案館並參與管理多年。

鮑希斯．維昂（Boris Vian, 1920–1959）：法國爵士樂喇叭手及歌手、小說家、雞尾酒調製能手；巴黎聖哲曼德佩修道院地區戰後社交圈核心人物，存在主義者的朋友；他一九四七年的小說《泡沫人生》以友善的譏諷筆調描述了沙特和波娃。

蜜雪兒·維昂（Michelle Vian，婚前姓氏為麗格麗斯〔Léglise〕，1920–）：鮑希斯·維昂的第一任妻子，多年來是沙特交誼圈的成員之一。

西蒙·韋伊（Simone Weil, 1909–1943）：法國倫理學哲學家暨政治運動家；二戰期間在英國逝世，當時因為同情處於苦難中的人而拒絕進食並拒絕接受救援。

柯林·威爾森（Colin Wilson，1931–2013）：英格蘭小說家，「新存在主義」及文化史普及著作作家，一九五六年的《局外人》是他的成名作。

沃爾斯（Wols，本名為阿爾弗雷德·奧托·沃夫岡·舒茲，1913–1951）：德國畫家及攝影家，長居法國，存在主義者圈子部分成員的朋友；因酗酒引發的疾病而早逝。

李察·賴特（Richard Wright, 1908–1960）：美國作家，後長居巴黎；他的存在主義風格小說《局外人》（1953）描述美國黑人的生活。

謝辭

要不是有朋友和專家的慷慨鼓勵、忠告和幫助，本書恐怕仍然是一堆虛無之物，有些專家更成為了我的朋友。謹以此文，衷心感謝每一位曾參與的人。

特別感謝曾閱讀全部或部分原稿的人，他們為我指出新方向，又或把我從災難中拯救出來（任何仍然存在的災難性後果概與他們無關）：傑伊・伯恩斯坦（Jay Bernstein）、伊凡・綽迪克（Ivan Chvatík）、喬治・柯特金（George Cotkin）、羅伯特・傅雷沙（Robert Fraser）、彼得・摩爾（Peter Moore）、奈傑爾・華伯頓（Nigel Warburton）、喬納森・韋伯（Jonathan Webber）、馬丁・沃斯納（Martin Woessner）和羅伯特・札瑞斯基（Robert Zaretsky）。我還要感謝他們一邊閱讀原稿，一邊跟我展開連番暢快而富啟發性的對話。

我也要感謝另一些人透過友善的對話和良好的忠告，在關鍵之處幫了大忙：彼得・艾特頓（Peter Atterton）、安東尼・貝佛（Antony Beevor）、羅伯特・貝納斯柯尼（Robert Bernasconi）、柯斯提卡・布拉達坦（Costica Bradatan）、艾特米斯・庫柏（Artemis Cooper）、安東尼・葛特里布（Anthony Gottlieb）、羅諾德・赫曼（Ronald Hayman）、吉姆・賀特（Jim

Holt）、詹姆斯・米勒（James Miller）、莎拉・李奇蒙德（Sarah Richmond）、亞當・沙爾（Adam Sharr）和馬爾斯・索爾（Marci Shore）。

我特別感謝貝納斯柯尼和伯恩斯坦，我最初研讀哲學就是受了他們啟迪。我很幸運，在一九八〇年代，剛碰上他們在艾賽克斯大學協力創辦具挑戰性的跨學科課程。

我衷心感激瑪麗安・梅洛龐蒂，她慷慨地跟我分享她對父親的回憶。

本書的一部分，是我在紐約大學（NYU）紐約人文科學研究中心當駐校作家時寫成，我要謝謝該中心以及艾力克・班克斯（Eric Banks）和史蒂芬尼・史岱克（Stephanie Steiker），在那令人讚嘆、收穫甚豐的兩個月裡的熱情友好接待。

我完成本書其餘大部分內容，是在大英圖書館（British Library）、倫敦圖書館（London Library）、牛津大學的博德利圖書館（Bodleian Library）和巴黎的聖日內維耶圖書館（Bibliothèque Sainte-Geneviève）；感謝這些機構和它們的職員。感謝比利時魯汶的哲學研究中心暨胡塞爾檔案館的托瑪斯・汪傑爾（Thomas Vongehr）和烏瑞奇・梅勒（Ullrich Melle）。還有就是理論研究中心（CTS）暨帕托什卡檔案館，謝謝路德傑・哈格頓（Ludger Hagedorn），也再次謝謝伊凡・綽迪克。感謝京斯頓大學（University of Kingston）的凱蒂・賈爾斯（Katie Giles）協助查閱艾瑞斯・梅鐸的檔案資料，也感謝倫敦大學學院的丹・米徹爾（Dan Mitchell）協助查閱喬治・歐威爾的檔案。

對於富有洞見的編輯助力、友誼和往日不曾遇上的可貴忠告，我要感謝珍妮・烏格洛（Jenny Uglow），她幫助我在枝節中找到主幹。我又感謝查托與溫達斯出版社（Chatto & Windus）的克拉拉．法默（Clara Farmer）及所有同仁，特別是派瑞莎．艾布拉希米（Parisa Ebrahimi），她在整個出版過程中引導我，讓我不失清晰與優雅。我要感謝文字編輯大衛．米爾納（David Milner），也感謝西蒙妮．馬索尼（Simone Massoni）設計查托版本的封面。我還要感謝加拿大企鵝藍登書屋出版社（Penguin Random House）的安．柯林斯（Anne Collins）。美國方面，我特別感謝出版人茱迪絲．古瑞維奇（Judith Gurewich）無可比擬而振奮人心的協助——特別是在波士頓那些晴朗日子裡；我也要感謝愛特出版社（Other Press）的文字編輯奇南．麥克拉肯（Keenan McCracken）及所有同仁，並感謝安德瑞亞斯．古瑞維奇（Andreas Gurewich）設計封面。

對我的代理人索伊．華迪（Zoë Waldie）以及羅傑斯、柯立芝暨懷特出版代理人公司（Rogers, Coleridge & White）所有同仁不斷提供的支持和所表現的智慧，我也要表示感謝。我還感謝紐約的梅蘭尼．傑克森（Melanie Jackson），以及其他地方每一位協助出版的人。

最後，還要向兩方人士表示感謝：其一是我的父母珍（Jane）和雷伊．貝克威爾（Ray Bakewell），他們鼓勵我追求人生中感到好奇的事（並在我的「青少年存在主義」歲月裡對我諸多包容），謹以本書獻給他們。另外，一如既往，感謝西蒙妮塔．菲凱維楚尼（Simonetta Ficai-Veltroni），她在現象學和其他所有事情上不懈支持，而這才是剛開始而已。

注釋

注譯未列出的詳細出版資料，見〈參考書目〉；所引用著作若未注明譯本，均為本書作者的譯文。

縮寫：

ASAD: Beauvoir, *All Said and Done*（《回憶錄》第四冊）。

BN: Sartre, *Being and Nothingness*（Barnes 譯本）。

BT: Heidegger, *Being and Time*（Macquarrie & Robinson 譯本）。前面頁碼為譯本，後面頁碼為德文原版。

FOC: Beauvoir, *Force of Circumstance*（《回憶錄》第三冊）。

GA: Heidegger, *Gesamtausgabe*（《海德格全集》）。

MDD: Beauvoir, *Memoirs of a Dutiful Daughter*（《回憶錄》第一冊）。

PP: Merleau-Ponty, *Phenomenology of Perception*（Landes 譯本）。前面頁碼為譯本，後面頁碼為二〇〇五年法文版。

POL: Beauvoir, *The Prime of Life*（《回憶錄》第二冊）。

第一幕　先生，糟透了，存在主義！

1. 存在主義的源流：Walter Kaufmann, Existentialism from Dostoevsky to Sartre (1956) 追溯到聖奧古斯丁；Maurice Friedman, *The Worlds of Existentialism* (New York: Random House, 1964) 追溯到約伯、〈傳道書〉

作者和希臘古哲赫拉克利特。

2. 沙特後來認為他們喝的是啤酒，但他的記憶到了那個階段已不可靠：*Sartre By Himself*, 25–6。波娃說那是杏子雞尾酒：POL, 135，以下大部分敘述以此為根據。
3. Husserl, *Logical Investigations*, I, 252。部分由於海德格的緣故，「回歸事物本身！」這句話成為了一個口號，海德格把它稱為現象學的「格言」：BT, 50/27–8。
4. POL, 79。有關之前與現象學的接觸，見 Stephen Light, *Shūzō Kuki and Jean-Paul Sartre* (Carbondale & Edwardsville, IL: Southern Illinois University Press, 1987), 3–4; Rybalka's introduction, xi。
5. Sartre, 'La légende de la vérité', *Bifur*, 8 (June 1931)，撰稿人簡介提到沙特「正撰寫一部破舊立新的哲學著作」。另見 POL, 79; Hayman, *Writing Against*, 85。
6. *Sartre By Himself*, 26.
7. John Keats, 'On First Looking into Chapman's Homer', *The Complete Poems* (ed. John Barnard), 3rd edn (London: Penguin, 1988), 72。沙特所讀的是 Levinas, *La théorie de l'intuition dans la phénoménologie de Husserl* (Paris: Alcan, 1930)；後來的版本有英譯：A. Orianne (tr.), *The Theory of Intuition in Husserl's Phenomenology* (Evanston, IL: Northwestern University Press, 1995)。
8. MDD, 341.
9. Sartre, Existentialism and Humanism, 27.
10. FOC, 98.
11. 'Existentialism', Time (28 Jan. 1946), 16–17。有關這次演講，見 George Myerson, *Sartre's Existentialism Is a Humanism: a beginner's guide* (London: Hodder & Stoughton, 2002), xii–xiv; Cohen-Solal, Sartre, 249–52。
12. 可進一步參考 David Edmunds, *Would You Kill the Fat Man?* (Princeton: Princeton University Press, 2013)。
13. *Sartre, Existentialism and Humanism*, 39–43。類似情況也發生在沙特的朋友暨前學生雅克・洛宏・博斯身上，他對於應否參與西班牙內戰，在一九三七年尋求沙特的忠告：Thompson, *Sartre*, 36。在沙特的小說《延緩》中，主角面對這種兩難處境，就是以博斯的情況為根據。
14. Sartre, in *The Last Chance: Roads of Freedom* IV, 15（接受 C. Grisoli 訪問，原刊於 Paru, 13 Dec. 1945）。

15. Sartre, 'The End of the War', *The Aftermath of War* (Situations III), 65–75:65.

16. 關於禁書目錄，可見：J. M. De Bujanda, *Index des livres interdits, XI: Index librorum prohibitorum* (Geneva: Droz, 2002) 包括：Sartre, *opera omnia*, 808 (Decr. S. Off. 27-10-1948); Beauvoir, *Le deuxième sexe & Les Mandarins*, 116 (Decr. 27-06-1956)。另見 Thompson, *Sartre*, 78。

17. 引錄於 'Existentialism', Time (28 Jan. 1946), 16–17:17。

18. Cazalis, *Les mémoires d'une Anne*, 84.

19. Marcel, 'An Autobiographical Essay', 48.

20. POL, 534.

21. Contat & Rybalka (eds), *The Writings of Jean-Paul Sartre*, I: 149，引錄 Roger Troisfontaines, *Le choix de Jean-Paul Sartre*, 2nd edn, (Paris: Aubier, 1946)，所引錄的原是沙特一九四五年十月二十三日在布魯塞爾所說的話。

22. Grégoire Leménager, 'Ma vie avec Boris Vian (par Michelle Vian)', *Le nouvel observateur* (27 Oct. 2011).

23. Gréco, Je suis faite comme ça, 81.

24. POL, 504; Beauvoir, Wartime Diary, 166 (22 Nov. 1939).

25. Michelle Vian, *Manual of Saint-Germain-des-Prés*, 46, 48，引錄 Pierre Drouin, 'Tempète très parisienne', *Le Monde* (16–17, May 1948)；Robert de Thomasson, *Opéra* (Oct. 1947)。雅克・貝克（Jacques Becker）一九四九年精采的電影《七月的約會》（*Rendezvous de juillet*）中，可見到洛里昂夜總會裡的這種打扮。

26. FOC, 248–9.

27. Cohen-Solal, *Sartre*, 262.

28. 關於沙特唱歌，可見：MDD, 335；關於沙特模仿唐老鴨，可見：POL, 324。

29. Aron, Memoirs, 23; Violette Leduc, *Mad in Pursuit*, tr. Derek Coltman (London: R. Hart-Davis, 1971), 45–6; Sartre, 'The Paintings of Giacometti', in *Situations* [IV], 175–92:184.

30. John Gerassi, 'The Second Death of Jean-Paul Sartre', in W. L. McBride (ed.), *Sartre's Life, Times and Vision du monde* (New York & London: Garland, 1997), 217–23。波娃在一九八二年獲頒法國榮譽軍團勳章而拒

絕接受：Bair, *Simone de Beauvoir*, 606。

31. Cohen-Solal, *Sartre*, 142（引用沙特一九四〇年一月十五日的日記）。
32. M. Scriven, *Sartre's Existential Biographies* (London: Macmillan, 1984), 1.
33. 丹麥文全名為 *Afsluttende uviden skabelig Efterskrift til de philosophiske Smuler. Mimisk-pathetisk-dialektisk Sammenskrift, Existentielt Indlæg*。
34. Garff, *Søren Kierkegaard*, 313.
35. Kierkegaard, *Concluding Unscientific Postscript*, 261.
36. 同前引書，262。
37. 同前引書，265–6。
38. Kierkegaard, *The Concept of Anxiety*, 61.
39. *Sartre By Himself*, 16.
40. Friedrich Nietzsche, *Beyond Good and Evil*, tr. R. J. Hollingdale (London: Penguin, 2003), 37 (part 1, s. 6).
41. 'Martin Luther King Jr. Traces His Pilgrimage to Nonviolence', in Arthur and Lila Weinburg (eds), *Instead of Violence* (New York: Grossman, 1963), 71。金恩所閱讀的，包括沙特、雅斯培、海德格等，還有美國存在主義神學家田立刻。另見：Eugene Wolters, 'The Influence of Existentialism on Martin Luther King, Jr.', Critical Theory (8 Feb. 2015)，其中提到金恩的文章〈對非暴力朝聖〉（Pilgrimage to Nonviolence）以及金恩檔案資料中的筆記。
42. https://libcom.org/history/slogans-68.
43. Sartre, 'Self-Portrait at Seventy', *Sartre in the Seventies* (Situations X), 3–92:52.
44. 據波娃記述，莒哈絲喃喃自語道：「我對這種明星制度忍無可忍了。」，見 ASAD, 460–62; Cohen-Solal, *Sartre*, 462。
45. 'Enterrement de Sartre', https://www.youtube.com/watch?v=C9UoHWWd214。另見 Hayman, *Writing Against*, 439; Cohen-Solal, *Sartre*, 522–3; Lévy, Sartre, 2.
46. 引錄於 Ursula Tidd, *Simone de Beauvoir* (London: Routledge, 2003), 160.

47. Sartre, *Nausea*, 183–4.
48. Claude Lévi-Strauss, *Tristes Tropiques*, tr. J. & D. Weightman (London: Penguin, 1978), 71；法文原文見 *Tristes Tropiques* (Paris: Plon, 1955), 63.
49. Claude Lévi-Strauss, *The Savage Mind* (London: Weidenfeld & Nicolson, 1966), 247.
50. Michel Contat, Human, *All Too Human* (1999), episode 3: 'Jean-Paul Sartre: the road to freedom'（英國廣播公司〔BBC〕訪問系列）。
51. Merleau-Ponty, *The Visible and Invisible*, 119.
52. Murdoch, *The Sovereignty of Good* (London & New York: RKP, 2014), 46.
53. FOC, 46.

第二幕　回到事物本身

1. Martin S. Briggs, *Freiburg and the Black Forest* (London: John Miles, 1936), 21, 31.
2. Levinas, 'Freiburg, Husserl, and Phenomenology', *Discovering Existence with Husserl*, 32–46。列維納斯發現現象學的故事，參見他的訪問：Raoul Mortley, *French Philosophers in Conversation* (London & New York: Routledge, 1991), 11–23:11。
3. Sartre, *War Diaries*, 123.
4. 同前引書，184。
5. 來自往日一位同學的回憶，引錄於 Andrew D. Osborn, *The Philosophy of Edmund Husserl: in its development from his mathematical interests to his first conception of phenomenology in Logical Investigations* (New York: Columbia University/International Press, 1934), 11；另見 Spiegelberg, 'The Lost Portrait of Edmund Husserl', 342，引述胡塞爾女兒，並複製胡塞爾的畫像。
6. Gadamer, *Philosophical Apprenticeships*, 35，鐘錶匠的比擬引述自胡塞爾的朋友費歐多爾・史特潘（Fyodor Stepun）。
7. *A Representation of Edmund Husserl*，影片攝製者是 James L. Adams (1936)，可在網上觀看：http://

www.husserlpage.com/hus_imag.html：取材自下列機構的錄影帶：Center for Advanced Research in Phenomenology, Florida Atlantic University, Boca Raton, Florida, c.1991。

8. 胡塞爾向列維納斯講述這個故事，故事再傳到《胡塞爾文獻大全》（Hussserliana I:xxix）的編輯史特拉薩（S. Strasser）；後來複述故事的有 Karl Schuhmann, *Husserl-Chronik* (The Hague: Martinus Nijhoff, 1977), 2。胡塞爾的評語「我不免尋思……」是據波娃聽到的一個版本，記錄於她的日記：Beauvoir, *Wartime Diary*, 161 (18 Nov. 1939)。

9. Andrew D. Osborn, *The Philosophy of Edmund Husserl* (New York: Columbia University/International Press, 1934), 11.

10. Husserl, 'Recollections of Franz Brentano' (1919), *Shorter Works*, eds P. McCormick & F. Elliston (Notre Dame, IN: University of Notre Dame Press, 1981), 342–8。另見 T. Masaryk & K. Cˇapek, *President Masaryk Tells his Story* (London: G. Allen & Unwin, 1934), 104–5; Moran, *Introduction to Phenomenology*, 23–59.

11. Moran, *Introduction to Phenomenology*, 80–81; Kisiel & Sheehan, *Becoming Heidegger*, 360 (Husserl to Heidegger, 10 Sept. 1918), 401 (Husserl to Pfänder, 1 Jan. 1931).

12. Borden, Edith Stein, 5。「我要一直跟隨著他」：Stein, *Self-Portrait in Letters*, 6 (Stein to Roman Ingarden, 28 Jan. 1917)。

13. Dorion Cairns, *Conversations with Husserl and Fink*, ed. by the Husserl Archives in Louvain (The Hague: Martinus Nijhoff, 1976), 11 (13 Aug. 1931).

14. Husserl, *Ideas*, 39.

15. Moran, Husserl, 34，引錄並翻譯自葛達・華特（Gerda Walther）對一九一七年一個研討班的敘述，見 Walther, *Zum anderen Ufer* (Remagen: Reichl 1960), 212。與此不同，海德格比較喜歡喝茶，見 Walter Biemel, 'Erinnerungen an Heidegger', *Allgemeine Zeitschrift für Philosophie*, 2/1 (1977), 1–23:10-11。近年對咖啡的哲學思考，參見 Scott F. Parker & Michael W. Austin (eds), *Coffee: philosophy for everyone: grounds for debate* (Chichester: Wiley-Blackwell, 2011); David Robson, 'The Philosopher Who Studies the Experience of Coffee'（愛爾蘭都柏林三一學院的大衛・貝爾曼〔David Berman〕所做的訪問）BBC Future blog, 18 May 2015: http://www.bbc.com/future/story/20150517-what-coffee-says-about-your-mind。

16. 例子可參見 Thomas Clifton, *Music As Heard: a study in applied phenomenology* (New Haven & London: Yale University Press, 1983)。

17. Sacks, *A Leg to Stand On*, 91, 96。醫學與現象學，見 S. K. Toombs, *The Meaning of Illness: a phenomenological account of the different perspectives of physician and patient* (Dordrecht: Kluwer, 1992); Richard Zaner, *The Context of Self: a phenomenological inquiry using medicine as a clue* (Athens, OH: Ohio University Press, 1981)。現象學其他多方面的應用，見 Sebastian Luft & Søren Overgaard (eds), *The Routledge Companion to Phenomenology* (London & New York: Routledge, 2012)。

18. Jaspers, *Philosophy* I, 6–7 (1955 epilogue)，兩人的信都有引錄；另見 Kirkbright, *Karl Jaspers*, 68–9，引錄雅斯培對父母所說的話，一九二一年十月二十日。

19. Jaspers, *Philosophy of Existence*, 12.

20. Brentano, *Psychology from an Empirical Standpoint*, 88.

21. Sartre, 'A Fundamental notes Idea of Husserl's Phenomenology: intentionality', *Critical Essays* (Situations I) 40–6:42-3（原一九三九年出版）。

22. 沙特進一步發展對胡塞爾的分析，見 *The Transcendence of the Ego*, tr. A. Brown, foreword by S. Richmond (London: Routledge, 2004)（原在一九三四年刊於 *Recherches philosophiques*）。

23. Husserl, Cartesian Meditations, 2。另見 Paul S. MacDonald, *Descartes and Husserl: the philosophical project of radical beginnings* (Albany: SUNY Press, 2000)。

24. Husserl, *Cartesian Meditations*, 157.

25. Stein, *Self-Portrait in Letters*, 10–11 (Stein to Roman Ingarden, 20 Feb. 1917)；另見 Alasdair MacIntyre, *Edith Stein: a philosophical prologue* (London & New York: Continuum, 2006), 103–5。

26. Stein, *Self-Portrait in Letters*, 36 (Stein to Fritz Kaufmann, 8 Nov. 1919).

27. Stein, *On the Problem of Empathy*。她在一九一六年獲弗萊堡大學博士學位，論文於一九一七年在哈雷（Halle）出版。

28. Borden, *Edith Stein*, 6–10.

第三幕　來自梅斯基希的魔術師

1. BT, 19/1。引文來自 Plato, *The Sophist*, 244A，討論的是「存在」（to be）一詞的用法。海德格一九二四至二五年間在馬堡講授《智者篇》，修讀者有鄂蘭等人：見 Heidegger, *Plato's Sophist*, tr. R. Rojcewicz & A. Schuwer (Bloomington & Indianapolis: Indiana University Press, 1997)。
2. BT, 23/4; Heidegger, *Being and Time*, tr. Stambaugh, 3.
3. Gottfried von Leibniz, 'The Principles of Nature and Grace, Based on Reason' (1714), *Discourse on Metaphysics and Other Writings*, ed. P. Loptson, tr. R. Latta & G. R. Montgomery, rev. P. Loptson (Peterborough, ON: Broadview Press, 2012), 103–13:108-9.
4. Steiner, *Martin Heidegger*, 158.
5. 讚揚：BT, 62/38；獻書：BT, 5。
6. Heidegger, 'A Recollection (1957)', in Sheehan (ed.), *Heidegger: the man and the thinker*, 21–2:21。論文：Franz Brentano, *On the Several Senses of Being in Aristotle*, tr. Rolf George (Berkeley: University of California Press, 1973)。
7. 瑪麗生於一八九一年，長大後嫁給一個煙囪清潔工，一九五六年過世。有關她和海德格的母親，見 F. Schalow & A. Denker, *Historical Dictionary of Heidegger's Philosophy*, 2nd edn (London: Scarecrow, 2010), 134。弗利茲生於一八九四年。
8. Heidegger, 'Vom Geheimnis des Glockenturms', GA, 13 (*Aus der Erfahrung des Denkens*, 113–16)；另見 Heidegger, 'The Pathway', in Sheehan (ed.), *Heidegger: the man and the thinker*, 69–72:71; Safranski, *Martin Heidegger*, 7。其他早年記憶，見 Heidegger, 'My Way to Phenomenology', tr. Stambaugh, *On Time and Being*, 74–82。
9. 這一系列製品見 https://en.wikipedia.org/wiki/Cooper_ (profession)。
10. Heidegger, 'The Pathway', in Sheehan (ed.), *Heidegger: the man and the thinker*, 69–72:69.
11. Heidegger, *Letters to his Wife*, 5 (13 Dec. 1915).
12. 同前引書，5。

13. Löwith, *My Life in Germany*, 45.
14. 高達美的訪問見 Human, *All Too Human* (BBC, 1999), episode 2。
15. Safranski, *Martin Heidegger*, 25; Ott, *Heidegger*, 57.
16. Heidegger, *Letters to his Wife*, 317.
17. Kisiel & Sheehan, *Becoming Heidegger*, 357 (Husserl to Heidegger, 30 Jan. 1918).
18. 同前引書，359 (Husserl to Heidegger, 10 Sept. 1918)。
19. 同前引書，361 (Husserl to Heidegger, 10 Sept. 1918)。
20. 見 Ott, *Heidegger*, 181 (Husserl to Pfänder, 1 Jan. 1931)。
21. Jaspers, 'On Heidegger', 108–9.
22. Kisiel & Sheehan, *Becoming Heidegger*, 325 (Heidegger to Husserl, 22 Oct. 1927).
23. Ott, *Heidegger*, 125.
24. 見 Sharr, *Heidegger's Hut*；同一作者也談到海德格城裡的屋：Sharr, 'The Professor's House: Martin Heidegger's house in Freiburg-im-Breisgau', in Sarah Menin (ed.), Constructing Place: mind and matter (New York: Routledge, 2003), 130–4。
25. Arendt & Heidegger, *Letters*, 7 (Heidegger to Arendt, 21 March 1925).
26. Löwith, *My Life in Germany*, 45；另見 Petzet, Encounters and Dialogues, 12。高達美描述他穿滑雪服裝（在馬堡談滑雪的一次特別講課中），指出學生把他平常的服裝稱為「存在主義裝束」：Gadamer, Philosophical Apprenticeships, 49。
27. Löwith, My Life in Germany, 28.
28. Hans Jonas, 'Heidegger's resoluteness and resolve', in Neske & Kettering (eds), *Martin Heidegger and National Socialism*, 197–203:198（電台訪問）。
29. Gadamer, *Philosophical Apprenticeships*, 48.
30. Löwith, *My Life in Germany*, 44–5.

31. Arendt, 'Martin Heidegger at Eighty', in Murray (ed.), *Heidegger and Modern Philosophy*, 293–303:295-6.
32. Daniel Dennett & Asbjørn Steglich-Petersen, 'The Philosophical Lexicon', 2008 edn: http://www.philosophicallexicon.com.
33. Georg Picht, 'The Power of Thinking', in Neske & Kettering (eds), *Martin Heidegger and National Socialism*, 161–7:161, 165–6.
34. Arendt, 'Martin Heidegger at Eighty', in Murray (ed.), *Heidegger and Modern Philosophy*, 293–303.
35. Safranski, *Martin Heidegger*, 147，引述赫曼·莫爾遜的手稿〈紀錄〉（Aufzeichnungen）。
36. 見 Heidegger, Introduction to Metaphysics, 35。我的解釋主要參照這部經典之作：Magda King, *Guide to Heidegger's Being and Time*, 16。
37. BT, 26/6。英文並不像德文那樣能找到方便的兩個對應詞，有些譯者用 entity 一詞來指「存在物」，或用 Being/being（兩者用大小寫區別），Macquarrie & Robinson 譯本兼用這兩種區別法，Stambaugh 譯本則用 being/beings 區別，往往附上德文原文。
38. BT, 25/6; BT, 35/15.
39. BT, 71/45ff.
40. Heidegger, *Qu'est-ce que la métaphysique?*, tr. H. Corbin (Paris: Gallimard, 1938).
41. Günter Grass, *Dog Years*, tr. Ralph Manheim (London: Penguin, 1969), 324, 330.
42. Steiner, *Martin Heidegger*, 11.
43. 見 Safranski, *Martin Heidegger*, 155.
44. BT, 63/39.
45. Heidegger, *Being and Time*, tr. Stambaugh, 312/327; Heidegger, *Sein und Zeit*, 327.
46. Gertrude Stein, *The Making of Americans: being a history of a family's progress* (Normal, IL & London: Dalkey Archive Press, 1995).
47. 同前引書，373。

48. 同前引書，383。
49. 同前引書，349。見 Janet Malcolm, *Two Lives* (New Haven & London: Yale University Press, 2007), 126。（這部小說寫於一九〇二至一九一一年間，遠在海德格之前。）
50. BT, 37–8/16；另見 BT, 69/43。
51. BT, 78/52ff.
52. Heidegger, *Sein und Zeit*, 69；翻譯：BT, 98/69。
53. BT, 83–4/56–8.
54. BT, 97/68 把德文的 das Zeug 譯作「裝備」（equipment），我傾向於跟隨 Stambaugh 譯本譯作「有用的東西」：Heidegger, *Being and Time*, tr. Stambaugh, 68/68。
55. BT, 98–9/69–70。Stambaugh 譯本把「就手性」譯作 handiness：Heidegger, *Being and Time*, tr. Stambaugh, 69/69。
56. BT, 149/114.
57. Heidegger, Ontology: *the hermeneutics of facticity*, 69，引述於 Aho, *Existentialism*, 39。
58. BT, 149/114.
59. BT, 155/118.
60. BT, 154/118.
61. BT, 156–7/120.
62. BT, 154/118.
63. Safranski, *Martin Heidegger*, 155.
64. 'Husserl's Marginal Remarks in Martin Heidegger, Being and Time', in Husserl, *Psychological and Transcendental Phenomenology and the Confrontation with Heidegger* (1927–1931), 258–422（「但這是荒謬的」，見 1927 年版頁 12）, 419, 422（問號和驚嘆號，見 1927 年版頁 424, 437）。
65. 見 Sheehan, 'Husserl and Heidegger'（收錄於前引書，1–32）。「簡直荒唐」：Kisiel & Sheehan,

Becoming Heidegger, 402 (Husserl to Pfänder, 1 Jan. 1931)。

66. Kisiel & Sheehan, *Becoming Heidegger*, 372 (Heidegger to Löwith, 20 Feb. 1923).

67. Heidegger & Jaspers, *The Heidegger–Jaspers Correspondence*, 47 (Heidegger to Jaspers, 14 July 1923).

68. Husserl, "'Phenomenology'" (Draft B of the Encyclopaedia Britannica Article), with Heidegger's Letter to Husserl', in Kisiel & Sheehan, Becoming Heidegger, 304–28。包含不同草稿的更完整版本：Husserl, 'The Encyclopaedia Britannica article (1927–28)', in Husserl, *Psychological and Transcendental Phenomenology and the Confrontation with Heidegger* (1927–1931), 35–196，包括 Sheehan 的引言，談及兩人合作的故事。該詞條（C. V. Salmon 譯）刊印於 *Encyclopaedia Britannica*, 14th edn (London: Encyclopaedia Britannica Co., 1929)。

69. 見 Heidegger, *Letters to his Wife*, 108 (Martin to Elfride Heidegger, 5 Feb. 1927); Kisiel & Sheehan, *Becoming Heidegger*, 402 (Husserl to Pfänder, 1 Jan. 1931)。

70. Kisiel & Sheehan, *Becoming Heidegger*, 401–2 (Husserl to Pfänder, 1 Jan. 1931).

71. Heidegger, 'For Edmund Husserl on his Seventieth Birthday' (8 April 1929), tr. Sheehan, in Husserl, *Psychological and Transcendental Phenomenology and the Confrontation with Heidegger* (1927– 1931), 475–7:475。

72. Kisiel & Sheehan, *Becoming Heidegger*, 418–20。

73. Kisiel & Sheehan, *Becoming Heidegger*, 402 (Husserl to Pfänder, 1 Jan. 1931).

74. 弗里德里希・海涅曼（Friedrich Heinemann）一九三一年引述胡塞爾：「海德格行走於常識的層面上。」（bewegt sich in der die natürlichen Einstellung）。Heinemann, *Existentialism and the Modern Predicament*, 48。

75. Husserl, 'Phenomenology and Anthropology'（一九三一年六月的演講），見 Husserl, *Psychological and Transcendental Phenomenology and the Confrontation with Heidegger* (1927–1931), 485–500:485。

76. BT, 103/73; Heidegger, *Sein und Zeit*, 73.

77. Nicholson Baker, The *Mezzanine* (London: Granta, 1998), 13–14.

78. BT, 103–4/74; BT, 105/75.

79. Hugo von Hofmannsthal, 'The Letter of Lord Chandos', tr. Tania & James Stern, *The Whole Difference: selected writings*, ed. J. D. McClatchy (Princeton & Oxford: Princeton University Press, 2008), 69–79（原刊於 Der Tag, 18–19 Oct. 1902）。

80. ：譬如馬修・拉特克里夫（Matthew Ratcliffe）提到詹姆斯・梅爾頓（James Melton）的經驗，在他描述的憂鬱狀況下，他變得退縮，甚至不能弄清楚怎樣走到一張椅子旁坐下來，因為世界對他而言「喪失了令人自在的品質」：海德格或許會說，他對這樣的事物喪失了「關切」。參見 Melton 以下的敘述：Gail A. Hornstein, *Agnes's Jacket* (New York: Rodale, 2009), 212–13; Matthew Ratcliffe, 'Phenomenology as a Form of Empathy', *Inquiry* 55(5) (2012), 473–95。其他事例見：Oliver Sacks, *The Man Who Mistook his Wife for a Hat* (London: Picador, 2011)。

81. Safranski, *Martin Heidegger*, 185.

82. 會議在一九二九年三月十七日至四月六日舉行，約三百位學者和學生參與。見 Cassirer and Heidegger, Débat sur le Kantisme et la philosophie; Gordon, Continental Divide; Michael Friedman, A Parting of the Ways: *Carnap, Cassirer, and Heidegger* (Chicago & La Salle, IL: Open Court, 2000); Calvin O. Schrag, 'Heidegger and Cassirer on Kant', Kant-Studien 58 (1967), 87–100。另見 Heidegger, *Kant and the Problem of Metaphysics*, 5th edn, tr. R. Taft (Bloomington: Indiana University Press, 1997)。有關康德對胡塞爾和海德格的影響，見 Tom Rockmore, *Kant and Phenomenology* (Chicago & London: University of Chicago Press, 2011)。

83. F. Poirié, *Emmanuel Lévinas: qui êtes-vous?* (Paris: La Manufacture, 1987), 79.

84. Toni Cassirer, Mein Leben mit Ernst Cassirer (Hildesheim: Gerstenberg, 1981), 181–3, tr. Peter Collier in P. Bourdieu, The Political Ontology of Martin Heidegger (Cambridge: Polity, 1991), 48–9.

85. Gandillac, *Le siècle traversé*, 134。

86. Gordon, *Continental Divide*, 326–7，引述李察・蘇格曼（Richard Sugarman）的訪問，他在一九七三年

跟列維納斯談過此事。
87. Heidegger, 'What Is Metaphysics?', *Basic Writings*, 81–110:95.
88. 同前引書，109。（有關「怪異」，另見 BT, 233/188。）
89. 同前引書，112。
90. Petzet, *Encounters and Dialogues*, 12.
91. Kisiel & Sheehan, *Becoming Heidegger*, 398 (Husserl to Ingarden, 2 Dec. 1929); 403 (Husserl to Pfänder, 1 Jan. 1931).

第四幕　常人與內心呼召

1. Heidegger, *Letters to his Wife*, 55 (17 Oct. 1918).
2. Aron, *The Committed Observer*, 26.
3. Weil, 'The Situation in Germany', *Formative Writings*, 89–147（原刊於 L'ecole émancipée, 4 Dec. 1932 ~ 5 March 1933）.
4. 同前引書，106。
5. Haffner, *Defying Hitler*, 96.
6. POL, 146.
7. POL, 130.
8. POL, 153–4.
9. Sartre, 'Cahier Lutèce', Les mots et autres écrits autobiographiques, 907–35（一九五二至五四年間的 筆記）。
10. POL, 180, 184 (Feb.); POL, 191–6 (June).
11. POL, 147.
12. Jaspers, 'On Heidegger', 119.
13. POL, 180.

14. Haffner, *Defying Hitler*, 156; Fest, *Not* I, 42.
15. Bruno Bettelheim, *The Informed Heart* (Harmondsworth: Penguin, 1986), 268.
16. Haffner, *Defying Hitler*, 112, 126.
17. Arendt, *The Origins of Totalitarianism*, 317, 478.
18. Arendt, *Eichmann in Jerusalem: a report on the banality of evil.*
19. Arendt, *The Life of the Mind*, I, 5.
20. 英文翻作 *What Is Called Thinking?*
21. BT, 164/126.
22. BT, 165/127; Heidegger, *Being and Time*, tr. Stambaugh, 127/124.
23. BT, 313/268.
24. BT, 319/274.
25. BT, 321/276–7.
26. 引述於 Ott, *Heidegger*, 136。
27. Kisiel & Sheehan, *Becoming Heidegger*, 413 (Husserl to Dietrich Mahnke, 4–5 May 1933).
28. 記錄下來的只有海德格的答案，沒有鄂蘭的問題，見 Arendt and Heidegger, *Letters*, 52–3 (Heidegger to Arendt, 1932/3)。
29. 「黑色筆記」：Heidegger, *Überlegungen*, ed. Peter Trawny, GA, 94–6 (2014)，一般稱為「黑色筆記本」（Schwarze Hefte），包含一九三一至四一年的筆記，海德格希望刊載於全集之末。這些筆記令人產生很多疑問，見 Richard Wolin, 'National Socialism, World Jewry, and the History of Being: Heidegger's Black Notebooks', *Jewish Review of Books* (6 Jan. 2014); Peter Trawny, 'Heidegger et l'antisémitisme', *Le Monde* (22 Jan. 2014); Markus Gabriel, 'Der Nazi aus dem Hinterhalt', *Die Welt* (13 Aug. 2014); G. Fried, 'The King is Dead: Heidegger's "Black Notebooks"', *Los Angeles Review of Books* (13 Sept. 2014); Peter E. Gordon, 'Heidegger in Black', *New York Review of Books* (9 Oct. 2014), 26–8。筆記結集成書時較詳細的編輯評語，見 Peter Trawny, *Freedom to Fail: Heidegger's anarchy* (Cambridge: Polity, 2015)。筆記的刊行導致德國「馬

丁・海德格協會」主席鈞特・菲格爾（Günter Figal）在二〇一五年一月辭職，因為不想再作為海德格的代表。海德格親納粹的背景和證據，還有早得多的資料，見 Ott, Heidegger; Wolin (ed.), *The Heidegger Controversy*。

30. 校長就職演說：Heidegger, 'The Self-Assertion of the German University' (27 May 1933), tr. William S. Lewis, in Wolin (ed.), *The Heidegger Controversy*, 29–39。當時報紙的報導見 Guido Schneeberger, *Nachlese zu Heidegger: Dokumente zu seinem Leben und Denken* (Berne: Suhr, 1962), 49–57; Hans Sluga, *Heidegger's Crisis: philosophy and politics in Nazi Germany* (Cambridge, MA: Harvard University Press, 1993), 1–2。

31. Heidegger, 'Declaration of Support for Adolf Hitler and the National Socialist State', 11 Nov. 1933, tr. in Wolin (ed.), *The Heidegger Controversy*, 49–52:51.

32. Ott, Heidegger, 228–9，引錄海德格一九三三年九月二十二日致大學教員的信函。

33. 同前引書，176。

34. 信件上的日期是一九三三年四月二十九日。存留下來的信件只是轉錄本，見 Frédéric de Towarnicki, 'Visite à Martin Heidegger', *Les Temps modernes* (1 Jan. 1946), 717–24，tr. Kisiel & Sheehan, *Becoming Heidegger*, 411–12。

35. 胡塞爾的反應，見 Kisiel & Sheehan, 412–13 (Husserl to Dietrich Mahnke, 4–5 May 1933); Ott, *Heidegger*, 174–7。

36. Ott, *Heidegger*, 173.

37. Jaspers, *Philosophy* II, 178–9.

38. 同前引書，159, 335–6。

39. Gens, Karl Jaspers, 50，引錄葛楚一九六六年一月十日給鄂蘭的信。

40. 同前引書，24–7。

41. 同前引書，113–15。

42. Heidegger & Jaspers, *The Heidegger–Jaspers Correspondence*, 162 (Heidegger, draft letter to Jaspers, 6 Feb. 1949).

43. Arendt & Jaspers, *Hannah Arendt/Karl Jaspers Correspondence*, 29 (Arendt to Jaspers, 29 Jan. 1946).
44. Jaspers, *Philosophy II*, 100.
45. Gens, *Karl Jaspers*, 158; Heidegger & Jaspers, *The Heidegger–Jaspers Correspondence*, 39 (Jaspers to Heidegger, 6 Sept. 1922), 42 (Jaspers to Heidegger, 24 Nov. 1922).
46. Jaspers, 'On Heidegger', 110.
47. Heidegger & Jaspers, *The Heidegger–Jaspers Correspondence*, 40 (Heidegger to Jaspers, 19 Nov. 1922).
48. Jaspers, 'On Heidegger', 109.
49. Jaspers, 'On Heidegger', 111-14.
50. Jaspers, 'On Heidegger', 112.
51. Jaspers, 'On Heidegger', 117.
52. Jaspers, 'On Heidegger', 118.
53. Kirkbright, *Karl Jaspers*, 148，引錄葛楚一九三三年六月二十九日給父母的信。
54. Arendt & Jaspers, *Hannah Arendt/Karl Jaspers Correspondence*, 630 (Jaspers to Arendt, 9 March 1966).
55. Heidegger & Jaspers, *The Heidegger–Jaspers Correspondence*, 185 (Heidegger to Jaspers, 7 March 1950)
56. Arendt & Jaspers, *Hannah Arendt/Karl Jaspers Correspondence*, 630 (Jaspers to Arendt, 9 March 1966).
57. Heidegger & Jaspers, *The Heidegger–Jaspers correspondence*, 149 (Jaspers to Heidegger, 23 Aug. 1933).
58. Jaspers, 'On Heidegger', 118–20.
59. Bruno Bettelheim, *The Informed Heart* (Harmondsworth: Penguin, 1986), 258–63.
60. Gabriel Marcel, 'On the Ontological Mystery', in his *The Philosophy of Existence*, 1–31.
61. Gabriel Marcel, 'Conversations', in Marcel, *Tragic Wisdom and Beyond*, 217–56。他在別處的類似說法：*Men Against Humanity*, tr. G. S. Fraser (London: Harvill, 1952), 81–3。
62. BT, 39/17.
63. 「步向死亡的存在」（Sein zum Tode）: BT, 279/235。

64. BT, 351/304.

65. BT, 308/264.

66. Hans Jonas, 'Heidegger's resoluteness and resolve', in Neske & Kettering (eds), *Martin Heidegger and National Socialism*, 197–203:200-1.

67. Ott, *Heidegger*, 240–41，辭職信在頁 249 有引錄。

68. 同前引書，173, 178。

69. Heidegger, 'The Rectorate 1933/34: facts and thoughts', in Neske & Kettering (eds), *Martin Heidegger and National Socialism*, 15–32:30-32.

70. 同前引書，17。

71. Towarnicki, 'Le Chemin de Zähringen', 125.

72. Heidegger & Jaspers, *The Heidegger–Jaspers Correspondence*, 186 (Jaspers to Heidegger, 19 March 1950).

73. Farías, *Heidegger and Nazism*, 197–202，引述海德格一九三四年八月二十八日寫給威廉·史圖卡特（Wilhelm Stuckart）的信；另見 Safranski, *Martin Heidegger*, 279–81。

74. Löwith, *My Life in Germany*, 59–60.

75. Max Müller, 'Martin Heidegger: a philosopher and politics: a conversation', in Neske & Kettering (eds), *Martin Heidegger and National Socialism*, 175–95:189-90。（一九八五年五月一日接受本德·馬丁〔Bernd Martin〕和葛特弗利德·史藍〔Gottfried Schramm〕訪問。）

76. 海德格向納粹靠攏一開始就為人所知；沙特在一九四四年就已得知，戰後進駐德國的法國占領者也都知道。一九六二年一些相關文件結集出版，揭示更多資料：Guido Schneeburger, *Nachlese zu Heidegger*。當我在一九八〇年代初研究海德格，納粹問題並不太惹人注目，部分原因在於當時的主流看法認為，研究某人的哲學，人生和個性無關宏旨。情況在一九八七年改變過來，當時智利歷史學家維克多·法利亞斯（Victor Farías）的 *Heidegger y el Nazismo*（海德格與納粹）一書譴責海德格所有哲學都受到納粹汙染。所謂「海德格事件」引起熱議，尤其在法國，有人辯稱海德格的哲學不受他的政治觀點影響，也有人認同法利亞斯的看法。在德國觀察當時情勢的弗萊堡歷史學家雨果·歐特（Hugo

Ott）寫道：「在法國一片天空塌下來了——哲學家的天空。」（Rockmore, *Heidegger and French Philosophy*, 155）。歐特在一九九二年出版一書廣泛引述文獻引證海德格的納粹活動，包括來自弗萊堡市檔案的很多資料：*Martin Heidegger: unterwegs zu seiner Biographie*（海德格：政治生涯）。相關討論其後冷卻下來，至二〇〇五年再掀起新的「海德格事件」，當時伊曼紐爾・費伊（Emmanuel Faye）的《海德格》一書，從海德格一九三三至三四年的研討課程中找到進一步的親納粹證據，結論同樣認定他的哲學受到了汙染。更晚近的海德格事件在二〇一四年爆發，他一九三一至四六年的私人筆記出版（GA, 94–6），清楚顯示親納粹和反猶太觀點。

77. 舉例說，美國哲學家瑪喬莉・葛林（Marjorie Grene）一九三〇年代初曾聽海德格講課，並讀了他的《存在與時間》。六十年來她一直因為納粹問題而掙扎，然後她在一九九五年的《哲學證詞》（*Philosophical Testament*）一書指出，她也想過把海德格貶為無關重要的哲學家，卻沒法做到，因此決定保留海德格思想的基本部分，把它納入「更充分的框架」，而揚棄其餘部分：Marjorie Grene, *A Philosophical Testament* (Chicago & La Salle, IL: Open Court, 1995), 76–9。葛林的《海德格》一書（New York: Hillary House, 1957）是最早專門介紹海德格的英文書之一。

78. BT, 157–9/121–2.

79. Arendt & Jaspers, *Hannah Arendt/Karl Jaspers Correspondence*, 142 (Arendt to Jaspers, 29 Sept. 1949).

80. Sartre, 'A More Precise Characterization of Existentialism', in Contat & Rybalka (eds), *The Writings of Jean-Paul Sartre*, II, 155–60。沙特對人格的看法，見 Webber, *The Existentialism of Jean-Paul Sartre*。

81. Heidegger, *Introduction to Metaphysics*, 40.

82. Heidegger & Jaspers, The Heidegger–Jaspers Correspondence, 151 (Heidegger to Jaspers, 1 July 1935)。〈人類頌歌〉合唱來自 Sophocles, *Antigone* V, 332–75:332。海德格的德文版本是：Vielfältig das Unheimliche, nichts doch / über den Menschen hinaus Unheimlicheres ragend sich regt' (GA, 13, 35)。這些詩句可以更合乎傳統地解讀為「世間奇異的事很多，沒有比人更奇異的」（據 R. C. Jebb 英譯）或「很多事物都是可怕的，卻沒有比人更為可怕！」（據 Hugh Lloyd-Jones 英譯）。翻譯作「奇異」或「可怕」的，原文是 deinà (deinos)，也可解作「恐怖」；此詞也出現在海德格後來論述科技的著作中。海德格所翻譯的索福克里斯《安蒂岡妮》合唱部分，見 *Aus der Erfahrung des Denkens*, 35–6；他在一九四三

年自行把它付印，送給妻子作為生日禮物 (GA, 13, 246n)。

83. 這種詮釋最初在一九六三年由威廉・理查森（William J. Richardson）提出，他是一位傑出的美國學者，他認為海德格發生這種轉變之際，正身處「近似隔絕的景況中，在更新之後的黑森林隱居地裡，擔當一群本篤會修女的牧者」，見 William J. Richardson, 'An Unpurloined Autobiography', in James R. Watson (ed.), *Portraits of American Continental Philosophers* (Bloomington: Indiana University Press, 1999), 147，其中引述 Woessner, *Heidegger in America*, 200。參見 Richardson, *Heidegger: through phenomenology to thought*。理查森的詮釋後來普遍獲得接納，儘管也有異議，例如：Sheehan, *Making Sense of Heidegger: a paradigm shift*。

84. 拒絕柏林的職位，以及引文：Heidegger, 'Why Do I Stay in the Provinces?', in Sheehan (ed.), Heidegger: the man and the thinker, 27–30；另見編輯注釋（30n）。

85. Walter Biemel, 'Erinnerungen an Heidegger', *Allgemeine Zeitschrift für Philosophie*, 2/1 (1977), 1–23:14.

86. Heidegger, 'The Thinker as Poet', *Poetry, Language, Thought*, 1–14:9。這句話刻在托德瑙堡小屋一張木凳的標誌板上。

87. Hannah Arendt, 'What Remains? The Language Remains', in P. Baehr (ed.), *The Portable Hannah Arendt* (New York: Penguin, 2003), 3–22:5-6（鈞特・高斯〔Günter Gaus〕一九六四年十月二十八日在西德電視台〔West German TV〕的訪問）；Young-Bruehl, *Hannah Arendt*, 105–8。

88. Van Breda, 'Die Rettung von Husserls Nachlass und die Gründung des Husserl-Archivs – The Rescue of Husserl's Nachlass and the Founding of the Husserl-Archives', 47.

89. Max Müller, 'Martin Heidegger: a philosopher and politics: a conversation', in Neske & Kettering (eds), *Martin Heidegger and National Socialism*, 175–95:186（一九八五年五月一日的訪問）。

90. 'Lettre de M. le professeur Husserl: An den Präsidenten des VIII. internationalen Philosophen-Kongresses Herrn Professor Dr Rádl in Prag', in *Actes du huitième Congrès international de Philosophie à Prague* 2–7 septembre 1934 (Prague: Comité d'organisation du Congrès, 1936), xli-xlv.

91. Husserl, 'Vienna Lecture', *Crisis*, Appendix I, 269–99:290-99.

92. David Carr, 'Introduction', in Husserl, *Crisis*, xvii.
93. 胡塞爾最後的遺言：Ronald Bruzina, Edmund Husserl and Eugen Fink: beginnings and ends in phenomenology, 1928–1938 (New Haven: Yale University Press, 2004), 69，引述胡塞爾女兒伊莉莎白・胡塞爾・羅森堡（Elisabeth Husserl Rosenberg）的筆記。胡塞爾檔案文件中的 'Aufzeichnungen aus Gesprächen mit Edmund Husserl während seiner letzten Krankheit im Jahre 1938'。胡塞爾的病況，見 David Carr, 'Introduction', in Husserl, *Crisis*, xvii。
94. Malvine Husserl & Karl Schumann, 'Malvine Husserls "Skizze eines Lebensbildes von E. Husserl"', *Husserl Studies* 5(2) (1988), 105–25:118.
95. Van Breda, 'Die Rettung von Husserls Nachlass und die Gründung des Husserl-Archivs – The Rescue of Husserl's Nachlass and the Founding of the Husserl-Archives', 66.
96. 在一九八五年的訪問中，馬克斯・穆勒〔Max Müller〕回想海德格「沒有像系裡大部分同事一樣出席胡塞爾的喪禮，因為他病了」。Max Müller, 'Martin Heidegger: a philosopher and politics: a conversation', in Neske & Kettering (eds), *Martin Heidegger and National Socialism*, 175–95:187。

第五幕　啃嚼開花的杏樹

1. Merleau-Ponty, 'The Philosophy of Existence', *Texts and Dialogues*, 129–39.
2. POL, 201.
3. Wilson, *Dreaming to Some Purpose*, 234.
4. 沙特的嗑藥經驗：Sartre, 'Notes sur la prise de mescaline' (1935), *Les mots*, etc., 1,222–33; 另見 POL, 209–10; *Sartre By Himself*, 38。
5. Sartre, 'Foods', in Contat & Rybalka (eds), *The Writings of Jean- Paul Sartre*, II, 60–63.
6. Flynn, *Sartre: a philosophical biography*, 15.
7. 《憂鬱症》及其他手稿版本的歷史，可參考法國國家圖書館（Bibliothèque nationale）所藏資料，見 M. Contat, 'De "Melancholia" à La nausée: la normalisation NRF de la contingence' (21 Jan. 2007), at ITEM

8. (l'Institut des texts et manuscrits modernes): http://www.item.ens.fr/index. php?id=27113。（此為修訂版，原文刊於 Dix-neuf/ Vingt, 10 Oct. 2000）。
9. Sartre, *Nausea*, 9–10, 13, 19.
10. 同前引書，9。
11. 同前引書，190。
12. 同前引書，35–8。沙特寫道，那首歌是一個「女黑人」唱的，但喬治・柯特金（George Cotkin）指出唱那首歌的更有可能是猶太歌手蘇菲・圖克，這是她的招牌歌：Cotkin, *Existential America*, 162。
13. Sartre, *Nausea*, 252.
14. Sartre, *Words*, 95–6.
15. Sartre, 'The Childhood of a Leader', *Intimacy*, 130–220:138.
16. Gerassi, *Sartre*, 115（一九七一年四月二十三日的訪問）。
17. Sartre, *Words*, 101.
18. 引述於 Francis Steegmuller, *Maupassant: a lion in the path* (London: Macmillan, 1949), 60。
19. POL, 48.
20. POL, 244.
21. ASAD, 197.
22. Sartre, *Nausea*, 148.
23. BN, 628–9。有關如何翻譯 le visqueux（黏滯性），見 BN, 625n（注釋）。
24. Gabriel Marcel, 'Existence and Human Freedom', *The Philosophy of Existence*, 36.
25. 沙特和雅克・洛宏・博斯的對話，見 *Sartre By Himself*, 41–2。
Levinas, *On Escape*, 52, 56, 66–7。列維納斯後來進一步發展這個概念，見 Levinas, 'Il y a' (1946), *De l'existence à l'existant* (*Existence and Existents*) (1947)。他的朋友莫里斯・布蘭索（Maurice Blanchot）也使用這個概念。

26. Levinas, Ethics and Infinity, tr. R. Cohen (Pittsburgh: Duquesne University Press, 1985), 48（一九八一年二月至三月菲利普・尼莫〔Philippe Nemo〕所做的電台訪問）。
27. Levinas, *Existence and Existents*, 54.
28. Levinas, *On Escape*, 69, 73.
29. Jacques Rolland, 'Getting Out of Being by a New Path'，同前引書，3–48:15, 103n4；另見 Michael J. Brogan, 'Nausea and the Experience of the "il y a": Sartre and Levinas on brute existence', *Philosophy Today*, 45(2) (Summer 2001), 144–53。
30. Sartre, *War Diaries*, 183–4。他在戰時再讀海德格的著作，而且是讀德文原文。令人驚奇的是，《存在與時間》一直沒有完整法文譯本，直到一九八五年伊曼紐爾・馬騰諾（Emmanuel Martineau）自行出版他的譯本，接著法蘭斯瓦・弗贊（François Vezin）的譯本在一九八六年由伽利瑪出版社印行。見 Gary Gutting, *French Philosophy in the Twentieth Century* (Cambridge: CUP, 2001), 106n。
31. Levinas, *On Escape*, 73.
32. Sartre, *Witness to My Life*, 16 (Sartre to Simone Jollivet, 1926).
33. Beauvoir, 'Literature and Metaphysics', *Philosophical Writings*, 275.
34. POL, 106.
35. *Sartre By Himself*, 41.
36. Cohen-Solal, *Sartre*, 116.
37. Beauvoir, *She Came to Stay*, 164.
38. 引錄於 Merleau-Ponty, 'Metaphysics and the Novel', *Sense and Non-Sense*, 26–40:26。
39. POL, 365.
40. Sartre, *War Diaries*, 83–5.
41. MDD, 344.
42. Moi, *Simone de Beauvoir*, 49.

43. Beauvoir, *Cahiers de jeunesse*, 362 (29 June 1927).
44. MDD, 246–8.
45. Emmanuelle Garcia, 'Maurice Merleau-Ponty: vie et oeuvre', in Merleau-Ponty, *OEuvres*, 27–99:30，引述喬治．沙邦涅（Georges Charbonnier）一九五九年五月二十二日的電台訪問。梅洛龐蒂的快樂童年波娃也有提及：MDD, 246; FOC, 70。
46. Sartre, *The Family Idiot*, I, 141.
47. Beauvoir, *Cahiers de jeunesse*, 388 (29 July 1927).
48. MDD, 246–8.
49. MDD, 260.
50. Beauvoir, *Cahiers de jeunesse*, 648 (12 May 1929).
51. Lacoin, *Zaza*, 223; MDD, 248。要瞭解整個故事，可看相關書信，收錄於 Lacoin, *Zaza*, esp. 357, 363, 369。
52. Bair, *Simone de Beauvoir*, 151–3; MDD, 359–60.
53. Sartre, *Words*, 66.
54. *Sartre By Himself*, 20.
55. MDD, 336.
56. POL, 77.
57. POL, 23.
58. Beauvoir, *Beloved Chicago Man*, 212 (Beauvoir to Algren, 8 Aug. 1948).
59. Todd, Un fils rebelle, 117; Bair, *Simone de Beauvoir*, 172.
60. POL, 22.
61. POL, 63.
62. Beauvoir, *Adieux*, 316.

63. MDD, 7.
64. FOC, 245.
65. POL, 89–90.
66. POL, 217–18.
67. POL, 93.
68. POL, 301.
69. BN, 475–7.
70. BN, 602–5, esp. 605（滑水）。
71. Sartre, *War Diaries*, 251.
72. 同前引書，244。
73. Sartre, 'Self-Portrait at Seventy', *Sartre in the Seventies* (Situations X), 3–92:68.
74. Bair, *Simone de Beauvoir*, 183.
75. POL, 19.
76. POL, 61.
77. Lanzmann, *The Patagonian Hare*, 265; Beauvoir, *She Came to Stay*, 17（波娃在這部小說中賦予主角法蘭瓦絲這種衝動）。
78. Alice Schwarzer, *Simone de Beauvoir: conversations 1972–1982*, tr. M. Howarth (London: Chatto & Windus/Hogarth, 1984), 110.
79. Madeleine Gobeil & Claude Lanzmann 採訪，Max Cacopardo 導播，Radio Canada TV 製作，一九六七年八月十五日。

第六幕　我不想吃掉我的手稿

1. David Schalk, *Roger Martin du Gard* (Ithaca: Cornell University Press, 1967), 139n.，引述一九三六年九月

九日一封信，以及一部小說中類似的字句。另見 Weber, The Hollow Years, 19。

2. POL, 358.
3. David Gascoyne, *Paris Journal 1937–1939* (London: The Enitharmon Press, 1978), 62, 71.
4. George Orwell, *Coming Up for Air* (London: Penguin, 1989)（原一九三九年出版），21, 157。
5. 沙特承認吳爾芙和帕索斯的影響，見 Sartre, 'Please Insert 1: 1945', *The Last Chance: Roads of Freedom IV*, 22–3:23。
6. Sartre, *The Reprieve*, 192, 232.
7. 同前引書，277。
8. Sartre, *War Diaries*, 185.
9. Josef Novák, *On Masaryk* (Amsterdam: Rodopi, 1988), 145.
10. 胡塞爾妻子與手稿搶救行動：所有相關行動，見 Van Breda, 'Die Rettung von Husserls Nachlass und die Gründung des Husserl-Archivs – The Rescue of Husserl's Nachlass and the Founding of the Husserl-Archives', 39–69。
11. 沙特的小說《延緩》，結尾就是達拉第下機時說了這句話：Sartre, *Le Sursis* (Paris: Gallimard, 1945), 350; Sartre, *The Reprieve*, 377。
12. POL, 336.
13. Ronald Bruzina, *Edmund Husserl and Eugen Fink* (New Haven: Yale University Press, 2004), 522; Bruzina 'Eugen Fink and Maurice Merleau-Ponty', in Toadvine & Embree (eds), *Merleau-Ponty's Reading of Husserl*, 173–200:175.
14. Husserl, 'Recollections of Franz Brentano' (1919), *Shorter Works*, eds P. McCormick & F. Elliston (Notre Dame, IN: University of Notre Dame Press, 1981), 342–48; Spiegelberg, 'The Lost Portrait of Edmund Husserl', 341–2。（胡塞爾的女兒把畫像掛在她弗萊堡公寓的牆上，那裡還有畫像的照片，後來用來重構畫像：見 Spiegelberg 一文的圖片。）

15. J. C. M. Brentano, 'The Manuscripts of Franz Brentano', *Revue internationale de philosophie*, 20 (1966), 477–82:479。（本文作者是布倫塔諾的兒子。）

16. Husserl-Archiv Leuven, *Geschichte des Husserl-Archivs* (History of the Husserl Archives) 以及網上資料 http://hiw.kuleuven.be/hua/；《胡塞爾文獻大全》各冊內容，見 http://www. husserlpage.com/hus_iana.html。

17. Van Breda, 'Merleau-Ponty and the Husserl Archives at Louvain', in Merleau-Ponty, *Texts and Dialogues*, 150–61。另見 Bruzina, 'Eugen Fink and Maurice Merleau-Ponty', in Toadvine & Embree (eds), *Merleau-Ponty's Reading of Husserl*, 173–200:175；本書整體有助瞭解梅洛龐蒂與胡塞爾思想的關係。

18. Husserl, Crisis, 123–4；另見 D. Moran, *Husserl's Crisis of the European Sciences and Transcendental Phenomenology: an introduction* (Cambridge & New York: CUP, 2012), 178–217。胡塞爾的分析跟馬克斯・韋伯（Max Weber）、威廉・托馬斯（W.I. Thomas）和阿爾弗雷德・舒茨（Alfred Schulz）等社會學家的分析有很多共通之處；舒茨後來寫了一篇很有說服力的文章，談到一個人以陌生人身分到了外國，個人「世界」會出現什麼干擾，這方面的經驗，部分來自他本人作為逃避納粹的流亡者的親身經歷，見 Alfred Schutz, 'The Stranger: an essay in social psychology', *American Journal of Sociology*, 49(6) (May 1944), 499–507。胡塞爾也可能受到宇克斯庫爾的影響，這位動物行為學家描述了各種動物經驗的不同「環境」；比方說，在一隻狗的世界中，嗅覺感官很豐富，顏色卻不然，見 J. von Uexküll, *Theoretical Biology* (London: Kegan Paul, 1926)。

19. Husserl, *Crisis*, 107–8; 161–4.

20. 同前引書，331–2。

21. Husserl, 'The Vienna Lecture', in *Crisis* (Appendix I), 269–99.

22. Marcel, 'On the Ontological Mystery', in his *The Philosophy of Existence*, 27.

23. Dan Zahavi, 'Merleau-Ponty on Husserl: a reappraisal', in Toadvine & Embree (eds), *Merleau-Ponty's Reading of Husserl*, 3–29，引述胡塞爾寫給阿多夫・格林默（Adolf Grimme）的信，可見於 Husserl, ed. Iso Kern, *Zur Phänomenologie der Intersubjektivität* (Husserliana XV) (1973), lxvi。

24. Safranski, *Martin Heidegger*, 78.

25. POL, 359.
26. POL, 372.
27. Koestler, *Scum of the Earth*, 21.
28. POL, 375; Beauvoir, *Wartime Diary*, 39 (1 Sept. 1939).
29. Van Breda, 'Merleau-Ponty and the Husserl Archives at Louvain', in Merleau-Ponty, *Texts and Dialogues*, 150–61.
30. Van Breda, 'Die Rettung von Husserls Nachlass und die Gründung des Husserl-Archivs – The Rescue of Husserl's Nachlass and the Founding of the Husserl-Archives', 66.
31. Spiegelberg, 'The Lost Portrait of Edmund Husserl', 342.
32. Borden, *Edith Stein*, 13–15.
33. 同前引書，16。
34. 'Die heilige Nazi-Gegnerin', *Süddeutsche Zeitung* (17 May 2010).
35. Van Breda, 'Die Rettung von Husserls Nachlass und die Gründung des Husserl-Archivs – The Rescue of Husserl's Nachlass and the Founding of the Husserl-Archives', 66.
36. Herbert Spiegelberg, *The Context of the Phenomenological Movement* (The Hague: Martinus Nijhoff, 1981), 192n.10，引述他女兒伊莉莎白・胡塞爾・羅森堡的資料。

第七幕　從淪陷到解放

1. Beauvoir, *Wartime Diary*, 42–3 (3 Sept. 1939).
2. 同前引書，43–6 (3 Sept. 1939)。
3. 同前引書，58 (11 Sept. 1939)。
4. Koestler, *Scum of the Earth*, 40.
5. Camus, *Notebooks 1935–1942*, 170 (March 1940).

6. 同前引書，176 (1940)。
7. Beauvoir, *Adieux*, 387–8.
8. Sartre, *Quiet Moments in a War*, 97 (Sartre to Beauvoir, 6 March 1940).
9. Sartre, *Witness to My Life*, 312 (Sartre to Beauvoir, 24 Oct. 1939).
10. Beauvoir, *Wartime Diary*, 153 (14 Nov. 1939); Sartre, *Witness to My Life*, 409 (Sartre to Beauvoir, 15 Dec. 1939).
11. Beauvoir, *Wartime Diary*, 295 (30 June 1940).
12. Merleau-Ponty, 'The War Has Taken Place', *Sense and Non-Sense*, 139–52:141.
13. Aron, *The Committed Observer*, 66.
14. Emmanuelle Garcia, 'Maurice Merleau-Ponty: vie et oeuvre', in Merleau-Ponty, *OEuvres*, 27–99:43-44.
15. Beauvoir, *Wartime* Diary, 272–6 (10 June 1940).
16. 同前引書，290。
17. Guéhenno, *Diary of the Dark Years*, 51 (7 Jan. 1941).
18. Beauvoir, *Wartime Diary*, 288 (30 June 1940).
19. POL, 464.
20. POL, 511.
21. POL, 474.
22. POL, 504.
23. Beauvoir, *Wartime Diary*, 166 (22 Nov. 1939).
24. POL, 504.
25. POL, 465.
26. Beauvoir, *Wartime Diary*, 304 (6 July 1940); POL, 468–9; Beauvoir, *Ethics of Ambiguity*, 159.

27. Sartre, *War Diaries*, 187 (1 Feb. 1940); Sartre, 'Cahier Lutèce', *Les mots*, etc., 914; Cohen-Solal, *Sartre*, 153.
28. Sartre, *Quiet Moments in a War*, 234 (Sartre to Beauvoir, 22 July 1940).
29. 同前引書，234。
30. Sartre, 'Self-Portrait at Seventy', *Sartre in the Seventies* (Situations X), 3–92:3.
31. Sartre, *War Diaries*, 17 (17 Nov. 1939).
32. Cohen-Solal, *Sartre*, 159.
33. Sartre, 'The Paintings of Giacometti', *Situations* [IV], 177–92:178.
34. POL, 479–80.
35. POL, 503–4.
36. Cohen-Solal, *Sartre*, 166.
37. Sartre, 'Merleau-Ponty', *Situations* [IV], 225–326:231.
38. Paulhan, 'Slogans des jours sombres', *Le Figaro littéraire* (27 April 1946); Corpet & Paulhan, *Collaboration and Resistance*, 266.
39. Guéhenno, *Diary of the Dark Years*, 101 (17 July 1941).
40. Cohen-Solal, *Sartre*, 164; Bair, *Simone de Beauvoir*, 251–2; Sartre, 'Merleau-Ponty', *Situations* [IV], 225–326:231.
41. 從梅洛龐蒂女兒瑪麗安私人對話得知。
42. POL, 490–91.
43. Lévy, *Sartre*, 291–2.
44. POL, 491.
45. 495–6; 505.
46. Sartre, 'Paris Under the Occupation', *The Aftermath of War* (*Situations III*), 8–40:11（原刊於《自由法國》〔*La France libre*〕雜誌，一九四五年）。

47. Guéhenno, *Diary of the Dark Years*, 195 (22 Feb. 1943).
48. Merleau-Ponty, 'The War Has Taken Place', *Sense and Non-Sense*, 139–52:141-2.
49. POL, 512, 525.
50. Sartre, 'Paris Under the Occupation', *The Aftermath of War* (*Situations III*), 8–40:15-16.
51. POL, 535.
52. James Baldwin, 'Equal in Paris', *The Price of the Ticket*, 113–26:114.
53. POL, 579–80; Beauvoir, *Adieux*, 272.
54. POL, 539.
55. POL, 561.
56. FOC, 61.
57. 二〇一三年發現的一封由卡繆寫給沙特的短信，確認了他們早年的友誼有多溫厚：Grégoire Leménager, 'Camus inédit: "Mon cher Sartre" sort de l'ombre', *Le nouvel observateur* (8 Aug. 2013)。
58. 見卡繆的自傳式小說《第一人》：*The First Man*, 55; Todd, *Camus*, 5–6。
59. Camus, *The First Man*, 158.
60. Camus, *Notebooks 1935–1942*, 3 (May 1935).
61. Camus, 'Three Interviews', *Lyrical and Critical Essays*, 349–57:352（一九五一年五月十日接受《新文學》〔Les nouvelles littéraires〕雜誌的蓋布里埃・多巴瑞德〔Gabriel d'Aubarède〕訪問）。
62. Camus, *The Outsider*, 48, 51, 53.
63. 同前引書，111。寫作這部小說的靈感，也來自卡繆一九三七年中歐遊歷的經驗，當時他由於語言不通，也不曉得該怎麼反應，而陷入迷惘；見 Camus, *Notebooks 1935–1942*, 45。
64. Camus, 'Preface' (1955), *The Myth of Sisyphus*, 7。另見 David Carroll, 'Rethinking the Absurd: le mythe de Sisyphe', in E. J. Hughes (ed.), *The Cambridge Companion to Camus* (Cambridge: CUP, 2007), 53–66。
65. Homer, *Odyssey*, Book XI, 593–600.

66. Camus, *Myth of Sisyphus*, 19.
67. 同前引書，11-13。
68. 同前引書，111。
69. Kierkegaard, *Fear and Trembling*, 45.
70. Sartre, 'The Outsider Explained', *Critical Essays*, 148–84。沙特的例子是橄欖球，我把它調整過來，因為考慮到卡繆本人踢足球。
71. William Barrett, 'Talent and Career of Jean-Paul Sartre', *Partisan Review*, 13 (1946), 237–46:244.
72. BN, 48.
73. Gabriel Marcel, 'Existence and Human Freedom', *The Philosophy of Existence*, 61.
74. BN, 33–4.
75. BN, 35
76. 這個笑話見 www.workjoke.com/philosophers-jokes.html。
77. BN, 48.
78. BN, 53, 56.
79. BN, 56–7.
80. BN, 61–2.
81. BN, 63.
82. BN, 82.
83. Chesterton, 'The Queer Feet', *The Annotated Innocence of Father Brown* (Oxford & NY: OUP, 1988), 64–83.
84. Sartre, 'The Childhood of a Leader', *Intimacy*, 130–220:216.
85. BN, 503.
86. Sartre, *Existentialism and Humanism*, 48.
87. BN, 501.

88. BN, 574.
89. Beauvoir, *Adieux*, 184.
90. Hayman, *Writing Against*, 198，引述的評論見於 Paris-Soir (15 June 1943)。
91. Beauvoir, 'Pyrrhus and Cineas', *Philosophical Writings*, 77–150.
92. 同前引書，97–8:90。
93. POL, 579.
94. POL, 598.
95. POL, 595-6.
96. Camus, 'Neither Victims Nor Executioners', 24–43.
97. Beauvoir, 'An Eye for an Eye', *Philosophical Writings*, 237–60.
98. Alice Kaplan, *The Collaborator* (Chicago & London: University of Chicago Press, 2000).
99. Sartre, 'Self-Portrait at Seventy', *Sartre in the Seventies* (Situations X), 3–92:48.
100. BN, 645; Sartre, *Notebooks for an Ethics*, tr. D. Pellauer (Chicago & London: University of Chicago Press, 1992) (Cahiers pour une morale, 1983)
101. Merleau-Ponty, 'The War Has Taken Place', *Sense and Non-Sense*, 139–52:147.
102. Sartre, *What Is Literature? and Other Essays* (Cambridge, MA: Harvard University Press, 1988), 184。要看沙特如何成為這個時代一位強而有力的知識分子，見 Patrick Baert, *The Existentialist Moment* (Cambridge: Polity, 2015)。
103. FOC, 56.
104. FOC, 22.
105. Vian, *Manual of Saint-Germain-des-Prés*, 141.
106. POL, 244.
107. 一些片段在一九四九年刊登於《摩登時代》，然後加上未發表的手稿結集成第四冊，取名《最後的機會》（*La dernière chance*）。有關沙特聲稱最後一冊會解決自由的謎題，見 Michel Contat, 'General Introduction for Roads of Freedom', in Sartre, *The Last Chance: Roads of Freedom IV*, 177–97，引述本文作者對沙特的訪問，見於 L'express (17 Sept. 1959)；本文也引述了一九七四年一次未發表的訪問，其中沙特提到，波娃的小說《達官貴人》就是「我在一九五〇年代所預見的《自由之路》的真正結局，但它提出的是另一種觀點」。

108. J. Glenn Gray, *The Warriors: reflections on men in battle* (Lincoln, NE: University of Nebraska Press, 1998), 19–22（原一九五九年出版）。

109. Marcel, 'Testimony and Existentialism', *The Philosophy of Existence*, 67–76（文中「地下鐵」重新改為「地鐵」）。

110. FOC, 93.

111. Vian, *Manual of Saint-Germain-des-Prés*.

112. 同前引書，141。

113. Gréco, *Je suis faite comme ça*, 98–9.

114. Gréco, *Jujube*, 129; Cazalis, *Les mémoires d'une Anne*, 125.

115. Gréco, *Je suis faite comme ça*, 73.

116. Horace McCoy, *They Shoot Horses, Don't They?*，原一九三五年出版，翻譯為 *On achève bien les chevaux* (Paris: Gallimard, 1946)。

117. Sartre, 'On John Dos Passos and 1919', *Critical Essays* (Situations I), 13–31:30; Sartre, 'American Novelists in French Eyes', *Atlantic Monthly* (Aug. 1946); Beauvoir, 'An American Renaissance in France', in her '*The Useless Mouths' and Other Literary Writings*, 107–12。另見 Richard Lehan, *A Dangerous Crossing: French literary existentialism and the modern American novel* (Carbondale & Edwardsville, IL: Southern Illinois University Press; London & Amsterdam: Feffer & Simons, 1973)。

118. James Sallis, 'Introduction', Vian, *I Spit on Your Graves*, v–vi.

119. Sartre, 'A Sadness Composed of Fatigue and Boredom Weighs on American Factory Workers', *We Have Only This Life to Live: the selected essays of Jean-Paul Sartre 1939–1975*, eds Ronald Aronson & Adrian Van den Hoven (New York: NYRB, 2013), 108。原刊於《戰鬥報》（一九四五年六月十二日）。後來據悉美國聯邦調查局緊密監視來訪的新聞從業員，注意有沒有親共產黨的表現或其他惹麻煩的舉動，見Cohen-Solal, Sartre, 242–3。

120. Lionel Abel, 'Sartre Remembered', in Robert Wilcocks (ed.), *Critical Essays on Jean-Paul Sartre* (Boston: G. K. Hall, 1988), 13–33:15.

121. 舉例說，見Camus, 'Death in the Soul', *Lyrical and Critical Essays*, 40–51，其中描述在布拉格停留時陷入迷惘。

122. Camus, 'The Rains of New York', *Lyrical and Critical Essays*, 182–6:184.

123. Camus, *American Journals*, 42–3.

124. Beauvoir, *America Day By Day*, 25。為了讓美國讀者看看他們在一位陌生人眼中是怎樣的，波娃也寫了'An Existentialist Looks at Americans', *New York Times Magazine* (25 May 1947)，收錄於她的*Philosophical Writings*, 299–316。

125. Beauvoir, *America Day By Day*, 36, 214.

126. FOC, 25.

127. Sartre, 'Return from the United States' (tr. T. Denean Sharpley-Whiting), in Gordon (ed.), Existence in Black, 83–9（原一九四五年六月十六日刊於《費加洛報》）。

128. Beauvoir, *America Day By Day*, 1999, 44–5.

129. Gréco, *Je suis faite comme ça*, 135.

130. Michel Fabre, *Richard Wright: books and writers* (Jackson & London: University Press of Mississippi, 1990), 141（引述一九四七年八月五日的日記）。另見Cotkin, *Existential America*, 162。

131. Rowley, *Richard Wright*, 328-9.

132. 同前引書，336。

133. 'Existentialism', *Time* (28 Jan. 1946), 16–17.

134. New Yorker, 23 (22 Feb. 1947), 19–20。美國人在這段時間裡對存在主義的一般接納程度，見 Fulton, *Apostles of Sartre; Cotkin, Existential America*, 105–33。

135. *Partisan Review*, 13 (1946); Cotkin, *Existential America*, 109; Cohen-Solal, *Sartre*, 271.

136. Jean Wahl, 'Existentialism: a preface', *New Republic* (1 Oct. 1945), 442–4.

137. Paul F. Jennings, 'Thingness of Things', *Spectator* (23 April 1948); *New York Times Magazine* (13 June 1948); Cotkin, *Existential America*, 102–3.

138. William Barrett, 'Talent and Career of Jean-Paul Sartre', *Partisan Review*, 13 (1946), 237–46; Cotkin, *Existential America*, 120–23.

139. F. W. Dupee, 'An International Episode', *Partisan Review*, 13 (1946), 259–63:263.

140. Bernard Frizell, 'Existentialism: post-war Paris enthrones a bleak philosophy of pessimism', *Life* (7 June 1946); John Lackey Brown, 'Paris, 1946: its three war philosophies', *New York Times* (1 Sept. 1946); Fulton, *Apostles of Sartre*, 29.

141. Rowley, *Richard Wright*, 246, 326–7.

142. Arendt, 'French Existentialism' & 'What Is Existenz Philosophy?', in Arendt, *Essays in Understanding*, 163–87, 188–93。兩文原分別刊於 Partisan Review, 13 (1) (1946) & Nation, 162 (23 Feb. 1946)。另見 Walter Kaufmann, 'The Reception of Existentialism in the United States', *Salmagundi*, 10–11, 'The Legacy of the German Refugee Intellectuals' (Fall 1969–Winter 1970)。

第八幕　衰頹破敗

1. Spender, 'Rhineland Journal', *New Selected Journals*, 34 (July 1945)（原刊於 Horizon, Dec. 1945）。

2. Victor Sebestyén, *1946: the making of the modern world* (London: Macmillan, 2014), esp. 38.

3. 約一千二百五十萬至一千三百五十萬德裔人士從其他歐洲國家被驅逐或面臨驅逐威脅，見 Werner Sollors, *The Temptation of Despair: tales of the 1940s* (Cambridge, MA & London: Belknap/Harvard University Press, 2014), 119。
4. 見 Keith Lowe, *Savage Continent: Europe in the aftermath of World War II* (London: Viking, 2012)。
5. Petzet, *Encounters and Dialogues*, 193–5:194、45.
6. 同前引書，193–5:194，翻譯柯默瑞爾一九四一年造訪的描述。
7. Safranski, *Martin Heidegger*, 8.
8. Ott, *Heidegger*, 371.
9. Heidegger, *Letters to his Wife*, 188 (Martin to Elfride Heidegger, 15 April 1945).
10. 論賀德林的著作，見 Heidegger, *Elucidations of Hölderlin's Poetry*。
11. 整個避難經歷，見 Ott, *Heidegger*, 302–5。
12. Heidegger, 'Evening Conversation: in a prisoner of war camp in Russia, between a younger and an older man', *Country Path Conversations*, 132–60:132-3.
13. 同前引書，136。
14. 同前引書，138–9。
15. 同前引書，140。
16. 所有敘述來自托瓦涅奇，見 Towarnicki, 'Le Chemin de Zähringen', 87–90，包括托瓦涅奇所轉寫及翻譯的索福克里斯劇作合唱部分，同前引書，91–4。
17. Safranski, *Martin Heidegger*, 351.
18. 相關日期見 Heidegger, Letters to his Wife, 191（首封信件日期是一九四六年二月十七日）。探望他的人，包括昔日的老師康拉德．葛洛伯（Conrad Gröber），他發覺海德格陷於孤立，來訪者還有托瓦涅奇（Towarnicki, *À la rencontre de Heidegger*, 197n.）。照顧海德格的有精神科醫師維克多．馮葛布沙特（Viktor Emil Freiherr von Gebsattel）等人。

19. Heidegger, *Letters to his Wife*, 194 (Martin to Elfride Heidegger, 15 March 1946)：另見本書編者（Gertrude Heidegger）注釋，191。
20. Heidegger & Jaspers, *The Heidegger–Jaspers Correspondence*, 165 (Heidegger to Jaspers, 5 July 1949).
21. Schimanski, 'Foreword', in Heidegger, *Existence and Being*, 2nd edn (London: Vision, 1956), 9–11
22. Heidegger, 'The Question Concerning Technology', *The Question Concerning Technology and Other Essays*, 3–35:12-15.
23. 同前引書，15。
24. 同前引書，16–17。
25. 同前引書，17。
26. 同前引書，27。
27. 同前引書，18。
28. 同前引書，28。他引錄賀德林的頌歌〈派特摩斯島〉（Patmos），原文：'Wo aber Gafahr ist, wächst / Das Rettende auch.' 全詩見 Friedrich Hölderlin, *Selected Poems and Fragments*, tr. M. Hamburger, ed. J. Adler (London: Penguin, 1998), 230–31。
29. Heidegger, 'The Question Concerning Technology', *The Question Concerning Technology and Other Essays*, 3–35:32.
30. Petzet, *Encounters and Dialogues*, 75.
31. Heidegger, 'The Origin of the Work of Art', *Poetry, Language, Thought*, 15–88:31。本文在一九三五和一九三七年起草，一九五〇年收錄於《林中路》出版。
32. Heidegger, 'Letter on Humanism', *Basic Writings*, 213–65:260。這句話來自賀德林晚期詩作 'In lieblicher Blaue'（在可愛的藍色中）, *Hymns and Fragments*, tr. R. Sieburth (Princeton: Princeton University Press, 1984), 248–53。
33. Heidegger, *Introduction to Metaphysics*, 219.
34. Cosmos, by C. Sagan, A. Druyan & S. Soter (PBS, 1980), episode 1: 'The Shores of the Cosmic Ocean'.

35. Merleau-Ponty, 'Cézanne's Doubt', *Sense and Non-Sense*, 9–25:17.

36. R. Wolin, 'National Socialism, World Jewry, and the History of Being: Heidegger's Black Notebooks', *Jewish Review of Books* (6 January 2014); Rockmore, Heidegger and French Philosophy; Karsten Harries, 'The Antinomy of Being: Heidegger's critique of humanism', in Crowell (ed.), *The Cambridge Companion to Existentialism*, 178–98; Mikel Dufrenne, *Pour l'homme* (Paris: Éditions du Seuil, 1968); L. Ferry & A. Renaut, *French Philosophy of the Sixties*, tr. M. H. S. Cartani (Amherst, MA: University of Massachusetts Press, 1990).

37. Heidegger, 'The Origin of the Work of Art', *Poetry, Language*, Thought, 15–88:33-4.

38. Meyer Schapiro, 'The Still Life as a Personal Object: a note on Heidegger and Van Gogh' (1968); Schapiro, 'Further Notes on Heidegger and Van Gogh' (1994), *Theory and Philosophy of Art* (New York: G. Braziller, 1994), 135–42, 143–51, esp. 136–8（鞋子是梵谷的）, 145（引述同學法蘭斯瓦・高斯（François Gauzi）談到梵谷在巴黎的跳蚤市場購買舊鞋子：「那是運貨馬車夫的鞋子，可是乾淨而剛擦亮過，是一雙花俏的鞋子。某天下午雨後，梵谷把它穿上，到外面沿著城堡散步。沾上了泥土，鞋子變得很有趣。」薩皮洛又引述海德格該文一九六〇年版的腳注（頁 150），表示不確定鞋子是誰的。詳見 Lesley Chamberlain, *A Shoe Story: Van Gogh, the philosophers and the West* (Chelmsford: Harbour, 2014), esp. 102–28。

39. Heidegger, 'The Origin of the Work of Art', *Poetry, Language, Thought*, 15–88:42；更多對建築的看法，見 Heidegger, 'Building, Dwelling, Thinking'，同前引書，145–61; Adam Sharr, *Heidegger for Architects* (New York: Routledge, 2007)。

40. Jaspers, *Philosophy of Existence*, 12.

41. Heidegger, 'Letter on Humanism', *Basic Writings*, 213–65:259,262.

42. Gadamer, *Philosophical Apprenticeships*, 156.

43. Arendt & Jaspers, *Hannah Arendt/ Karl Jaspers Correspondence*, 142 (Arendt to Jaspers, 29 Sept. 1949).

44. Herbert Marcuse & Martin Heidegger, 'An Exchange of Letters', in Wolin (ed.), *The Heidegger Controversy*, 152–64:161 (Marcuse to Heidegger, 28 Aug. 1947, tr. Wolin); Wolin, *Heidegger's Children*, 134–72.

45. 同前引書，163 (Heidegger to Marcuse, 20 Jan. 1948, tr. Wolin)。
46. Jacques Derrida, 'Heidegger's Silence: excerpts from a talk given on 5 February 1988', in Neske & Kettering (eds), *Martin Heidegger and National Socialism*, 145–8:147-8.
47. Herbert Marcuse and Martin Heidegger, 'An Exchange of Letters', in Wolin (ed.), *The Heidegger Controversy*, 152–64:163 (Heidegger to Marcuse, 20 Jan. 1948, tr. Wolin).
48. 同前引書，164 (Marcuse to Heidegger, 12 May 1948, tr. Wolin)。
49. Mark W. Clark, *Beyond Catastrophe: German intellectuals and cultural renewal after World War II*, 1945–1955 (Lanham, MD & Oxford: Lexington, 2006), 52.
50. 同前引書，72。
51. Ott, *Heidegger*, 32，引述雅斯培評估海德格的報告（一九四五年十二月二十二日）。
52. Jaspers, *The Question of German Guilt*, 63.
53. 同前引書，71。
54. 同前引書，19。
55. Heidegger & Jaspers, *The Heidegger–Jaspers Correspondence*, 169 (Jaspers to Heidegger, 6 Aug. 1949)。海德格寄給雅斯培的著作可能包括〈論人文主義書簡〉，其中有「存在的寓所」一語。
56. Heidegger & Jaspers, *The Heidegger–Jaspers Correspondence*, 190 (Heidegger to Jaspers, 8 April 1950)。「成己」（Ereignis）是海德格這段時期裡最愛用的概念之一，例子可見 Heidegger, *Introduction to Metaphysics*, 5–6; Heidegger, *Contributions to Philosophy* (From Enowning) (Bloomington: Indiana University Press, 1999)。
57. Heidegger & Jaspers, *The Heidegger–Jaspers Correspondence*, 197 (Jaspers to Heidegger, 24 July 1952).
58. 同前引書，186 (Jaspers to Heidegger, 19 March 1950)。
59. Petzet, *Encounters and Dialogues*, 65–6，引述 Stroomann, *Aus meinem roten Notizbuch*。史楚曼一直是海德格的朋友，後來專精治療「經理病」（manager sickness），見 Josef Müller-Marein, 'Der Arzt von Bühlerhöhe', *Die Zeit* (18 April 1957)。

60. Petzet, *Encounters and Dialogues*, 75.
61. Calvin O. Schrag, 'Karl Jaspers on his Own Philosophy', in his *Doing Philosophy with Others* (West Lafayette: Purdue University Press, 2010), 13–16:14.
62. Arendt & Jaspers, *Hannah Arendt/Karl Jaspers Correspondence*, 630 (Jaspers to Arendt, 9 March 1966).
63. Ott. *Heidegger*, 26–7.
64. Heidegger & Jaspers, *The Heidegger–Jaspers Correspondence*, 199 (Heidegger to Jaspers, 19 Feb. 1953).
65. 同前引書，200 (Jaspers to Heidegger, 3 April 1953)。
66. 同前引書，202 (Jaspers to Heidegger, 22 Sept. 1959)。
67. Lescourret, *Emmanuel Levinas*, 120; Malka, *Emmanuel Levinas*, 67（另見頁 262 有關遭受奚落，這裡引述了跟列維納斯兒子麥可〔Michael〕的對話）。
68. Malka, *Emmanuel Levinas*, 238–9.
69. Lescourret, *Emmanuel Levinas*, 126–7; Malka, *Emmanuel Levinas*, 80.
70. Malka, *Emmanuel Levinas*, 70–71; Lescourret, *Emmanuel Levinas*, 120–23.
71. Levinas, 'Preface', *Existence and Existents*, xxvii; Lescourret, *Emmanuel Levinas*, 127; Colin Davis, Levinas, *an Introduction* (Cambridge: Polity, 1996), 17.
72. Levinas, *Existence and Existents*, 1.
73. 同前引書，4。
74. Levinas, 'The Name of a Dog, or Natural Rights', *Difficult Freedom: essays in Judaism*, tr. S. Hand (London: Athlone Press, 1990), 152–3.
75. Martin Buber, *I and Thou*, tr. R. G. Smith, 2nd edn (London & NY: Continuum, 2004), 15.
76. Levinas, *Existence and Existents*, 97–9。他對「臉孔」最初的主要討論，見一九四六至四七年間的講課〈時間與他者〉（Time and the Other），收錄於 Levinas, *Time and the Other, and Additional Essays*, tr. Richard A. Cohen (Pittsburgh: Duquesne University Press, 1987), 39–94。叫人一直弄不清楚的是，最初引出臉孔話

題的是狗，但列維納斯是否相信，他所說的具倫理作用的臉孔必須是人的臉孔。當訪問者問他這個問題，他聽起來很生氣：「我不知道蛇有沒有臉孔。我不能回答這個問題。」見 Peter Atterton & Matthew Calarco (eds), *Animal Philosophy* (London & New York: Continuum, 2004), 49，其中引述 'The Paradox of Morality: an interview with Emmanuel Levinas' (by T. Wright, P. Hughes, A. Ainley), in Robert Bernasconi & David Wood (eds), *The Provocation of Levinas* (London: Routledge, 1988), 168–80:171。

77. Malka, *Emmanuel Levinas*, 240.

78. 同前引書，238，引述與列維納斯女兒的一段對話。列維納斯的訪問紀錄可以佐證。

79. 她一九三四年在一家工廠工作，那是為有軌電車和地鐵列車製造電氣零件的。見 Weil, 'Factory Journal', in *Formative Writings*, 149–226; Gray, *Simone Weil*, 83。

80. 同前引書，166。

81. Simone Weil, *The Need for Roots* (London: Routledge & Kegan Paul, 1952), 1–5.

82. Marcel, 'On the Ontological Mystery', *The Philosophy of Existence*, 8–9.

83. Marcel, 'An Essay in Autobiography'，同前引書，90–91。

84. Marcel, 'On the Ontological Mystery'，同前引書，8–9。

85. Sartre, *Nausea*, 173；另見沙特另一早期著作 'Visages' (1939), in Contat & Rybalka (eds), *Writings of Jean-Paul Sartre*, II, 67–71。

86. BN, 431。類似說法見 Sartre, *Anti- Semite and Jew*, tr. G. J. Becker (New York: Schocken, 1948), 55。

87. Towarnicki, 'Le Chemin de Zähringen', 30。波弗勒的五篇文章一九四五年刊於《匯流》（*Confluences*）雜誌。托瓦涅奇的探訪：Towarnicki, 'Visite à Martin Heidegger', in *Les Temps modernes* (1 Jan. 1946), 717–24。波弗勒和法國人這個時期對海德格的接納程度，見 Kleinberg, *Generation Existential*, 157–206; Rockmore, *Heidegger and French Philosophy*。

88. Towarnicki, 'Le Chemin de Zähringen', 37.

89. 同前引書，47–8。

90. 同前引書，30（沙特），37（卡繆）。

91. 同前引書，56–8。

92. 同前引書，61–3。

93. Wolin, *Heidegger's Children*, 88，翻譯托瓦涅奇轉交的信，見 Towarnicki, 'Le Chemin de Zähringen', 83–5 (Heidegger to Sartre, 28 Oct. 1945)。

94. 德雷弗斯一九八七年在英國廣播公司（BBC）《大哲學家》（*The Great Philosophers*）電視系列的訪問中向主持人布萊恩・馬基（Bryan Magee）講了這個故事，見 'Husserl, Heidegger and Modern Existentialism', in Bryan Magee, *The Great Philosophers* (Oxford: OUP, 1987), 253–77:275。

95. 本文在後存在主義法國哲學中發揮很大影響。海德格這些方面在法國的接納程度，見 Janicaud, *Heidegger en France*。

96. Wolin, *Heidegger's Children*, 88.

97. Towarnicki, 'Le Chemin de Zähringen', 63; BN, 602–5.

98. Max Müller, 'Martin Heidegger: a philosopher and politics: a conversation', in Neske & Kettering (eds), *Martin Heidegger and National Socialism*, 175–95:192.

99. FOC, 153–4; Beauvoir, *Beloved Chicago Man*, 155–63 (Beauvoir to Algren, 31 Jan.–1 Feb. 1948)。沙特也可能在沒那麼公開的情況下在一九四七年前去柏林：歷史學家姚阿辛・菲斯特（Joachim Fest）指出曾在夏洛騰堡（Charlottenburg）的一個私人公寓中見過他（Fest, Not I, 265）。《群蠅》曾於一九四七年在德國的法國管治區內公演，見 Lusset, 'Un episode de l'histoire . . .', 94。

100. Sartre, *Verger*, 2 (June 1947)，引錄於 Lusset, 'Un episode de l'histoire . . .', 95。

101. Beauvoir, *Beloved Chicago Man*, 158 (Beauvoir to Algren, 31 Jan.–1 Feb. 1948).

102. Lusset, 'Un episode de l'histoire . . .', 93–4.

103. 沙特一九七九年接受訪問，見 Rupert Neudeck, 'Man muss für sich selbst und für die anderen leben', *Merkur* (Dec. 1979)。

104. 這場辯論的報導見 *Der Spiegel* (7 Feb. 1948)。另見 Lusset, 'Un episode de l'histoire . . .', 91–103; 'Jean-Paul

Sartre à Berlin: discussion autour des Mouches', *Verger*, I (5) (1948) 109–23。相關文件收集於 http://www.sartre.ch/Verger.pdf。

105. W. G. Sebald, *On the Natural History of Destruction*, tr. A. Bell (London: Hamish Hamilton, 2003), 35，描述漢堡的情況並引述 Hans Erich Nossack, *Interview mit dem Tode*, 238。

106. FOC, 300.

107. FOC, 301; Petzet, *Encounters and Dialogues*, 81–2。佩慈特說兩人用德語交談。

108. FOC, 301。馬賽爾的《弗洛雷斯坦的尺度》一九五三年十月十七日廣播，後翻譯為德文，題為《守衛存在》（Die Wacht am Sein），影射德國愛國頌歌〈守衛萊恩〉（Die Wacht am Rhein）。見 Marcel, 'Postface', La dimension Florestan (Paris: Plon, 1958), 159–62，其中馬賽爾表示，他欽佩海德格，卻不喜歡他在語言使用上沒有節制。有關德文翻譯，見 Marcel, 'Conversations', *Tragic Wisdom and Beyond*, 243。

109. Marcel, 'Being and Nothingness,' *Homo Viator*, 166–84; Marcel, 'Existence and Human Freedom', *The Philosophy of Existence*, 32–66, esp. 62–6（有關恩典）。

110. Cau, *Croquis de mémoire*, 253–4.

111. 同前引書，254。這個故事的另一記述見 Towarnicki, 'Le Chemin de Zähringen', 86。

112. FOC, 301.

113. Cau, *Croquis de mémoire*, 253.

第九幕　探索人生

1. FOC, 103.
2. Beauvoir, *Beloved Chicago Man*, 208 (Beauvoir to Algren, 26 July 1948).
3. FOC, 197–201.
4. FOC, 200.

5. Moi, *Simone de Beauvoir*, 187。本書作者指出，波娃沒有迫不及待跑去投票，甚至在一九四九年指出波娃從來沒有投票；這可能是由於政治原因，當時極左陣營建議選民不要投票，以免賦予這個國家正當性。
6. Beauvoir, *The Second Sex*, 293.
7. 同前引書，296。
8. 同前引書，313, 316。
9. 同前引書，320。
10. 同前引書，182。
11. Iris Marion Young, 'Throwing Like a Girl: a phenomenology of feminine body comportment, motility and spatiality', *On Female Body Experience: 'Throwing Like a Girl' and other essays* (Oxford: OUP, 2005), 41；原刊於 *Human Studies*, 3 (1980), 137–56。
12. Beauvoir, *The Second Sex*, 354–6.
13. 同前引書，377。
14. 同前引書，296–7。
15. 同前引書，409–10。
16. 同前引書，416。
17. 同前引書，655。
18. 同前引書，654。
19. 同前引書，760–66。
20. BN, 576.
21. 有關波娃與黑格爾，見 Bauer, *Simone de Beauvoir, Philosophy, and Feminism*。沙特跟其他很多人一樣，受到亞歷山大・柯傑夫（Alexandre Kojève）一九三〇年代在巴黎一系列有關黑格爾的演講所影響，其中強調「主奴」的分析。

22. BN, 277–9.
23. BN, 384–5.
24. Sartre, 'Paris Under the Occupation', *The Aftermath of War (Situations III)*, 8–40:23.
25. Sartre, *No Exit, in No Exit and Three Other Plays*, tr. S. Gilbert, 1–46:45.
26. 「他人就是地獄」的解釋，見 Contat & Rybalka (eds), *The Writings of Jean-Paul Sartre*, I, 99（這是為德意志留聲機公司〔Deutsche Grammophon〕該劇錄音所寫的前言）。另一種詮釋，認為在欠缺友誼和信賴的情況下，各人就把對方看成地獄一般，見 Beauvoir, 'Existentialist Theater', 'The Useless Mouths' and Other Literary Writings, 137–50:142。
27. BN, 388–93.
28. Conradi, *Iris Murdoch*, 271（引述梅鐸一九四七年的日記）。
29. Beauvoir, *The Second Sex*, 6–7.
30. 同前引書，166。
31. 同前引書，17。《第二性》的哲學重要性，見 Bauer, *Simone de Beauvoir, Philosophy, and Feminism*。
32. Simons, *Beauvoir and The Second Sex*, x.
33. Margaret A. Simons & Jessica Benjamin, 'Beauvoir Interview (1979)', in *Simons, Beauvoir and The Second Sex*, 1–21:10（回答訪問者的一個問題）。
34. BN, 501–2。謝謝傑伊・伯恩斯坦（Jay Bernstein）提醒我注意這種聯繫。對波娃這方面觀點的精細分析，見 Jonathan Webber, *Rethinking Existentialism*（即將出版）。
35. Moi, Simone de Beauvoir, xxiii。有關派許利翻譯本書的背景和爭議，見 Richard Gillman, 'The Man Behind the Feminist Bible', New York Times (2 May 1988)。
36. Barnes, *The Story I Tell Myself*, 156.
37. Jean Genet, *The Declared Enemy*, 118–151:125–6（一九七五年接受休貝・菲歇特〔Hubert Fichte〕訪問）。
38. White, Genet, 408; Genet, 'Introduction to Soledad Brother', *The Declared Enemy*, 49–55。他支持德國紅軍

派的文章，一九七七年九月二日節錄刊登於《世界報》（*Le Monde*），題為〈暴力與殘暴〉（Violence and Brutality），引起公憤，見 White, *Genet*, 683。

39. White, *Genet*, 592.
40. Andrew N. Leak, *Jean-Paul Sartre* (London: Reaktion Books, 2006), 97.
41. Sartre, *Saint Genet*, 584.
42. 同前引書，17。
43. 同前引書，23。
44. 跟波娃比較，沙特肯定兩者的關聯，同前引書，37。
45. 同前引書，558。
46. 同前引書，205。
47. *Sartre By Himself*, 10.
48. Beauvoir, *Adieux*, 355.
49. Sartre, *Baudelaire*, tr. Martin Turnell (London: Horizon, 1949), 21–3, 87, 91–3.
50. 沙特在一九五三年開始寫作，然後很長一段日子把它擱置，繼而一九六三年在《摩登時代》發表，一九六四年獨立成書出版。見Sartre By Himself, 87; M. Contat (et al.), *Pourquoi et comment Sartre a écrit 'Les mots'* (Paris: PUF, 1996), 25。
51. Sartre, 'The Itinerary of a Thought'（一九六九年的訪問）, *Between Existentialism and Marxism*, 33–64:63。
52. *Sartre By Himself*, 88–9.
53. Sartre, *The Family Idiot*, I,39.
54. 同前引書，I:140。
55. 同前引書，I, 143。
56. 同前引書，I, 223。
57. Sartre, 'The Itinerary of a Thought'（一九六九年的訪問）, *Between Existentialism and Marxism*, 33–64:44。

58. 同前引書，39。
59. 《家族白痴》的出版，見 Sartre, 'On The Idiot of the Family', *Sartre in the Seventies*, 110。
60. ASAD, 55.
61. Carol Cosman, 'Translating The Family Idiot', *Sartre Studies International*, 1 (1/2) (1995), 37–44.
62. Sartre, *The Family Idiot*, I, 137–8.
63. BN, 645–6.
64. J.-B. Pontalis, 'Preface', in Sartre, *The Freud Scenario*, viii。有關這個故事，另見 Élisabeth Roudinesco, 'Jean-Paul Sartre: psychoanalysis on the shadowy banks of the Danube', in her *Philosophy in Turbulent Times* (New York: Columbia University Press, 2008), 33–63。
65. Huston, *An Open Book*, 295–6; Pontalis, 'Preface', *Sartre, The Freud Scenario*, viii.
66. Pontalis (tr.), *Sartre, Lettres au Castor*, II, 358.
67. Beauvoir, *Adieux*, 273; Sartre, 'On The Idiot of the Family', *Sartre in the Seventies*, 122.
68. White, Jean Genet, 438，引述 Jean Cocteau, *Le passé défini*, II, 391。
69. Genet, The Declared Enemy, 2–17:12（一九六四年接受馬德蓮・葛貝爾〔Madeline Gobeil〕訪問）。
70. 沙特論同性戀，見 Sartre, *Saint Genet*, 79。更多相關看法，見沙特一九八〇年二月接受尚・雷比圖（Jean Le Bitoux）和吉爾・巴貝德特（Gilles Barbedette）訪問：'Jean-Paul Sartre et les homosexuels', *Le gai pied*, 13 (April 1980), 1, 11–14; tr. G. Stambolian, 'Jean-Paul Sartre: the final interview', in M. Denneny, C. Ortled & T. Steele (eds), *The View from Christopher Street* (London: Chatto & Windus, The Hogarth Press, 1984), 238–44。
71. 惹內論同性戀，見一九七五年接受休貝・菲歇特訪問，收錄於 *The Declared Enemy*, 118–151:148。
72. Sartre, *Saint Genet*, 77。他們的爭辯見 White, *Jean Genet*, 441–4。
73. Beauvoir, The Ethics of Ambiguity, 9, 127
74. FOC, 76.

第十幕　跳舞的哲學家

1. MDD, 246; Monika Langer, 'Beauvoir and Merleau-Ponty on Ambiguity', in Claudia Card (ed.), *The Cambridge Companion to Simone de Beauvoir* (Cambridge: CUP, 2003), 87–106.
2. PP, 482/520.
3. George Lakoff & Mark Johnson, *Metaphors We Live By* (Chicago: University of Chicago Press, 1980), Lakoff & Johnson, *Philosophy in the Flesh: the embodied mind and its challenge to Western thought* (New York: Basic Books, 1999)；這些論著深受梅洛龐蒂影響。
4. Sartre, *The Family Idiot*, I, 18.
5. PP, 238/275–6.
6. PP, 241–2/279.
7. PP, 93/119.
8. PP, 108/136.
9. PP, 100/127.
10. PP, 102/129–30.
11. PP, 143–4/177–8.
12. PP, 105/132–3。他的經驗後來由完形心理學家艾德赫默・蓋布（Adhémar Gelb）和庫特・哥德斯坦（Kurt Goldstein）分析研究。近期一個不尋常的喪失本體感覺的例子，是伊安・華特曼（Ian Waterman）的個案，他頸部以下失去了本體感覺，但他全憑意志力排除萬難；透過視覺和肌肉控制來掌控自己的行動。見 Jonathan Cole, *Pride and a Daily Marathon* (London: Duckworth, 1991)。
13. PP, 83/110.
14. Oliver Sacks, *Hallucinations* (London: Picador, 2012), 270–71.
15. Sacks, *A Leg to Stand On*, 112。薩克斯的經驗證明我們的適應力有多大。更極端的適應可見 Jean-Dominique Bauby, *The Diving Bell and the Butterfly*, tr. Jeremy Leggatt (London: Fourth Estate, 1997)，作者

描述他在一次嚴重中風後幾乎喪失所有行動能力。他能夠僅憑眨眼而溝通，即使這樣，他還遠遠不是脫離了肉體：他仍然受到極廣泛的虛幻感官所困擾。他的描述讓我們瞭解一個具意識的人能達到怎樣的近乎脫離肉體的狀況，提醒我們身體感官、思想和行動構成的整體網絡如何重要。

16. PP, 368/409–10。早期對模仿行為的研究，來自完形心理學家等學者，雅克・拉岡（Jacques Lacan）繼承了這方面的研究。有關社會發展現象學，見Max Scheler, *The Nature of Sympathy*, tr. Peter Heath (London: Routledge & Kegan Paul, 1954)；德文原文一九一三年出版：*Zur Phänomenologie der Sympathiegefühl und von Liebe und Hass*。

17. Merleau-Ponty, 'The Child's Relations with Others', tr. W. Cobb, in J. M. Edie (ed.) *The Primacy of Perception* (Evanston, IL: Northwestern University Press, 1964), 96–155:115–16.

18. PP, 223/260; Merleau-Ponty, *The Visible and the Invisible*, 196（工作筆記），這裡他使用同一隱喻。

19. Merleau-Ponty, *The Visible and the Invisible*, 266.

20. 同前引書，266。

21. 同前引書，130–31。

22. 同前引書，139。

23. 同前引書，146。另見Taylor Carman, 'Merleau-Ponty on Body, Flesh, and Visibility', in Crowell (ed.), *The Cambridge Companion to Existentialism*, 274–88, esp. 278–9。

24. Emmanuelle Garcia, 'Maurice Merleau- Ponty: vie et oeuvre', in Merleau-Ponty, *OEuvres*, 27–99: 33，引述喬治・沙邦涅一九五九年五月二十二日的電台訪問。

25. Merleau-Ponty, 'Cézanne's Doubt', *Sense and Non-Sense*, 9–25:18.

26. Merleau-Ponty, 'Reading Montaigne', *Signs*, 198–210: 203.

27. Stephen Priest, *Merleau-Ponty* (London: Routledge, 2003), 8.

28. Vian, *Manual of Saint-Germain-des-Prés*, 141; Gréco, *Je suis faite comme ça*, 98–9.

29. 與梅洛龐蒂女兒瑪麗安的私人談話。

30. Sartre, *Quiet Moments in a War*, 284 (Sartre to Beauvoir, 18 May 1948)。沙特表明是聽來的八卦消息。

31. Merleau-Ponty, letters to Sonia Brownell, in *Orwell Papers*, University College London (S.109); Spurling, *The Girl from the Fiction Department*.
32. Merleau-Ponty to Sonia Brownell (15 Nov. [1947]), in *Orwell Papers*, University College London (S.109)
33. 同前引書：Spurling, *The Girl from the Fiction Department*, 84。《與己相遇》原來完整的書名是：*Meet Yourself as you really are, different from others because you combine uniquely features present in everyone: about three million detailed character studies through self-analysis* (London: Penguin, reissued in 1942)。有關這本書，見 Dido Davies, *William Gerhardie: a biography* (Oxford & New York: OUP, 1990), 290。
34. Prince Leopold Loewenstein & William Gerhardi, *Meet Yourself as you really are*, etc., 16, 15.
35. Merleau-Ponty, *The Visible and the Invisible*, 144。沙特當然也有考慮到身體感覺的重要性，但他的取向是不一樣的，參見 Katherine J. Morris (ed.), *Sartre on the Body* (Basingstoke: Palgrave Macmillan, 2010) ; K. J. Morris, *Sartre* (Oxford & Malden: Blackwell, 2008)。
36. Sartre, 'Merleau-Ponty', *Situations [IV]*, 225–326:298.
37. 梅洛龐蒂一九五九年五月接受喬治．沙邦涅訪問，收錄於 *Parcours deux*, 235–40:237。
38. Heidegger, *The Fundamental Concepts of Metaphyics: world, finitude, solitude*, tr. W. McNeill & N. Walker (Bloomington: Indiana University Press, 1995), 177。有關海德格與身體，見 Kevin A. Aho, *Heidegger's Neglect of the Body* (Albany: SUNY Press, 2009).
39. Polt, *Heidegger*, 43.
40. BT, 71/45ff.
41. 在一九四八年一系列電台廣播中，梅洛龐蒂也指出有四個主要課題，通常被哲學排除在外：兒童、動物、精神病患，以及當時所稱的「原始人」（Merleau-Ponty, *The World of Perception*）。
42. Merleau-Ponty, *In Praise of Philosophy*, 4–5.

第十一幕　這樣的戰士

1. Merleau-Ponty, 'Man and Adversity', *Signs*, 224–43:239（一九五一年九月十日在日內瓦的演講）。

2. Sartre, 'The End of the War', *The Aftermath of War* (Situations III), 65–75:71–2.
3. Camus, '[On the bombing of Hiroshima]', *Between Hell and Reason*, 110–11：原是一九四五年八月八日刊於《戰鬥報》的無題文章。
4. FOC, 103–4.
5. FOC, 119; Sartre, Nekrassov, in *Three Plays: Kean, Nekrassov, The Trojan Women*, tr. Sylvia & George Leeson (London: Penguin, [n.d.]), 131–282:211–12.
6. Camus, '[On the bombing of Hiroshima]', *Between Hell and Reason*, 110–11:111.
7. Gary Kern, *The Kravchenko Case* (New York: Enigma, 2007), 452; FOC, 183; Beevor & Cooper, *Paris After the Liberation*, 338.
8. Tony Judt, Postwar: a history of Europe since 1945 (London: Vintage, 2010), 214–15.
9. Sartre, 'Les animaux malades de la rage' ('Mad Beasts')，原刊於 *Libération* (22 June 1953)，收錄於 Catherine Varlin & René Guyonnet (eds), *Le chant interrompu: histoire des Rosenberg* (Paris: Gallimard, 1955), 224–8。見 Contat & Rybalka (eds), *The Writings of Jean-Paul Sartre*, I, 285（編者按語：「他的憤怒帶來了他筆下最激烈的一番言辭。」）另見 Hayman, *Writing Against*, 285。
10. Arendt & Jaspers, *Hannah Arendt/Karl Jaspers Correspondence*, 220 (Jaspers to Arendt, 22 May 1953).
11. Fyodor Dostoevsky, *The Brothers Karamazov*, tr. C. Garnett (London: Dent; New York: Dutton, 1927), II, 251.
12. Camus, 'Neither Victims nor Executioners', 41.
13. Camus, The Just, tr. Henry Jones, in Camus, *Caligula*, etc. 163–227.
14. Camus, 'The Nobel Prize Press Conference Incident, December 14–17, 1957', *Algerian Chronicles*, 213–16:216n; Zaretsky, *A Life Worth Living*, 84–5.
15. Merleau-Ponty, 'The Philosophy of Existence', *Texts and Dialogues*, 129–39, tr. Allen S. Weiss（一九五九年十一月十七日的電台演說）。
16. Spender, *New Selected Journals*, 220 (30 March 1956).
17. Koestler, 'The Yogi and the Commissar', *The Yogi and the Commissar, and Other Essays* (London: Hutchinson,

1965), 15–25:15–16。另見 'Arthur Koestler', in Richard Crossman (ed.), *The God that Failed: six studies in communism* (London: Hamish Hamilton, 1950), 25–82.

18. Merleau-Ponty, 'The Yogi and the Proletarian', *Humanism and Terror*, 149–77:176。梅洛龐蒂寫作本文，也因為他對柯斯勒沒有好感，部分原因在於他認為柯斯勒沒有善待索妮亞．布朗奈爾，見 Merleau-Ponty to Sonia Brownell (14 Oct. [1947]), in *Orwell Papers*, University College London (S.109)。

19. FOC, 120; Sartre, 'Merleau-Ponty', *Situations [IV]*, 225–326:253; Beauvoir, *Adieux*, 267.

20. FOC, 118–19.

21. FOC, 149–50.

22. FOC, 151.

23. Spender, *New Selected Journals*, 79–80 (14 April 1950).

24. Sonia Brownell to Merleau-Ponty, in *Orwell Papers*, University College London (S.109)，這封信寫於一九四八年初某個「星期天」，可能在他們聖誕節相聚之後。

25. Aron, *Memoirs*, 218–19; Hayman, Writing Against, 244–5。有關阿宏和沙特的關係，見 Jean-François Sirinelli, *Deux intellectuels dans le siècle: Sartre et Aron* (Paris: Fayard, 1995)。

26. Beauvoir, *Beloved Chicago Man*, 97 (Beauvoir to Algren, 5 Nov. 1947); 90–91 (Beauvoir to Algren, 25 Oct. 1947)（十月二十三日另一封信的後續）。

27. Henri Lefebvre, *L'existentialisme* (1946) 的摘錄，見其主要著作英譯 Key Writings, eds S. Elden, E. Lebas & E. Kofman (New York & London: Continuum, 2003), 9–11。列斐伏爾後來採取了較溫和的觀點，對存在主義有更多認同。

28. Sartre, Dirty Hands, tr. Lionel Abel, in *No Exit and Three Other Plays*, 125–241。當這部劇作在美國被反共產主義者用作宣傳工具，沙特十分沮喪。他在一九五二年宣布，他允許該劇在一個國家公演，先決條件是當地共產黨接納這部劇作，見 Thompson, *Sartre*, 78。

29. Cohen-Solal, *Sartre*, 337。這個評語在一九四八年一個和平會議上提出。

30. Klíma, *My Crazy Century*, 69.
31. FOC, 137.
32. FOC, 143.
33. FOC, 242; Sartre, 'Merleau-Ponty', *Situations [IV]*, 225–326:285.
34. FOC, 243.
35. Beauvoir, *Beloved Chicago Man*, 406 (Beauvoir to Algren, 31 Dec. 1950).
36. 同前引書，410 (Beauvoir to Algren, 14 Jan. 1951)。
37. FOC, 244.
38. Sartre, 'Merleau-Ponty', *Situations [IV]*, 225–326:279.
39. 同前引書：274。
40. 同前引書，275。
41. 杜克洛與鴿子事件，見 Jacques Duclos, *Mémoires IV: 1945–1952: des débuts de la IVe République au 'complot' des pigeons* (Paris: Fayard, 1971), 339–492, esp. 404（驗屍）, 435–6（引錄阿拉貢的詩）。另見 Jacques Duclos, *Écrits de la prison* (Paris: Éditions sociales, 1952)。
42. Sartre, 'Merleau-Ponty', *Situations [IV]*, 225–326:287; *Sartre By Himself*, 72; FOC, 245（波娃談到此事怎樣改變了沙特）。
43. Sartre, 'Merleau-Ponty', Situations [IV], 225–326:287–8。另見 Sartre, *The Communists and Peace*：部分原刊於 *Les Temps modernes*, 81 (July 1952); 84–5 (Oct.–Nov. 1952); 101 (April 1954)。
44. Camus, *The Rebel*, 178, 253.
45. 同前引書，19。
46. Francis Jeanson, 'Albert Camus, or The Soul in Revolt', in Sprintzen & Van den Hoven (eds), *Sartre and Camus: a historic confrontation*, 79–105:101：原刊於 Les Temps modernes, 79 (May 1952)。
47. Camus, 'A Letter to the Editor of Les Temps modernes', in Sprintzen & Van den Hoven (eds), *Sartre and*

Camus, 107–29:126：原刊於 *Les Temps modernes*, 82 (Aug. 1952)。

48. Sartre, 'Reply to Albert Camus', in Sprintzen & Van den Hoven (eds), *Sartre and Camus*, 131–61:131–2：原刊於 *Les Temps modernes*, 82 (Aug. 1952)（在卡繆的來信之後）。收錄於 Sartre, *Situations [IV]*, 69–105。

49. 卡繆回應的草稿，見 Camus, 'In Defence of The Rebel', in Sprintzen & Van den Hoven (eds), *Sartre and Camus*, 205–21：寫於一九五二年十一月，在卡繆過世後出版：'Défense de L'homme révolté', in Camus, *Essais*, 1,702–15。

50. FOC, 272.

51. Camus, *The Fall*, 103。有關這部小說，見 FOC, 362。

52. Sartre, *Saint Genet*, 598.

53. ASAD, 49.

54. E. P. Thompson, *The Making of the English Working Class* (London: Gollancz, 1980), 14。這句話常被引用，但往往抽離了正當的語境，而那是至關重要的：「我設法拯救那可鄰的織襪人、那嘗試毀掉機器的剪毛工、那『落伍』的手搖紡織機織布工、那『烏托邦』手工藝匠，甚至追隨喬安娜・索斯柯特（Joanna Southcott）那受蒙蔽的人，讓他們免受『後世巨大的優越感』打擊。他們的技藝和傳統也許在消亡。他們對新的工業主義的敵意也許是開倒車的。他們強調社群的理想也許是不智的。可是他們曾熬過急劇社會動盪的歲月，我們卻沒有。」

55. Kierkegaard, Notebook IV A 164; 1843 (D), in *A Kierkegaard Reader*, eds Roger Poole & Henrik Stangerup (London: Fourth Estate, 1989), 18; Sartre, Saint Genet, 599。

56. Sartre, 'Merleau-Ponty', *Situations [IV]*, 225–326:289.

57. Merleau-Ponty, In *Praise of Philosophy*, 4–5, 63.

58. Stewart (ed.), *The Debate Between Sartre and Merleau-Ponty*, 343 (Merleau-Ponty to Sartre, 8 July [1953])。本書（頁 327–54）翻譯了雙方這次通信的全部內容，最初刊於 *Le magazine littéraire* (2 April 1994)，亦收錄於 'Sartre and MP: les lettres d'une rupture', in *Parcours deux*, 1951–1961, 129–69; Merleau-Ponty, *OEuvres*, 627–51。

59. Sartre, 'Merleau-Ponty', *Situations [IV]*, 225–326:197.

60. Stewart (ed.), *The Debate Between Sartre and Merleau-Ponty*, 327–54:334 (Sartre to Merleau-Ponty)——信件沒有日期，應早於梅洛龐蒂的回覆（一九五三年七月八日）。

61. 同前引書，338–9 (Merleau-Ponty to Sartre, 8 July [1953])。

62. 同前引書，351 (Sartre to Merleau-Ponty, 29 July 1953)。

63. FOC, 332.

64. Sartre, 'Merleau-Ponty', *Situations [IV]*, 225–326:232.

65. 與梅洛龐蒂女兒瑪麗安的私人談話。

66. Sartre, 'Merleau-Ponty', *Situations [IV]*, 225–326:292.

67. 與梅洛龐蒂女兒瑪麗安的私人談話。另見 Sartre, 'Merleau-Ponty', *Situations [IV]*, 225–326:298。

68. Sartre, 'Merleau-Ponty', *Situations [IV]*, 225–326:301.

69. 同前引書，301–302。他的女兒也記得有一段陰鬱日子。

70. Sartre, 'Merleau-Ponty', *Situations [IV]*, 225–326:300.

71. Merleau-Ponty, 'Sartre and Ultrabolshevism', *Adventures of the Dialectic*, 95–201, esp.95–6.

72. Beauvoir, 'Merleau-Ponty and Pseudo-Sartreanism', *Political Writings* 195–258（原一九五五年刊於《摩登時代》）。

73. Roger Garaudy et al., *Mésaventures de l'anti-marxisme: les malheurs de M. Merleau-Ponty. Avec une lettre de G. Lukács* (Paris: Éditions sociales, 1956)。會議於一九五五年十一月二十九日舉行。見 Emmanuelle Garcia, 'Maurice Merleau-Ponty: vie et oeuvre', in Merleau-Ponty, *OEuvres*, 27–99:81。

74. Sartre, 'Merleau-Ponty', *Situations [IV]*, 225–326:318–19。瑪麗安也記得他們互相打招呼是冷淡的。

75. 同前引書，318。從史本德的角度看，見 Spender, *New Selected Journals*, 215 (26 March 1956)。有關梅洛龐蒂在會議上的發言，見 Merleau-Ponty, 'East–West Encounter (1956)', tr. Jeffrey Gaines, in Merleau-Ponty, *Texts and Dialogues*, 26–58。

76. 引錄於 Paul Ricoeur, 'Homage to Merleau-Ponty', in Bernard Flynn, Wayne J. Froman & Robert Vallier (eds), *Merleau-Ponty and the Possibilities of Philosophy: transforming the tradition* (New York: SUNY Press, 2009), 17–24:21。
77. In *Praise of Philosophy*, 63.
78. Sartre, 'Merleau-Ponty', *Situations [IV]*, 225–326:293.
79. FOC, 311; Lanzmann, *The Patagonian Hare*, 235。波娃和朗茲曼都同意，書名是朗茲曼的主意。
80. FOC, 294–6.
81. FOC, 294–6.
82. Sartre, 'Relecture du Carnet I', (notebook, c. 1954), in *Les mots*, etc., 937–53:950–51.
83. Beauvoir, *Adieux*, 275.
84. Sartre, 'Self-Portrait at Seventy', *Sartre in the Seventies* (Situations X), 3–92:64.
85. Aron, *The Opium of the Intellectuals*, ix.
86. Aron, *Memoirs*, 329.
87. Todd, *Un fils rebelle*, 267–8; Aron, *Memoirs*, 447–9; Hayman, *Writing Against*, 435.
88. Aron, Memoirs, 457。李維的訪問：刊於 *Le nouvel observateur* (15 March 1976)。
89. 蘇聯訪問與系列文章，見 Cohen-Solal, *Sartre*, 348–9，引錄的文章刊於 *Libération* (15–20 July 1954)。另見 FOC, 316–23
90. Beauvoir, *Adieux*, 366.
91. Cau, *Croquis de mémoire*, 236, 248.
92. Sartre, 'On The Idiot of the Family', 109–32, *Sartre in the Seventies* (Situations X), 111.
93. Beauvoir, *Adieux*, 174.
94. Hayman, *Writing Against*, 1，引述 Contat & Rybalka in Le Monde (17 April 1980)。
95. Huston, *An Open Book*, 295.

96. Cohen-Solal, *Sartre*, 281.

97. Olivier Wickers, *Trois aventures extraordinaires de Jean-Paul Sartre* (Paris: Gallimard, 2000), 23.

98. FOC, 397; Cohen-Solal, *Sartre*, 373–4.

99. Beauvoir, *Adieux*, 318.

100. 同前引書，174。

101. 同前引書，174。

102. 同前引書，181。遊義大利的筆記，見 Sartre, La Reine Albemarle, ed. *Arlette Elkaïm-Sartre* (Paris: Gallimard, 1991)（他在一九五一年十月遊義大利，筆記寫於一九五一至五二年）。另見 Sartre, *Les mots*, etc., 1,491。

103. Merleau-Ponty, *Parcours deux*, 235–40:236（一九五九年五月接受喬治·沙邦涅訪問）。

104. Sartre & Lévy, *Hope Now*, 63.

105. Janet Flanner, Paris Journal, ed. *W. Shawn,* 2 vols (New York: Atheneum, 1965–71), I, 329 (4 Nov. 1956)。有關匈牙利事件，見 Victor Sebestyén, *Twelve Days: Revolution 1956* (London: Weidenfeld & Nicolson, 2006)。

106. Les Temps modernes, *12e année*, 131 (Jan. 1957), 'La révolte de la Hongrie'。他們繼續感到不安：FOC, 373.

107. FOC, 397.

108. Sartre, 'Self-Portrait at Seventy', *Sartre in the Seventies* (Situations X), 3–92:18.

109. Sartre, *Critique of Dialectical Reason II*; Ronald Aronson, *Sartre's Second Critique* (Chicago: University of Chicago Press, 1987).

第十二幕　在最弱勢的人眼中

1. Sartre, *The Communists and Peace*, 180, part 3：原刊於 *Les Temps modernes*, 101 (April 1954)。另見

Bernasconi, *How to Read Sartre*, 79，翻譯為「在最弱勢的人眼中」。
2. Merleau-Ponty, 'Sartre and Ultrabolshevism', in *Adventures of the Dialectic*, 95–201:154.
3. Bernasconi, *How to Read Sartre*, 79.
4. Sartre, 'Black Orpheus', tr. J. MacCombie (revised), in Bernasconi (ed.), *Race*, 115–42:115。原是以下一書的序：Léopold Senghor (ed.), *Anthologie de la nouvelle poésie nègre et malgache* (Paris: PUF, 1948), ix–xliv。
5. Albert Memmi, *The Colonizer and the Colonized*, tr. Howard Greenfeld, 'Introduction' by Sartre, tr. Lawrence Hoey (New York: Orion Press, 1965)。原法文版：*Portrait du colonisé précédé du portrait du colonisateur* (1957)。
6. FOC, 607.
7. Fanon, *Black Skin, White Masks*, esp. 'The Lived Experience of the Black Man', 89–119。沙特和法農的關係，見 Robert Bernasconi, 'Racism Is a System: how existentialism became dialectical in Fanon and Sartre', in Crowell (ed.), *The Cambridge Companion to Existentialism*, 342–60。
8. 這次會面的敘述，見 FOC, 605–11; Lanzmann, *The Patagonian Hare*, 347–8。
9. Macey, *Frantz Fanon*, 485.
10. FOC, 610.
11. Sartre, 'Preface' to Fanon, *The Wretched of the Earth*, 7–26:18–21。有關沙特與暴力，見 Ronald E. Santoni, *Sartre on Violence: curiously ambivalent* (University Park, PA: Pennsylvania State University Press, 2003)。
12. Todd, *Un fils rebelle*, 17.
13. Sartre, 'Self-Portrait at Seventy', *Sartre in the Seventies (Situations X)*, 3–92:65.
14. Macey, *Frantz Fanon*, 462–3，引述 Josie Fanon, 'À propos de Frantz Fanon, Sartre, le racism et les Arabes', *El Moudjahid* (10 June 1967), 6。
15. Beauvoir, *Adieux*, 148.
16. FOC, 315.

17. FOC, 397; 381–2.
18. Sartre, 'Foreword' to Henri Alleg, *La question* (1958), tr. by John Calder as *The Question* (London: Calder, 1958), 11–28:12。波娃寫到受迫害的迪亞米拉．布帕沙（Djamila Boupacha），先是一九六〇年六月三日在《世界報》撰文，繼而與布帕沙的律師吉塞爾．阿里米（Gisèle Halimi）合撰一書：Djamila Boupacha (1962), tr. by Peter Green as *Djamila Boupacha: the story of a torture of a young Algerian girl* (London: André Deutsch & Weidenfeld & Nicolson, 1962)。
19. FOC, 381; 626–8; David Detmer, *Sartre Explained: from bad faith to authenticity* (Chicago: Open Court, 2008), 5（「射殺沙特！」）, 11（戴高樂）。
20. Cohen-Solal, *Sartre*, 451.
21. Lanzmann, *The Patagonian Hare*, 4.
22. ASAD, 52–4; Cohen-Solal, *Sartre*, 447–8.
23. W. E. B. Du Bois, *The Souls of Black Folk* (New York: Penguin, 1996), 5; Ernest Allen Jr, 'On the Reading of Riddles: rethinking Du Boisian "Double Consciousness"', in Gordon (ed.), *Existence in Black*, 49–68:51.
24. Baldwin, 'Stranger in the Village', in *The Price of the Ticket*, 79–90:81–3；原刊於 *Harper's Magazine* in 1953。
25. Wright, *The Outsider*, 114–15, 585.
26. 同前引書，esp. 588–92（還原版本，附有阿諾德．藍帕沙德〔Arnold Rampersad〕有關編輯歷史的注釋）。
27. Rowley, *Richard Wright*, 407（引述艾里森一九五三年一月二十一日寫給賴特的信）。
28. 同前引書，409（引述艾里森一九六三年接受蓋勒〔A. Geller〕訪問）；另見 Graham & Singh (eds), *Conversations with Ralph Ellison*, 84。賴特、艾里森與存在主義：Cotkin, *Existential America*, 161–83。
29. Rowley, Richard Wright, 472 (Ed Aswell to Wright, 24 Jan. 1956).
30. James Baldwin, 'Alas, Poor Richard', in *Nobody Knows My Name: more notes of a native son* (London: Penguin, 1991), 149–76:174；原一九六一年出版。
31. Rowley, *Richard Wright*, 352，引述賴特的話，見於 Anaïs Nin, *The Diary of Anaïs Nin*, IV, 212–14。

32. Richard Wright, *White Man, Listen!* (New York: Doubleday, 1957)，見該書獻詞。
33. 有關這些作品，見 Rowley, *Richard Wright*, 440–91。
34. Rowley, *Richard Wright*, 477–80, esp. 479.
35. 賴特對《第二性》的興趣，見 Cotkin, *Existential America*, 169; M. Fabre, *The Unfinished Quest of Richard Wright*, 2nd edn (Urbana: University of Illinois Press, 1993), 320–21。有關波娃受到賴特影響，見 Margaret A. Simons, 'Richard Wright, Simone de Beauvoir, and The Second Sex', in *Beauvoir and The Second Sex*, 167–84。
36. Forster & Sutton (eds), *Daughters of de Beauvoir*, 54–9.
37. 同前引書，45；另見她接受珍妮・透納（Jenny Turner）訪問，訪問者也受到波娃自傳的影響，33–4。
38. 同前引書，28–9。
39. 同前引書，103。
40. 維克多・弗蘭克的生平和思想，見 Viktor Frankl, *Man's Search for Meaning* (London: Rider, 2004)；原一九四六年出版。
41. 'Afterword', *The Man in the Grey Flannel Suit* (London: Penguin, 2005), 278。
42. Spencer R. Weart, *The Rise of Nuclear Fear* (Cambridge, MA & London: Harvard University Press, 2012), 106.
43. Arendt, *Eichmann in Jerusalem*（原於一九六三年二至三月在《紐約客》〔New Yorker〕雜誌連載，一九六三年結集成書出版）。圍繞該書的爭議：Bettina Stangneth, *Eichmann Before Jerusalem: the unexamined life of a mass murderer*, tr. R. Martin (London: Bodley Head, 2014); Richard Wolin, 'The Banality of Evil: the demise of a legend', *Jewish Review of Books* (Fall 2014); Seyla Benhabib, 'Who's on Trial: Eichmann or Arendt?', *New York Times: the Stone Blog* (21 Sept. 2014)。發展出完善的實驗：Stanley Milgram, 'Behavioral Study of Obedience', *Journal of Abnormal and Social Psychology*, 67 (4) (Oct. 1963), 371–8; *Obedience to Authority: an experimental view* (New York: Harper, 1974); C. Haney, W. C. Banks & P. G. Zimbardo, 'Study of Prisoners and Guards in a Simulated Prison', *Naval Research Reviews*, 9 (1973), 1–17;

Phillip Zimbardo, *The Lucifer Effect* (New York: Random House, 1971)。

44. Norman Mailer, 'The White Negro', *Advertisements for Myself*, 337–58：原刊於 Dissent (1957)。有關梅勒和存在主義的更多討論，見 Cotkin, *Existential America*, 184–209。

45. Wilson, *Dreaming to Some Purpose*, 244.

46. 梅勒認識存在主義的管道，見 Mary Dearborn, *Mailer* (Boston: Houghton Mifflin, 1999), 58–9：提到他閱讀巴瑞特的《非理性的人》。另見 Cotkin, *Existential America*, 185–6。

47. Kaufmann, *Existentialism*, 11.

48. Sartre, *Being and Nothingness*, tr. Hazel Barnes, 1956。本書撰寫之際，莎拉．李奇蒙德（Sarah Richmond）正準備出版新的譯本。

49. Barnes, *An Existentialist Ethics*, 211–77.

50. Barnes, *The Story I Tell Myself*, 166–8。與慘劇相關的該集戲劇改編自：M. Unamuno, 'The Madness of Doctor Montarco'。《自我相遇》電視系列一度被認為已經散佚，但傑弗瑞．華德．拉森（Jeffrey Ward Larsen）和艾力克．斯溫（Erik Sween）在美國國會圖書館找到一份副本，另一份副本現藏於科羅拉多大學（University of Colorado）的檔案資料館。見 http://geopolicraticus.wordpress.com/2010/11/03/documentaries-worth-watching/。

51. Rudolf Carnap, 'The Overcoming of Metaphysics Through Logical Analysis of Language'（原一九三二年出版）, in Murray (ed.), Heidegger and Modern Philosophy, 23–34。卡納普特別在海德格的《何謂形上學？》中挑出「無之無化」一語。

52. Murdoch, Sartre, 78–9.

53. 存在主義在英國，見 Martin Woessner, 'Angst Across the Channel: existentialism in Britain', in Judaken & Bernasconi (eds), *Situating Existentialism*, 145–79。

54. Conradi, *Iris Murdoch*, 216 (Murdoch to Hal Lidderdale, 6 Nov. 1945).

55. Murdoch, 'Notes on a lecture by Jean-Paul Sartre', (Brussels, Oct. 1945), in *Murdoch Archive*, University of Kingston, IML 682。她舉行座談：Conradi, *Iris Murdoch*, 270。梅鐸在一九四七年原擬以胡塞爾為研究

主題在劍橋大學攻讀博士學位，後把主題改為維根斯坦（Ludwig Wittgenstein），見梅鐸的海德格研究手稿：*Murdoch Archives* (KUAS6/5/1/4), 83; Conradi, *Iris Murdoch*, 254（引錄梅鐸一九九一年接受李察・沃爾海姆（Richard Wollheim）訪問）。

56. Wilson, *Dreaming to Some Purpose*, 113.
57. 《局外人》的出版，見 Carpenter, *The Angry Young Men*, 107.
58. Wilson, *Dreaming to Some Purpose*, 129.
59. Spurgeon, *Colin Wilson*, 66–7.
60. Carpenter, *The Angry Young Men*, 112.
61. Geoffrey Gorer, 'The Insider, by C*l*n W*ls*n', *Punch* (11 July 1956), 33–4; Carpenter, *The Angry Young Men*, 168.
62. Carpenter, *The Angry Young Men*, 109，引述 *Times Literary Supplement* (14 Dec. 1956).
63. 同前引書，169–70。
64. Wilson, *Dreaming to Some Purpose*, 3–4.
65. Colin Wilson, *Adrift in Soho* (London: Pan, 1964), 114.
66. Spurgeon, *Colin Wilson*, 36。其他因為寫書評或簡介而激怒了他的作者：同前引書，37–8, 47。有趣的一則簡介：Lynn Barber, in *Observer* (30 May 2004)。
67. 梅鐸的評論見 *Manchester Guardian* (25 Oct. 1957)，她一九六二年寫給布里吉德・布洛菲（Brigid Brophy）的信把威爾森稱為笨蛋：見 Murdoch, ed. A. Horner & A. Rowe, *Living on Paper: Letters from Iris Murdoch 1934–1995* (London: Chatto & Windus, 2015), 222。
68. Murdoch, 'Against Dryness', *Existentialists and Mystics: writings on philosophy and literature*, ed. P. Conradi (London: Penguin, 1999), 287– 95:292–3.
69. J. Glenn Gray, 'Salvation on the Campus: why existentialism is capturing the students', *Harper's Magazine* (May 1965), 53–60。有關葛雷，見 Woessner, *Heidegger in America*, 132–59。

70. Alain Robbe-Grillet, *For a New Novel*, tr. Richard Howard (NY: Grove, 1965), 64.

71. Michel Foucault, *The Order of Things* (London: Tavistock, 1970), 387.

72. Claude Levi-Strauss, *The Savage Mind* (London: Weidenfeld & Nicolson, 1966), 247.

73. Jean Baudrillard, *Impossible Exchange*, tr. C. Turner (London: Verso, 2001), 73; Jack Reynolds and Ashley Woodward, 'Existentialism and Poststructuralism: some unfashionable observations', in Felicity Joseph, Jack Reynolds & Ashley Woodward (eds), *The Continuum Companion to Existentialism* (London: Continuum, 2011), 260–81

74. ASAD, 358。《髒手》在一九六八年十一月公演，《群蠅》在十二月。見 Contat & Rybalka (eds), *The Writings of Jean-Paul Sartre*, I, 89。

75. Antonin Liehm, *The Politics of Culture* (New York: Grove Press, 1973), 146（米蘭・昆德拉的訪問，原一九六八年出版）, tr. P. Kussi。

76. Havel, *Letters to Olga*, 306 (10 April 1982).

77. Philip Roth, in George Plimpton (ed.) *Writers at Work: the Paris Review interviews*, 7th series (New York: Penguin, 1988), 267–98:296（接受赫米歐尼・李〔Hermione Lee〕訪問），原刊於 *Paris Review* (Summer 1983–Winter 1984)。

78. Kohák, Jan Patočka, xi, translating Patočka, 'Erinnerungen an Husserl', in Walter Biemel (ed.), *Die Welt des Menschen – die Welt der Philosophie* (The Hague: Martinus Nijhoff, 1976), vii–xix:xv。帕托什卡還提到胡塞爾不大願意讓他也跟隨海德格學習：同前引書，x。

79. Shore, 'Out of the Desert', 14–15.

80. Paul Wilson, 'Introduction' to Havel, *Letters to Olga*, 18，引述 Václav Havel, 'The Last Conversation' (1977), in *Václav Havel o lidskou identitu* (*Václav Havel on Human Identity*), ed. Vilém Pričem & Alexander Tomský (London: Rozmluvy, 1984), 198–9。

81. Patočka, *Heretical Essays in the Philosophy of History*, 134–5.

82. 'Charter 77 Manifesto', *Telos*, 31 (1977), 148–50。另見 Jan Patočka, 'Political Testament', Telos, 31 (1977),

151–2; Kohák, *Jan Patočka*, 340–47。

83. Aviezer Tucker, *The Philosophy and Politics of Czech Dissidence from Patočka to Havel* (Pittsburgh: University of Pittsburgh Press, 2000), 2–3.

84. Michael Zantovsky, *Havel* (London: Atlantic Books, 2014), 182.

85. 哈維爾最後一次跟帕托什卡見面，見 Paul Wilson, 'Introduction' to Havel, Letters to Olga, 18，引述 Václav Havel, 'The Last Conversation' (1977), in *Václav Havel o lidskou identitu (Václav Havel on Human Identity)*, ed. Vilém Prečan & Alexander Tomský (London: Rozmluvy, 1984), 198–9。

86. Patočka, 'Political Testament', *Telos*, 31 (1977), 151–2:151.

87. 帕托什卡之死，見 Kohák, *Jan Patočka*, 3; Zantovsky, *Havel*, 183–4。

88. 帕托什卡的葬禮，見 Klíma, *My Crazy Century*, 350–51

89. 帕托什卡的遺稿，見 Shore, 'Out of the Desert', 14–15; Chvatík, 'Geschichte und Vorgeschichte'。

90. Paul Ricoeur, 'Patočka, Philosopher and Resister', tr. David J. Parent, *Telos*, 31 (1977), 152–5:155，原刊於 *Le Monde* (19 March 1977)。

91. Havel, 'The Power of the Powerless', 41–55.

92. 同前引書，99。

93. 同前引書，117–18。

第十三幕　嘗過了現象學之後

1. BN, 568.

2. Beauvoir, *A Very Easy Death*, 91–2.

3. Beauvoir, *Old Age*, 492.

4. Richard Wollheim, *The Thread of Life* (Cambridge, MA: Yale University Press, 1999), 269.

5. Lottman, *Albert Camus*, 5.

6. FOC, 496–7.

7. Sartre, 'Albert Camus', *Situations [IV]*, 107–12：原刊於 France-Observateur (7 Jan. 1960)。
8. 'Simone de Beauvoir tells Studs Terkel How She Became an Intellectual and Feminist' (1960)，訪問錄音，網上見 http://www.openculture.com/2014/11/simone-de-beauvoir-talks-with-studs-terkel-1960.html。
9. 賴特的死亡與疑團，見 Rowley, *Richard Wright*, 524–5。
10. 同前引書，504。
11. 賴特的徘句，部分可見 Ellen Wright & Michel Fabre (eds), *Richard Wright Reader* (New York: Harper & Row, 1978), 251–4。其他可見網上：http://terebess.hu/english/haiku/wright.html。
12. Ronald Bonan, *Apprendre à philosopher avec Merleau- Ponty* (Paris: Ellipses, 2010), 12; Gandillac, *Le siècle* traversé, 372; Emmanuelle Garcia, 'Maurice Merleau-Ponty: vie et oeuvre', in Merleau- Ponty, *OEuvres*, 27–99:93.
13. Sartre, 'Merleau-Ponty', *Situations [IV]*, 225–326:320：原文見 'Merleau-Ponty vivant', in *Les Temps modernes*, 17e année, 184–5 (Oct. 1961), 304–76。
14. Gens, *Karl Jaspers*, 50 (Gertrud Jaspers to Arendt, 10 Jan. 1966).
15. 同前引書，206 (Heidegger to Gertrud Jaspers, 2 March 1969; Gertrud Jaspers to Heidegger, 2 March 1969)。
16. Jaspers, 'Self-Portrait', 3.
17. Woessner, *Heidegger in America*, 109–11.
18. Arendt, 'Martin Heidegger at Eighty', in Murray (ed.), *Heidegger and Modern Philosophy*, 293–303:301：原刊於 *New York Review of Books* (Oct. 1971).
19. Petzet, *Encounters and Dialogues*, 91.
20. Gerhart Baumann, Erinnerungen an Paul Celan (Frankfurt am Main: Suhrkamp, 1992), 58–82:66; James K. Lyon, *Paul Celan and Martin Heidegger: an unresolved conversation, 1951–1970* (Baltimore: Johns Hopkins University Press, 2006), 168.
21. 策蘭的詩，見 Paul Celan, 'Todtnauberg', in *Poems of Paul Celan*, tr. Michael Hamburger (London: Anvil Press, 1988), 292–5（德語及英譯）。

22. Heidegger, *Sojourns*, 37.
23. Safranski, *Martin Heidegger*, 401 (Heidegger to Kästner, 21 Feb. 1960).
24. Heidegger, *Sojourns*, 12, 19.
25. 同前引書，36, 39–42。
26. 同前引書，43–4。
27. 同前引書，54。
28. 埃克塞基亞斯的杯子：同前引書，57, 70 n20。現藏於慕尼黑的巴伐利亞邦立古典珍品陳列館（State Collection of Antiquities）。
29. '"Only a God can Save Us": Der Spiegel's Interview with Martin Heidegger', in Wolin, *The Heidegger Controversy*, 91–116:106。這個訪問在海德格過世後才發表，刊於 *Der Spiegel* (31 May 1976)。英譯：Maria P. Alter & John D. Caputo (tr.), in *Philosophy Today XX* (4/4) (1976), 267–85。
30. 與維爾特的對話：Safranski, *Martin Heidegger*, 432，引述 Welte, 'Erinnerung an ein spätes Gespräch', 251。有關海德格與「回家」的思想主題，見 Robert Mugerauer, *Heidegger and Homecoming: the leitmotif in the later writings* (Toronto: University of Toronto Press, 2008); Brendan O'Donoghue, *A Poetics of Homecoming: Heidegger, homelessness and the homecoming venture* (Newcastle upon Tyne: Cambridge Scholars, 2011)。
31. Raymond Geuss, 'Heidegger and His Brother', in *Politics and Imagination* (Princeton & Oxford: Princeton University Press, 2010), 142–50:142–3。弗利茲生平事蹟，見 Zimmermann, *Martin und Fritz Heidegger; Safranski, Martin Heidegger*, 8–9，引錄 Andreas Müller, *Der Scheinwerfer: Anekdoten und Geschichten um Fritz Heidegger* (Messkirch: Armin Gmeiner, 1989), 9–11; 其他言行（尤其有關「此—此—此在」和月球上的超市）：Luzia Braun, 'Da-da-dasein. Fritz Heidegger: Holzwege zur Sprache', in *Die Zeit* (22 Sept. 1989)。
32. Heidegger, *Parmenides*, 85，引錄於 Polt, *Heidegger*, 174。
33. Safranski, *Martin Heidegger*, 8; Raymond Geuss, 'Heidegger and His Brother', *Politics and Imagination* (Princeton & Oxford: Princeton University Press, 2010), 142–50:149.

34. Sartre, 'J'écris pour dire que je n'écris pas', *Les mots*, etc, 1,266–7（沒有日期的筆記）。
35. Todd, *Un fils rebelle*, 20.
36. 這部電影在一九七二年二至三月拍攝，一九七六年五月二十七日在坎城首映。波娃與他一起看：Beauvoir 'A Farewell to Sartre', *Adieux*, 85。
37. Sartre, 'Self-Portrait at Seventy', *Sartre in the Seventies* (Situations X), 3–92:4.
38. Hayman, *Writing Against*, 416–17.
39. Beauvoir, 'A Farewell to Sartre', *Adieux*, 65.
40. Todd, *Un fils rebelle*, 30.
41. Sartre & Lévy, *Hope Now*, 63–4, 92, 100–103。訪問原刊於 *Le nouvel observateur* (10, 17, 24 March 1980).
42. 同前引書，73。
43. Ronald Aronson, 'Introduction'，同前引書，3–40:7。
44. 阿宏的看法：同前引書，8，引述 Aron, 'Sartre à "Apostrophes"', *Liberation/ Sartre* (1980), 49。其他人也表示關切：愛德華・薩依德（Edward Said）提到他一九七九年在巴黎碰上沙特和波娃，令他震驚的是，吃午餐時李維很大程度上成為沙特的代言人。當薩依德請求讓沙特自己說話，李維猶豫了一刻，然後說改天再由沙特來說。沙特後來說了，卻是照著預先寫好的稿子念出來，薩依德懷疑稿子是李維寫的。參見 Edward Said, 'Diary: an encounter with Sartre', *London Review of Books* (1 June 2000)。從更廣的角度來看李維與沙特的對話及兩人的合作關係，見 J.-P. Boulé, *Sartre médiatique* (Paris: Minard, 1992), 205–15。
45. Hayman, *Writing Against*, 437，特別談到顯然用長鏡頭拍的一張照片，刊於《巴黎競賽》（Paris Match）雜誌。
46. Beauvoir, 'A Farewell to Sartre', *Adieux*, 127.
47. Aron, *Memoirs*, 450.
48. Aron, *The Committed Observer*, 146.

49. Stanley Hoffman, 'Raymond Aron (1905–1983)', *New York Review of Books* (8 Dec. 1983).
50. Bair, *Simone de Beauvoir*, 611–12; ASAD, 69.
51. Forster & Sutton (eds), *Daughters of de Beauvoir*, 19, 17（凱特・米莉特的訪問）。
52. Bair, *Simone de Beauvoir*, 612–13.
53. 同前引書，615–16。
54. FOC, 674.
55. Beauvoir, *Old Age*, 406.
56. ASAD, 9.
57. ASAD, 10.
58. 梅鐸這部著作的手稿（打字本，有她的親筆修正），見京斯頓大學（University of Kingston）梅鐸檔案資料 KUAS6/5/1/4；手寫本藏於愛荷華大學（University of Iowa）。部分稿件經賈斯丁・布洛克斯（Justin Broackes）根據兩個版本整理後發表，見 Murdoch, 'Sein und Zeit: pursuit of Being', in Broackes (ed.), *Iris Murdoch, Philosopher,* 93–114。
59. Murdoch, 'Sein und Zeit: pursuit of Being', in Broackes (ed.), *Iris Murdoch, Philosopher*, 97.
60. 貝內特的困惑，見 Murdoch, *Jackson's Dilemma*, 13–14。
61. 同前引書，47。
62. 傑克森最後的思緒：同前引書，248–9。

落幕　無法參透的世間萬象

1. Jean- Pierre Boulé & Enda McCaffrey (eds), *Existentialism and Contemporary Cinema* (New York & Oxford: Berghahn, 2011); William C. Pamerleau, *Existentialist Cinema* (Basingstoke & New York: Palgrave Macmillan, 2009).
2. Thomas Deane Tucker & Stuart Kendall (eds), *Terrence Malick: film and philosophy* (London: Continuum,

2011); Martin Woessner, 'What Is Heideggerian Cinema?', *New German Critique*, 38 (2) (2011), 129–57; Simon Critchley, 'Calm: on Terrence Malick's The Thin Red Line', *Film-Philosophy,* 6 (38) (Dec. 2002)，網上見 http://www.film-philosophy.com/vol6-2002/n48critchley。馬力克翻譯海德格的著作：*The Essence of Reasons* (Evanston, IL: Northwestern University Press, 1969)。

3. 這種訊息的一個有趣例子見 Daniel Kahnemann, *Thinking Fast and Slow* (New York: Farrar, Straus & Giroux, 2011)。
4. 對自由的信念的研究：J. Baggini, *Freedom Regained* (London: Granta, 2015), 35，引述 K. D. Vohs & J. W. Schooler, 'The Value of Believing in Free Will: encouraging a belief in determinism increases cheating', *Psychological Science*, 19 (1) (2008), 49–54。如果研究對象曾閱讀一段文字，暗示行為由外力決定，就會較傾向於在一項任務上使用蒙混手段。
5. Heidegger, 'The Thinker as Poet', *Poetry, Language, Thought*, 1–14:4.
6. 梅鐸的《海德格：追尋存有》手稿（打字本，梅鐸親手修正），京斯頓大學梅鐸檔案資料 KUAS6/5/1/4, 53。
7. Kisiel, Genesis, 287，引錄首次亞里斯多德講課手稿（一九二四年五月一日）。自己一生無甚足觀：Petzet, *Encounters and Dialogues*, 1。必須指出的是，胡塞爾也對傳記細節無甚興趣；在這方面，他們對現象學該做的事在概念上有相似之處。
8. Fest, *Not I*, 265.
9. FOC, 273。沙特活躍思考方式的正面評價：Barnes, *An Existentialist Ethics*, 448。
10. 米歇爾・康塔（Michel Contat）訪問沙特時引述了沙特這句話，沙特表示同意。見 Sartre, 'Self-Portrait at Seventy', *Sartre in the Seventies* (Situations X), 3–92:20。
11. Beauvoir, Adieux, 436.
12. 同前引書，445。
13. Heidegger, 'The Question Concerning Technology', *The Question Concerning Technology and Other Essays*, 3–35:4。

14. Heinemann, *Existentialism and the Modern Predicament*, 26, 28.
15. Dreyfus, *On the Internet*, 1–2。另一方面，多恩・伊德（Don Ihde）辯稱海德格的哲學對現代科技來說是不相關的，因為海德格所思考的主要是工業時代：Don Ihde, *Heidegger's Technologies: postphenomenological perspectives* (New York: Fordham University Press, 2010), 117–20。
16. E. M. Forster, 'The Machine Stops', in *Collected Short Stories* (London: Penguin, 1954), 109–46:110–11；原刊於 *Oxford and Cambridge Review* (Nov. 1909).
17. 「具身認知」：例子見 George Lakoff & Mark Johnson, *Philosophy in the Flesh: the embodied mind and its challenge to Western thought* (New York: Basic Books, 1999); Mark Rowlands, *The New Science of the Mind* (Cambridge, MA & London: Bradford/MIT Press, 2010); Shaun Gallagher, *How the Body Shapes the Mind* (Oxford: Clarendon Press, 2005)。

參考書目

檔案來源

Sonia Brownell & Maurice Merleau-Ponty: Correspondence (S.109) in George Orwell Archive, University College London.

Iris Murdoch, 'Heidegger: the pursuit of Being' (KUAS6/5/1/4) and 'Notes on a lecture by Jean-Paul Sartre' (Brussels, Oct. 1945) (IML 682) in Murdoch Archive, University of Kingston.

專書

Aho, Kevin, *Existentialism: an introduction* (Malden, MA & Cambridge: Polity, 2014).

Arendt, Hannah, *Eichmann in Jerusalem: a report on the banality of evil*, rev. and enl. edn (Harmondsworth: Penguin, 1977).

— *Essays in Understanding,* 1930–1954, ed. J. Kohn (New York: Harcourt, Brace & Co., 1994).

— *The Life of the Mind*, ed. M. McCarthy (New York: Harcourt Brace Jovanovich, 1977–8).

— *The Origins of Totalitarianism* (London: Andre Deutsch, 1986) (*Elemente und Ursprunge totaler Herrschaft*, 1951).

Arendt, Hannah & Heidegger, Martin, *Letters*, 1925–1975, ed. U. Ludz, tr. A. Shields (Orlando: Harcourt, 2004) (*Briefe*, 1998).

Arendt, Hannah & Jaspers, Karl, *Hannah Arendt/Karl Jaspers Correspondence* 1926–1969, eds L. Kohler & H. Saner, tr. R. & R. Kimber (New York: Harcourt Brace Jovanovich, 1992) (*Hannah Arendt/Karl Jaspers Briefwechsel*, 1985).

Aron, Raymond, *The Committed Observer: interviews with Jean-Louis Missika and Dominique Wolton*, tr. J. & M. McIntosh (Chicago: Regnery Gateway, 1983) (*Le spectateur engagé*, 1981).

— Memoirs, tr. G. Holoch (New York & London: Holmes & Meier, 1990) (*Memoires*, 1983).

— *The Opium of the Intellectuals*, tr. T. Kilmartin (London: Secker & Warburg, 1957) (*L'opium des intellectuels*, 1955).

Bair, Deirdre, *Simone de Beauvoir* (London: Vintage, 1991).

Baldwin, James, *The Price of the Ticket: collected non-fiction* 1948–1985 (London: Michael Joseph, 1985).

Barnes, Hazel, *An Existentialist Ethics*, new edn (Chicago & London: Chicago University Press, 1978).
— *The Story I Tell Myself: a venture in existentialist autobiography* (Chicago & London: Chicago University Press, 1997).
Barrett, William, Irrational Man: a study in existential philosophy (Garden City: Doubleday, 1962) (originally 1958).
Bauer, Nancy, *Simone de Beauvoir, Philosophy, and Feminism* (New York: Columbia University Press, 2001).
Beauvoir, Simone de, *Adieux: a farewell to Sartre*, tr. P. O'Brian (London: Penguin, 1985) (*La céremonie des adieux......* , 1981).
— *All Said and Done*, tr. P. O'Brian (Harmondsworth: Penguin, 1977) (*Tout compte fait*, 1972).
— *America Day By Day*, tr. C. Cosman (London: Phoenix, 1999) (*L'Amérique au jour le jour*, 1948).
— *Beloved Chicago Man: letters to Nelson Algren* 1947–64, ed. S. Le Bon de Beauvoir (London: Phoenix, 1999). US edn entitled *A Transatlantic Love Affair* (New York: New Press, 1998). Originally published in French edn (*Lettres à Nelson Algren*, tr. S. Le Bon de Beauvoir, 1997); letters then restored to English originals in re-translation.
— *The Blood of Others*, tr. Y. Moyse & R. Senhouse (Harmondsworth: Penguin, 1964) (*Le sang des autres*, 1945).
— *Cahiers de jeunesse* 1926–1930, ed. S. Le Bon de Beauvoir (Paris: Gallimard, 2008).
— *The Ethics of Ambiguity*, tr. B. Frechtman (New York: Citadel, 1968) (*Pour une morale de l'ambiguité*, 1947).
— *Force of Circumstance*, tr. R. Howard (Harmondsworth: Penguin, 1968) (*La force des choses*, 1963).
— *The Mandarins*, tr. L. M. Friedman (London: Harper, 2005) (*Les Mandarins*, 1954).
— *Memoirs of a Dutiful Daughter*, tr. J. Kirkup (Harmondsworth: Penguin, 1963) (*Mémoires d'une jeune fille rangée*, 1958).
— *Old Age*, tr. P. O'Brian (Harmondsworth: Penguin, 1977) (*La vieillesse*, 1970).
— *Philo-soph-ical Writings*, eds M. A. Simons, M. Timmermann & M. B. Mader (Urbana & Chicago: University of Illinois Press, 2004).
— *Political Writings*, eds M. A. Simons & M. Timmermann (Urbana, Chicago & Springfield: University of Illinois Press, 2012).
— *The Prime of Life*, tr. P. Green (Harmondsworth: Penguin, 1965) (*La force de l'âge*, 1960).
— *The Second Sex*, tr. C. Borde & S. Malovany-Chevallier (London: Cape, 2009) (*Le deuxième sexe*, 1949).
— *She Came to Stay*, tr. Y. Moyse & R. Senhouse (London: Harper, 2006) (*L'invitèe*, 1943).
— *'The Useless Mouths' and Other Literary Writings*, eds M. A. Simons & M. Timmermann (Urbana, Chicago & Springfield: University of Illinois Press, 2011).
— *A Very Easy Death*, tr. P. O'Brian (Harmondsworth: Penguin, 1969) (*Une mort trés douce*, 1964).
— *Wartime Diary*, tr. A. Deing Cordero, eds M. A. Simons & S. Le Bon de Beauvoir (Urbana & Chicago: University of Illinois Press, 2009) (*Journal de guerre*, 1990).
Beevor, Antony & Cooper, Artemis, *Paris After the Liberation*: 1944–1949, rev. edn (London: Penguin, 2004).
Bernasconi, Robert, *How to Read Sartre* (London: Granta, 2006).
— (ed.), *Race* (Malden, MA & Oxford: Blackwell, 2001).
Biemel, Walter, *Martin Heidegger: an illustrated study*, tr. J. L. Mehta (New York: Harcourt Brace Jovanovich, 1976) (*Martin Heidegger*, 1973).

Borden, Sarah, *Edith Stein* (London & New York: Continuum, 2003).
Brentano, Franz, *Psychology from an Empirical Standpoint*, ed. O. Kraus, tr. A. C. Rancurello, D. B. Terrell & L. McAlister (London & New York: Routledge, 1995) (*Psychologie vom empirischen Standpunkte*, 1874, 2nd edn 1924).
Broackes, Justin (ed.), *Iris Murdoch, Philosopher: a collection of essays* (Oxford & New York: OUP, 2012).
Camus, Albert, *Algerian Chronicles*, tr. A. Goldhammer (Cambridge, MA & London: Belknap/Harvard University Press, 2013) (*Chroniques algériennes*, 1958).
— *American Journals*, ed. R. Quilliot, tr. Hugh Levick (London: Abacus, 1990) (*Journal de voyage*, 1978).
— *Between Hell and Reason*, tr. A. de Gramont (Lebanon, NH: University Press of New England, 1991) (translation of essays ori-ginally published in *Combat*).
— *Caligula, Cross Purpose, The Just, The Possessed*, tr. S. Gilbert & H. Jones (London: Penguin, 1984).
— *Essais* (Paris: Gallimard, 1965).
— *The Fall*, tr. J. O'Brien (Harmondsworth: Penguin, 1963) (*La chute*, 1956).
— *The First Man*, tr. D. Hapgood (London: Penguin, 1996) (*Le premier homme*, 1994).
— *Lyrical and Critical Essays*, tr. E. Conroy Kennedy, ed. P. Thody (New York: Knopf, 1969) (translations from *L'envers et l'endroit, Noces, L'été* and other sources).
— *The Myth of Sisyphus*, tr. J. O'Brien (Harmondsworth: Penguin, 1975) (*Le mythe de Sisyphe*, 1942).
— 'Neither Victims nor Executioners' (tr. D. Macdonald), in Paul Goodman (ed.), *Seeds of Liberation* (New York: G. Braziller, 1964), 24–43 ('Ni victimes, ni bourreaux', published in *Combat*, 1946).
— *Notebooks* 1935–1942, tr. P. Thody (New York: Modern Library, 1965) (*Carnets* 1935–1942, 1962).
The Outsider, tr. S. Smith (Harmondsworth: Penguin, 2013) (*L'etranger*, 1942).
— *The Plague*, tr. R. Buss (London: Allen Lane, 2001) (*La peste*, 1947).
— *The Rebel*, tr. A. Bower (London: Penguin, 2000) (*L'homme revolté*, 1951).
Carman, Taylor, *Merleau-Ponty* (London & New York: Routledge, 2008).
Carpenter, Humphrey, *The Angry Young Men: a literary comedy of the* 1950s (London: Allen Lane, 2002).
Cassirer, Ernst & Heidegger, Martin, *Débat sur le Kantisme et la philo-sophie*, ed. P. Aubenque (Paris: Editions Beauchesne, 1972).
Cau, Jean, *Croquis de mémoire* (Paris: Julliard, 1985).
Cazalis, Anne-Marie, *Les mémoires d'une Anne* (Paris: Stock, 1976).
Chvatík, Ivan, 'Geschichte und Vorgeschite des Prager Jan Patočka-Archivs', *Studia phaenomenologica vii* (2007), 163–89.
Cohen-Solal, Annie, *Album Jean-Paul Sartre: iconographie* (Paris: Gallimard, 1991).
— *Sartre: a life*, tr. A. Cancogni (London: Heinemann, 1987) (*Sartre*, 1985).
— *Une renaissance Sartrienne* (Paris: Gallimard, 2013).
Conradi, Peter J., *Iris Murdoch: a life* (London: HarperCollins, 2001).

Contat, Michel & Rybalka, Michel (eds), *The Writings of Jean-Paul Sartre*, tr. R. McCleary (Evanston, IL: Northwestern University Press, 1974) vol. 1: A *Bibliographical Life*, vol. 2: *Selected Prose*.
Cooper, David E., *Existentialism: a reconstruction*, 2nd edn (Oxford: Blackwell, 1999).
Corpet, O. & Paulhan, Claire, *Collaboration and Resistance: French literary life under the Nazi Occupation*, tr. J. Mehlman et al. (New York: Five Ties, 2009) (*Archives de la vie littéraire sous l'Occupation*, 2009).
Cotkin, George, *Existential America* (Baltimore, MD: Johns Hopkins University Press, 2005).
Cox, Gary, *The Sartre Dictionary* (London: Continuum, 2008).
Crowell, Steven (ed.), *The Cambridge Companion to Existentialism* (New York & Cambridge: CUP, 2012).
Dodd, James, *Crisis and Reflection: an introduction to Husserl's Crisis of the European Sciences* (Dordrecht, Boston & London: Kluwer, 2004).
Dorléac, Bertrand, *Art of the Defeat: France* 1940–44 (Los Angeles: Getty Research Institute, 2008).
Dreyfus, Herbert L., *Being-in-the-world: a commentary on Heidegger's Being and Time, Divison I* (Cambridge, MA & London: MIT Press, 1991).
— *On the Internet* (London & New York: Routledge, 2001).
— *What Computers Still Can't Do* (Cambridge, MA & London: MIT Press, 1992).
Dreyfus, Hubert L. and Wrathall, Mark A. (eds), *A Companion to Phenomenology and Existentialism* (Oxford: Blackwell, 2006).
Ettinger, Elzbieta, *Hannah Arendt, Martin Heidegger* (New Haven & London: Yale University Press, 1995).
Fanon, Frantz, *Black Skin, White Masks*, tr. R. Philcox (New York: Grove, 2008) (*Peau noir, masques blancs*, 1952).
— *The Wretched of the Earth*, foreword by J.P. Sartre, tr. C. Farrington (Harmondsworth: Penguin, 1967) (*Les damnés de la terre*, 1961).
Farías, Victor, *Heidegger and Nazism*, tr. P. Burrell & G. R. Ricci, eds J. Margolis & T. Rockmore (Philadelphia: Temple University Press, 1989) (*Heidegger y el Nazismo*, 1987, originally published in French as *Heidegger et le nazisme*, 1987).
Faye, Emmanuel, *Heidegger: the introduction of Nazism into philosophy*, tr. M. B. Smith (New Haven & London: Yale University Press, 2009) (*Heidegger: l'introduction du nazisme dans la philosophie*, 2005).
Fest, Joachim, *Not I: a German childhood*, tr. M. Chalmers. (London: Atlantic Books, 2013) (Ich nicht, 2006).
Flynn, Thomas R., *Sartre: a philosophical biography* (Cambridge: CUP, 2014).
Forster, Penny & Sutton, Imogen (eds), *Daughters of de Beauvoir* (London: The Women's Press, 1989).
Fullbrook, Edward & Fullbrook, Kate, *Sex and Philosophy: rethinking De Beauvoir and Sartre* (London: Continuum, 2008).
Fulton, Ann, *Apostles of Sartre: existentialism in America* (Evanston, IL: Northwestern University Press, 1999).
Gadamer, Hans-Georg, *Philosophical Apprenticeships*, tr. R. R. Sullivan (Cambridge, MA: MIT Press, 1985) (*Philosophische Lehrjahre*, 1977).
Gallagher, Shaun & Zahavi, Dan, *The Phenomenological Mind*, 2nd edn (London & New York: Routledge, 2012).
Gandillac, Maurice de, *Le siècle traversé* (Paris: Albin Michel, 1998).

Garff, Joakim, *Soren Kierkegaard: a biography*, new edn, tr. B. H. Kirmmse (Princeton: Princeton University Press, 2007).
Genet, Jean, *The Declared Enemy: texts and interviews*, ed. A. Dichy, tr. Jeff Fort (Stanford: Stanford University Press, 2004) (*L'ennemi déclaré*, 1991).
Gens, Jean-Claude, *Karl Jaspers: biographie* (Paris: Bayard, 2003).
Gerassi, John, *Sartre: hated conscience of his century* (Chicago: Chicago University Press, 1989).
— *Talking with Sartre: conversations and debates* (New Haven & London: Yale University Press, 2009).
Gille, Vincent, *Saint-Germain-des-Prés*, 1945–1950 (Paris: Pavillon des Arts, 1989).
Gordon, L. (ed.), *Existence in Black: An Anthology of Black Existential Philosophy* (New York & London: Routledge, 1997).
Gordon, Peter Eli, *Continental Divide: Heidegger, Cassirer, Davos* (Cambridge, MA & London: Harvard University Press, 2010).
Gray, Francine du Plessix, *Simone Weil* (London: Weidenfeld & Nicolson, 2001).
Gréco, Juliette, *Je suis faite comme ça* (Paris: Flammarion, 2012).
— *Jujube* (Paris: Stock, 1982).
Guéhenno, Jean, *Diary of the Dark Years*, 1940–1944, tr. D. Ball (Oxford & New York: OUP, 2014) (*Journal des années noires*, 1947).
Haffner, Sebastian, *Defying Hitler: a memoir*, tr. O. Pretzel (London: Weidenfeld & Nicolson, 2002) (*Geschichte eines Deutschen*, 2000).
Havel, Václav, *Letters to Olga*, tr. with introduction by P. Wilson (London & Boston: Faber, 1990) (*Dopisy Olze*, 1990).
— 'The Power of the Powerless' (*Moc bezmocných*, 1978), tr. P. Wilson, in his *Living in Truth: twenty-two essays published on the occasion of the award of the Erasmus Prize to Vaclav Havel*, ed. Jan Vladislav (London: Faber, 1987), 36–122.
Hayman, Ronald, *Writing Against: a biography of Sartre* (London: Weidenfeld & Nicolson, 1986).
Heidegger, Martin, *Basic Writings*, ed. D. F. Krell, rev. and expanded edn (London: Routledge, 1993).
— *Being and Time*, tr. J. Macquarrie & E. Robinson (Oxford: Blackwell, 1962) (*Sein und Zeit*, 1927).
— *Being and Time*, tr. J. Stambaugh, rev. D. J. Schmidt (Albany: SUNY Press, 2010) (*Sein und Zeit*, 1927).
— *Country Path Conversations*, tr. B. W. Davis (Bloomington & Indianapolis: Indiana University Press 2010) (*Feldweg-Gespräche*, 2nd edn (GA 77), 2005).
— *Elucidations of Hölderlin's Poetry*, tr. K. Hoeller (New York: Humanity Books, 2000) (*Erläuterungen zu Hölderlins Dichtung*, (GA 4), 1981).
— *Gesamtausgabe* (GA) (Frankfurt am Main: V. Klostermann, 1976–) (the collected edn of Heidegger's works).
— *Introduction to Metaphysics*, tr. G. Fried & R. Polt (New Haven & London: Yale University Press, 2000) (*Einführung in die Metaphysik*, 1953).
— *Letters to his Wife* 1915–1970, ed. G. Heidegger, tr. R. D. V. Glasgow (Cambridge & Malden, MA: Polity, 2008) (*Mein liebes Seelchen!*, 2005).
— *Off the Beaten Track*, eds & tr. J. Young & K. Haynes (Cambridge: CUP, 2002) (*Holzwege*, 1950).
— *On Time and Being*, tr. J. Stambaugh (New York: Harper & Row, 1972) (translation from various sources).

— *Pathmarks*, ed. W. McNeill (Cambridge: CUP, 1998) (*Wegmarken*, 1967, rev. edn 1976).
— *Poetry, Language, Thought*, tr. A. Hofstadter (New York: Harper, 1975) (translation from various sources).
— *The Question Concerning Technology and Other Essays*, tr. W. Lovitt (New York: Harper, 1977) (*Die Frage nach der Technik*, 1953).
— *Sein und Zeit*, 14th edn (Tübingen: Max Niemeyer, 1977).
— *Sojourns: the journey to Greece*, tr J. P. Manoussakis (Albany: SUNY Press, 2005) (*Aufenthalte*, 1989).
— *What Is Called Thinking?*, tr. J. G. Gray (New York: Harper, 1968) (*Was heisst denken?*, 1954).
— Heidegger, Martin & Jaspers, Karl, The *Heidegger–Jaspers Correspondence* (1920–1963), eds W. Biemel & H. Saner, tr. G. E. Aylesworth (Amherst, NY: Humanity Books, 2003) (*Briefwechsel*, 1990).
Heinemann, Friedrich, *Existentialism and the Modern Predicament*, 2nd edn (London: Adam & Charles Black, 1954).
Howells, Christina (ed.), *The Cambridge Companion to Sartre* (Cambridge: CUP, 1992).
Husserl, Edmund, *Cartesian Meditations: an introduction to phenomenology*, tr. D. Cairns (The Hague: Martinus Nijhoff, 1977) (*'Cartesianische Meditationen'*, *Husserliana* I, 1950).
— *The Crisis of the European Sciences and Transcendental Phenomenology*, ed. W. Biemel, tr. D. Carr (Evanston, IL: Northwestern University Press, 1970) (*Die Krisis der europäischen Wissenschaften und die transzendentale Phänomenologie*, 1954).
— *Husserliana* (The Hague: Martinus Nijhoff; Dordrecht: Springer, 1950–). Collected edition of his works, with supplementary volumes.
— *Ideas: general introduction to pure phenomenology*, tr. W. R. Boyce Gibson (London & New York: Routledge, 2012) (Ideen, 1913, 1952).
— *Logical Investigations*, tr. J. N. Findlay (London: Routledge & Kegan Paul; New York: Humanities Press, 1970) (*Logische Untersuchungen*, 2nd edn, 1913– 21).
— *Psychological and Transcendental Phenomenology and the Confrontation with Heidegger* (1927–1931), eds & tr. T. Sheehan & R. E. Palmer (Dordrecht, Boston, London: Kluwer, 1997) (*Husserliana: Collected Works* VI).
Husserl-Archiv Leuven, *Geschichte des Husserl-Archivs = History of the Husserl Archives* (Dordrecht: Springer, 2007).
Huston, John, *An Open Book* (New York: Knopf, 1980; London: Macmillan, 1981).
Inwood, Michael, *A Heidegger Dictionary* (Oxford Blackwell, 1999).
Jackson, Julian, *France: The Dark Years* 1940–1944 (Oxford & New York: OUP, 2001).
Janicaud, Dominique, *Heidegger en France* (Paris: Albin Michel, 2001).
Jaspers, Karl, *The Atom Bomb and the Future of Mankind*, tr. E. B. Ashton (Chicago: University of Chicago Press, 1961) (*Die Atombombe und die Zukunft des Menschen*, 1958).
— *Basic Philo-soph-ical Writings*, eds E. Ehrlich, L. H. Ehrlich & G. B. Pepper (Amherst, NY: Humanity Books (Humanities Press), 1994).
— 'On Heidegger', tr. Dale L. Ponikvar, *Graduate Faculty Philosophy Journal* 7 (1) (1978), 107–28. Translation of the added chapter *Notizen zu Martin Heidegger*, ed. Hans Saner, in revised edn of Jaspers, *Philosophische Autobiographie* (Munich: Piper, 1989). Also

included as an insert in 'Philosophical Autobiography' (see below), 75/1–16.
— *Philosophy, tr. E. B. Ashton* (Chicago & London: University of Chicago Press, 1969–70) (*Philosophie*, 1932).
— *Philosophy of Existence*, tr. R. F. Grabau (Oxford: Blackwell, 1971) (*Existenzphilosophie*, 1938).
— *The Question of German Guilt*, tr. E. B. Ashton (Westport, CT: Greenwood Press, 1978) (*Die Schuldfrage*, 1946).
— 'Philo-soph-ical Autobiography', tr. P. A. Schilpp & L. B. Lefebre, in P. A. Schilpp (ed.) *The Philosophy of Karl Jaspers*. 2nd edn (La Salle, IL: Open Court, 1981), 5–94.
— 'Self-Portrait', tr. E. Ehrlich, in L. H. Ehrlich & R. Wisser (eds), *Karl Jaspers Today: philosophy at the threshold of the future* (Washington DC: Center for Advanced Research in Phenomenology, 1988), 1–25 (an interview broadcast and recorded 1966/7 by Norddeutscher Rundfunk).
Judaken, Jonathan & Bernasconi, Robert (eds), *Situating Existentialism* (New York & Chichester: Columbia University Press, 2012).
Judt, Tony, Past *Imperfect: French Intellectuals* 1944–1956 (Berkeley: University of California Press, 1992).
Kaufmann, Walter, *Existentialism from Dostoevsky to Sartre* (London: Thames & Hudson, 1957).
Kierkegaard, Søren, *The Concept of Anxiety*, tr. E. and H. Hong (Princeton: Princeton University Press, 1981) (*Begrebet Angest*, 1844).
— *Concluding Unscientific Postscript to the Philosophical Crumbs*, ed. & tr. A. Hannay (Cambridge: CUP, 2009) (*Afsluttende uvidenskabelig Efterskrift til de philosophiske Smuler*, 1846).
— *Fear and Trembling*, tr. A. Hannay (London: Penguin, 2005) (*Frygt og Baeven*, 1843).
King, Magda, *A Guide to Heidegger's Being and Time*, ed. J. Llewellyn (Albany: SUNY Press, 2001).
Kirkbright, Suzanne, *Karl Jaspers: a biography – navigations in truth* (New Haven & London: Yale University Press, 2004).
Kisiel, Theodore & Sheehan, Thomas (eds), *Becoming Heidegger: on the trail of his early occasional writings*, 1910–1927 (Evanston, IL: Northwestern University Press, 2007).
Kleinberg, Ethan, *Generation Existential: Heidegger's philosophy in France*, 1927–1961 (Ithaca: Cornell University Press, 2005).
Klima, Ivan, *My Crazy Century*, tr. Craig Cravens (London: Grove, 2014) (US edn by Grove/Atlantic, 2013).
Koestler, Arthur, *Darkness at Noon* (London: Macmillan, 1941).
— *Scum of the Earth* (New York: Macmillan, 1941).
Kohák, Erazim, *Jan Patočka: philosophy and selected writings* (Chicago & London: Chicago University Press, 1989).
Lacoin, Elisabeth, *Zaza: correspondance et carnets d'Elisabeth Lacoin* (1914–1929) (Paris: Éditions du Seuil, 1991).
Landes, Donald A., *The Merleau-Ponty Dictionary* (London: Bloomsbury, 2013).
Lanzmann, Claude, *The Patagonian Hare*, tr. F. Wynne (London: Atlantic, 2012). (Le lièvre de Patagonie, 2009).
Lescourret, Marie-Anne, *Emmanuel Levinas*, 2nd edn (Paris: Flammarion, 2006).
Levinas, *Discovering Existence with Husserl*, tr. & eds R. A. Cohen & M. B. Smith (Evanston, IL: Northwestern University Press, 1998) (*En découvrant l'existence avec Husserl et Heidegger*, 1949).
— *Existence and Existents*, tr. A. Lingis, introduction by R. Bernasconi (Pittsburgh: Duquesne University Press, 2001) (*De l'existence à*

l'existent, 1947).
— *On Escape – De l'évasion*, tr. B. Bergo, with introductory essay, 'Getting Out of Being by a New Path', by J. Rolland (Stanford: Stanford University Press, 2003) (translation of essay published in *Recherches Philosophiques*, 1935).
— *Totality and Infinity*, tr. A. Lingis (Pittsburgh: Duquesne University Press, 1969) (*Totalité et l'infini*, 1961).
Lévy, Bernard-Henri, *Sartre: the philosopher of the twentieth century*, tr. A. Brown (Cambridge: Polity, 2003) (*Le siècle de Sartre*, 2000).
Lewis, Michael & Staehler, Tanya, *Phenomenology: an introduction* (London & New York: Continuum, 2010).
Lottman, Herbert, *Albert Camus* (New York: Doubleday, 1979).
Löwith, Karl, *My Life in Germany Before and After* 1933, tr. E. King (London: Athlone Press, 1994) (*Mein Leben in Deutschland vor und nach* 1939, 1986).
Lusset, Félix, 'Un episode de l'histoire de la Mission Culturelle Française à Berlin (1946–1948): Sartre et Simone de Beauvoir à Berlin à l'occasion des representations des *Mouches* au theatre Hebbel (janvier 1948)', in Jérôme Vaillant (ed.), *La dénazification par les vainqueurs: la politique culturelle des occupants en Allemagne* 1945–1949 (Lille: Presses universitaires de Lille, 1981), 91–103.
MacDonald, Paul S. (ed.), *The Existentialist Reader: an anthology of key texts* (Edinburgh: Edinburgh University Press, 2000).
Macey, David, *Frantz Fanon: a biography*, 2nd edn (London & New York: Verso, 2012) (first published in US by Picador, 2000).
Mailer, Norman, *Advertisements for Myself* (Cambridge, MA & London: Harvard University Press, 1992).
Malka, Solomon, *Emmanuel Levinas: his life and legacy*, tr. M. Kigel & S. M. Embree (Pittsburgh: Duquesne University Press, 2006) (*Emmanuel Lèvinas: la vie et la trace*, 2002).
Marcel, Gabriel, 'An Autobiographical Essay', tr. Forrest Williams, in P. A. Schilpp & L. Hahn (eds), *The Philosophy of Gabriel Marcel* (La Salle, IL: Open Court, 1991), 3–68.
— *Homo Viator: introduction to a metaphysic of hope*, tr. E. Craufurd (London: Gollancz, 1951) (*Homo Viator*, 1944).
— *The Philosophy of Existence*, tr. M. Harari (London: Harvill, 1948) (translation of various works).
— *Tragic Wisdom and Beyond: including conversations between Paul Ricaur and Gabriel Marcel*, tr. S. Jolin & P. McCormick (Evanston, IL: Northwestern University Press, 1973) (*Pour une sagesse tragique et son au-delà*, 1968).
Merleau-Ponty, Maurice, *Adventures of the Dialectic*, tr. J. Bien (Evanston, IL: Northwestern University Press, 1973) (*Les aventures de la dialec-tique*, 1955).
— *Humanism and Terror: the Communist problem*, tr. J. O'Neill (New Brunswick & London: Transaction, 2000) (*Humanisme et terreur*, 1947).
— *In Praise of Philosophy*, tr. J. Wild & J. M. Edie (Evanson, IL: Northwestern University Press, 1963) (*Éloge de la philosophie*, 1953).
— *La phénomenologie de la perception* (Paris: Gallimard, 2005).
— *Œuvres*, ed. C. Lefort (Paris: Gallimard, 2010).
— *Parcours deux*, 1951–1961 (Paris: Verdier, 2000).
— *Phenomenology of Perception*, tr. D. Landes (London & New York: Routledge, 2012) (*La phénomenologie de la perception*, 1945).

— *Sense and Non-Sense*, tr. H. L. Dreyfus & P. A. Dreyfus (Evanston, IL: Northwestern University Press, 1964) (*Sens et non-sens*, 1948).
— *Signs*, tr. & ed. R. C. McCleary (Evanston, IL: Northwestern University Press, 1964) (*Signes*, 1960).
— *Texts and Dialogues*, eds H. J. Silverman & J. Barry Jr, tr. M. Smith et al. (New Jersey & London: Humanities Press, 1992).
— *The Visible and the Invisible: followed by working notes*, ed. C. Lefort, tr. A. Lingis (Evanston, IL: Northwestern University Press, 1968) (*Le visible et l'invisible*, 1964).
— *The World of Perception*, tr. O. Davis (London & New York: Routledge, 2008) (*Causeries* 1948, 2002).
Moi, Toril, *Simone de Beauvoir: the making of an intellectual woman* (Oxford & Cambridge, MA: Blackwell, 1994).
Moran, Dermot, *Edmund Husserl: founder of phenomenology* (Cambridge: Polity, 2005).
— *Introduction to Phenomenology* (London & New York: Routledge, 2000).
Murdoch, Iris, *Jackson's Dilemma* (London: Chatto & Windus, 1995).
— *Metaphysics as a Guide to Morals* (London: Chatto & Windus, 1992).
— *Sartre: romantic rationalist* (Harmondsworth: Penguin, 1989).
— '*Sein und Zeit*: pursuit of Being' (ed. Broackes), in J. Broackes (ed.), *Iris Murdoch, Philosopher: a collection of essays* (Oxford & New York: OUP, 2012), 93–114.
Murray, Michael (ed.), *Heidegger and Modern Philosophy* (New Haven: Yale University Press, 1978).
Neske, Gunther & Kettering, Emil (eds), *Martin Heidegger and National Socialism: questions and answers*, tr. Lisa Harries (New York: Paragon, 1990).
Ott, Hugo, *Heidegger: a political life*, tr. Allan Blunden (London: Fontana, 1994) (*Martin Heidegger: unterwegs zu seiner Biographie*, 1988).
Patočka, Jan, *Heretical Essays in the Philosophy of History*, tr. E. Kohák, ed. J. Dodd, foreword by P. Ric.ur (Chicago: Open Court, 1996) (*Kacířské eseje o filosofii dějin*, 1975).
Petzet, H. W., *Encounters and Dialogues with Martin Heidegger* 1929–1976, tr. P. Emade & K. Maly (Chicago & London: University of Chicago Press, 1993) (*Auf einen Stern zugehen: Begegnungen und Gespräche mit Martin Heidegger*, 1983).
Polt, Richard, *Heidegger: an introduction* (London: UCL Press, 1999).
Ree, Jonathan, *Heidegger* (London: Routledge, 1999).
Richardson, William J., *Heidegger: through phenomenology to thought*, foreword by M. Heidegger, 3rd edn (The Hague: Martinus Nijhoff, 1973).
Rockmore, Tom, *Heidegger and French Philosophy: humanism, anti-humanism, and Being* (London: Routledge, 1995).
Rowley, Hazel, *Richard Wright: the life and times* (Chicago: University of Chicago Press, 2008).
Sacks, Oliver, *A Leg to Stand On* (London: Picador, 1986).
Safranski, R., *Martin Heidegger: between good and evil* (Cambridge, MA: Harvard University Press, 1998) (*Ein Meister aus Deutschland: Heidegger und seine Zeit*, 1994).

Sartre, Jean-Paul, *The Aftermath of War* (*Situations III*), tr. C. Turner (London, New York & Calcutta: Seagull, 2008) (*Situations III*, 1949).

— *The Age of Reason*, tr. E. Sutton (Harmondsworth: Penguin, 1961) (*Roads of Freedom I*) (*L'âge de raison*, 1945).

— *Being and Nothingness*, tr. H. Barnes (London: Routledge, 2003) (*L'être et le néant*, 1943).

— *Between Existentialism and Marxism*, tr. J. Matthews, new edn (London: Verso, 2008) (a selection of essays from *Situations VIII* and *IX*, and an interview, 'Itinerary of a Thought').

– *The Communists and Peace. With an answer to Claude Lefort*, tr. I. Clephane (London: Hamish Hamilton, 1969) (*Les communistes et la paix*, published in *Les Temps modernes* in three parts: 81 (July 1952), 84–5 (Oct.–Nov. 1952), 101 (April 1954), and reprinted in *Situations VI: problemes du Marxisme*, 1964).

— *Critical Essays* (*Situations I*), tr. C. Turner (London, New York & Calcutta: Seagull, 2010) (*Situations I*, 1947).

— *Critique of Dialectical Reason. Volume I: Theory of Practical Ensembles*, tr. A. Sheridan-Smith, ed. J. Ree, introduction by F. Jameson (London: Verso, 2004) (*Critique de la raison dialectique. I. Théorie des ensembles pratiques*, 1960).

— *Critique of Dialectical Reason. Volume II* (*Unfinished*), ed. A. Elkaïm-Sartre, tr. Q. Hoare (London & New York: Verso, 2006) (*Critique de la raison dialectique. II*, 1985).

— *L'être et le néant* (Paris: Gallimard, 1943).

— *Existentialism and Humanism*, tr. P. Mairet (London: Methuen, 2007) (*L'existentialisme est un humanisme*, 1946).

— *The Family Idiot*, tr. C. Cosman (Chicago: University of Chicago Press, 1981–93) (*L'idiot de la famille*, 1971–2).

— *The Freud Scenario*, ed. J.-B. Pontalis, tr. Q. Hoare (London: Verso, 1985) (*Le scenario Freud*, 1984).

— *Imagination: a psychological critique*, tr. F. Williams (London: Cressett; Ann Arbor: University of Michigan Press, 1962) (*L'imagination*, 1936).

— *The Imaginary*, rev. A. Elkaïm-Sartre, tr. J. Webber (London & New York: Routledge, 2004) (*L'imaginaire*, 2nd edn, 1986, 1st edn 1940).

— *Intimacy*, tr. L. Alexander (London: Panther, 1960) (*Le mur*, 1948).

— *Iron in the Soul*, tr. Eric Sutton (Harmondsworth: Penguin, 1963) (*Roads of Freedom III*) (*La mort dans l'âme*, 1949).

— *The Last Chance: Roads of Freedom IV*, tr. C. Vasey (London & New York: Continuum, 2009) (*La dernière chance*, 1981).

— Sartre, *Les mots et autres écrits autobiographiques*, eds J.-F. Louette, G. Philippe & J. Simont (Paris: Gallimard, 2010).

— *Nausea*, tr. R. Baldick (Harmondsworth: Penguin, 1965) (*La nausée*, 1938).

— *No Exit and Three Other Plays*, tr. S. Gilbert & L. Abel (New York: Vintage, 1989) (translation of *Huis clos*, 1944, and other works).

— *Quiet Moments in a War: the letters of Jean-Paul Sartre to Simone de Beauvoir* 1940–1963, ed. S. de Beauvoir, tr. L. Fahnestock & N. MacAfee (New York: Scribner's, 1993) (*Lettres au Castor II*, 1983).

— *The Reprieve*, tr. E. Sutton (Harmondsworth: Penguin, 1963) (*Roads of Freedom II*) (*Le sursis*, 1945).

— *Saint Genet: actor and martyr*, tr. B. Frechtman (New York: Pantheon, 1963) (*Saint Genet, comédien et martyr*, 1952).

— *Sartre By Himself: a film directed by Alexandre Astruc and Michel Contat*, tr. R. Seaver (New York: Urizen, 1978) (*Sartre par lui-même*, 1977).

— *Sartre in the Seventies: interviews and essays*, tr. P. Auster and L. Davis (London: André Deutsch, 1978) (*Situations X*, 1976). Published in the US as *Life/Situations* (New York: Pantheon, 1977).

— *Situations* [IV], tr. B. Eisler (London: Hamish Hamilton, 1965) (*Situations IV*, 1964). Also translated as *Portraits* (*Situations IV*), tr. C. Turner (London, New York & Calcutta: Seagull, 2009).

— *War Diaries*, tr. Q. Hoare (London: Verso, 1984) (*Les carnets de la drôle de guerre*, 1983).

— *Witness to My Life: the letters of Jean-Paul Sartre to Simone de Beauvoir*, 1926–1939, ed. S. de Beauvoir, tr. L. Fahnestock & N. MacAfee (Harmondsworth: Penguin, 1994) (*Lettres au Castor I*, 1983).

— *Words*, tr. I. Clephane (Harmondsworth: Penguin, 1967) (*Les mots*, 1963).

Sartre, J.-P. and Lévy, Benny, *Hope Now: the 1980 interviews*, tr. A. Van den Hoven; introduction by R. Aronson (Chicago: University of Chicago Press, 1996) (*L'espoir maintenant*, 1991).

Sepp, Hans Rainer (ed.), *Edmund Husserl und die phänomenologische Bewegung. Zeugnisse in Text und Bild* (Freiburg: Karl Alber, 1988).

Sharr, Adam, *Heidegger's Hut* (Cambridge, MA & London: MIT Press, 2006).

Sheehan, Thomas (ed.), *Heidegger: the man and the thinker* (New Brunswick & London: Transaction, 2010).

— *Making Sense of Heidegger: a paradigm shift* (London & New York: Rowman & Littlefield, 2015).

Shore, Marci, 'Out of the Desert,' *Times Literary Supplement* (2 Aug. 2013), 14–15.

Simons, Margaret A., *Beauvoir and The Second Sex: feminism, race, and the origins of existentialism* (Lanham, MD: Rowman & Littlefield, 1999).

Spender, Stephen, *New Selected Journals* 1939–1995, eds L. Feigel & J. Sutherland, with N. Spender (London: Faber, 2012).

Spiegelberg, Herbert, 'The Lost Portrait of Edmund Husserl by Franz and Ida Brentano', in Robert B. Palmer & Robert Hamerton-Kelly (eds), *Philomathes: studies and essays in the humanities in memory of Philip Merlan* (The Hague: Martinus Nijhoff, 1971), 341–5.

— *The Phenomenological Movement: a historical introduction*, 3rd edn, with the collaboration of Karl Schuhmann (The Hague: Martinus Nijhoff, 1982).

Sprintzen, David A. & Van den Hoven, Adrian (eds), *Sartre and Camus: a historic confrontation* (Amherst, NY: Humanity Books, 2004).

Spurgeon, Brad, *Colin Wilson: philosopher of optimism* (Manchester: Michael Butterworth, 2006).

Spurling, Hilary, *The Girl from the Fiction Department: a portrait of Sonia Orwell* (London: Hamish Hamilton, 2002).

Stein, Edith, *On the Problem of Empathy*, 3rd edn, tr. W. Stein (Washington DC: Institute of Carmelite Studies Publications, 1989) (*Collected Works, III*) (*Zum Problem der Einfuhlung*, 1917).

— *Self-Portrait in Letters*, 1916–1942, tr. J. Koeppel (Washington DC: Institute of Carmelite Studies Publications, 1993) (*Collected Works V*) (*Selbstbildnis in Briefen*, 1976–7).

Steiner, George, *Martin Heidegger* (Harmondsworth: Penguin, 1978).
Stewart, Jon (ed.), *The Debate Between Sartre and Merleau-Ponty* (Evanston, IL: Northwestern University Press, 1998).
Les Temps modernes (Paris, 1 Oct. 1945–).
Thompson, Kenneth A., *Sartre: his life and works*. (New York & Bicester: Facts on File, 1984).
Toadvine, Ted & Embree, Lester (eds), *Merleau-Ponty's Reading of Husserl* (Dordrecht, Boston & London: Kluwer, 2002).
Todd, Olivier, *Albert Camus: une vie* (Paris: Gallimard, 1995).
— *Albert Camus: a life*, tr. B. Ivry (London: Chatto & Windus, 1997) (an abridged and edited version of *Albert Camus*, 1995).
— *Un fils rebelle* (Paris: B. Grasset, 1981).
Towarnicki, Frédéric de, 'Le Chemin de Zähringen', in his *À la rencontre de Heidegger: souvenirs d'un messager de le Forêt-noire* (Paris: Gallimard, 1993), 13–128.
Van Breda, Herman Leo, 'Die Rettung von Husserls Nachlass und die Grundung des Husserl-Archivs – The Rescue of Husserl's *Nachlass* and the Founding of the Husserl-Archives', tr. D. Ulrichs & B. Vassillicos, in *Geschichte des Husserl-Archivs = History of the Husserl Archives* (Dordrecht: Springer, 2007), 39–69 (Van Breda's account first published in 1959).
Vian, Boris, *I Spit on Your Graves*, tr. B. Vian & M. Rosenthal, introduc-tion by J. Sallis (Edinburgh: Canongate, 2001) (*J'irais cracher sur vos tombes*, 1948).
— *Manual of Saint-Germain-des-Prés* (New York: Rizzoli, 2005).
— Mood Indigo, tr. J. Sturrock (New York: Grove Press, 1968) (*L'écume des jours*, 1947).
Webber, Jonathan, *The Existentialism of Jean-Paul Sartre* (New York & London: Routledge, 2009).
Weber, Eugen, *The Hollow Years: France in the 1930s* (New York & London: W. W. Norton, 1994).
Weil, Simone, *Formative Writings* 1929–41, eds & tr. D. Tuck McFarland & W. Van Ness (Abingdon & New York: Routledge, 1987).
White, Edmund, Genet, corrected edn (London: Picador, 1994).
Wilson, Colin, *Dreaming to Some Purpose* (London: Century, 2004).
— *The Outsider* (London: Gollancz, 1956).
Woessner, Martin, *Heidegger in America* (Cambridge: CUP, 2011).
Wolin, Richard, *Heidegger's Children: Hannah Arendt, Karl Löwith, Hans Jonas, and Herbert Marcuse* (Princeton & Oxford: Princeton University Press, 2001).
— (ed.), *The Heidegger Controversy* (Cambridge, MA: MIT Press, 1993).
Wright, Richard, *The Outsider: the restored text established by the Library of America*, with notes by A. Rampersad (New York & London: Harper, 2008).
Young-Bruehl, Elisabeth, *Hannah Arendt: for love of the world*, 2nd edn (New Haven & London: Yale University Press, 2004).
Zaretsky, Robert, *A Life Worth Living: Albert Camus and the quest for meaning* (Cambridge, MA & London: Belknap/Harvard University Press, 2013).
Zimmermann, Hans Dieter, *Martin und Fritz Heidegger: Philosophie und Fastnacht*, 2nd edn (Munich: C. H. Beck, 2005).

國家圖書館出版品預行編目資料

我們在存在主義咖啡館｜莎拉・貝克威爾（Sarah Bakewell）著；江先聲譯.
-- 初版 . -- 台北市 : 商周出版 : 家庭傳媒城邦分公司發行 , 民 106.03
面；　公分

譯自 : *At the Existentialist Café: Freedom, Being, and Apricot Cocktails*

ISBN 978-986-477-195-0（平裝）

143.46　　　　　　　　　　　　106002082

我們在存在主義咖啡館

原著書名／*At the Existentialist Café: Freedom, Being, and Apricot Cocktails*
作　　者／莎拉・貝克威爾（Sarah Bakewell）
譯　　者／江先聲
企畫選書／夏君佩
責任編輯／賴芊曄

版　　權／林心紅
行銷業務／李衍逸、黃崇華
總 編 輯／楊如玉
總 經 理／彭之琬
發 行 人／何飛鵬
法律顧問／台英國際商務法律事務所 羅明通律師
出　　版／商周出版
台北市 104 民生東路二段 141 號 9 樓
電話：(02) 25007008　傳真：(02)25007759
E-mail：bwp.service@cite.com.tw
Blog：http://bwp25007008.pixnet.net/blog
發　　行／英屬蓋曼群島商家庭傳媒股份有限公司城邦分公司
台北市中山區民生東路二段 141 號 2 樓
書虫客服服務專線：(02)25007718；(02)25007719
服務時間：週一至週五上午 09:30-12:00；下午 13:30-17:00
24 小時傳真專線：(02)25001990；(02)25001991
劃撥帳號：19863813；戶名：書虫股份有限公司
讀者服務信箱：service@readingclub.com.tw
城邦讀書花園：www.cite.com.tw
香港發行所／城邦（香港）出版集團有限公司
香港灣仔駱克道 193 號東超商業中心 1 樓
E-mail：hkcite@biznetvigator.com
電話：(852) 25086231 傳真：(852) 25789337
馬新發行所／城邦（馬新）出版集團【Cite (M) Sdn. Bhd.】
41, Jalan Radin Anum, Bandar Baru Sri Petaling,
57000 Kuala Lumpur, Malaysia.
Tel: (603) 90578822 Fax: (603) 90576622
Email: cite@cite.com.my

封面設計／陳文德
排　　版／極翔企業有限公司
印　　刷／韋懋實業有限公司
經 銷 商／聯合發行股份有限公司
電話：(02) 2917-8022 Fax: (02) 2911-0053
地址：新北市 231 新店區寶橋路 235 巷 6 弄 6 號 2 樓

■ 2017 年（民 106）3 月初版
■ 2023 年（民 112）10 月初版 9.8 刷

Printed in Taiwan

定價 500 元

 ISBN 978-986-477-195-0

城邦讀書花園
www.cite.com.tw

商周出版

廣　告　回　函
北區郵政管理登記證
北臺字第000791號
郵資已付，免貼郵票

104　台北市民生東路二段141號2樓

英屬蓋曼群島商家庭傳媒股份有限公司城邦分公司　收

請沿虛線對摺，謝謝！

商周出版

書號：BK7073　　書名：我們在存在主義咖啡館　　編碼：

請於此處用膠水黏貼

商周出版

讀者回函卡

感謝您購買我們出版的書籍！請費心填寫此回函卡，我們將不定期寄上城邦集團最新的出版訊息。

不定期好禮相贈！
立即加入：商周出版
Facebook 粉絲團

姓名：＿＿＿＿＿＿＿＿＿＿＿＿＿＿＿＿ 性別：□男 □女

生日：西元＿＿＿＿＿＿年＿＿＿＿＿＿月＿＿＿＿＿＿日

地址：＿＿＿＿＿＿＿＿＿＿＿＿＿＿＿＿＿＿＿＿

聯絡電話：＿＿＿＿＿＿＿＿＿＿ 傳真：＿＿＿＿＿＿＿＿＿＿

E-mail ：

學歷：□ 1. 小學 □ 2. 國中 □ 3. 高中 □ 4. 大學 □ 5. 研究所以上

職業：□ 1. 學生 □ 2. 軍公教 □ 3. 服務 □ 4. 金融 □ 5. 製造 □ 6. 資訊
□ 7. 傳播 □ 8. 自由業 □ 9. 農漁牧 □ 10. 家管 □ 11. 退休
□ 12. 其他＿＿＿＿＿＿＿＿＿＿＿＿＿＿＿＿

您從何種方式得知本書消息？

□ 1. 書店 □ 2. 網路 □ 3. 報紙 □ 4. 雜誌 □ 5. 廣播 □ 6. 電視
□ 7. 親友推薦 □ 8. 其他＿＿＿＿＿＿＿＿＿＿＿＿

您通常以何種方式購書？

□ 1. 書店 □ 2. 網路 □ 3. 傳真訂購 □ 4. 郵局劃撥 □ 5. 其他＿＿＿

您喜歡閱讀那些類別的書籍？

□ 1. 財經商業 □ 2. 自然科學 □ 3. 歷史 □ 4. 法律 □ 5. 文學
□ 6. 休閒旅遊 □ 7. 小說 □ 8. 人物傳記 □ 9. 生活、勵志 □ 10. 其他

對我們的建議：＿＿＿＿＿＿＿＿＿＿＿＿＿＿＿＿＿＿＿＿

＿＿＿＿＿＿＿＿＿＿＿＿＿＿＿＿＿＿＿＿

＿＿＿＿＿＿＿＿＿＿＿＿＿＿＿＿＿＿＿＿

【為提供訂購、行銷、客戶管理或其他合於營業登記項目或章程所定業務之目的，城邦出版人集團（即英屬蓋曼群島商家庭傳媒（股）公司城邦分公司、城邦文化事業（股）公司），於本集團之營運期間及地區內，將以電郵、傳真、電話、簡訊、郵寄或其他公告方式利用您提供之資料（資料類別：C001、C002、C003、C011 等）。利用對象除本集團外，亦可能包括相關服務的協力機構。如您有依個資法第三條或其他需服務之處，得致電本公司客服中心電話 02-25007718 請求協助。相關資料如為非必要項目，不提供亦不影響您的權益。】

1.C001 辨識個人者：如消費者之姓名、地址、電話、電子郵件等資訊。
2.C002 辨識財務者：如信用卡或轉帳帳戶資訊。
3.C003 政府資料中之辨識者：如身分證字號或護照號碼（外國人）。
4.C011 個人描述：如性別、國籍、出生年月日。

請於此處用膠水黏貼